CB133620

DÉCIO POLICASTRO

ERRO MÉDICO

E SUAS CONSEQUÊNCIAS JURÍDICAS

DÉCIO POLICASTRO
Advogado

ERRO MÉDICO
E SUAS
CONSEQUÊNCIAS JURÍDICAS

5ª edição
(revista, atualizada e ampliada)

Del Rey
editora

Belo Horizonte
2019

www.editoradelrey.com.br

Editor: Arnaldo Oliveira

Editor Adjunto: Ricardo A. Malheiros Fiuza
(*In memoriam*)

Diagramação / Capa: Alfstudio

Revisão: Isabel Noll Santiago

EDITORA
Rua dos Goitacazes, 71 - Lojas 20 a 24
Centro - Belo Horizonte-MG
CEP 30190-909
Comercial:
Tel.: (31) 3284-3284 | 2516-3340
vendas@editoradelrey.com.br
Editorial:
editorial@editoradelrey.com.br

P766e Policastro, Décio
Erro médico e suas consequências jurídicas / Décio Policastro. — 5. ed. rev., atual. e ampl. — Belo Horizonte: Del Rey, 2019.

xxvi, 430 p. — Inclui bibliografia.

ISBN: 978-85-384-0568-9

1. Erro médico 2. Responsabilidade (Direito) 3. Ética médica 4. Médico e paciente 5. Hospitais – Responsabilidade civil 6. Danos (Direito) I. Título

CDU (1976) 347.56:614.25

Ficha catalográfica elaborada pelo bibliotecário Junio Martins Lourenço CRB 6/3167.

Ortografia de acordo com a 5ª edição do Vocabulário Ortográfico da Língua Portuguesa (VOLP), publicada pela Academia Brasileira de Letras em março de 2009.

Para minha mulher Thereza e filhas
Silvana e Adriana, com gratidão.

Meu reconhecimento à Isabel Noll Santiago que conciliou seus deveres com os trabalhos de digitação e revisões.

Sou grato também à bibliotecária Josilene Virginia de Faria pela sua ajuda nas pesquisas.

"Nenhum procedimento médico,
seja para diagnóstico ou tratamento,
pode prejudicar o paciente."
Hipócrates

"I – A medicina é uma profissão a serviço da saúde do ser humano e da coletividade e será exercida sem discriminação de nenhuma natureza.
II – O alvo de toda a atenção do médico é a saúde do ser humano, em benefício da qual deverá agir com o máximo de zelo e o melhor de sua capacidade profissional."
Código de Ética Médica, Princípios Fundamentais

SUMÁRIO

NOTA À 5ª EDIÇÃO

As modificações legislativas e o advento da Resolução n. 2.217 de 27 de setembro de 2018 do Conselho Federal de Medicina que aprovou o novo Código de Ética Médica, levaram-me a rever o texto da edição anterior e a introduzir diversos acréscimos em vários capítulos. As notas remissivas foram atualizadas com julgados contemporâneos e enunciados das jornadas de direito da saúde do CNJ, e os comentários doutrinários renovados para dar mais compreensão aos temas expostos.

O propósito do livro continua o de ser uma obra útil e atual para as pessoas interessadas em saber sobre questões atinentes à responsabilidade médica e as consequências jurídicas de um resultado médico indesejado. Assim, dele poderão tirar proveito os profissionais da saúde em geral, as instituições e empresas prestadoras de serviços de saúde e quem procura buscar reparação civil por ter sido vítima do mau desempenho dos atuantes da área da saúde.

O autor.

CONSELHOS DE ESCULÁPIO[I e II]

"Queres ser médico hoje? Aspiração esta de uma alma generosa, de um espírito ávido de ciência. Desejas que os homens te tenham como um deus, que alivia os seus males e afugenta deles o medo? Já pensaste bem no que há de ser a tua vida?

Terás de renunciar à tua vida privada. Enquanto que todos os cidadãos quando terminam o seu dia de trabalho não são importunados, a tua porta ficará aberta a todos, a toda a hora do dia e da noite virão perturbar o teu descanso, teus prazeres ou a tua meditação. Já não terás horas para dedicar à tua família, à amizade ou ao estudo. Já não pertencerás a ti mesmo...

Os pobres habituados a padecer não te chamarão a não ser em casos de urgência.

Mas os ricos te tratarão como um escravo, seja por terem uma indigestão, uma constipação, fazendo-te por isso despertar a toda pressa.

Terás de mostrar interesse pelos pormenores mais vulgares da sua existência, decidir o que hão de comer, ou como hão de andar quando se passeiam... Não poderás ir ao teatro nem estar doente...

Eras severo na escolha dos teus amigos: procuravas homens de talento, artistas e almas delicadas: a partir daqui não poderás evitar

---

I Esculápio – deus da medicina e da cura na mitologia grega.

II Pina, J. A. Esperança. *in* A responsabilidade dos médicos. Lisboa: Lidel, 3ª ed., 2003, pp. 18-20.

indivíduos aborrecidos com pouca inteligência e desprezíveis. Prolongar vidas nefastas é o segredo da tua profissão.

Tens fé no teu trabalho para conquistar a tua reputação: julgar-te-ão não pela tua ciência, mas por casualidades do destino, pelo corte da tua capa, pela aparência da tua casa, pelo número dos teus criados.

Sentes a paixão da verdade e já não a podes dizer. Terás de ocultar a alguns a gravidade do mal; a outros a insignificância. Terás que ocultar segredos que possuis, consentir em pareceres burlado, ignorado e cúmplice.

Não contes com o agradecimento; quando o doente se cura, a cura é devida à robustez; se morre tu que o mataste. Enquanto está em perigo trata-te como um deus, suplica-te, promete-te; se está em convalescença, já o estorvas. Quando se trata de te pagar torna-se diferente. Quanto mais egoístas são os homens, mais cuidados exigem.

Não penses que esta profissão te torna rico; é um sacerdócio.

Todos os teus sentidos serão maltratados. Terás de mostrar o teu ouvido a peitos sujos e com suor, respirar maus cheiros, palpar tumores, curar chagas cheias de pus, contemplar urinas...

Na rua, nos banquetes, no teatro, na cama, os desconhecidos, os teus amigos te falarão das suas doenças e te pedirão um remédio. O mundo te parecerá um grande hospital, uma assembléia de indivíduos que se queixam. A tua vida decorrerá na sombra da morte, entre a dor dos corpos e das almas, dos duelos de hipocrisia, que calculas na cabeça dos agonizantes. Ser-te-á difícil conservar uma visão consoladora do mundo.

Tu viverás só nas tuas tristezas, só nos teus estudos, só no meio do egoísmo humano.

Não encontrarás apoio entre os médicos que te farão uma surda guerra por interesse ou por orgulho.

A consciência de aliviar males sustentar-te-á nas tuas fadigas; mas decidirás se é acertado manter vivos, homens atacados de mal incurável, crianças com doenças que não têm possibilidades de serem felizes, ou aqueles que transmitirão a sua triste vida, tornando-os ainda mais miseráveis.

Quanto à custa de muitos esforços, prolongaste a vida de velhos ou crianças disformes, virá uma guerra que destruirá os mais sãos e robustos. Então te encarregarão de separar os fortes dos fracos, salvando-se estes e enviando-se os fortes para a morte.

Pensando bem ainda estás a tempo. Mas se fores indiferente à fortuna, aos prazeres, à ingratidão, se sabendo que te verás só entre as feras humanas, se tens uma alma bastante estóica para se satisfazer com o dever cumprido e sem ilusões; se te julgares pago com a felicidade de uma mãe, com uns lábios que sorriem porque já não sofrem, como a paz de um moribundo a quem conseguiste ocultar a chegada da morte; se anseias conhecer o homem, penetrar em todo o trágico do seu destino, então faz-te médico, hoje mesmo".

ABREVIATURAS

AASP .... - Associação dos Advogados de São Paulo
ADIn .... - Ação direta de inconstitucionalidade
Ag. .... - Agravo
AREsp .... - Agravo em Recurso Especial
AgRg .... - Agravo Regimental
AI .... - Agravo de Instrumento
AMB .... - Associação Médica Brasileira
ANS .... - Agência Nacional de Saúde
ANVISA .... - Agência Nacional de Vigilância Sanitária
Ap. .... - Apelação
Ap. cív. .... - Apelação cível
Ap. cív. c/rev. ..... - Apelação cível com revisão
Ap. crim. c/rev. .. - Apelação criminal com revisão
art. .... - artigo
Câm. .... - Câmara
CC .... - Código Civil
Cód. .... - Código
CDC .... - Código de Defesa do Consumidor
CEJ .... - Centro de Estudos Judiciários do Conselho de Justiça Federal
CEM .... - Código de Ética Médica
CF .... - Constituição Federal

CFM .... - Conselho Federal de Medicina
CNJ .... - Conselho Nacional de Justiça
CNRM .... - Comissão Nacional de Residência Médica
cf. .... - conforme
CODECON .... - Código de Defesa do Consumidor
CEDOAB .... - Código de Ética e Disciplina da Ordem dos Advogados do Brasil
Cons. .... - Conselheiro
CP .... - Código Penal
CPC .... - Código de Processo Civil
CREMEC .... - Conselho Regional de Medicina do Ceará
CREMERJ .... - Conselho Regional de Medicina do Estado do Rio de Janeiro
CREMESP .... - Conselho Regional de Medicina do Estado de São Paulo
CRM .... - Conselho Regional de Medicina
CTI .... - Centro de Terapia Intensiva
Des. .... - Desembargador
Desª. / Desa. ...... - Desembargadora
DF .... - Distrito Federal
DJ .... - Diário da Justiça
DJDF .... - Diário da Justiça do Distrito Federal
DJe .... - Diário da Justiça eletrônico
DJMG .... - Diário da Justiça de Minas Gerais
DJPB .... - Diário da Justiça da Paraíba
DJRR .... - Diário da Justiça de Roraima
DOE .... - Diário Oficial do Estado
DOMG .... - Diário Oficial de Minas Gerais
DORJ .... - Diário Oficial do Rio de Janeiro
DOU .... - Diário Oficial da União
DSF .... - Diário do Senado Federal

E-RR .... - Embargos em Recurso de Revista
eg. .... - egrégio
ed. .... - edição
ex. .... - exemplo
fls. .... - folhas
HC .... - Habeas Corpus
IASP .... - Instituto dos Advogados de São Paulo
IMESC .... - Instituto de Medicina Social e de Criminologia de São Paulo
in .... - em
INAMPS .... - Instituto Nacional de Assistência Médica da Previdência Social
INSS .... - Instituto Nacional de Seguridade Social
IPERG .... - Instituto de Previdência do Estado do Rio Grande do Sul
j: .... - julgamento
Jr. .... - Júnior
JSTJ .... - Jurisprudência do Superior Tribunal de
.... Justiça e Tribunais Regionais Federais
JTJ .... - Jurisprudência do Tribunal de Justiça
LODF .... - Lei Orgânica do Distrito Federal
MG .... - Minas Gerais
Min. .... - Ministro(a)
MM. .... - Meritíssimo
MS .... - Mandado de Segurança
n. .... - número
ob. cit. .... - obra citada
OMS .... - Organização Mundial de Saúde
p. .... - página
PEP .... - Processo Ético-Profissional
pp. .... - páginas

Proc. .... - processo
Prof. .... - Professor
r. .... - respeitável
RDCPC .... - Revista Síntese de Direito Civil e Processo Civil
Rec. sent. estr. .... - Recurso em sentido estrito
Reg. .... - Região
Rel. .... - Relator(a)
REsp .... - Recurso Especial
RF .... - Revista Forense
RJ .... - Rio de Janeiro
RJTJSP .... - Revista de Jurisprudência do Tribunal de Justiça do Estado de São Paulo
RMS .... - Recurso em Mandado de Segurança
RN .... - Resolução Normativa
RQE .... - Registro de Qualificação da Especialidade
RSTJ .... - Revista do Superior Tribunal de Justiça
RT .... - Revista dos Tribunais
seg. .... - seguinte
segs. .... - seguintes
SP .... - São Paulo
STF .... - Supremo Tribunal Federal
STJ .... - Superior Tribunal de Justiça
SUS .... - Sistema Único de Saúde
TAC .... - Tribunal de Alçada Civil do Estado de São Paulo
TAMG .... - Tribunal de Alçada de Minas Gerais
TJ-AP .... - Tribunal de Justiça do Amapá
TJ-DFT .... - Tribunal de Justiça do Distrito Federal e dos Territórios
TJ-ES .... - Tribunal de Justiça do Espírito Santo
TJ-MG .... - Tribunal de Justiça de Minas Gerais
TJ-PA .... - Tribunal de Justiça do Pará

TJ-PB .... - Tribunal de Justiça da Paraíba
TJ-SC .... - Tribunal de Justiça de Santa Catarina
TJ-RJ .... - Tribunal de Justiça do Rio de Janeiro
TJ-RN .... - Tribunal de Justiça do Rio Grande do Norte
TJ-RR .... - Tribunal de Justiça de Roraima
TJ-RS .... - Tribunal de Justiça do Rio Grande do Sul
TJ-SP .... - Tribunal de Justiça de São Paulo
TRF .... - Tribunal Regional Federal
TSEM .... - Tribunal Superior de Ética Médica
TST .... - Tribunal Superior do Trabalho
UTI .... - Unidade de Tratamento Intensivo/ Unidade de Terapia Intensiva
V. .... - Venerando
vol. .... - volume
v.m. .... - votação por maioria
v.u. .... - votação unânime

1

ERRO MÉDICO. ERRO DO MÉDICO

Um resultado infeliz pode acontecer em qualquer atividade humana. Até mesmo os melhores profissionais do mundo já cometeram erros.

Erros médicos são exceções. São casos isolados, ínfimos se compararmos com o universo de atendimentos, consultas, prescrições, tratamentos, cirurgias e internações, praticados diariamente. Não devem, pois, desencadear descrenças na atividade médica. Descrédito ou desmerecimento no trabalho dos profissionais da saúde significa, menosprezar vida e saúde.

Ao ser verbalizada a expressão erro médico, geralmente forma-se na mente das pessoas a ideia de uma falha cometida pelo médico. A conotação imediata é de incompetência. Entretanto, há muito, o apoio de outros profissionais com atividades multidisciplinares passou a ser indispensável à prática da medicina; de tal sorte, a atribuição da responsabilidade pelo dano causado ao doente alargou-se, indo além da pessoa do médico.

A expressão erro médico utilizada no livro deve ser compreendida como qualquer situação indesejada ocorrida nos serviços de assistência à saúde, pois considera, de forma abrangente, os envolvidos na cadeia de assistência ao enfermo: o médico, os militantes da saúde em geral e as entidades atuantes na área[1 e 2].

O erro médico pode ser verbalizado de várias maneiras: erro técnico[3], má prática profissional, mal desempenho profissional, mala praxis médica, conduta inadequada, ato médico falho, falha ou falta médica. Pode ocorrer por ato comissivo ou omissivo. Na primeira hipótese, há um movimento, uma ação, um agir. Na segunda, falta atividade, há inércia, falta ação. Deixou de ser feito o que devia ser feito.

Erro de diagnóstico, erro no procedimento, erro na escolha da terapia, falta de procedimento terápico, erro na prescrição ou na administração de medicamento, falha no atendimento, deficiência nos serviços, traduzem sempre um resultado prejudicial ao enfermo, produzido por conduta imprópria, proceder imperito, negligente ou imprudente vitalmente importante, apto a agravar a saúde, pôr em risco abreviar ou destruir a vida do paciente.

---

1 "Uma categoria particular de ato profissional é o ato médico ou ato profissional de médico. Analogamente, deve-se atentar que a expressão erro médico, muito usada na mídia contemporânea, é uma contração da expressão erro profissional de médico. Não é restrito aos médicos, ainda que estes sejam muito mais cobrados por sua prática." (Resolução CFM n. 1.627/2001 – Exposição de Motivos)

2 "Ao adotarmos a expressão 'erro médico' supõe-se que estamos incorrendo num equívoco, pois com a palavra erro a culpa já parece estar imputada. E ninguém pode ser considerado culpado sem que a denúncia seja devidamente apurada em seu aspecto judicante. De qualquer forma, esta é a expressão que vemos na mídia diariamente. (...) Segundo o magistrado José Idelfonso Bizatto, "...o erro médico, no campo da responsabilidade pode ser de ordem pessoal ou de ordem estrutural. É estritamente pessoal quando o ato lesivo se deu, na ação ou omissão, por despreparo técnico e intelectual, por grosseiro descaso ou por motivos ocasionais referentes às suas condições físicas ou emocionais. Pode também o erro médico ser procedente de falhas estruturais, quando os meios ou condições de trabalho são insuficientes ou ineficazes para uma resposta satisfatória." (trechos extraídos do Relatório Final da Comissão Parlamentar de Inquérito sobre Erro Médico, instaurada em 6.5.2009 pela Assembleia Legislativa do Estado de São Paulo para investigar denúncias do Erro Médico – Ato nº 58/2009 – Rel. Médico e Deputado, Dr. Uebe Rezeck, fevereiro de 2010. DOE – Parlamento, 2.3.2010)

3 Erro técnico ou profissional ocorre quando o médico utiliza corretamente técnica conhecida e usualmente aceita, porém de resultado duvidoso. Nesse caso o erro é reconhecido como escusável.

No cotidiano da prática médica, há acontecimentos inevitáveis, fora do controle do profissional, mostrando que nem todo mau resultado está diretamente associado ao agir do médico ou a de outro prestador de serviços da saúde. Ocasionalmente surgem no doente reações imprevisíveis, intercorrências, complicações, sem que a causa determinante possa ser atribuída ao atendimento médico em seu amplo significado. Uma terapia pode estar certa e a resposta decepcionar. Uma intervenção cirúrgica pode redundar em fracasso, embora realizada com aplicação das melhores e mais avançadas técnicas. Um medicamento pode ter sido o melhor indicado, na posologia correta, e produzir efeito inesperado. Os serviços hospitalares podem ter sido prestados modelarmente, com todos os cuidados profiláticos, e suceder infecção ao paciente em razão do próprio estado de saúde.

Para a Ciência do Direito, o erro médico e o erro do médico são inconfundíveis. Ao se revelarem passam a interessar ao campo do Direito Civil, no pertinente à responsabilização do causador do dano com vista ao ressarcimento do prejuízo causado e, ao campo do Direito Penal, para a punição do culpado face à conduta ilícita causadora de lesão física ou de homicídio culposo ou, mesmo, doloso na modalidade do dolo eventual[4].

---

[4] Se bem a maioria entender não ser possível a imputação do dolo eventual quando se tratar de erro do médico.

2

O SURGIMENTO DA RESPONSABILIDADE MÉDICA. RESPONSABILIDADE CONTRATUAL E EXTRACONTRATUAL

Diz-se que a responsabilidade do médico inicia a partir do momento em que se dispõe a assistir o enfermo para encontrar a cura, minorar os efeitos da doença ou conter o avanço da enfermidade. Dessa aproximação, forma-se entre ambos um vínculo pessoal sustentado numa relação de confiança e de quase cumplicidade, mais forte até do que o de natureza contratual ou extracontratual.

A vinculação será contratual quando convencionam a prestação dos serviços verbalmente, por escrito ou tacitamente (subentendido, não expresso formalmente, implícito)[5 e 6]. O silêncio pode ser interpretado como aceitação do contrato[7].

Será extracontratual quando, embora sem prévia existência de contrato, um acontecimento imprevisto e grave causa situação de emergência tal, que obrigue o médico intervir para dar assistência imediata

---

5 Código Civil:
"Art. 107. A validade da declaração de vontade não dependerá de forma especial, senão quando a lei expressamente exigir. (...)
Título VI – Das Várias Espécies de Contrato
Capítulo VII – Da Prestação de Serviço
Art. 593. A prestação de serviço, que não estiver sujeita às leis trabalhistas ou a lei especial, reger-se-á pelas disposições deste Capítulo.
Art. 594. Toda a espécie de serviço ou trabalho lícito, material ou imaterial, pode ser contratada mediante retribuição."

Código de Ética Médica:
"É vedado ao médico: (...)
Art. 61. Deixar de ajustar previamente com o paciente o custo estimado dos procedimentos.
Art. 62. Subordinar os honorários ao resultado do tratamento ou à cura do paciente. (...)
Art. 65. Cobrar honorários de paciente assistido em instituição que se destina à prestação de serviços públicos, ou receber remuneração de paciente como complemento de salário ou de honorários.
Art. 66. Praticar dupla cobrança por ato médico realizado.
Parágrafo único. A complementação de honorários em serviço privado pode ser cobrada quando prevista em contrato.
Capítulo II
É direito do médico: (...)
X – Estabelecer seus honorários de forma justa e digna."

6 "Honorários médicos. Legitimidade *ad causam*. Chefe de equipe. Costume. O chefe de equipe cirúrgica, que contrata diretamente os serviços com o paciente ou seus familiares, e assume as atribuições de fixar honorários e distribuí-los entre assistentes livremente por ele escolhidos, tem legitimidade para cobrar os honorários correspondentes aos serviços prestados pela equipe. Praxe profissional reconhecida no V. acórdão. Art. 1.218 do CC e art. 6º do CPC. Recurso conhecido e provido." (STJ – REsp n. 73.049 – 4ª Turma – Rel. Min. Ruy Rosado de Aguiar – j: 13.11.1995, v.u.)

7 O Código Civil dispõe que o silêncio resulta em concordância, quando as circunstâncias ou os usos o autorizarem e a declaração de vontade expressa não for necessária (art. 111).

diante do inesperado: desastres, acidentes em via pública, calamidades, mal súbito[8].

As relações do prestador de serviços de saúde contratado por entidades públicas e privadas com as pessoas atendidas por elas, são consideradas de natureza extracontratual.

Quase sempre a responsabilidade do médico nasce de forma natural e tácita. Não advém de acordo escrito, deriva de um ajuste verbal em que se compromete a usar seus conhecimentos para diminuir os efeitos da enfermidade em busca da cura, sob o compromisso do enfermo aderir à sua orientação. Aderir, no caso, significa aceitar e cooperar com o tratamento estabelecido [9].

O paciente, em princípio, deve acreditar e perseverar na orientação dada. Contudo, quando houver resistência ou divergência à conduta terapêutica proposta, surge a questão do limite da autonomia da vontade do doente posta ao lado da responsabilidade profissional.

É fácil entender que, tratando de relação estritamente pessoal, mostra-se antiético o profissional prescrever tratamento e outros procedimentos, dar consultas e diagnosticar sem examinar direta e clinicamente o paciente, salvo em casos de urgência, emergência e impossibilidade comprovada, cumprindo, nessas hipóteses, realizar o exame imediatamente após cessar o impedimento (CEM, art. 37 e parágrafos).

---

[8] "(...) 2. O autor, como afirma em sua petição inicial, é um conhecido ortopedista e foi solicitado pelas comissárias de bordo para prestar socorro a um dos passageiros que se encontrava com problemas de saúde durante o vôo. Tratava-se, pois, de uma emergência, uma vez que o avião não estava em "terra firme" e as prepostas da ré não tinham alternativas senão pedir ajuda a algum passageiro que tivesse conhecimentos técnicos para impedir que um mal maior ocorresse com o passageiro enfermo. 3. Assim, verifica-se no caso concreto que tanto o autor como as prepostas da ré agiram no exercício de um dever legal, não sendo cabível qualquer cobrança pela prestação do socorro em comento. Ao revés, uma eventual negativa do autor em fazê-lo poder-se-ia ser considerada conduta criminosa, tipificada pelo Código Penal Brasileiro". (TJ-RJ – 17ª Câm. Cível – trechos da ementa da Ap. cív. n. 0210018-79.2009.8.19.0001 – Rel. Desª. Márcia Ferreira Alvarenga – j: 28.7.2010, v.u.)

[9] "É parte da cura o desejo de ser curado." (Sêneca, filósofo romano)

2.1. Limites da autonomia da vontade do paciente e responsabilidade médica

O Código de Ética veda violar o livre-arbítrio e desrespeitar o direito da pessoa de decidir sobre a execução de práticas diagnósticas ou terapêuticas, a não ser em caso de iminente perigo de vida (CEM, Princípios Fundamentais, XXI, art. 24 e art. 31). De outro lado impõe ao médico a utilização de todos os meios disponíveis de promoção de saúde e de prevenção, diagnóstico e tratamento de doenças, cientificamente reconhecidos ao seu alcance, em favor do paciente (CEM, art. 32).

As respostas a essas aparentes contradições estão em vários dispositivos. O Código consagra a saúde do ser humano como alvo de toda a atenção médica e exige do profissional atuação com o máximo de zelo e o melhor da capacitação. Vai além: determina a guarda do respeito absoluto ao ser humano com o agir sempre em seu benefício, sem desprestigiar o exercício da profissão com ampla autonomia. Impõe ao médico, em nenhuma circunstância e sob nenhum pretexto, renunciar a liberdade profissional e impedir restrições ou injunções que possam prejudicar a eficiência e a correção do seu trabalho (CEM, Princípios Fundamentais, II, VI, VII e VIII). Mas, se a confiança for rompida e persistir a divergência quanto à conduta terapêutica proposta, prevalece a vontade do paciente, pois sendo ele o dono do corpo e não estando forçado a fazer ou deixar de fazer alguma coisa senão em virtude de lei, não pode ser constrangido a submeter-se a tratamentos (CF, art. 5º, II e Cód. Civil, art. 15). O doente pode optar por uma ou outra prática terapêutica, isso, porém, não o autoriza dizer ao médico como agir, até porque é sobre este que recai a responsabilidade profissional.

Contrariar a livre decisão do paciente, familiares ou representante legal, se incapaz ou incapacitado de consentir, equivale constranger ilegalmente, com risco de responsabilização civil e penal (Cód. Penal, art. 146). O profissional prudente anotará tudo na ficha clínica ou no prontuário e, sempre que possível, obterá do enfermo ou dos familiares uma declaração, registrando a recusa à terapêutica proposta. Esses documentos serão fortes para demonstrar a correção da conduta.

Ao aceitar o doente como paciente, o compromisso médico derivado do contrato em qualquer das suas modalidades (verbal, escrito ou tácito), deve permanecer até o fim, isto é: encontro da cura ou minimização dos efeitos da doença. Não raro acontece do paciente ou familiares interromperem o contrato desmotivadamente, sem compreenderem ser impossível a cura a todos, malgrado a prescrição empregada tenha sido correta. Essa atitude causa sentimento de frustração ao profissional por perceber ter conseguido controlar a enfermidade ou chegado próximo da cura, e ver abandonada a orientação dada.

Ao médico não cabe igual conduta. Só pode romper o contrato em circunstâncias especialíssimas: doença, fato prejudicial à boa relação com o paciente, injunções no livre desempenho profissional, afastamento definitivo da profissão, impedimento de consciência superveniente.

Se por alguma circunstância o relacionamento ficar abalado, pode renunciar ao atendimento, caso em que informará o doente, familiar ou representante legal (CEM, art. 36, § 1º).

É comum o paciente ou os familiares pedirem uma segunda opinião ou a realização de conferência médica a respeito da moléstia ou do tratamento sugerido[10]. O médico não deve recusar. É direito do paciente. Isso pode ocorrer por vários motivos: confirmação de diagnóstico, persistência dos sintomas da doença, desconfiança dos meios empregados para o trato da enfermidade, perda de confiança, etc. O Código de Ética Médica veda dificultar ou opor-se à realização de conferência médica solicitada pelo enfermo ou por quem o representa (CEM, art. 39).

---

[10] "A proposta da conferência pode partir da família ou de pessoas diretamente interessadas pelo doente e até deste ou, então, do próprio médico. O doente, a família, os interessados podem ser movidos a pedir a conferência porque desconfiam já da vantagem dos meios empregados pelo médico, duvidam do diagnóstico, descrêem do prognóstico. É o que pode suceder em moléstias graves, em estados mórbidos demorados, na indicação de intervenções cirúrgicas, etc. Ao médico cumpre aceitar incontinenti a sugestão, embora nem sempre lhe seja agradável a emergência. Fazem mal para si mesmos os profissionais que se melindram com pedidos desses, recusando-se atendê-los." (FÁVERO, Flamínio. Medicina Legal: deontologia médica e medicina profissional. 3º vol. 7ª ed. São Paulo: Martins, 1962, pp. 24 e 25)

Comum, também, o médico saber o ponto de vista de outro colega antes de decidir qual a melhor abordagem para o caso, especialmente quando se tratar de procedimentos de alto risco e ou de maior complexidade.

A telemedicina é um recurso que possibilita, entre outras coisas, comunicação à distância entre médicos para dialogarem sobre o resultado de exames, diagnóstico e tratamento, por intermédio de videoconferências (CEM art. 37, § 1º). Algumas instituições hospitalares já possuem centros de saúde que oferecem programas por intermédio dos quais se podem obter opiniões de especialistas de outros estados e países. Contudo, o exagero de opiniões pode ser prejudicial.

O fácil acesso à Internet para ter informações sobre enfermidades, aumentou consideravelmente a automedicação [11]. A pessoa doente tem todo direito de procurar esclarecimentos, mas daí a automedicar-se baseada em orientações virtuais, vai uma distância muito grande. No mais das vezes, essa perigosa atitude, como também indicar a terceiro medicamento que lhe foi prescrito, pode causar grande dano e agravamento à saúde, além de comprometer procedimentos corretos para interromper a evolução da moléstia. Importante é sempre lembrar que a prevenção é o melhor remédio e que é o médico quem estudou, quem tem experiência clínica e quem detém as informações técnicas para diagnosticar e recomendar tratamentos, consequentemente ministrar, sob sua responsabilidade, a medicação certa nas dosagens apropriadas, uma vez que as reações são diferentes em cada indivíduo [12].

---

11 "Paciente expert": aquele que procura informações sobre a doença ou medicações na Internet e em sites de comunidades virtuais direcionados à saúde.

12 "Indenização. Dano Moral. Medicamento. Reação Alérgica. Relação de Consumo. Médico. Responsabilidade Subjetiva. Dever de Informação. A responsabilidade do profissional médico perante seu paciente é a subjetiva, prevista no art. 14, § 4º do CDC, requerendo, portanto, a demonstração de culpa para a configuração do dever de reparar. Situação em que a médica não se desincumbiu do dever de informação, na medida em que não informou à paciente as possíveis reações alérgicas que poderiam advir do tratamento ministrado. Falha do dever de informação que acarreta o dever de reparar pelo dano moral sofrido. Orientação doutrinária e jurisprudencial. Laboratório. Responsabilidade Objetiva. Risco Inerente. O serviço prestado pelo laboratório fabricante de medicamento insere-se na relação de consumo, e a responsabilidade é

objetiva. Situação em que os danos decorrentes da periculosidade inerente não dão ensejo ao dever de indenizar, uma vez que o laboratório fabricante do medicamento ingerido pela autora fez constar, da bula do remédio, todas as possíveis reações alérgicas que eventualmente poderiam ser sentidas pelos usuários. Orientação doutrinária. Apelação parcialmente provida." (TJ-RS – Ap. cív. n. 70030952246 – 9ª Câm. – Rel. Des. Tasso Caubi Soares Delabary – j: 9.12.2009, v.u.).

3

OBRIGAÇÃO DE MEIOS E NÃO DE RESULTADO

Desde o início da relação com o paciente, o profissional deve esclarecer que a atividade médica envolve obrigação de meios. Quer dizer: que tomará para si a obrigação de lançar mão dos conhecimentos científicos, dos adquiridos na constância da prática clínica e dos recursos ao seu alcance, para combater o mal e atingir o melhor resultado (CEM, art. 32). Explicará que a sua ação não consistirá na garantia da cura, mas em dispensar tratamentos, conselhos e cuidados empregando a sua habilidade técnica e as inovações das ciências.

Alguém disse bem: a Medicina é a arte do possível. Com essa inarredável verdade se obrigará ao possível não ao impossível, para que respeito e admiração não se transformem em motivos de desentendimento e de indignação por falsas promessas. Ele, portanto, não prometerá resultados, mas a agir de acordo com as melhores práticas médicas e dedicação para melhorar a saúde do enfermo [13].

---

[13] "Na obrigação de meio, o devedor obriga-se a fornecer os meios necessários para a realização de um fim, sem se responsabilizar pelo resultado. Nela, o devedor obriga-se tão-somente a obrar com prudência e diligência normais na prestação de certo serviço para atingir um resultado sem, no entanto, vincular-se à sua obtenção. Incumbe ao devedor, tão-somente, desenvolver todos os esforços, todos os cuidados necessários à

Daí a necessidade da contínua busca do aprimoramento dos conhecimentos (CEM, Princípios Fundamentais, V). A ciência médica evolui rapidamente e novas metodologias, procedimentos e técnicas são criados constantemente em proveito da saúde e benefício do doente (CEM, Princípios Fundamentais, XXVI). Os tempos em que vivemos impõem a quem queira cumprir bem seu ofício o dever de atualizações e estudos permanentes. Caso o procedimento empregado esteja superado ou tecnicamente inaceitável, incapaz de atender a expectativa do paciente ou o médico injustificadamente deixar de recorrer a tratamentos mais modernos, poderá ser responsabilizado.

O aperfeiçoamento perseverante é obrigação inerente a qualquer ramo da atividade humana. Entretanto, não basta a boa formação acadêmica, o reconhecimento público, a notoriedade profissional ou a excelência técnica. A sólida formação moral, o caráter, a postura, o comprometimento profissional e a ética são essenciais, pois quem procura o médico não deve ter o pudor desrespeitado ou devastado por atitudes indignas, tampouco, a profissão ser usada como meio de corrupção de costumes, cometimento ou favorecimento de crimes (CEM, art. 30 e art. 38) [14].

---

consecução do resultado, mas não se obriga ao resultado. É o que ocorre, basicamente, com o contrato de prestação de serviços médicos, pelo qual o profissional se compromete a cuidar do enfermo. O médico, é evidente, não pode garantir a cura do paciente. O credor da obrigação (no caso, o paciente ou a pessoa que o contratou) tem o direito de exigir do médico o melhor tratamento possível, mas não poderá afirmar o inadimplemento da obrigação pelo médico, a não ser que se demonstre conduta negligente, imprudente ou desleal." (TJ-SP – Apelação Cível n. 104.244-4/6-00 – Rel. Des. Elliot Akel – j. 25.7.2000)

14 "Apelação criminal. Crime contra a dignidade sexual. Violação sexual mediante fraude. (...) Médico que, sob o pretexto de examinar a vítima, e aproveitando-se de seu quadro de enfermidade, em estado febril e com infecção respiratória, constrangeu a vítima a permitir que ele a agarrasse (...) Nos crimes contra a dignidade sexual o depoimento da vítima assume especial relevo, pois esses delitos costumam ser praticados na clandestinidade. (...) o fato ultrapassou, em muito, a mera importunação ao pudor, atingindo a própria dignidade sexual da vítima. (...)" (TJ-RS – Ap. crim. n. 70077528453 – 6ª Câm. Criminal - Rel. Des. Icaro Carvalho de Bem Osório – j: 28.3. de 2019, v.u. – trechos da ementa)

Os tribunais e a doutrina consolidaram o entendimento de que os serviços prestados pelo médico encerram obrigação de meios e não de resultado [15, 16 e 17]. A distinção é necessária para estabelecer a natureza da responsabilidade. Na primeira, a responsabilidade é subjetiva: necessita de prova da ação culposa em qualquer das suas modalidades; na segunda, objetiva: presume, por ficção legal, a existência da culpa [18].

---

15 "Apelação Cível. Responsabilidade civil e processual civil. Ação indenizatória. Erro médico. Vasectomia. Gravidez posterior. Improcedência na origem. CDC. Incidência. Responsabilidade subjetiva do médico. Prova. Ônus (art. 333, I, DO CPC). Obrigação de meio. Culpa não comprovada. Dever de indenizar inexistente. Sentença mantida. Recurso desprovido. Incidem os rigores do Código de Defesa do Consumidor às relações, tidas por contratuais, médico-paciente. A responsabilidade do profissional, todavia, é verificável mediante a identificação de culpa, exceção à regra da responsabilidade objetiva. Se os elementos de convicção produzidos não revelam, mesmo considerando as dificuldades inerentes a essa produção, a imperícia/negligência dos réus, mas, ao revés, demonstram o natural retorno da fertilidade do autor, cientificamente possível em hipóteses do gênero, a manutenção da sentença de improcedência é um imperativo." (TJ-SC - Ap. cív. n. 2009.046039-9 - 5ª Câm. de Direito Civil - Rel. Des. Henry Petry Junior - j: 11.8.2011, v.u.)

16 "Erro médico. Indenização. Cirurgia de vasectomia. Obrigação de meio. Gravidez indesejada. Informações sobre a margem de erro. Imperícia afastada. Sentença mantida. As cirurgias de vasectomia são obrigações de meio e segundo estudos, existem margem de erro de 1% a 5%, o que evidencia não se tratar de método absoluto e somente eventual gravidez indesejada não gera indenização, sem prova convincente de que houve imperícia médica." (TJ-SC - Ap. cív. n. 2006.043632-0 - Câm. Especial Regional de Chapecó -Rel. Des. Gilberto Gomes de Oliveira - j: 15.10.2010, v.u.)

17 "Pedido de indenização por dano moral. Erro médico. Improcedência. Com exceção das cirurgias estéticas, a obrigação estabelecida entre o profissional médico e o paciente é obrigação de meio (responsabilidade subjetiva) e não de resultado (responsabilidade objetiva). O fato de haver promessa de resultado não modifica a natureza da obrigação. Sentença mantida." (TJ-SP - Ap. cív. n. 994.02.037754-5 - 9ª Câm. - Rel. Des. Antonio Vilenilson - j: 27.4.2010, v.u.)

18 "A responsabilidade subjetiva do profissional da área da saúde, nos termos do art. 951 do Código Civil e do art. 14, § 4º, do Código de Defesa do Consumidor, não afasta a sua responsabilidade objetiva pelo fato da coisa da qual tem a guarda, em caso de uso de aparelhos ou instrumentos que, por eventual disfunção, venham a causar danos a pacientes, sem prejuízo do direito regressivo do profissional em relação ao fornecedor do aparelho e sem prejuízo da ação direta do paciente, na condição de consumidor, contra tal fornecedor." (Enunciado 459 aprovado pelo CNJ na V Jornada de Direito Civil - art. 951 do CC)

Enunciado = síntese de entendimentos sobre determinado assunto sem caráter vinculativo, para auxiliar as decisões.

Dentre os direitos do profissional encontra-se o de indicar procedimento de sua livre escolha ao doente, desde que lícitos, adequados e cientificamente aceitos (CEM, Direitos dos Médicos, II). O Conselho Federal de Medicina proíbe a utilização de práticas não reconhecidas pela comunidade científica [19 e 20]. Vale lembrar que o Código de Ética Médica só admite a utilização de procedimentos experimentais ou considerados novos, quando reconhecidos pelos órgãos competentes e com o consentimento do enfermo ou responsável legal, apropriadamente esclarecidos dos riscos e possíveis consequências (art. 102, Parágrafo único) [21].

Agindo com zelo e da maneira certa ao caso, o médico estará na condição de não ser responsabilizado pelo desempenho, mesmo quando o resultado almejado for desagradável. Mera frustração gerada pela ineficácia do tratamento é insuficiente para propor uma demanda indenizatória. Assim, somente será possível considerar a hipótese da responsabilidade decorrente de falha médica, quando presentes a utilização de técnica intolerada, a negligência, a imperícia ou a falta de prudência, apuradas pericialmente.

Em esclarecedor julgado o Tribunal de Justiça do Rio de Janeiro decidiu que a conduta profissional suscetível de engendrar o dever de reparação se define com base em prova pericial, unicamente como aquela reveladora de erro grosseiro, seja no diagnóstico, seja no tratamento clínico ou cirúrgico, ou ainda na negligência à assistência, na omissão

---

19 Resolução CFM n. 1. 499, de 26 de agosto de 1998, DOU de 3.9.1998, p. 101.

20 "*Habeas Corpus*. 2. Homicídio culposo. 3. Causa de aumento da pena prevista no art. 121, § 4º, do Código Penal. Inobservância de regra técnica de profissão, arte ou ofício. Aplicabilidade. 5. *Habeas Corpus* indeferido." (STF – *Habeas Corpus* 86.969-6 – Rio Grande do Sul – 2ª Turma – Rel. Min. Gilmar Mendes – j. 13.12.2005, v.u. – DJ 24.2.2006)

21 Resolução CFM n. 1.982/2012 – Dispõe sobre critérios de protocolo e avaliação para o reconhecimento de novos procedimentos e terapias médicas pelo Conselho Federal de Medicina.

ou abandono do paciente, em molde a caracterizar falta culposa no desempenho do ofício [22].

Enquadram-se entre as obrigações de resultado a colocação de próteses, os exames biológicos, a transfusão de sangue, o ato a que o médico se compromete executar pessoalmente, etc. [23 e 24].

3.1. A Cirurgia Plástica. Estética e Reparadora

A cirurgia plástica pode ter dupla finalidade: reparadora, corretiva, regeneradora ou reconstrutora (correção de defeitos congênitos, lesões deformantes adquiridas por causas diversas, recomposição da normalidade do corpo desfigurado) e embelezadora, estética ou cosmetológica (melhoria do aspecto físico em qualquer de suas variantes: aumento, redução de mamas, lipoaspiração, bioplastia, lipoenxertia, enxerto na face, blefaroplastia, cirurgia das pálpebras, modelagem dos lábios, nariz, olhos, lipoescultura, abdominoplastia, braquioplastia, remoção do excesso de gordura e de pele em nos braços, carboxiterapia) [25, 26 e 27]. Na

---

22 "Apelação Cível n. 5.174/1992 - 6ª Câm. Cível - Rel. Des. Laerson Mauro." (Cavalieri Filho, Sérgio. Programa de Responsabilidade Civil. 9ª ed. São Paulo: Ed. Atlas, 2010, p. 389)

23 "O médico a assume, por exemplo, quando se compromete a efetuar uma transfusão de sangue, ou a realizar certa visita". (Aguiar Jr., Ruy Rosado de. Responsabilidade civil do médico. RT 718/35)

24 "Entretanto, alguns contratos de serviços médicos baseados exclusivamente em equipamentos - que muitos dizem tratar-se de mecânica, não de medicina -, como análises clínicas (salvo casos extremamente delicados), transfusão sanguínea, colocação de próteses (não a adaptação), poderiam caracterizar essa vinculação ao resultado, de modo a gerar responsabilidade, caso se mostrasse insatisfatório ou danoso o desiderato da intervenção do profissional da Medicina." (Kfouri Neto, Miguel. Culpa médica e ônus da prova. São Paulo: Revista dos Tribunais, 2002, p. 238)

25 "A carboxiterapia não deve ser divulgada como tratamento estético, visto a inexistência de fundamentação científica para utilização e eficácia nesta área." (Parecer n. 13/11 - CRM/BA)

26 CFM Resolução n. 1.711/2003. "Estabelece parâmetros de segurança que devem ser observados nas cirurgias de lipoaspiração, visando garantir ao paciente o direito de decisão pós-informada e aos médicos, os limites e critérios de execução."

27 O CFM defende não existir diferenças entre o ato médico da cirurgia plástica reconstrutiva, reparadora e o da cirurgia estética embelezadora. Entende que, tratando de especialidade única e indivisível que deve ser exercida por médicos devidamente qualificados, a cirurgia plástica, como toda a prática médica, constitui obrigação de meio e não de fim ou resultado - Resolução CFM n. 1.621/2001, art. 1º e art. 4º.

visão jurídica, a primeira situa-se como obrigação de meio [28], a segunda, embora com algumas divergências, como obrigação de resultado [29]. Tanto numa como noutra, não se descarta a verificação da culpa do cirurgião, como ocorre em qualquer outra cirurgia.

Ao falar em cirurgia plástica reparadora há de entender que, ao praticá-la, o médico assume o compromisso de empregar a melhor da ciência médica e todos os recursos ao seu alcance para corrigir ou mitigar deformações sem, contudo, garantir o resultado. Na cirurgia embelezadora seu dever é outro. Quando se dispõe a atender o desejo de alguém de ver melhorada a aparência, ele está se obrigando a conseguir um resultado com efeito visual melhor ao que era [30]. Fracassando, terá que reparar os danos morais, estéticos e materiais que causar.

---

[28] "Responsabilidade civil. Indenização. Danos morais e estéticos. Erro médico. Cirurgia reparadora. Obrigação de meio. Culpa. Ônus da prova. As cirurgias reparadoras ao contrário das estéticas são obrigações de meio, e não de resultado. Sendo a cirurgia reparadora, e tratando-se, portanto, de obrigação de meio, para a responsabilização do médico por dano causado à paciente faz-se necessário que resulte devidamente comprovado que o evento danoso se deu em razão de negligência, imprudência ou imperícia." (TJ-MG – Ap. n. 489.717-8 – 13ª Câm. – Rel. Desa. Hilda Teixeira da Costa – j: 18.8.2005, v.u. – DOMG 3.3.2006 – RT 849/348)

[29] "Bastante polêmica é a definição da natureza jurídica da cirurgia estética ou corretiva, quando o paciente busca apenas melhorar sua aparência, ao contrário da cirurgia dita reparadora, onde se pretende a correção de lesões deformantes ou defeitos congênitos ou adquiridos." (Chaves, Antonio. Responsabilidade civil das clínicas, hospitais e médicos. Revista Jurídica 159, p. 118)

[30] "Importa, nessa especialidade, distinguir a cirurgia corretiva da estética. A primeira tem por finalidade corrigir deformidade física congênita ou traumática. O paciente, como sói acontecer, tem o rosto cortado, às vezes deformado, por acidente automobilístico; casos existem de pessoas que nascem com deformidade da face e outras com defeitos físicos, sendo, então, recomendável a cirurgia plástica corretiva. O médico, nesses casos, por mais competente que seja, nem sempre pode garantir nem pretender, eliminar completamente o defeito. Sua obrigação, por conseguinte, continua sendo de meio. Tudo fará para melhorar a aparência física do paciente, minorar-lhe o defeito, sendo às vezes, necessárias várias cirurgias sucessivas. O mesmo já não ocorre com a cirurgia estética. O objetivo do paciente é melhorar a aparência, corrigir alguma imperfeição física – afinar o nariz, eliminar as rugas do rosto etc. Nesses casos, não há dúvida, o médico assume obrigação de resultado, pois se compromete a proporcionar ao paciente o resultado pretendido. Se esse resultado não é possível, deve desde logo alertá-lo e se negar a realizar a cirurgia." (Cavalieri Filho, Sérgio. Programa de Responsabilidade Civil. 7ª ed. São Paulo: Ed. Atlas, 2007, p. 369)

Teresa Ancona Lopez explica o significado de dano estético indenizável "como qualquer modificação duradoura ou permanente na aparência externa de uma pessoa, modificação esta que lhe acarreta um 'enfeamento' e lhe causa humilhações e desgostos, dando origem, portanto, a uma dor moral. (...) Em primeiro lugar, dissemos que dano estético é "qualquer modificação". Aqui não se trata apenas das horripilantes feridas, dos impressionantes olhos vazados, da falta de uma orelha, da amputação de um membro, das cicatrizes monstruosas ou mesmo do aleijão propriamente dito. Para a responsabilidade civil, basta a pessoa ter sofrido uma "transformação", não tendo mais aquela aparência que tinha. Há agora um desequilíbrio entre o passado e o presente, uma modificação para pior. (...) Em conclusão, para que possa ser considerado dano estético ou ob deformitatem tem de ter havido um "enfeamento" do ofendido, pois se depois do sinistro ficou igual ou melhor não se pode falar em deformidade. É necessário, repetindo mais uma vez, que tenha havido uma piora em relação ao que a pessoa era antes, relativamente aos seus traços de nascimento e não em comparação com algum exemplo de beleza. (...) Finalmente, o dano estético acarreta um dano moral. Toda essa situação terá de causar na vítima humilhações, tristezas, desgostos, constrangimentos, isto é, a pessoa deverá sentir-se diferente do que era – menos feliz. Há, então, um sofrimento moral tendo como causa uma ofensa à integridade física e este é o ponto principal do conceito de dano estético." Acrescenta: "(...) Portanto, tal ofensa não pode ficar impune e, dentro do campo da responsabilidade civil, a sua reparação tem que ser a mais integral possível para que, caso não possam as coisas voltar ao estado em que se encontravam antes, tenha a vítima do dano, pelo menos, alguma satisfação ou compensação e, desta forma, possa ver minorado o seu padecimento." (Lopez, Teresa Ancona. O dano estético: responsabilidade civil. 2ª ed. rev. atual. e ampl. – São Paulo: Editora Revista dos Tribunais, 1999, pp. 38, 39, 44 e 49).

A reparação consistirá no reembolso dos valores gastos pelo paciente, assunção das despesas com outra cirurgia, quantia que for determinada pelos danos morais e estéticos e, em casos extremos, montante em dinheiro a título de dote para que a vítima seja, ao menos, compensada em sua dor.

Se o mau resultado gerar sequela tal que dificulte ou impeça o prejudicado de exercer a profissão ou diminua a capacidade de trabalho, além das despesas do tratamento e lucros cessantes até ao fim da convalescença, a indenização incluirá pensão correspondente ao valor do trabalho para o qual estava habilitado ou a depreciação sofrida [31 e 32].

Cada vez mais os Tribunais reconhecem a operação plástica embelezadora como obrigação de resultado e condenam à reparação quando ocorre o insucesso, face a presunção de culpa do cirurgião [33]. Para

---

31 Código Civil: art. 949, art. 950 e art. 951.

32 "(...) III - Em regra, os contratos de prestação de serviços médicos originam obrigações de meio e não de resultado, sendo uma das exceções a esta regra os casos de cirurgia plástica, na exata medida em que ela tem por escopo, entre outros, o embelezamento estético do paciente, razão pela qual é considerada obrigação de resultado. Nessa linha, deixando a intervenção cirúrgica dessa natureza de atingir o escopo desejado e previamente definido pelo profissional da saúde com o seu paciente, responde os réus (prestadores de serviço), objetivamente, pelos danos causados à vítima (consumidor), salvo demonstrada de maneira cabal alguma causa de exclusão da culpa (inexistência de falha ou defeito na prestação dos serviços hospitalares contratados pela paciente, ocorrência de culpa exclusiva do consumidor, fato de terceiro, caso fortuito ou força maior), hipóteses não verificadas no caso em exame.(...) VI - Para a configuração do dano estético, é necessária a comprovação de que a lesão efetivamente tenha alterado a aparência física da vítima, capaz de causar-lhe insatisfação ou constrangimento." (TJ-SC - 1ª Câm. de Direito Civil - trechos da ementa da Ap. cív. 2007.047638-9 - Rel. Des. Jaime Luiz Vicari - j: 20.10.2010, v.u.)

33 "Civil. Cirurgia estética. Obrigação de resultado. Indenização. Dano material e dano moral. Contratada a realização de cirurgia estética embelezadora, o cirurgião assume obrigação de resultado, sendo obrigado a indenizar pelo não cumprimento da mesma obrigação, tanto pelo dano material quanto pelo moral, decorrente de deformidade estética, salvo prova de força maior ou caso fortuito." (Superior Tribunal de Justiça - REsp 10.536 - 3ª Turma - Rel. Min. Dias Trindade - j: 21.6.1991, v.u. - DJ 19.8.1991, p. 10.993)

"Apelação Cível. Responsabilidade civil. Cirurgia estética, obrigação de resultado. Responsabilidade subjetiva do profissional. Culpa presumida. Dever de indenizar não reconhecido. A obrigação assumida pelo cirurgião plástico na cirurgia plástica embelezadora é de resultado e sua responsabilidade é subjetiva, com culpa presumida, sendo do profissional o ônus de comprovar que não agiu com culpa em qualquer das modalidades: negligência, imprudência ou imperícia. Aplicação do art.14, § 4º, do CDC. Hipótese em que restou assente no laudo pericial a correção dos procedimentos adotados pelo réu, ao efetuar a cirurgia de redução de mamas na autora, tendo o laudo pericial concluído pela impossibilidade de se estabelecer o nexo causal entre a prestação do serviço médico e os danos alegados na exordial. Cicatriz decorrente de deiscência da sutura que não pode ser imputada a qualquer ato do profissional suplicado. Juízo

afastar a presunção, precisará ser demonstrando que o mau resultado teve como causa fator imponderável situação em que o dever de indenizar estará ausente [34].

---

de improcedência mantido." (TJ-RS – Ap. Cível 70039361571 – Décima Câmara Cível, Rel. Des. Paulo Roberto Lessa Franz, vu, j: 31.3.2011)

"Apelações cíveis. Responsabilidade civil. Indenização. Cerceamento de defesa. Afastamento. Erro médico. Cirurgia plástica. Implante de prótese mamária de silicone. Aplicação do diploma consumerista. Obrigação de resultado não atendida. Conjunto probatório que evidencia a ocorrência de dano estético decorrente de imperícia técnica quando da realização do procedimento cirúrgico. Dever de indenizar. Manutenção do quantum debeatur. Precedentes jurisprudenciais. À unanimidade, afastada a preliminar, negaram provimento aos apelos." (TJ-RS – Ap. cív. n. 70037080926 – 6ª Câm. Cível – Rel. Des. Luís Augusto Coelho Braga – j: 24.11.2011, v.u.).

"Civil. Ação de reparação de danos. Bioplastia. Procedimento estético. Obrigação de resultado. Responsabilidade objetiva da clínica. Infecção do nariz. Não obtenção do resultado. Danos materiais e morais configurados. Sentença reformada. 1. A obrigação assumida pelo profissional médico, que se propõe à realização de determinada cirurgia estética, constitui obrigação de resultado, de forma que o não-atingimento das metas propostas e acertadas com o particular contratante constitui inadimplemento absoluto do acordo, apto a ensejar a rescisão do contrato de prestação de serviços médicos e também para justificar a condenação pela reparação dos danos eventualmente experimentados pelo paciente. 2. Constatado que a cirurgia plástica estética contratada pela Autora não apenas deixou atingir o resultado esperado, como também constituiu causa de imperfeições que não pré-existiam à intervenção médica, resta configurada a obrigação de reparar. 3. Não detectadas informações prévias à paciente acerca da bioplastia, procedimento com riscos ainda não determinados pela comunidade médica – sendo desaconselhado o uso do PMMA (polimetilmetacrilato) pela Sociedade Brasileira de Cirurgia Plástica – igualmente configurada a responsabilidade civil da Ré. (...)" (TJ-DFT – Ap. cív. n. 2006.01.1.020732-7 – 4ª Turma Cível – Rel. Des. Cruz Macedo – j: 12.12.2012, v.u. – trechos da ementa)

34 "Direito Civil. Responsabilidade civil do médico. Cirurgia plástica. Obrigação de resultado. Superveniência de processo alérgico. Caso fortuito. Rompimento do nexo de causalidade. (...) 2. Em procedimento cirúrgico para fins estéticos, conquanto a obrigação seja de resultado, não se vislumbra responsabilidade objetiva pelo insucesso da cirurgia, mas mera presunção de culpa médica, o que importa a inversão do ônus da prova, cabendo ao profissional elidi-la de modo a exonerar-se da responsabilidade contratual pelos danos causados ao paciente, em razão do ato cirúrgico. 3. No caso, o Tribunal a quo concluiu que não houve advertência a paciente quanto aos riscos da cirurgia, e também que o médico não provou a ocorrência de caso fortuito, tudo a ensejar a aplicação da súmula 7/STJ, porque inviável a análise dos fatos e provas produzidas no âmbito do recurso especial. 4. Recurso especial não conhecido." (STJ – REsp n. 985.888-SP – 4ª Turma – Rel. Min. Luis Felipe Salomão – j: 16.2.2012, v.u. – trechos da ementa)

Nas cirurgias de natureza mista (estética e reparadora), a responsabilidade pelo resultado deve ser apurada separadamente face a diferença das finalidades. A responsabilidade será de resultado em relação à parte estética e de meio na parte relativa à reparadora [35].

O médico pode atuar livremente em qualquer ramo da Medicina [36 e 37]. O que não pode é anunciar-se especialista sem ter o Registro de Qualificação da Especialidade (RQE), concedido pelo Conselho Regional de Medicina (CEM, art. 115) [38].

---

[35] "Processo Civil e Civil. Responsabilidade civil. Médico. Cirurgia de natureza mista – estética e reparadora. Limites. Petição inicial. Pedido. Interpretação. Limites. 1. A relação médico-paciente encerra obrigação de meio, e não de resultado, salvo na hipótese de cirurgias estéticas. Precedentes. 2. Nas cirurgias de natureza mista – estética e reparadora –, a responsabilidade do médico não pode ser generalizada, devendo ser analisada de forma fracionada, sendo de resultado em relação à sua parcela estética e de meio em relação à sua parcela reparadora. 3. O pedido deve ser extraído da interpretação lógico-sistemática da petição inicial, a partir da análise de todo o seu conteúdo. Precedentes. 4. A decisão que interpreta de forma ampla o pedido formulado pelas partes não viola os arts. 128 e 460 do CPC, pois o pedido é o que se pretende com a instauração da ação. Precedentes. 5. O valor fixado a título de danos morais somente comporta revisão nesta sede nas hipóteses em que se mostrar ínfimo ou exagerado. Precedentes. 6. Recurso especial não provido." (STJ – REsp n. 1.097.955-MG (2008/0239869-4) – 3ª Turma – Rel. Min. Nancy Andrighi – j: 27.9.2011, v.u.)

[36] A Resolução CFM n. 2.220, de.11.2018, dispõe sobre o Registro de Qualificação de Especialidade Médica em virtude de documentos e condições anteriores a 15 de abril de 1989 (DOU de 24.1. 2019, Seção I, p. 67).

[37] A listagem de médicos do Brasil e de prestadores de serviços de saúde (ambulatórios, clínicas, consultórios, casas de repouso, hospitais, etc., inscritos no CFM e Conselhos Regionais são encontradas em www.cfm.org.br (Serviços de Busca).

[38] Decreto n. 20.931, de 11.1.1932 (Regula e fiscaliza o exercício da medicina, da odontologia, da medicina veterinária e das profissões de farmacêutico, parteira e enfermeira, no Brasil, e estabelece penas) (...) Art. 10: "Os que, mediante anúncios ou outro qualquer meio, se propuserem ao exercício da medicina ou de qualquer dos seus ramos, sem título devidamente registrado, ficam sujeitos, ainda que se entreguem excepcionalmente a essa atividade, às penalidades aplicáveis ao exercício ilegal da medicina"; Decreto-Lei n. 4.113, de 14.2.1942 (Regula a propaganda de médicos, cirurgiões dentistas, parteiras, massagistas, enfermeiros, de casas de saúde e de estabelecimentos congêneres, e a de preparados farmacêuticos) Art. 1º: "É proibido aos médicos anunciar: (...) V – especialidade ainda não admitida pelo ensino médico, ou que não tenha tido a sanção das sociedades médicas."

Resolução CFM n. 1.974/2011 – DOU de 19.8.2011 (Estabelece os critérios norteadores da propaganda em Medicina, conceituando os anúncios, a divulgação de assuntos médicos, o sensacionalismo, a autopromoção e as proibições referentes à matéria e dá outras providências.) (...) Art. 2º: "Os anúncios médicos deverão conter, obrigatoriamente, os seguintes dados: (...) b) Especialidade e/ou área de atuação quando devidamente

Todo cirurgião plástico credenciado no Brasil como especialista tem, obrigatoriamente, o nome cadastrado na Sociedade Brasileira de Cirurgia Plástica (SBCP), órgão oficial do Conselho Federal de Medicina e da Associação Médica Brasileira.

---

registrada no Conselho Regional de Medicina; (...) d) Número de registro de qualificação de especialista (RQE), se o for." Art. 3º: É vedado ao médico: (...) l) Fica expressamente vetado o anúncio de pós-graduação realizada para a capacitação pedagógica em especialidades médicas e suas áreas de atuação, mesmo que em instituições oficiais ou por estas credenciadas, exceto quando estiver relacionado à especialidade e área de atuação registrada no Conselho de Medicina."

"(...) o art. 17, apontado pelo recorrente como violado, também dispondo sobre as atividades desenvolvidas pelos profissionais médicos, preceitua: Lei 3.268/1957 - Art. 17. Os médicos só poderão exercer legalmente a medicina, em qualquer de seus ramos ou especialidades, após o prévio registro de seus títulos, diplomas, certificados ou cartas no Ministério da Educação e Cultura e de sua inscrição no Conselho Regional de Medicina, sob cuja jurisdição se achar o local de sua atividade. Temos, portanto, a exigência para o exercício da medicina, em qualquer de seus ramos ou especialidades, do prévio registro nos Conselhos Regionais de Medicina. Na hipótese em apreço, a controvérsia surgiu pelo fato de o Conselho Federal de Medicina não reconhecer a 'Medicina Estética' como especialidade médica capaz de conferir o título de especialista ao profissional que concluiu curso de pós-graduação, lato sensu. (...) Segundo o órgão dessa classe, a 'Medicina Estética' não está incluída no rol de especialidades médicas, conforme dispõe a Resolução nº 1.666 de 2003, do CFM. (...) a simples existência de um curso de pós-graduação não é capaz de fazer surgir, no universo científico, um novo ramo de especialidade médica, conforme regulamentado pelo órgão competente. Nesse diapasão, é importante destacar o disposto em outros atos normativos da classe médica, como por exemplo o art. 3º da Resolução 1.634 de 2002 do CFM que afirma: Art. 3º Fica vedado ao médico a divulgação de especialidade ou área de atuação que não for reconhecida pelo Conselho Federal de Medicina ou pela Comissão Mista de Especialidades." (STJ - REsp n. 1.038.260 - 2ª Turma - Rel. Min. Eliana Calmon - j: 17.12.2009, v.u. - DJ 10.2.2010 - trechos do acórdão)

O anexo II (Relatório da Comissão Mista de Especialidades CFM/AMB/CNRM) da Resolução CFM 1634/2002, atualizado pela Resolução CFM 1845/2008 e Resolução CFM 2.221/2018, traz a relação das 55 especialidades e áreas de atuação atualmente reconhecidas pelo Conselho Federal de Medicina, e as titulações e certificações de especialidades médicas.

Resolução CFM n. 1.973/2011 - Dispõe sobre a nova redação do Anexo II da Resolução CFM n. 1845/08 que celebra o convênio de reconhecimento de especialidades médicas firmado entre o CFM, a AMB e a CNRM; Resolução CFM nº 1.970/2011, alterou o art. 3º e a cláusula primeira do objeto do Convênio AMB/CFM celebrado na Resolução CFM nº 1.634, que dispõe sobre convênio de reconhecimento de especialidades médicas firmados entre o CFM, a AMB, e a CNRM; Resolução CFM nº 1.960/2010 - Dispõe sobre o Registro de Qualificação de Especialidade Médica em virtude de documentos e condições anteriores a 15 de abril de 1989; Resolução CFM nº 1.984/2012 - Revoga a Resolução nº 1.772/2005 que instituiu o Certificado de Atualização Profissional e cria a Comissão Nacional de Acreditação para elaborar normas e regulamentos para este fim, além de coordenar a emissão desses certificados.

Para tornar-se cirurgião plástico é preciso percorrer uma longa jornada de árduos estudos após os seis anos cursados na Faculdade de Medicina: dois anos de Residência Médica em Cirurgia Geral e três anos de Residência Médica em Cirurgia Plástica. Mais ainda: somente depois de submeter-se a uma prova específica de aptidão é que o médico conquistará o título de Cirurgião Plástico e obterá o RQE. Portanto, não será um simples certificado conseguido em algum curso de pós-graduação que o qualificará como especialista.

Uma cirurgia ou procedimento estético malsucedido pode ocasionar danos que vão desde cicatrizes, desfigurações, marcas irreversíveis e levar à morte, além de sofrimentos indizíveis e traumas psicológicos.

O pretendente à cirurgia plástica precisa ser cuidadoso na escolha do médico [39 e 40].

---

[39] "Apelação Cível. Ação de indenização de dano material, moral e estético. Cirurgia exclusivamente embelezadora. Correção de ptose e aumento de mama. Obrigação de resultado. Presunção de culpa. Médico que não esclarece à paciente o fato de não possuir título de cirurgião plástico, além de não comprovar ter tomado os cuidados exigidos tanto no pré como no pós-operatório. Falta do dever de informação. Documento padrão que não configura consentimento informado. Paciente com sérias deformações estéticas e possíveis complicações funcionais. Danos materiais, morais e estéticos evidenciados. Reparação devida. Recurso conhecido e provido. 1. O direito à informação, materializado pelo consentimento informado, é uma garantia consagrada pelo Código de Defesa do Consumidor, além de um importante instrumento no equilíbrio da relação médico-paciente, conforme se extrai do disposto no artigo 6º, inciso III, da referida legislação. Serve, inclusive, para a minoração da vulnerabilidade do paciente que deve possuir todas as informações possíveis à formação do seu convencimento, sobretudo no que concerne a um procedimento eletivo, de cunho estritamente estético. 2. Deve ser entendida a obrigação do cirurgião plástico, nas intervenções exclusivamente estéticas, como sendo de resultado, na medida em que o paciente, pessoa saudável, somente se submete à intervenção cirúrgica, na esperança de melhorar seu aspecto físico. 3. Em que pese o fato de qualquer ato cirúrgico estar sujeito à álea e, não obstante a realidade de que cada organismo é único em sua integralidade, na cirurgia plástica estética, sendo de resultado a obrigação assumida pelo médico, cumpre-lhe a demonstração da quebra do nexo de causalidade ou de imputação para a sua liberação do dever de indenizar." (TJ-SC – Ap. cív. n. 2008.023951-9-Lages – 6ª Câm. de Direito Civil – Rel. Des. Ronei Danielli – j: 11.8.11, v.u.)

[40] Segundo dados divulgados pelo Conselho Regional de Medicina do Estado de São Paulo, no ano de 2008, noventa e sete por cento dos processos ético-profissionais relacionados a cirurgias plásticas e procedimentos estéticos foram realizados por pessoas inabilitadas. (Jornal do Cremesp, outubro de 2008)

Um ginecologista e obstetra, foi condenado a 10 (dez) anos de reclusão pelo Tribunal de Justiça de São Paulo e teve suspenso o registro profissional pelo Conselho de Medicina porque, em cirurgia de lipoaspiração de abdômen, causou a morte de paciente com 14 anos de idade levada pela mãe ao consultório, em busca de tratamento para emagrecer. O médico procurava atrair clientes de forma chamativa, com intuito financeiro e desrespeito à vida humana, passando a realizar, após alguns cursos, cirurgias plásticas em seu consultório [41].

Outro médico sem ser especialista e embora inapto para realizar cirurgias plásticas, apresentava-se como tal em lipoaspiração. Provocou a morte de várias mulheres e deformações gravíssimas em outras tantas. Condenado civilmente a pagar danos materiais e morais, respondeu por sindicâncias no CRM local, teve o registro médico cassado e foi condenado a 29 anos de reclusão.

---

41 "(...) Consta da denúncia que o réu, ora apelante, médico ginecologista e obstetra, passou a realizar, após alguns cursos, cirurgias plásticas em seu consultório, denominadas "lipoaspirações", utilizando-se da técnica "tumescente" ou método de "Klein", para a qual se tem o nome comum de lipoescultura, e, como publicidade, buscava atrair clientes utilizando-se da forma chamativa de "Remodelagem Corporal". Segundo o apurado, no ano de 1998, a vítima, então com 14 anos de idade, foi levada pela mãe ao consultório do recorrente em busca de tratamento para emagrecer. Inicialmente, a lipoaspiração era descartada, mesmo diante da insistência de ..., que a recomendava para a perda de peso. (...) Tudo indica que o apelante atuou com o único intuito financeiro e em total desrespeito à vida humana, o que torna altamente reprovável a sua conduta. Os fatos apurados nestes autos acarretaram, vale lembrar, a suspensão de seu registro profissional pelo Conselho Regional de Medicina. (...) Portanto, fixo a pena-base do recorrente em 10 (dez) anos de reclusão, e tomo-a como definitiva, ante a inexistência de causas nas demais fases da dosimetria penal que justificassem a sua alteração." (TJ-SP – Ap. n. 990.10.270803-9 – 9ª Câm. de Direito Criminal – Rel. Des. Roberto Midolla – j: 31.3.2011, v.u.)

Frente às inúmeras e graves denúncias de cirurgias estéticas mal-sucedidas, o CFM divulgou, em 12.5.2011, o Protocolo Informativo e Compartilhado em Cirurgia Plástica, produzido por sua Câmara Técnica de Cirurgia Plástica contendo várias normas de segurança com esclarecimentos ao paciente, alertas dos possíveis riscos e complicações no processo operatório, orientações, critérios e exigências para a prática profissional da medicina plástica, além de estabelecer mecanismos capazes de desestimular os maus profissionais que realizam procedimentos deste tipo, sem condições éticas, técnicas e sanitárias.

O CEM enfatiza, e inúmeras Resoluções do CFM e Pareceres dos Conselhos Regionais constantemente reiteram, que a Medicina não pode, em qualquer circunstância ou de qualquer forma, ser exercida como comércio (Princípios Fundamentais, IX e art. 58 e Resolução 1.836/2008 do CFM) [42].

---

[42] No ano de 1962, na 7ª edição do seu livro Medicina Legal, Flamínio Fávero fez esta profética advertência:

> "O espírito de *mercantilismo* impera desolador na medicina destes tempos. A medicina sacerdócio desapareceu quase e, com ela, sofrem os belos princípios de ética que lhe sustentavam o brilho e o porte respeitável. Hoje, para muitos, a medicina é simples meio de vida; é mercadoria que se compra e vende e o seu negócio, mais ou menos lucrativo, conforme o tino comercial de quem o exerce sugira meios adequados para suplantar os concorrentes, está sujeito às mil vicissitudes por que passam os outros gêneros de primeira necessidade, no balcão da procura e da oferta. Dir-se-á que os médicos se defendem diante da agressividade e esperteza do meio. Certo, mas a agressividade e a esperteza do meio também constituem defesa diante da atuação pouco recomendável de alguns médicos. E daí o círculo vicioso interminável. Necessário teria sido não que a Medicina descesse do seu pedestal ao terra-a-terra das competições mercantis, mas que ela tudo fizesse para educar e alçar junto de si a compreensão adequada do ambiente. Será ainda possível isso? O meu otimismo impenitente já se mantém com dificuldade. As contingências e os imperativos da época são desalentadores." (ob. cit. 3º vol., p.13)

É preciso que o médico sempre esclareça a conveniência, bons ou maus efeitos da cirurgia e quando ela é desnecessária, evitando excessos que profissionais dignos e competentes não devem cometer bem como os exageros cirúrgicos daqueles que, a despeito do desenvolvimento da medicina, desejam cometer o lamentabilíssimo equívoco de recusar ver que o fato mais óbvio da vida é a implacabilidade e a irreversibilidade do tempo. A pessoa deve ser cautelosa e conscientizar-se que uma cirurgia plástica, como outra qualquer, tem seus riscos e implicações inevitáveis.

Às vezes o procedimento pode deixar de atender as expectativas e o resultado não ser bem recebido, não obstante a excelência do ato médico. Se o médico agiu zelosamente, da maneira certa e utilizou a técnica correta ao caso, não poderá ser responsabilizado. A simples frustração do paciente, decorrente da sua insatisfação com o resultado extraído do seu próprio critério estético, não basta para sustentar uma demanda indenizatória.

O pretendente a cirurgia plástica precisa ouvir atentamente o opinião, aconselhamentos e explicações do médico sobre os riscos próprios da cirurgia e resultados esperados. Com isso, será capaz de decidir se são aceitáveis e se as suas expectativas serão atendidas, recordando sempre que numa cirurgia plástica, como em outra qualquer, podem surgir complicações ou eventos adversos.

Munido das informações, o paciente, assim conscientizado, estará em condição de dar a sua autorização no Termo de Consentimento Informado e Esclarecido, onde confirmará ter entendido corretamente os procedimentos a que se submeterá, bem como as indicações pós-operatórias a serem observadas e os cuidados para assegurar o bom êxito da cirurgia.

Para não ser envolvido em situações que o leve a ser responsabilizado e minimizar polêmicas, inclusive para o caso de surgimento de complicações ou de eventos adversos, é recomendável que o cirurgião obtenha documento de consentimento do paciente, com a declaração de que foi detalhadamente informado e alertado de intercorrências próprias da cirurgia a que irá se submeter [43, 44, 45 e 46].

---

[43] "Para que o médico não possa ser responsabilizado facilmente, cabe a ele agir da maneira mais cautelosa possível, e exatamente por ser a cirurgia plástica feita em pessoa sã, deve agir muito mais escrupulosamente do que aquele que vai operar alguém que está doente. Deve avisar o cliente claramente dos riscos pelos quais vai passar, pesando esses com as vantagens a serem auferidas pela intervenção – dever de informar expressamente. Se os perigos forem maiores que as vantagens, deve negar-se a operar; não vale, para nenhum efeito, neste particular, a prova do consentimento do cliente." (Lopez, Teresa Ancona, ob. cit., pp. 91/92)

[44] "(...) Autora que se submeteu à cirurgia plástica abdominal, puramente estética, e ficou com cicatriz muito aparente, resíduo de flacidez e estrias. Dever de prestar as informações sobre os riscos do procedimento cumprido pelo médico. Laudo pericial que concluiu pela inexistência de nexo causal entre as deformidades e a conduta do profissional. Organismo da paciente que não reagiu bem quando da cicatrização. Paciente que, após a cirurgia, aumentou de peso, o que não era aconselhável. Dever de indenizar não caracterizado. (...)" (TJ-SP – 7ª Câm de Direito Privado – Ap. n. 9100978-51.2008.8.26.0000 – São Paulo-SP – Rel. Des. Ramon Mateo Júnior, j. 7.11.2012, v.u. – trechos da ementa)

[45] "Recurso especial. Responsabilidade civil. Erro médico. Art. 14 do CDC. Cirurgia plástica. Obrigação de resultado. Caso fortuito. Excludente de responsabilidade. 1. Os procedimentos cirúrgicos de fins meramente estéticos caracterizam verdadeira obrigação de resultado, pois neles o cirurgião assume verdadeiro compromisso pelo efeito embelezador prometido. 2. Nas obrigações de resultado, a responsabilidade do profissional da medicina permanece subjetiva. Cumpre ao médico, contudo, demonstrar que os eventos danosos decorreram de fatores externos e alheios à sua autuação durante a cirurgia. 3. Apesar de não prevista expressamente no CDC, a eximente de caso fortuito possui força liberatória e exclui a responsabilidade do cirurgião plástico, pois rompe o nexo de causalidade entre o dano apontado pelo paciente e o serviço prestado pelo profissional. 4. Age com cautela e conforme os ditames da boa fé objetiva o médico que colhe a assinatura do paciente em "termo de consentimento informado", de maneira a alertá-lo acerca de eventuais problemas que possam surgir durante o pós-operatório. Recurso especial a que se nega provimento." (STJ – Resp. n. 1.180.815 – 3ª Turma – Relª. Min. Nancy Andrighi – j: 19.8.2010, v.u.)

[46] "Arbitragem e erro médico. Cláusula compromissória instituída em contrato de prestação de serviços médicos (cirurgia plástica). Inadmissibilidade, por estabelecer imposição compulsória de arbitragem (art. 51, VII, do CDC) e porque, diante do silêncio sobre a quem cabe arcar com os custos da arbitragem, implica restrição ao direito de pleitear indenização pela falha do serviço no caso de ser dever do paciente, com ofensa aos arts. 14 e 54, § 4º, da Lei 8078/90. Ademais e por envolver a cirurgia plástica estética direito de personalidade (integridade física) poderá ser classificado como intransmissível e irrenunciável, impedindo a arbitragem (arts. 11, do CC e 1º, da Lei 9307/96). Não provimento." (TJ-SP – AI n. 990.10.313651-9 – 4ª Câm. de Direito Privado – Rel. Des. Enio Zuliani – j: 9.9.2010, v.u.)

4

DIREITOS DO PACIENTE

Com o passar do tempo e evolução social, a consciência coletiva mudou levando as pessoas a entenderem melhor seus direitos diante de certos acontecimentos médicos. Do que era simples relação entre médico e paciente, surgiram mais deveres para um e maiores direitos para outro.

Além de dispor acerca dos direitos, responsabilidades e obrigações do profissional da medicina, o Código de Ética Médica assegura ao paciente:

- ser esclarecido sobre as determinantes sociais, ambientais ou profissionais de sua doença (art. 13);
- concordar e ser esclarecido sobre o procedimento de procriação medicamente assistida (art. 15 § 3º);
- decidir livremente sobre a execução de práticas diagnósticas ou terapêuticas, salvo em caso de iminente perigo de vida (art. 31);
- ter acesso a todos os meios disponíveis de diagnósticos e tratamentos ao alcance do seu médico (art. 32);
- ser atendido em caso de urgência ou emergência (art. 33);
- ser informado do diagnóstico, prognóstico, riscos e objetivos do tratamento, salvo quando a comunicação puder lhe provocar

dano, devendo, nesse caso, a comunicação ser feita a seu responsável legal (art. 34);

- decidir livremente sobre método contraceptivo, e ser esclarecido sobre a indicação, segurança, reversibilidade e risco de cada método (art. 42);
- obter laudo médico quando for encaminhado ou transferido para continuação do tratamento, ou na alta (art. 86);
- ter acesso ao prontuário médico ou à cópia quando solicitar (art. 88);
- obter atestado dos atos médicos que foram executados quando solicitar (art. 91);

No Estado de São Paulo a Lei n. 10.241, de 17.3.1999, garante aos usuários dos serviços e das ações de saúde o direito de (art. 2º):

I – ter um atendimento digno, atencioso e respeitoso;

II – ser identificado e tratado pelo nome ou sobrenome;

III – não ser identificado ou tratado por números, códigos ou de modo genérico, desrespeitoso ou preconceituoso;

IV – ter resguardado o segredo sobre seus dados pessoais, através da manutenção do sigilo profissional, desde que não acarrete riscos a terceiros ou à saúde pública;

V – identificar as pessoas responsáveis direta e indiretamente por sua assistência, através de crachás visíveis, legíveis e que contenham nome completo, função, cargo e nome da instituição;

VI – receber informações claras, objetivas e compreensíveis sobre hipóteses diagnósticas, diagnósticos realizados, exames solicitados, ações terapêuticas, riscos, benefícios e inconvenientes das medidas diagnósticas e terapêuticas propostas, duração prevista do tratamento, a necessidade ou não de anestesia no caso de procedimentos de diagnósticos e terapêuticos invasivos, o tipo de anestesia a ser aplicada, o instrumental a ser utilizado, as partes do corpo afetadas, os efeitos colaterais, os riscos e consequências indesejáveis e a duração esperada do procedimento, exames e condutas a que será submetido, a finalidade dos materiais coletados para exame, alternativas de diagnósticos e terapêuticas existentes no serviço de atendimento ou em outros serviços e o que julgar necessário;

VII - consentir ou recusar, de forma livre, voluntária e esclarecida, com adequada informação, procedimentos diagnósticos ou terapêuticos a serem realizados;

VIII - acessar, a qualquer momento, o prontuário médico;

IX - receber por escrito o diagnóstico e o tratamento indicado, com a identificação do nome do profissional e o seu número de registro no órgão de regulamentação e controle da profissão;

X - receber as receitas com o nome genérico das substâncias prescritas de maneira legível (datilografadas, digitadas ou manuscritas), sem a utilização de códigos ou abreviaturas, com o nome do profissional e seu número de registro no órgão de controle e regulamentação da profissão, devidamente assinadas;

XI - conhecer a procedência do sangue e dos hemoderivados e poder verificar, antes de recebê-los, os carimbos que atestaram a origem, sorologias efetuadas e prazo de validade;

XII - ter anotado no prontuário, principalmente se inconsciente durante o atendimento, as medicações com as dosagens utilizadas e registro da quantidade de sangue recebida e dos dados que permitam identificar a sua origem, sorologias efetuadas e prazo de validade;

XIII - ter assegurado, durante as consultas, internações, procedimentos diagnósticos e terapêuticos e na satisfação de suas necessidades fisiológicas a sua integridade física, a privacidade, a individualidade, o respeito aos valores éticos e culturais, a confidencialidade de toda e qualquer informação pessoal e a segurança do procedimento;

XIV – ser acompanhado, se assim o desejar, nas consultas e internações por pessoa indicada;

XV – ter a presença do pai da criança nos exames pré-natais e no momento do parto;

XVI – receber do profissional adequado, presente no local, auxílio imediato e oportuno para a melhoria do conforto e bem-estar;

XVII – ser atendido em local digno e adequado;

XVIII – receber ou recusar assistência moral, psicológica, social ou religiosa;

XIX – ser prévia e expressamente informado quando o tratamento proposto for experimental ou fizer parte de pesquisa;

XX – receber anestesia nas situações indicadas;

XXI – recusar tratamentos dolorosos ou extraordinários para prolongar a vida; e

XXII – optar pelo local de morte.

No ano de 2006 o Ministério da Saúde editou, inclusive em versão ilustrada, uma Carta dos Direitos dos Usuários da Saúde compreendendo seis princípios básicos de cidadania que, juntos, deveriam assegurar ao cidadão o direito de ingressar dignamente nos sistemas de saúde, públicos ou privados [47 e 48]. Os princípios são estes:

1. Todo cidadão tem direito ao acesso ordenado e organizado aos sistemas de saúde.

---

[47] Carta dos direitos dos usuários da saúde / Ministério da Saúde – Brasília: Ministério da Saúde, 2006, 8 p. (Série E. Legislação de Saúde) http://bvsms.saude.gov.br/bvs/publicacoescarta_direito_usuarios_ 2ª ed, 2007, .pdf.

Ver também a Portaria nº 1.820, de 13.8.2009, do Gabinete do Ministro da Saúde – Dispõe sobre os direitos e deveres dos usuários da saúde – www.saude.gov.br.

[48] O Anexo I da Resolução CNS n. 553, de 09.8..2017, do Conselho Nacional de Saúde, aprovou a atualização da referida Carta (DOU de 15.11.2018, seção 1, pp.41-44).

2. Todo cidadão tem direito a tratamento adequado e efetivo para seu problema.

3. Todo cidadão tem direito ao atendimento humanizado, acolhedor e livre de qualquer discriminação.

4. Todo cidadão tem direito a atendimento que respeite sua pessoa, seus valores e seus direitos.

5. Todo cidadão também tem responsabilidades para que seu tratamento aconteça de forma adequada.

6. Todo cidadão tem direito ao comprometimento dos gestores da saúde para que os princípios anteriores sejam cumpridos.

Poucos hospitais o fazem, mas seria de extraordinária utilidade que esses direitos básicos ficassem, obrigatória e permanentemente, afixados nos estabelecimentos de saúde públicos e privados, para lembrança geral. Talvez assim fosse menor o desumano, escandaloso e impressionante desrespeito aos doentes com o escancarado descaso dos responsáveis pela saúde pública.

Todo ser humano tem o direito de receber atendimento médico. É dever dos militantes da saúde atender qualquer indivíduo sem preconceito algum, ainda que sintam-se desconfortáveis por motivação religiosa, política, pecuniária ou outra qualquer [49].

Coerente com os princípios fundamentais da Medicina e reverente às normas constitucionais e éticas, pertinentes à dignidade da pessoa humana, à igualdade de todos perante a lei sem discriminações e distinções, o Conselho Regional de Medicina do Estado de São Paulo editou

---

[49] CF: "Art. 196. A saúde é direito de todos e dever do Estado, garantido mediante políticas sociais e econômicas que visem à redução do risco de doença e de outros agravos e ao acesso universal e igualitário às ações e serviços para sua promoção, proteção e recuperação.", e

"Art. 5º VIII - ninguém será privado de direitos por motivo de crença religiosa ou de convicção filosófica ou política, salvo se as invocar para eximir-se de obrigação legal a todos imposta e recusar-se a cumprir prestação alternativa, fixada em lei."

Parecer CFM nº 2/11 – "Não há que existir incompatibilidades entre a fé e a razão, entre a crença e o conhecimento científico no ensino, nem no exercício da profissão médica, desde que respeitados os princípios básicos irrefutáveis da boa prática médica."

normas sobre o atendimento médico integral aos travestis, transexuais e pessoas que apresentam dificuldade de integração ou de adequação psíquica e social em relação ao sexo biológico, a fim de serem consideradas ao paciente, homem ou mulher, as seguintes possibilidades: atendimento psicossocial, tratamento psiquiátrico e psicoterapêutico, tratamento e acompanhamento médico-endocrinológico, intervenções cirúrgicas e procedimentos de caráter estético ou reparador, desde que asseguradas as condutas éticas, as diretrizes clínicas e as normatizações técnicas reconhecidas pela comunidade médica, assegurando ao paciente, durante o atendimento médico, o direito de usar ou indicar o nome social pelo qual prefere ser chamado, independente do que constar no registro civil ou nos prontuários do serviço de saúde [50].

4.1. Direitos do Médico

O médico também tem direitos. Dentre os esparsamente mencionados no CEM e os enumerados em seu Capítulo II, vale acentuar:

A não ser em hipóteses muitos especiais como, por exemplo: falta de outro profissional em condições de intervir; casos de urgência e emergência; dano ou agravamento no estado de saúde do necessitado, o médico está desobrigado de prestar serviços a quem não desejar (CEM, Princípios Fundamentais, VII).

Quando surgirem fatos comprometedores ao bom relacionamento com o doente, ele tem o direito de afastar-se do atendimento. Porém, ao se defrontar com tal situação, deve informar a decisão ao paciente ou ao responsável para que providenciem a substituição por outro profissional sem, todavia, deixar de passar as informações necessárias ao sucessor para a continuidade do tratamento (CEM, art. 36, § 1º).

---

[50] Resolução CREMESP n. 208, de 27 de outubro de 2009 – *Dispõe sobre o atendimento médico integral à população de travestis, transexuais e pessoas que apresentam dificuldade de integração ou dificuldade de adequação psíquica e social em relação ao sexo biológico.*

O médico possui a prerrogativa de internar e assistir seus pacientes em hospitais privados e públicos, de caráter filantrópico ou não, independentemente de fazer parte do corpo clínico (CEM, Capítulo II, item VI).

Tem a garantia legal de atuar com ampla liberdade e de escolher os métodos diagnósticos e procedimentos terapêuticos que julgar acertado às necessidades das pessoas sob seus cuidados e empregar o tempo que entender necessário para assegurar a boa prática das atividades (CEM, Princípios Fundamentais VII, VIII e Capítulo II, item VIII).

Estando em juízo como parte ou testemunha, está desobrigado de depor sobre a saúde e informações recebidas dos pacientes no decorrer de consultas e tratamentos ou sobre fatos a cujo respeito teve conhecimento em razão do exercício da profissão (CEM, art. 73 e Parágrafo único, b) e CPC, art. 388, II e art. 448, II) [51].

Com exceção das situações que envolverem risco de morte ou se o necessitado não tiver quem o socorra, está dispensado de praticar atos conflitantes com sua convicção pessoal, moral, ética e religiosa, sob a justificativa de serem contrários aos ditames de sua consciência (CEM, Princípios Fundamentais, VII e XXI, Capítulo II, item IX).

Outro de seus direitos é abster-se de trabalhar em estabelecimentos cujas condições possam prejudicar sua própria vida e saúde ou a dos enfermos, não oferecerem meios adequados à pratica ética da medicina ou não remunerá-lo de forma digna e justa (CEM, Princípios Fundamentais, III e Capítulo II, itens IV e V).

Quando atingido publicamente por ofensas, denúncias infundadas, condutas desabonadoras ou ultrajantes, práticas antiéticas de caráter sensacionalista, goza da prerrogativa de requerer desagravo público ao Conselho de Medicina da jurisdição onde atuar (CEM, Capítulo II, item VII).

---

[51] CPC: " Art. 388. A parte não é obrigada a depor sobre fatos (...) II - a cujo respeito, por estado ou profissão, deva guardar sigilo; "

"Art. 448. A testemunha não é obrigada a depor sobre fatos: (...) II - a cujo respeito, por estado ou profissão, deva guardar sigilo."

A rigor, entre os Direitos dos Médicos elencados no CEM, não está incluído o de impedir ser fotografado, filmado ou ter registrado por algum meio eletrônico, ainda que para finalidade científica, pedagógica ou para preservação familiar, procedimento que estiver executando ou participando. No entanto, em razão da autonomia do profissional é fácil compreender que, consentir ou não, dependerá inteiramente da sua decisão pessoal.

5

PROTEÇÃO AO IDOSO

A Constituição Federal procura proteger as pessoas idosas impondo aos filhos a obrigação de ajudar os pais na velhice, carência ou enfermidade e, à sociedade e ao Estado, o dever de lhes assegurar participação na comunidade, defender a sua dignidade, bem-estar e direito à vida (CF art. 229 e art. 230) [52 e 53].

---

52 "Os idosos não foram esquecidos pelo constituinte. Ao contrário, vários dispositivos mencionam a velhice como objeto de direitos específicos, como do direito previdenciário (art. 201, I), do direito assistencial (art. 203, I), mas há dois dispositivos que merecem referência especial, porque o objeto de consideração é a pessoa em sua terceira idade. Assim é que no art. 230 estatui que a família, a sociedade e o Estado têm o dever de amparar as pessoas idosas, assegurando sua participação na comunidade, defendendo sua dignidade e bem-estar e garantindo-lhes o direito à vida, de preferência mediante programas executados no recesso do lar, garantindo-se, ainda, o benefício de um salário mínimo mensal ao idoso que comprove não possuir meios de prover a própria manutenção ou de tê-la provida por família, conforme dispuser a lei (art. 203, V), e, aos maiores de sessenta e cinco anos, independentes de condição social, é garantida a gratuidade dos transportes urbanos." (Silva, José Afonso da. Curso de Direito Constitucional Positivo. 41ª ed. São Paulo: Malheiros, 2018, p. 869)

53 "Apelação. Ação de cobrança. Valores despendidos para subsistência da mãe e sogra dos autores. Dever legal de prestar alimentos de todos os filhos em relação aos seus genitores. Improcedência da ação. Pretensão dos autores de ressarcimento dos valores por eles dependidos para subsistência de sua mãe e sogra. Demanda dirigida contra a irmã. Inequívoco nos autos que a demandada assumira, com registro em escritura pública, a obrigação de cuidar e prestar assistência aos seus genitores, tendo sido

A Lei n. 10.741, de 1º de outubro de 2003, conhecida como Estatuto do Idoso, renova a determinação constitucional, conferindo às pessoas com idade igual ou superior a 60 anos todos os direitos fundamentais inerentes à pessoa humana e à preservação da saúde física e mental [54 e 55]. Reitera a obrigação do Estado de proteger a vida e a saúde da pessoa idosa, mediante efetivação de políticas sociais públicas que permitam um envelhecimento saudável e digno [56].

No Capítulo IV (Do Direito à Saúde), o Estatuto traz estes dizeres: "É assegurada a atenção integral à saúde do idoso, por intermédio do Sistema Único de Saúde – SUS, garantindo-lhes o acesso universal e igualitário, em conjunto articulado e contínuo das ações e serviços, para a prevenção, promoção, proteção e recuperação da saúde, incluindo a

---

condenada em precedente demanda de execução de obrigação de fazer, convertida em perdas e danos, a arcar com os custos decorrentes da subsistência de sua mãe, que veio a falecer antes da liquidação dos valores. Ocorre que a responsabilidade da ré não elide a obrigação dos autores, decorrente de lei, e que impõe a prestação de alimentos aos parentes entre si; dos pais em relação aos filhos e destes em relação àqueles. Constituição Federal (art.229), Código Civil (art. 1.696) e Estatuto do Idoso, que define a obrigação alimentar como solidária entre os que devem prestar os alimentos (arts. 11 e 12). Improcedência da ação que se mantém. Honorários advocatícios reduzidos. Apelo dos parcialmente provido." (TJ-RS – Ap. cív. n. 70033536434 – 12ª Câm. Cível – Rel. Des. Orlando Hemann Júnior – j: 28.4.2011, v.u.)

[54] Ver Decreto n. 5.934, de 18.10.2006 (Estabelece mecanismos e critérios a serem adotados na aplicação do disposto no art. 40 da Lei no 10.741, de 1o de outubro de 2003 (Estatuto do Idoso), e dá outras providências.) Decreto n. 6.214, de 26.9.2007 (Regulamenta o benefício de prestação continuada da assistência social devido à pessoa com deficiência e ao idoso de que trata a Lei no 8.742, de 7 de dezembro de 1993, e a Lei nº 10.741, de 1º de outubro de 2003, acresce parágrafo ao art. 162 do Decreto no 3.048, de 6 de maio de 1999, e dá outras providências.)

[55] A Lei n. 12.461, de 26 de julho de 2011, alterou o art. 19 da Lei n. 10.741/2003 obrigando a notificação compulsória à autoridade sanitária dos atos de violência praticados contra os idosos atendidos em estabelecimentos de saúde públicos ou privados, bem como a comunicação por aqueles serviços aos seguintes órgãos: autoridade policial; Ministério Público; conselhos municipais, estaduais e nacional do Idoso. Considera violência contra o idoso qualquer ação ou omissão praticada em local público ou privado que lhe cause a morte, dano ou sofrimento físico ou psicológico.

[56] A Resolução n. 283 da Diretoria Colegiada da ANS aprovou o Regulamento Técnico que define as normas de funcionamento para as Instituições de Longa Permanência para Idosos de caráter residencial – DOU, de 27.9.2005.

atenção especial às doenças que afetam preferencialmente os idosos." (art. 15).

Acrescenta que incumbe ao Poder Público fornecer aos idosos, gratuitamente, medicamentos, especialmente os de uso continuado, assim como próteses, órteses (apoios para juntas ou músculos) e outros recursos relativos ao tratamento, habilitação ou reabilitação. Proíbe a discriminação do idoso nos planos de saúde, pela cobrança de valores diferenciados em razão da idade [53, 54 e 55], a recusa a acompanhante em

---

[53] "Direito civil e processual civil. Recurso especial. Ação revisional de contrato de plano de saúde. Reajuste em decorrência de mudança de faixa etária. Estatuto do Idoso. Vedada a discriminação em razão da idade. O Estatuto do Idoso veda a discriminação da pessoa idosa com a cobrança de valores diferenciados em razão da idade (art. 15, § 3º). Se o implemento da idade, que confere à pessoa a condição jurídica de idosa, realizou-se sob a égide do Estatuto do Idoso, não estará o consumidor usuário do plano de saúde sujeito ao reajuste estipulado no contrato, por mudança de faixa etária. A previsão de reajuste contida na cláusula depende de um elemento básico prescrito na lei e o contrato só poderá operar seus efeitos no tocante à majoração das mensalidades do plano de saúde, quando satisfeita a condição contratual e legal, qual seja, o implemento da idade de 60 anos. Enquanto o contratante não atinge o patamar etário preestabelecido, os efeitos da cláusula permanecem condicionados a evento futuro e incerto, não se caracterizando o ato jurídico perfeito, tampouco se configurando o direito adquirido da empresa seguradora, qual seja, de receber os valores de acordo com o reajuste predefinido. Apenas como reforço argumentativo, porquanto não prequestionada a matéria jurídica, ressalte-se que o art. 15 da Lei n. 9.656/1998 faculta a variação das contraprestações pecuniárias estabelecidas nos contratos de planos de saúde em razão da idade do consumidor, desde que estejam previstas no contrato inicial as faixas etárias e os percentuais de reajuste incidentes em cada uma delas conforme normas expedidas pela ANS. No entanto, o próprio parágrafo único do aludido dispositivo legal veda tal variação para consumidores com idade superior a 60 anos. E mesmo para os contratos celebrados anteriormente à vigência da Lei n. 9.656/1998, qualquer variação na contraprestação pecuniária para consumidores com mais de 60 anos de idade está sujeita à autorização prévia da ANS (art. 35-E da Lei n. 9.656/1998). Sob tal encadeamento lógico, o consumidor que atingiu a idade de 60 anos, quer seja antes da vigência do Estatuto do Idoso, quer seja a partir da sua vigência (1º de janeiro de 2004), está amparado contra a abusividade de reajustes das mensalidades com base exclusivamente no alçar da idade de 60 anos pela própria proteção oferecida pela Lei dos Planos de Saúde e, ainda, por efeito reflexo da Constituição Federal que estabelece norma de defesa do idoso no art. 230. A abusividade na variação das contraprestações pecuniárias deverá ser aferida em cada caso concreto, diante dos elementos que o Tribunal de origem dispuser. Por fim, destaque-se que não se está aqui alçando o idoso a condição que o coloque à margem do sistema privado de planos de assistência à saúde, porquanto estará sujeito a todo o regramento emanado em lei e decorrente das estipulações em contratos que

entabular, ressalvada a constatação de abusividade que, como em qualquer contrato de consumo que busca primordialmente o equilíbrio entre as partes, restará afastada por norma de ordem pública. Recurso especial conhecido." (STJ - REsp n. 809.329-RJ - 3ª Turma - Rel. Min. Nancy Andrighi - j: 25.3.2008, v.m.). Em igual sentido: REsp n. 1.106.557-SP - Rel. Min. Nancy Andrighi - j: 16.9.2010; REsp n. 1.073.595-MG, Rel. Min. Nancy Andrighi, DJU 29.4.2011; TJ-RS - Ap. Cív. n. 70034918730, 6ª Câm. Cível - Rel. Artur Arnildo Ludwig - j: 09.9.2010); TJ-RS - Ap. Cível n. 70031897762, 5ª Câm. Cível - Rel. Romeu Marques Ribeiro Filho - j: 18.8.2010 e REsp. n. 866.840-SP (2006/0129056-3) - 4ª Turma - Rel. Min. Raúl Araújo - j: 26.10.2010.

54 "Seguro de vida. Renovação do contrato. Imposição de reajuste do prêmio por faixa etária. Idoso. 1. A discussão das condições renovação do contrato propostas pela seguradora é direito do segurado. Inteligência do art. 6º, V, do Código de Proteção e Defesa do Consumidor. 2. Consiste prática comercial desleal a imposição de condições de renovação contratual que oneram excessivamente o consumidor. 3. A liberdade de contratar é um instituto delimitado pela função social do contrato. Art. 421 do Código Civil de 2002. 4. Em contratos que não previam inicialmente o reajuste do prêmio em razão da mudança de faixa etária, é abusiva a conduta da seguradora que - em razão da alegada redução de sua margem de lucro causada pelo envelhecimento de seu cliente - eleva o preço da renovação do contrato do consumidor idoso, que certamente encontrará dificuldades insuperáveis para contratar um seguro similar com outra companhia. Negaram Provimento ao apelo. Unânime." (TJ-RS - Ap. cív. n. 70024053944 - 6ª Câm. Cível - Rel. Luís Augusto Coelho Braga - j: 17.3.2011, v.u.)

55 "Apelação Cível. Contrato de seguro de vida. Renovação anual automática. Recusa da renovação após longo período de contratação. Frustração da expectativa do segurado de manutenção do contrato. Resilição unilateral. 'É reprovável a prática utilizada por muitas seguradoras consistente em atrair o consumidor com diversas vantagens, inclusive o pagamento de prêmio em quantia não muito elevada e, passados alguns anos, verificar-se a imposição da renovação do contrato mediante a aceitação de cláusulas muito mais onerosas ao consumidor.' (AC n. 2004.027532-4, de Blumenau, Rel. Des. Joel Dias Figueira, DJ 10-4-2007). Desinteresse na continuidade da avença em razão da idade atingida pelo segurado. Inadmissibilidade. Proposta renovatória em condições mais desvantajosas. Abusividade de cláusula contratual. 'Deve ser coibida pelo judiciário a prática comumente utilizada pelas companhias seguradoras de recusarem-se a renovar os contratos de seguro de vida ao fundamento de desequilíbrio econômico-financeiro, mormente quando o desequilíbrio tem como causa a elevação da faixa etária dos contratantes, em prestígio ao princípio da boa-fé objetiva e ao disposto no artigo 51, IV, do Código de Defesa do Consumidor.' (AI 2007.037728-7 - Rel. Des. Fernando Carioni - DJ de 17-2-2007). Desrespeito aos princípios da boa-fé e da função social do contrato. Recurso provido. Sabe-se que o que rege e norteia o ordenamento jurídico são os princípios insculpidos na Carta Magna, de modo que, jamais o interesse friamente contratual das partes pode exceder os limites impostos pelos princípios que resguardam o bem estar social e o equilíbrio das relações jurídicas, tal como os princípios da boa-fé contratual e da função social do contrato. Os contratos com característica de trato sucessivo devem ter cunho de pacto único, uma vez que criam no contratante/segurado a expectativa de continuidade do negócio jurídico." (TJ-SC - Ap. cív. n. 2008.043168-7 - 1ª Câm. de Direito Civil - Rel. Des. Carlos Prudência - j: 9.8.2011, v.u.)

tempo integral quando internado ou em observação, segundo o critério médico, a exigência de comparecimento perante os órgãos públicos, assegurando-lhe atendimento domiciliar pela perícia médica para obtenção de laudo de saúde e, também, gratuidade nos transportes públicos urbanos [55], desconto nas passagens no sistema nos transportes coletivos interestaduais, vagas nos estacionamentos públicos e privados e prioridade nos procedimentos de embarque e desembarque nos veículos do sistema de transportes coletivos (arts. 15, 16, e arts. 39 a 42).

No âmbito do judiciário, o Estatuto e o Código de Processo Civil priorizam a tramitação, em qualquer instância, dos processos, procedimentos e execução de atos e diligências processuais em que a parte, interveniente ou interessado, tenha idade igual ou superior a 60 anos [57]. O favor legal não cessa com a morte do beneficiado. Estende-se ao cônjuge, companheiro ou companheira em união estável, maiores de 60 anos (Estatuto, art. 71 e § 2º, e Código de Processo Civil, art. 1.211 - A e C).

---

[56] CF: "Art. 230. § 2º Aos maiores de sessenta e cinco anos é garantida a gratuidade dos transportes coletivos urbanos."

[57] CPC, art. 1.211-A.

6

ALGUMAS LEIS DE PROTEÇÃO AOS ENFERMOS, ÀS PESSOAS COM DEFICIÊNCIA E À SAÚDE DA MULHER

Sistema Único de Saúde (SUS):

Lei n. 8.080, de 19.9.1990 – Dispõe sobre as condições para a promoção, proteção e recuperação da saúde, a organização e o funcionamento dos serviços correspondentes, e dá outras providências 58.

Planos e seguros privados de assistência à saúde:

Lei n. 9.656 de 3.6.1998 – Dispõe sobre os planos e seguros privados de assistência à saúde.

Isenção do Imposto de Renda:

Lei n. 7.713, de 22.12.1988 – Altera a legislação do Imposto de Renda e dá outras providências. – Art. 6º Ficam isentos do Imposto de Renda os seguintes rendimentos percebidos por pessoas físicas: (...) XIV – os proventos de aposentadoria ou reforma motivada por acidente em serviço e os percebidos pelos portadores de moléstia profissional, tuberculose ativa, alienação mental, esclerose múltipla, neoplasia maligna, cegueira, hanseníase, paralisia irreversível e incapacitante, cardiopatia grave, doença de Parkinson, espondiloartrose anquilosante, nefropatia

[58] Decreto n. 7.508, de 28.6. 2011 – Regulamenta a Lei nº 8.080, de 19 de setembro de 1990, para dispor sobre a organização do Sistema Único de Saúde-SUS, o planejamento da saúde, a assistência à saúde e a articulação interfederativa, e dá outras providências.

grave, hepatopatia grave, estados avançados da doença de Paget (osteíte deformante), contaminação por radiação, síndrome da imunodeficiência adquirida, com base em conclusão da medicina especializada, mesmo que a doença tenha sido contraída depois da aposentadoria ou reforma (redação dada pela Lei n. 11.052, de 2004) 59 e 60.

Lei n. 9.250, de 26.12.1995 – Altera a legislação do Imposto de Renda das pessoas físicas e dá outras providências (o art. 30, § 2º, incluiu no inciso XIV do art. 6º da Lei n. 7.713/88, a fibrose cística (mucoviscidose).

Proteção à criança e adolescente:

Lei n. 8.069, de 13.7.1990 (ECA) – Dispõe sobre o Estatuto da Criança e do Adolescente, e dá outras providências – O ECA prevê uma série de medidas protetivas à saúde da criança e do adolescente, entre elas: assegura atendimento integral por intermédio do SUS, incluindo fornecimento gratuito aos necessitados de medicamentos, próteses e recursos relativos a tratamento, habilitação ou reabilitação pelo Poder Público; obriga os estabelecimentos de atendimento à saúde proporcionarem condições para permanência em tempo integral de um dos pais ou responsável, nos casos de internação; determina ao SUS promover programas de assistência odontológica para a prevenção de enfermidades que afetam a população infantil e campanhas de educação sanitária para pais, educadores e alunos (arts. 11, 12 e 14).

---

[59] Sobre a isenção do Imposto de Renda nos casos de cegueira e surdez ver estas decisões do Superior Tribunal de Justiça: REsp. n. 1.196.500-MT, DJe de 4.2.2011; REsp n. 1.116.620-BA, DJe de 25.8.20109; REsp n. 1.013.060-RJ, j: 10.5.2011.

[60] "Tributário. Imposto de Renda. Isenção Lei n. 7.713/88 e Lei n.9.250/95. Cardiopatia grave. Laudos particulares. A isenção pleiteada encontra-se prevista na forma do art. 176 do Código Tributário Nacional, conforme art. 6º, XIV, da Lei n. 7.713/88 e art. 39, XXXIII, do Decreto n. 3.000/99. Constam dos autos atestados médicos emitidos por médicos particulares que são uníssonos no sentido de que a autora, paciente atualmente com 86 anos, padece da doença relacionada à cardiopatia, cuja gravidade a torna inapta para as suas funções habituais. A exigência de emissão de laudo por órgão oficial, contida no art. 30 da Lei 9.250/95, tem sido mitigada pelo Judiciário, pois o Magistrado é livre na apreciação das provas dos autos. Precedente do STJ. Apelação e remessa necessária desprovidas." (TRF da 2ª Região – Embargos de Declaração n. 2008.51.01.007151-6 – 3ª Turma Especializada – Rel. Des. Fed. José F. Neves Neto – j: 7.6.2011, v.u.)

Assistência à saúde da mulher:

Lei n. 9.797, de 6.5.1999 – Dispõe sobre a obrigatoriedade da cirurgia plástica reparadora da mama pela rede de unidades integrantes do Sistema Único de Saúde – SUS nos casos de mutilação decorrente de tratamento de câncer.

Lei n. 10.223, de 15.5.2001 – Altera a Lei n. 9.656, de 3 de junho de 1998, para dispor sobre a obrigatoriedade de cirurgia plástica reparadora de mama por planos e seguros privados de assistência à saúde nos casos de mutilação decorrente de tratamento de câncer.

Lei n. 10.778, de.24.11.2003 – Estabelece a notificação compulsória, no território nacional, do caso de violência contra a mulher que for atendida em serviços de saúde públicos ou privados.

Lei n. 11.664, de 29.4.2008 – Dispõe sobre a efetivação de ações de saúde que assegurem a prevenção, a detecção, o tratamento e o seguimento dos cânceres do colo uterino e de mama, no âmbito do Sistema Único de Saúde – SUS.

Lei n. 14.686, de 29.12.2011 (São Paulo) – Dispõe sobre a obrigatoriedade da presença de profissional habilitado em reanimação neonatal na sala de parto em hospitais, clínicas e unidades integrantes do Sistema Único de Saúde – SUS (assegura o direito de assistência à mulher e ao recém-nascido, no momento do parto).

Lei n.13.770, de 19.12. 2018 – Altera as Leis ns. 9.656, de 3 de junho de 1998, e 9.797, de 6 de maio de 1999, para dispor sobre a cirurgia plástica reconstrutiva da mama em casos de mutilação decorrente de tratamento de câncer.

Levantamento dos valores correspondentes ao Fundo de Garantia do Tempo de Serviço (FGTS):

Lei n.8.036 de 11 de maio de 1990 – Dispõe sobre o Fundo de Garantia do Tempo de Serviço, e dá outras providências – Art. 20. A conta vinculada do trabalhador no FGTS poderá ser movimentada nas seguintes situações: (...) XI - quando o trabalhador ou qualquer de seus dependentes for acometido de neoplasia maligna; (...) XIII - quando o trabalhador ou qualquer de seus dependentes for portador do vírus

HIV; XIV - quando o trabalhador ou qualquer de seus dependentes estiver em estágio terminal, em razão de doença grave, nos termos do regulamento.

Lei n. 7.670, de 8.9.1988 – Estende aos portadores da Síndrome da Imunodeficiência Adquirida – SIDA/AIDS os benefícios que especifica e dá outras providências – Art. 1º A Síndrome da Imunodeficiência Adquirida - SIDA/AIDS fica considerada, para os efeitos legais, causa que justifica: I - a concessão de: a) licença para tratamento de saúde prevista nos artigos 104 e 105 da Lei nº 1.711, de 28 de outubro de 1952; b) aposentadoria, nos termos do art. 178, inciso I, alínea b, da Lei nº 1.711, de 28 de outubro de 1952; (...) d) pensão especial nos termos do art. 1º da Lei nº 3.738, de 4 de abril de 1960; e) auxílio-doença ou aposentadoria, independentemente do período de carência, para o segurado que, após filiação à Previdência Social, vier a manifestá-la, bem como a pensão por morte aos seus dependentes; II - levantamento dos valores correspondentes ao Fundo de Garantia do Tempo de Serviço - FGTS, independentemente de rescisão do contrato individual de trabalho ou de qualquer outro tipo de pecúlio a que o paciente tenha direito.

Neoplasia Maligna (câncer):

Lei n. 12.732, de 22.11.2012 – Dispõe sobre o primeiro tratamento com neoplasia maligna comprovada e estabelece prazo para seu início. – Art. 2º O paciente com neoplasia maligna tem direito de se submeter ao primeiro tratamento no Sistema Único de Saúde (SUS), no prazo de até 60 dias contados a partir do dia em que for firmado o diagnóstico em laudo patológico ou em prazo menor, conforme a necessidade terapêutica do caso registrada em prontuário médico.

Isenção do Imposto sobre Produtos Industrializados (IPI), na aquisição de automóveis:

Lei n. 8.989, de 24.2.1995 – Dispõe sobre a Isenção do Imposto sobre Produtos Industrializados – IPI, na aquisição de automóveis para utilização no transporte autônomo de passageiros, bem como por pessoas portadoras de deficiência física, e dá outras providências.

Pessoas com deficiência:

Constituição Federal – art. 23, II – Atribui competência comum à União, Estados, Distrito Federal e Municípios para cuidar da saúde e assistência pública, da proteção e garantia das pessoas portadoras de deficiência. O art. 203, V da CF e o art. 2º, I, e) da Lei n. 8.742, de 7.12.1993 que dispõe sobre a organização da assistência social e dá outras providências (Lei Orgânica da Assistência Social – LOAS), garantem um salário mínimo de benefício mensal à pessoa com deficiência e ao idoso que comprovem não possuir meios de prover a própria manutenção ou de tê-la provida por sua família.

Emenda Constitucional n. 65, de 13.7.2010 – Modificou a redação do inciso II do § 1º do art. 227 da Constituição Federal para: criação de programas de prevenção e atendimento especializado às pessoas portadoras de deficiência física, sensorial ou mental, bem como de integração social do adolescente e do jovem portador de deficiência, mediante treinamento para o trabalho e a convivência, e a facilitação do acesso aos bens e serviços coletivos, com a eliminação de obstáculos arquitetônicos e de todas as formas de discriminação.

Lei n. 7.853, de 24.10.1989 – Dispõe sobre o apoio às pessoas portadoras de deficiência, sua integração social; sobre a Coordenadoria Nacional para Integração da Pessoa Portadora de Deficiência – CORDE; institui a tutela jurisdicional de interesses coletivos ou difusos dessas pessoas; disciplina a atuação do Ministério Público; define crimes e dá outras providências (regulamentada pelo Decreto n. 3.298, de 20.12.1999).

Lei n. 8.899, de 29.6.1994 – Concede passe livre às pessoas portadoras de deficiência no sistema de transporte coletivo interestadual (regulamentada pelo Decreto n. 3.691, de 20.12.2000).

Lei n. 9.784, de 29.1.1999 – Regula o processo administrativo no âmbito da Administração Pública Federal. – Art. 69-A. Terão prioridade na tramitação, em qualquer órgão ou instância, os procedimentos administrativos em que figure como parte ou interessado: I - pessoa com idade igual ou superior a 60 (sessenta) anos; II - pessoa portadora de deficiência, física ou mental; (...) IV - pessoa portadora de tuberculose ativa, esclerose múltipla, neoplasia maligna, hanseníase, paralisia irreversível e incapacitante, cardiopatia grave, doença de Parkinson, espondiloartrose anquilosante, nefropatia grave, hepatopatia grave, estados avançados da doença de Paget (osteíte deformante), contaminação por radiação, síndrome de imunodeficiência adquirida, ou outra doença grave, com base em conclusão da medicina especializada, mesmo que a doença tenha sido contraída após o início do processo.

Lei n. 10.048, de 8.11.2000 – Dá prioridade de atendimento às pessoas que especifica, e dá outras providências. – Art. 1º As pessoas portadoras de deficiência, os idosos com idade igual ou superior a 60 (sessenta) anos, as gestantes, as lactantes e as pessoas acompanhadas por crianças de colo terão atendimento prioritário, nos termos desta Lei. Art. 2º As repartições públicas e empresas concessionárias de serviços públicos estão obrigadas a dispensar atendimento prioritário, por meio de serviços individualizados que assegurem tratamento diferenciado e atendimento imediato às pessoas a que se refere o art. 1º. Parágrafo único. É assegurada, em todas as instituições financeiras, a prioridade de atendimento às pessoas mencionadas no art. 1º. Art. 3º As empresas públicas de transporte e as concessionárias de transporte coletivo reservarão assentos, devidamente identificados, aos idosos, gestantes, lactantes, pessoas portadoras de deficiência e pessoas acompanhadas por crianças de colo.(...)

Lei n. 10.098, de 19.12.2000 – Estabelece normas gerais e critérios básicos para a promoção da acessibilidade das pessoas portadoras de deficiência ou com mobilidade reduzida, e dá outras providências (regulamentada pelo Decreto n. 5.296, de 2.12.2004).

Lei n. 10.436, de 24.4.2002 (Lei de Libras) – Dispõe sobre a Língua Brasileira de Sinais - Libras e dá outras providências.

Decreto n. 5.626, de 22.12.2005 – Regulamenta a Lei nº 10.436, de 24 de abril de 2002, que dispõe sobre a Língua Brasileira de Sinais - Libras, e o art. 18 da Lei nº 10.098, de 19 de dezembro de 2000.

Lei n. 11.126, de 27.6.2005 – Dispõe sobre o direito do portador de deficiência visual de ingressar e permanecer em ambientes de uso coletivo acompanhado de cão-guia (regulamentada pelo Decreto n. 5.904, de 21.9.2006).

Decreto Legislativo n. 186, de 2008 – Aprova o texto da Convenção sobre os Direitos das Pessoas com Deficiência e de seu Protocolo Facultativo, assinados em Nova Iorque, em 30 de março de 2007 (o texto da Convenção está publicado no DSF de 11.6.2008, DOU 10.7.2008; republicado no DSF de 5.8.2008, DOU 20.8.2008).

Decreto municipal n. 53.045, de 26.3.2012 (São Paulo) – Cria a rede de atenção da pessoa com deficiência e promove a organização e regulação dos serviços de saúde para assistência integral à pessoa com deficiência no município de São Paulo – Art. 2º A Rede de Atenção à Pessoa com Deficiência fundamenta-se nas seguintes diretrizes: I - promoção da qualidade de vida das pessoas com deficiência; II - assistência integral à saúde das pessoas com deficiência; III - prevenção de deficiências; IV - fortalecimento dos mecanismos de informação e comunicação; V - organização e fortalecimento dos serviços de atenção à saúde das pessoas com deficiência; VI - capacitação dos recursos humanos da rede de serviços de saúde.

Lei n. 13.105, de 16.3.2015 – Código de Processo Civil – Art. 1.048. Terão prioridade de tramitação, em qualquer juízo ou tribunal, os procedimentos judiciais: I - em que figure como parte ou interessado pessoa com idade igual ou superior a 60 (sessenta) anos ou portadora de doença grave, assim compreendida qualquer das enumeradas no art. 6o, inciso XIV, da Lei n. 7.713, de 22 de dezembro de 1988; II - regulados pela Lei no 8.069, de 13 de julho de 1990 (Estatuto da Criança e do Adolescente). (...) § 1o A pessoa interessada na obtenção do benefício, juntando prova de sua condição, deverá requerê-lo à autoridade judiciária competente para decidir o feito, que determinará ao cartório do juízo as providências a serem cumpridas. § 2o Deferida a prioridade, os autos receberão identificação própria que evidencie o regime de tramitação prioritária. § 3o Concedida a prioridade, essa não cessará com a morte do beneficiado, estendendo-se em favor do cônjuge supérstite ou do companheiro em união estável. § 4o A tramitação prioritária independe de deferimento pelo órgão jurisdicional e deverá ser imediatamente concedida diante da prova da condição de beneficiário.

Lei n. 13.146, de 6 de julho de 2015 – Institui a Lei Brasileira de Inclusão da Pessoa com Deficiência (Estatuto da Pessoa com Deficiência).

Decreto n. 9.404, de 11.6.2018 – Altera o Decreto nº 5.296, de 2 dezembro de 2004, para dispor sobre a reserva de espaços e assentos em teatros, cinemas, auditórios, estádios, ginásios de esporte, locais de espetáculos e de conferências e similares para pessoas com deficiência, em conformidade com o art. 44 da Lei nº 13.146, de 6 de julho de 2015, que institui a Lei Brasileira de Inclusão da Pessoa com Deficiência (Estatuto da Pessoa com Deficiência).

Decreto n. 9.706, de 8.12.2019 – Concede indulto humanitário e dá outras providências – Art. 1º Será concedido concede indulto às pessoas nacionais e estrangeiras condenadas, que, até a data de publicação deste Decreto, tenham sido acometidas: I - por paraplegia, tetraplegia ou cegueira adquirida posteriormente à prática do delito ou dele consequente, comprovada por laudo médico oficial, ou, na falta do laudo, por médico designado pelo juízo da execução; II - por doença grave, permanente, que, simultaneamente, imponha severa limitação de atividade e que exija cuidados contínuos que não possam ser prestados no estabelecimento penal, desde que comprovada por laudo médico oficial, ou, na falta do laudo, por médico designado pelo juízo da execução; ou III - por doença grave, neoplasia maligna ou síndrome da deficiência imunológica adquirida (aids), desde que em estágio terminal e comprovada por laudo médico oficial, ou, na falta do laudo, por médico designado pelo juízo da execução (data da publicação 11.2.2019)

Portadores de HIV e doentes de AIDS:

Lei n. 9.313, de 13.11.1996 – Dispõe sobre a distribuição gratuita de medicamentos aos portadores de HIV e doentes de AIDS 61.

---

[61] O empregado que for despedido por ser portador de vírus HIV ou de outra doença grave, tem direito a ser reintegração no emprego. (Súmula n. 443 do Tribunal Superior do Trabalho)

Portadores de transtornos mentais:

Lei n. 10.216, de 06.4.2001 – Dispõe sobre a proteção e os direitos das pessoas portadoras de transtornos mentais. Os artigos 6º, 8º e 9º, tratam da internação voluntária, involuntária e compulsória determinada pela Justiça.

Previdência Social, auxílio doença e aposentadoria por invalidez – Período de Carência:

Lei n. 8.213, de 24.7.1991 – Dispõe sobre os planos de Benefícios da Previdência Social e dá outras providências. O art. 26, II, excepciona o período de carência de 12 contribuições mensais exigidas pelo art. 25, nos casos de acidente de qualquer natureza ou causa e de doença profissional ou do trabalho, bem como se o segurado, após filiar-se ao *Regime Geral de Previdência Social* (*RGPS*), for acometido de alguma das doenças e afecções especificadas em lista elaborada pelos Ministérios da Saúde e da Previdência Social, atualizada a cada 3 (três) anos. O § 5º do a**rt. 101** assegura o atendimento domiciliar e hospitalar pela perícia médica e social do INSS ao segurado com dificuldades de locomoção em razão de sua limitação funcional e de condições de acessibilidade (incluído pela lei nº 13.457, de 2017).

Atendimento domiciliar e internação domiciliar:

Lei n. 10.424, de 15 de abril de 2002 – Acrescenta capítulo e artigo à Lei no 8.080, de 19 de setembro de 1990, que dispõe sobre as condições para a promoção, proteção e recuperação da saúde, a organização e o funcionamento de serviços correspondentes e dá outras providências, regulamentando a assistência domiciliar no Sistema Único de Saúde. - Art. 1o A Lei no 8.080, de 19 de setembro de 1990, passa a vigorar acrescida do seguinte Capítulo VI e do art. 19-I: "Capítulo VI do Subsistema de Atendimento e Internação Domiciliar - Art. 19-I. São estabelecidos, no âmbito do Sistema Único de Saúde, o atendimento domiciliar e a internação domiciliar.§ 1o Na modalidade de assistência de atendimento e internação domiciliares incluem-se, principalmente, os procedimentos médicos, de enfermagem, fisioterapêuticos, psicológicos e de assistência social, entre outros necessários ao cuidado integral dos pacientes em seu domicílio.§ 2o O atendimento e a internação domiciliares serão realizados por equipes multidisciplinares que atuarão nos níveis da medicina preventiva, terapêutica e reabilitadora.§ 3o O atendimento e a internação domiciliares só poderão ser realizados por indicação médica, com expressa concordância do paciente e de sua família."

Lei municipal n. 15.447, de 26.9.2011 – Dispõe sobre o Programa Hospital Domiciliar de Atendimento e Internação Domiciliar no Município de São Paulo – PROHDOM e dá outras providências. O programa é destinado a pacientes de todas as idades, moradores no Município de São Paulo. Objetivos entre outros: reduzir o tempo de permanência do paciente no hospital e aumentar a rotatividade dos leitos clínicos e cirúrgicos; evitar hospitalização desnecessária; minimizar riscos de infecção hospitalar; permitir melhores condições para a reintegração do doente no grupo familiar; humanizar o tratamento. Para os efeitos do programa define-se como atenção domiciliar: o termo genérico que envolve ações de promoção à saúde, prevenção, tratamento de doenças e reabilitação desenvolvidas em domicílio; assistência domiciliar: o conjunto de atividades de caráter ambulatorial, programadas e continuadas desenvolvidas em domicílio; internação domiciliar: o conjunto de atividades prestadas no domicílio, caracterizadas pela atenção em tempo integral ao paciente com quadro clínico mais complexo e com necessidade de tecnologia especializada. O Poder Público Municipal poderá utilizar-se dos serviços privados, preferencialmente sem fins lucrativos.

7

DEVER DE VISITA AO PACIENTE HOSPITALIZADO

Internado o paciente, é preciso assegurar-lhe a continuidade dos cuidados e do tratamento. Com esse propósito o médico visita-o, analisa os registros hospitalares, as observações e anotações existentes no prontuário, acompanha a evolução do tratamento conhece o andamento do combate à doença, orienta os serviços de enfermagem e prescreve o que for necessário. São atitudes éticas e zelosas que se somam ao dever de assistência continuada, subentendido no contrato médico 62 [e] 63.

A visita rotineira é sempre esperada com grande anseio pelo doente, pois será da palavra do médico que dependerá a alta hospitalar. É claro que a frequência das visitas pressupõe necessidade conforme a doença exigir, o estado do enfermo ou o que foi convencionado.

---

62 CEM, Princípios Fundamentais (...) II - O alvo de toda a atenção do médico é a saúde do ser humano, em benefício da qual deverá agir com o máximo de zelo e o melhor de sua capacidade profissional.

63 "Embora o médico não contrate a cura, nem assuma em geral, uma obrigação de resultado, impõe-se o dever de agir com zelo, cuidado e atenta vigilância na execução dos serviços profissionais." (TJ-MG – AC n. 2.0000.00.508745-6/000 – 12ª Câm. Cível – Rel. Des. Alvimar de Ávila – DJMG 8.11.2006)

Flamínio Fávero ensinava que é a sã consciência, solícita e zelosa do médico, que dirá qual o número e a oportunidade das visitas, tudo condicionado à natureza e gravidade do mal, à apreensão deste ou da família, à impressionabilidade deles e aos outros elementos norteadores que somente o tirocínio clínico, honesto, poderá apontar (Medicina Legal, Livraria Martins Editora, 3º vol., p. 34).

Às vezes, a sensação de segurança causada pela presença do médico até quando não há mais nada a ser feito, a palavra de ânimo e o diálogo são lenitivos mais eficazes do que medicamentos, sem falar no conforto produzido ao enfermo e aos familiares. Assim, recusar ou deixar de visitar o paciente, internado ou não, especialmente quando a natureza da enfermidade e a sua evolução forem de resultado inexorável, além de evidenciar violação à obrigação de assistência ao doente, expressa falta de sentimento humano e de solidariedade com o próximo.

O Código de Ética inclui entre os direitos do médico, internar e assistir seus doentes em hospitais privados ou públicos, de caráter filantrópico ou não, independentemente de fazer parte do corpo clínico da entidade. Em circunstância alguma o profissional médico pode ser impedido de ver seus pacientes, especialmente porque a responsabilidade para com eles é sempre pessoal (CEM, Direitos dos Médicos, VI e art. 1º Parágrafo único).

Investido em cargo ou função de direção, viola flagrantemente as normas éticas o médico que não garante ou que dificulta aos demais, o exercício dos direitos relativos à profissão (CEM, art.19).

8

RESPONSABILIDADE PELOS EXAMES LABORATORIAIS

Laboratórios de análises clínicas, postos de coleta laboratoriais públicos e privados, que realizam atividades na área de análises clínicas de patologia e citologia, bancos de sangue, de sêmen ou esperma, prestadores de serviços de diagnósticos por imagem ou de radiologia têm a relevante missão de ajudar o médico na identificação de enfermidades e terapias. Essa importante atividade exige interpretações corretas e resultados verdadeiros o que faz recair sobre tais prestadores de serviços o dever de reparar danos, inclusive morais, quando as informações forem falhas ou irreais pelos transtornos, sofrimentos e abalo que produzem[64, 65, 66 e 67]. A responsabilização verificada no vício de qualidade do serviço, pode ser agravada se levar o médico a engano e acarretar piora na saúde do paciente pela falta da providência necessária.

[64] "1. Responsabilidade civil. 2. Exame preventivo realizado em clínica com laudo de laboratório indicando doença sexualmente transmissível. 3. Precipitação da comunicação e providências, sem segurança, que causaram evidente abalo psicológico, angústia, desestabilização emocional, causadoras do dano moral. 4. Verba indenizatória ajustada aos princípios da razoabilidade e da proporcionalidade. 5. Recurso das rés parcialmente provido, improvido o autoral." (TJ-RJ – Ap. cív. n. 0121571-23.2006.8.19.0001 e 0143208-30.2006.8.19.0001 – 4ª Câm. Cível – Rel. Des. Mário dos Santos Paulo – j: 27.7.2011, v.u.)

O Código de Defesa do Consumidor responsabiliza o fornecedor, independentemente da existência de culpa, pelos erros cometidos na prestação dos serviços e por informações insuficientes ou inadequadas[68]. Atribui, portanto, aos prestadores daqueles serviços, não obstante tratar de obrigação de resultado, responsabilidade de natureza objetiva[69].

---

[65] "Indenização. Exame laboratorial. Erro. Sofrimento. Dano moral. Quantum. Majoração. Compete ao julgador estipular equitativamente o quantum da indenização por dano moral, segundo o seu prudente arbítrio, analisando as circunstâncias do caso concreto e obedecendo aos princípios da razoabilidade e da proporcionalidade." (TJ-MG - Ap. cív. n. 1.0079.07.324290-5/001 - 9ª Câm. Cível - Rel. Des. José Antônio Braga - j: 28.7.2009, v.u. - DJMG 17.8.2009)

[66] "Indenização. Laboratório de análises clínicas. Exame que apontou 'reagente' para a doença conhecida como sífilis. Obrigação de resultado. Repetição do exame, com divergência de resultado, e esclarecimentos que apontavam a necessidade de avaliação médica, juntamente com os dados clínicos. Existência de falha do serviço, vez que não foi feita qualquer observação no primeiro laudo, o que causou evidente transtorno à autora e a seu esposo. Doença sexualmente transmissível. Ocorrência de dano moral" (TJ-RJ - Ap. cív. n. 200.001.29240 - 12ª Câm. Cível - Rel. Des. Ernani Klausner - j: 31.5.2005, v.u.)

[67] "Indenização. Erro de diagnóstico. Exame laboratorial com resultado falso positivo para câncer de mama. O prestador de serviços de exames médicos responde objetivamente pelos danos decorrentes de erro no seu diagnóstico. Dano moral configurado. Devida a indenização à paciente e seus dois filhos. Quantum redimensionado. Preliminar de cerceamento de defesa afastada. Recurso dos Autores provido e parcialmente provido o do réu." (TJ-SP - Ap. n. 4015548-83.2013.8.26.0602 - 17ª Câm. Direito Privado - Rel. Afonso Braz - j: 06.06.2016, v.u.)

[68] A Lei n. 12.291, de 20.7.2010, obriga os estabelecimentos comerciais e de prestação de serviços a manterem, em lugar visível e de fácil acesso ao público, um exemplar do Código de Defesa do Consumidor, sob pena de pagamento de multa.

[69] "Erro médico. Diagnóstico de gestação gemelar. Existência de um único nascituro. Dano moral configurado. Exame. Obrigação de resultado. Responsabilidade objetiva. Agravo Regimental improvido. I - O exame ultrassonográfico para controle de gravidez implica em obrigação de resultado, caracterizado pela responsabilidade objetiva. II - O erro no diagnóstico de gestação gemelar, quando existente um único nascituro, resulta em danos morais passíveis de indenização." (STJ - AgRg no Agravo de Instrumento n. 744.181-RN - 2006/0027391-2 - 3ª Turma - Rel. Min. Sidnei Beneti - j: 11.11.2008, v.u. - DJ.26.11.2008)

A informação inconclusiva quanto à determinada patologia não gera responsabilização, porém, quando o resultado falso-positivo para teste de determinada doença for provável, demonstra elementar precaução a recomendação da repetição do exame ou a realização da contraprova do resultado anterior[64]. Uma vez que a obrigação do laboratório

---

64 "Civil e Processual Civil. Responsabilidade civil. Reparação de dano moral. Processo de triagem de doadores em banco de sangue. Exame laboratorial de HIV e Hepatite. Obrigação de informar ao doador a existência de anomalias. Defeito na comunicação. Precariedade do resultado. 'Falso positivo'. " Trechos da ementa: "(...) 3. Em ação de indenização por dano moral, reconhecida a falibilidade dos exames realizados no processo de triagem dos doadores de sangue, tendo em vista que a apuração de diagnóstico só pode ser realizada por exames específicos que não estão disponíveis em bancos de sangue, é necessário que o doador seja devidamente informado acerca da precariedade do resultado, devendo ser orientado a se dirigir a serviços de referência que possam realizar os exames necessários, podendo ocorrer, como ocorreu, a comunicação de 'falso positivo' (...)." (STJ – REsp n. 1.071.969 – 4ª Turma – Rel. Min. Luis Felipe Salomão – j: 2.2.2010, v.u.)

Tendo em vista a possibilidade de ocorrerem resultados falso-positivos ou falso-negativos nos testes utilizados para a detecção de anticorpos anti-HIV em indivíduos com idade acima de 2 anos, a Secretaria de Vigilância Sanitária do Ministério da Saúde editou, em 17.6.1988, a Portaria n. 488, entendendo necessária e obrigatória a padronização dos procedimentos sequenciados para dar maior confiabilidade nos testes.

"Responsabilidade civil. Erro no resultado de exame laboratorial. 'Falso-positivo' reiterado em exames de HIV. Comprovação por perícia médica da má interpretação dos dados obtidos nos exames. Resultado indeterminado, não positivo. Falha do serviço prestado, de forma interligada, em rede, por ambos os réus. Responsabilidade objetiva. Dano moral caracterizado. Indenização arbitrada em valor condizente com as peculiaridades da causa. Sentença de 1º grau integralmente mantida. Recursos tanto da autora quanto dos réus desprovidos." (TJ-SP – Ap. cív. n. 994.07.020961-7 – 1ª Câm. de Direito Privado – Rel. Des. Cláudio Godoy – j: 14.12.2010, v.u.)

"Indenização. Danos morais. Erro de diagnóstico. HIV. Esposa do autor que não era portadora do vírus HIV. Realizados dois exames, um com resultado inconclusivo e outro negativo. Novo exame pelo método Western-Blot, pelo mesmo laboratório, com resultado fracamente reagente, levando a deduzir pelo resultado positivo. Ausência de comprovação de que a paciente foi devidamente informada sobre a necessidade de exame confirmatório. Exames realizados pelo autor e pela esposa em outro laboratório, dois meses depois, pelo mesmo método, com resultado negativo para ambos. Responsabilidade objetiva do apelante. Inteligência do art. 14 do CDC. Angústia manifesta do autor que teve seu casamento abalado por dúvida quanto à sua fidelidade. Dano moral configurado. Alcance dos danos e pequena ressalva no laudo do exame confirmatório quanto à necessidade de exame complementar justificam a redução da responsabilização do laboratório. Indenização reduzida de 50 salários mínimos vigentes à época da sentença para R$5.000,00, de acordo com os princípios da razoabilidade e proporcionalidade. Recurso parcialmente provido." (TJ-SP – Ap. cív. n. 0025913-93.2008.8.26.0554 – 13ª Câm. Direito Privado – Rel. Milton Paulo de Carvalho Filho – j: 08.04.2015, v.u.)

"Responsabilidade civil. Indenização. Danos morais. Demanda ajuizada em face de laboratório de análises clínicas. Exames iniciais apontavam para um quadro de "Infecção urinária grave, com risco de septicemia e morte do paciente", Hipótese que foi afastada com a realização de exame posterior - Desassossego vivenciado entre o primeiro e o segundo resultado com potencial de gerar dano moral – Laudo pericial elaborado - Nexo causal estabelecido - Dano moral configurado – Indenização devida – Critério para fixação de danos morais que leva em conta o sofrimento do ofendido e o caráter exemplar da condenação - Sentença mantida - Sentença mantida – Recursos improvidos." (TJ-SP – Ap. cív. n. 0012815-45.2013.8.26.0011 - 8ª Câm. Direito Privado – Rel. Salles Rossi – j: 11.05.2016, v.u.)

"Erro de diagnóstico. Exame laboratorial que realizou biópsia e indicou a existência de malignidade no nódulo. Autor que providenciou às suas expensas novo exame em laboratório que não integrava a rede credenciada. Comprovação do engano do primeiro exame. Angústia decorrente do erro de diagnóstico manifesta e que perdurou por diversos dias. Obrigação de resultado do laboratório. Precedentes do STJ. Operadora de plano de saúde. Responsabilidade solidária. Dever de zelar pela manutenção de rede credenciada adequada. Danos materiais consistentes na consulta e exames pagos pelo consumidor. Danos morais fixados em R$15.000,00, em atenção aos princípios da proporcionalidade e da razoabilidade. Denunciação à lide. Dever de reembolso reconhecido, observadas os limites da apólice. Denunciação à lide ao IRB também acolhida. Sentença reformada. Recurso provido em parte." (TJ-SP – Ap. cív. n. 0136017-93.2007.8.26.0100 - 13ª Câm. Direito Privado – Rel. Milton Paulo de Carvalho Filho – j: 13.04.2015, v.u.)

"Ação de indenização por danos morais. Responsabilidade civil do hospital em razão da demora na coleta de amostra para realização de contraprova de resultado reagente para HIV, que, posteriormente, revelou-se falso, tendo sido inviabilizada a amamentação do recém-nascido por oito dias. (...) no que diz respeito a erro em exame laboratorial, o laboratório - assim como o hospital ao qual o laboratório é subordinado, possui obrigação de resultado na realização de exame médico, de maneira que o fornecimento de diagnóstico incorreto configura defeito na prestação do serviço, a implicar responsabilidade objetiva também com base no artigo 14, caput, do código consumerista. 4. No presente caso, consoante incontroverso nos autos: (a) em 4.4.2011, dia do parto do filho da autora, foi realizada, no Hospital ..., a coleta de sangue proveniente da placenta (que seria doada), o qual foi encaminhado ao Instituto ..., que, ao proceder a "teste rápido para HIV", obteve o resultado provisório "Reagente para HIV"; (b) diante de tal constatação, a equipe pediátrica do hospital determinou a suspensão imediata do aleitamento materno do recém-nascido, a fim de evitar contaminação, tendo sido providenciada a coleta de sangue para exame confirmatório somente no dia 7.4.2011 (terceiro dia após o parto e a obtenção do resultado provisório falso positivo para HIV); (c) o segundo exame foi realizado em laboratório localizado nas instalações do hospital, sobrevindo o resultado "Negativo para HIV" no dia 11.4.2011 (quatro dias depois

é fornecer informação fidedigna, o Superior Tribunal de Justiça julgou responder pela má prestação do serviço, laboratório que forneceu equivocadamente laudo positivo de HIV com exame repetido e confirmado, sem a ressalva de que seria necessário exame complementar mais específico[65].

Frequentemente, paciente ou familiares, movidos pela ansiedade e curiosidade próprias do ser humano, querem interpretar o resultado dos exames arriscando-se tirar conclusões erradas. Isso, evidentemente, não pode ser motivo para responsabilização do laboratório que forneceu o resultado[66]. A interpretação ato médico. Da análise correta do resultado, somada às indispensáveis observações colhidas clinicamente com base na experiência e conhecimentos técnicos, é que o médico poderá chegar à dedução diagnóstica e decidir sobre o melhor tratamento para a patologia.

---

da nova coleta e sete dias após o parto); e (d) durante oito dias (vale dizer: desde o resultado falso positivo obtido em 4.4.2011 até a liberação, em 11.4.2011, do exame que afastou o diagnóstico de contaminação da autora pelo vírus da imunodeficiência humana), o bebê da autora não pôde ser amamentado. (...) 6. Desse modo, não se revela razoável que, em uma situação de indiscutível urgência, tenha o hospital aguardado quatro dias (contado o do parto) para providenciar a coleta de nova amostra de sangue da lactante para fins de realização da primordial confirmação do teste rápido positivo para HIV. 7. Tal demora, na espécie, caracterizou defeito relativo à prestação de serviço propriamente afeto à responsabilidade hospitalar, no caso o exame que deveria ter sido rapidamente providenciado nas instalações do nosocômio, a fim de garantir o mínimo possível de dias de suspeita de contaminação da lactante e, consequentemente, que o recém-nascido ficasse menos tempo privado do alimento essencial ao seu desenvolvimento físico e psíquico. (...) 9. Recurso especial não provido. (STJ – REsp n. 1.426.349 - PE (2013/0358507-6) – 4ª.Turma – Rel. Min. Luis Felipe Salomão – j:11.12.2018, v.u. – trechos da ementa)

65 REsp n. 258.011-SP – 3ª Turma – Min. Humberto Gomes de Barros e relator para acórdão Min. Carlos Alberto Menezes Direito – j: 9.11.2004, v.m. – DJ 5.9.2005.

66 "Indenização. Danos morais e materiais. Resultado do exame de AIDS. Interpretação errônea por parte do leigo. Responsabilidade da ré. Inocorrência. Resultado do exame que, embora pertencente ao paciente, a ele não se destina. Interpretação que deve ser feita por profissionais habilitados, a classe médica. Interpretação errônea ou precipitada por parte do leigo que não pode responsabilizar o laboratório que forneceu o resultado. Recurso provido." (TJ-SP – Ap. cív. n. 103.006-4-SP – 1ª Câm. de Direito Privado – Rel. Guimarães e Souza – j: 19.9.2000, v.u.)

Alguns laboratórios distraem-se na preservação da intimidade do doente, esquecendo a garantia constitucional da dignidade da pessoa humana e a inviolabilidade da intimidade e da vida privada (CF, art. 1º, III e art. 5º, X). Não devem descuidar com o direito do enfermo ao segredo que envolve a moléstia pois, sem querer, podem revelar o resultado do exame. A invasão, mesmo involuntária, na vida do indivíduo sem a sua autorização ou a de seus familiares, gera o dever de indenizar quando produzir dano patrimonial ou moral[67, 68 e 69].

---

[67] "Indenização. Dano moral. Portadora de vírus HIV que se submete a exames periódicos e opta por receber os resultados através de entrega domiciliar. Laboratório clínico que utiliza envelopes confeccionados com janela transparente, permitindo a visualização do conteúdo da correspondência por terceiros. Fato que tornou pública a grave moléstia até então mantida em segredo no conjunto residencial da autora. Violação à intimidade caracterizada. Verba devida que deve ser arbitrada em valor equânime. Ementa Oficial: Indenização. Dano moral. Violação à intimidade demonstrada. Visualização de informações pessoais constantes de exame realizado em laboratório clínico e reservadas à autora. Ação julgada procedente em parte. Nexo causal e dano confirmados nos autos. Reparação bem dosada. Recursos improvidos." (TJ-SP – Ap. cív. c/rev. n. 320.157-4/4-00 – 5ª Câm. de Direito Privado – Rel. Francisco Casconi – j: 24.5.2006, v.u. – RT 853/207)

[68] "Indenização. Dano moral. Exame laboratorial realizado em hospital. Teste equivocado. Resultado positivo para o vírus HIV em paciente prestes a dar a luz. Enfermidade incurável e com arraigado preconceito social, cujas consequências atingem o convívio social e familiar. Depoimentos e provas acostados comprovam que a gestante foi submetida a condições psicológicas de aflições e medo. Responsabilidade da entidade pela quebra de sigilo, no local e nas circunstâncias, considerando o óbvio preconceito contra a doença. Nosocômio, ademais, que faltou com o dever de informação, que é obrigatório, de exigir confirmação do resultado e de não comunicar à examinada a possibilidade do resultado se mostrar equivocado. Verba devida." (TJ-PA – Ap. n. 2007.3004804-5 – 4ª Câm. Cível Isolada – Rel. Desa. Eliana Rita Daher Abufaiad – j: 17.1.2008, v.u. – RT 872/339)

[69] "Reponsabilidade civil. Teoria objetiva. Município de Pompéu. Informação de resultado de exame médico do paciente a terceiro. Violação ao sigilo médico. Ofensa aos direitos da personalidade. Intimidade e privacidade. Danos morais caracterizados. Quantificação." (TJ-MG – Ap. cív. n. 1.0520.13.003637-6/001 - 4ª Câm. Cível – Rel. Ana Paula Caixeta – j: 13/09/2018)

Além de assegurar a confiabilidade dos serviços, garantir a autenticidade e a integridade dos laudos emitidos, os laboratórios e os postos de coleta laboratorial devem estar conscientes da, entre outras, responsabilidade de proteger as informações confidenciais do doente[70].

[70] Resolução de Diretoria Colegiada da Agência Nacional de Vigilância Sanitária - RDC n. 302, de 13 de outubro de 2005 - Dispõe sobre Regulamento Técnico para funcionamento de Laboratórios Clínicos - item 5.1.4, letra b. e itens, 6.3.2.1 e 8.1.

9

A RECEITA MÉDICA. RESPONSABILIDADE DAS FARMÁCIAS

Receita é a indicação escrita de medicamento industrializado ou de formulação magistral[71] feita por profissional legalmente habilitado, com orientações de uso. É o instrumento da prescrição médica. Para distinguir o tipo, grau de periculosidade, restrição e controle de uso do medicamento ministrado, possuem cores diferentes (branca, azul, amarela)[72 e 73]. Receituário significa o conjunto de receitas.

O documento deve ser legível para a identificação imediata e correta do medicamento, as dosagens certas e a forma de utilizar a medicalização. Receita que não dá para ler, com caligrafia incompreensível, sem mencionar a posologia ou que causa confusão no nome do remédio,

---

71 Medicamento preparado mediante manipulação em farmácia, a partir de fórmula constante de prescrição médica.

72 Portaria 344/98, de 12.5.1998 – do Secretário de Vigilância Sanitária do Ministério da Saúde, com as alterações da Resolução de Diretoria Colegiada da Agência Nacional de Vigilância Sanitária RDC 249, de 5.9.2002 – Aprova o Regulamento Técnico sobre substâncias e medicamentos sujeitos a controle especial.

73 Resolução ANVISA/DC n. 20, de 5.5.2011 – Dispõe sobre o controle de medicamentos à base de substâncias classificadas como antimicrobianos, de uso sob prescrição, isoladas ou em associação. (DOU de 9.5.2011)

pode provocar inúmeros malefícios: não adesão ao tratamento, reações adversas, piora no estado de saúde e até levar à morte se o uso e a dose recomendados forem errados.

O CEM atribui má prática médica, passível de responsabilização, receitar de forma ilegível, em razão do dano que o entendimento equivocado pode acarretar à saúde (CEM, art. 1º e art. 11).

A determinação legal pertinente ao assunto é no sentido de que a receita somente pode ser aviada quando estiver escrita em vernáculo, por extenso e de modo legível, observadas a nomenclatura e o sistema de pesos e medidas oficiais; tiver o nome e endereço do paciente; o modo de usar a medicação; a data e a assinatura do médico, acompanhadas do número da inscrição no respectivo Conselho profissional, endereço do consultório ou da residência. Sua validade alcança todo o território nacional, inclusive para medicamentos sujeitos a controle especial, independentemente da unidade da federação em que tenha sido emitida[74].

A Lei n. 10.241/1999, do Estado de São Paulo inclui entre os direitos do paciente, receber as receitas com o nome genérico das substâncias prescritas datilografadas, digitadas ou em caligrafia legível, sem utilização de códigos nem de abreviaturas, com o nome do profissional, assinatura e número de registro no órgão de controle da profissão (art. 2º, XI)[75].

---

[74] Lei n. 5.991, de 17 de dezembro de 1973 – Dispõe sobre o Controle Sanitário do Comércio de Drogas, Medicamentos, Insumos Farmacêuticos e Correlatos, e dá outras Providências – art. 35 e Parágrafo único, com a redação dada pela lei 13.732 de 8.11.2018.

Lei n. 13.021, de 8 de agosto de 2014 – Dispõe sobre o exercício e a fiscalização das atividades farmacêuticas.

[75] "As prescrições médicas devem consignar o tratamento necessário ou o medicamento indicado, contendo a sua Denominação Comum Brasileira – DCB ou, na sua falta, a Denominação Comum Internacional – DCI, o seu princípio ativo, seguido, quando pertinente, do nome de referência da substância, posologia, modo de administração e período de tempo do tratamento e, em caso de prescrição diversa daquela expressamente informada por seu fabricante a justificativa técnica." (Enunciado 15 do CNJ – III Jornada de Direito da Saúde, 18.3.2019)

Drogarias, farmácias, estabelecimentos em geral que aviam receitas[76, 77 e 78], farmacêuticos ou técnicos responsáveis e quem quer que exerça o comércio de substâncias medicinais, estão obrigados a reparar os danos causados em consequência do fornecimento do produto errado, trocado ou diferente do prescrito[79]. A legislação penal, por sua vez,

---

76 Lei n. 5.991/1973: "Art. 4º, X – Farmácia – estabelecimento de manipulação de fórmulas magistrais e oficinais, de comércio de drogas, medicamentos, insumos farmacêuticos e correlatos, compreendendo o de dispensação e o de atendimento privativo de unidade hospitalar ou de qualquer outra equivalente de assistência médica; XI – Drogaria – estabelecimento de dispensação e comércio de drogas, medicamentos, insumos farmacêuticos e correlatos em suas embalagens originais; XII – Ervanaria – estabelecimento que realize dispensação de plantas medicinais; XIII – Posto de medicamentos e unidades volantes – estabelecimento destinado exclusivamente à venda de medicamentos industrializados em suas embalagens originais e constantes de relação elaborada pelo órgão sanitário federal, publicada na imprensa oficial, para atendimento a localidades desprovidas de farmácia ou drogaria; XIV – Dispensário de medicamentos – setor de fornecimento de medicamentos industrializados, privativo de pequena unidade hospitalar ou equivalente. (...) Art. 15. A farmácia e a drogaria terão, obrigatoriamente, a assistência de técnico responsável, inscrito no Conselho Regional de Farmácia, na forma da lei. § 1º A presença do técnico responsável será obrigatória durante todo o horário de funcionamento do estabelecimento."

77 STJ – Súmula 275 do STJ: "O auxiliar de farmácia não pode ser responsável técnico por farmácia ou drogaria."

78 "Administrativo. Mandado de Segurança. Conselho Regional de Farmácia. Dispensário de Medicamentos. Equiparação a Farmácia. - A Lei n.º 13.021/14 (que dispõe sobre o exercício e a fiscalização das atividades farmacêuticas) não revogou integralmente a Lei n.º 5.991/73, nem disciplinou - de modo específico - o funcionamento de dispensário de medicamentos em pequena unidade hospitalar ou equivalente, do que se infere a plena vigência da norma que conceitua 'Dispensário de Medicamentos - setor de fornecimento de medicamentos industrializados, privativo de pequena unidade hospitalar ou equivalente' (art. 4º, inciso XVI) e, por lógica inferência, da orientação jurisprudencial que nela se fundou. - Não se afigura adequado equiparar dispensário de medicamentos e farmácia, para o fim de impor-lhes as mesmas exigências legais, até porque as atividades desempenhadas por um e outro não são idênticas - de rigor, o dispensário limita-se a fornecer medicamentos industrializados já prescritos por profissional competente, sem prestar assistência farmacêutica, assistência à saúde e orientação sanitária individual e coletiva, ou, ainda, processar a manipulação de medicamentos (art. 3º)." (TRF4 – Ap./Remessa necessária n. 5025806- 09.2015.4.04.7200/SC – 4ª Turma – Rel. Desª. Federal Vivian Josete Pantaleão Caminha – j: 15.3.2017)

79 "Venda de medicamento diverso da prescrição. Falha na prestação do serviço configurada. Dano moral devido. Quantum razoável. Recurso conhecido e não provido. Sentença reformada. 1. A venda de medicamento diverso da prescrição médica viola o binômio qualidade-segurança legitimamente esperado pelo consumidor. Do arcabouço

penaliza com detenção de um a três anos ou multa, a quem fornecer medicamentos em desacordo com receita médica[80].

Quem comercializa medicamentos ou manipula fórmulas tem responsabilidade objetiva, independente de comprovação da culpa. Trata-se de atividade de relação de consumo (CDC, arts. 3º, 12 e 14). Por conseguinte, para o pedido de indenização, será suficiente demonstrar que o dano sofrido derivou do medicamento erroneamente vendido. De nada valerá ao fornecedor alegar não ter agido culposamente para excluir a responsabilidade. Demais disso, é bom frisar que o Código Civil contém norma de caráter geral em que também responsabiliza pela reparação

---

probatório, a única conclusão possível é que a drogaria vendera medicamento diverso. 2. Configurada a falha na prestação do serviço, deve a drogaria reparar pelos danos morais sofridos. Inafastável o dano moral sofrido pela criança que se encontrava com a saúde debilitada em razão de infecção e sua melhora fora retardada por medicação errônea. 3. Apesar das alegações de culpa recíproca da genitora que deveria ter conferido a medicação antes de ministrá-la a criança, nos termos do artigo 14, § 3º, II do Código de Defesa do Consumidor, o fornecedor somente será isento da responsabilidade no caso de comprovação de culpa exclusiva; portanto, devida a reparação em favor da genitora. 4. Quanto ao valor da indenização, o julgador deve avaliar a dor do ofendido, proporcionando-lhe um conforto material capaz de atenuar o seu sofrimento. Noutro giro, deve mensurar as condições econômicas das partes, a fim de evitar a obtenção de vantagem indevida, contudo, não pode ser um valor irrisório, pois visa desestimular comportamento descompromissado com a inviolabilidade à intimidade, a vida privada, a honra e a imagem das pessoas, preceitos garantidos constitucionalmente. 5. Na situação que se descortina, o valor fixado apresenta-se razoável. 6. Recurso conhecido e não provido. Sentença mantida." (TJ-DF – Ap. cív. n. 20171210004116 – DF 0000401-98.2017.8.07.0012 – 1ª Turma cível – Rel. Romulo de Araujo Mendes – j: 06.6.2018 – DJE 15.6.2018)

"Venda de medicamento diverso daquele prescrito pelo médico. Ingestão pela consumidora. Ato ilícito configurado. Ingestão de medicamento diferente do receitado pelo médico em razão da entrega de produto diverso do que deveria ser entregue. Ré que não comprovou a ausência de prejuízo a saúde da paciente. Art. 14 do CDC. Dano moral caracterizado. Situação que ultrapassou o mero dissabor. Verbas de sucumbência distribuídas de acordo com o resultado do julgamento. Sentença reformada. Recurso provido em parte." (TJ-SP – Ap. cív. n. 1007609-88.2013.8.26.0704 – 28ª Câm. Extraordinária de Direito Privado – Rel. Hamid Bdine – j: 03.03.2017)

[80] Código Penal: "Art. 280. Fornecer substância medicinal em desacordo com receita médica: Pena – detenção, de 1 (um) a 3 (três) anos, ou multa."

civil, o empregador por seus empregados no exercício do trabalho que lhes competir[81 e 82].

O Tribunal de Justiça de Minas Gerais, julgando recurso que envolveu ingestão de produto vendido erradamente, considerou que, embora o consumidor tenha concorrido com culpa para o resultado danoso por

---

81 Código Civil: "Art. 932. São também responsáveis pela reparação civil: (...) III – o empregador ou comitente, por seus empregados, serviçais e prepostos, no exercício do trabalho que lhes competir, ou em razão dele."

82 "Ação de Indenização por danos morais. Medicamento. Manipulação e venda equivocadas. Efeitos colaterais nocivos. Responsabilidade civil objetiva. Nos termos do que preconiza o CDC, o manipulador de produto colocado ao consumidor é objetivamente responsável pela sua nocividade. Os ônus da prova em relação à ausência de nexo de causalidade e de dano moral cabem ao fornecedor do produto, muito embora este último, no presente caso, seja patente, diante dos efeitos colaterais nocivos inquestionavelmente apresentados pelo consumidor." (TJ-MG – Ap. cív. n. 2.0000.00.496812-9/000-BH – 17ª Câm. – Rel. Des. Luciano Pinto – j: 25.8.2005, v.u. – DJMG 22.9.2005). Em igual sentido: TJ-SP – Ap. n. 0011583-39.2008.8.26.0248 – 5ª Câmara de Direito Público – Rel. Des. Nogueira Diefenthäler – j: 5.12.2011, v.u.

"Direito do consumidor. Indenização por danos morais e materiais. Farmácia de manipulação. Morte de marido e mulher por intoxicação. Defeito do produto. Inexistência de causas excludentes da responsabilidade do fornecedor. Ausência de lucros cessantes. 1 – Diante de uma relação de consumo, responde o fornecedor pelos defeitos do produto independentemente da existência de culpa na produção do dano, exceto no caso de ocorrer alguma das causas excludentes da responsabilidade, quais sejam: que não colocou o produto no mercado; que, tendo colocado o produto no mercado, o defeito inexiste; ou, que haja culpa exclusiva do consumidor ou de terceiros. 2 – Comprovado o nexo causal entre o ato da requerida (excesso de colchicina nos medicamentos manipulados) e a causa mortis das vítimas (colchicina encontrada nos seus organismos), prospera o pedido de indenização por danos morais. 3 – Não é devido lucros cessantes quanto à morte dos pais, pois o acúmulo patrimonial destes ao longo de sua vida é mera expectativa. 4 – Situação em que se reconhece a sucumbência recíproca, porém não em proporções idênticas. Recurso da requerida improvido, provendo-se parcialmente o apelo dos autores, tão-somente para ajustar o ônus da sucumbência." (TJ-DFT – Ap. cív. n. 2005 01 1 135157-0 – 3ª Turma Cível – Rel. Vasquez Cruxên – j: 19.12. 2007, v.u. – DJ 14.3.2008, p. 34)

"Venda equivocada de medicamento. Serviço defeituoso. Dano moral. Indenização. Funcionário de drogaria que vende medicamento diferente do constante na receita causando danos à saúde da consumidora, responde pela reparação de danos morais, por se tratar de serviço defeituoso que não fornece a segurança que o consumidor dele podia esperar, segundo as circunstâncias, de conformidade com o §1° do artigo 14 da Lei n. 8.078/90. (...)" (TJ-SP – Ap. cív. 0001950-18.2006.8.26.0654 – 35ª Câm. de Direito Privado –Rel. Clóvis Castelo – j: 06.6.2011)

não ter observado a descrição do rótulo na embalagem do remédio antes de ingeri-lo, a culpa da fornecedora ficou evidenciada pelo fato do consumidor ter sido levado pela boa-fé e presumido a idoneidade do serviço prestado por aquela[83].

O médico deve se abster de indicar ou dar preferência a determinada farmácia mesmo a pedido do paciente, pois desta forma estará afastando interpretações duvidosas e comentários desairosos, mantendo aos olhos da comunidade e do enfermo o bom conceito quanto ao seu comportamento ético[84].

A propósito, o Conselho Federal de Medicina proíbe vincular a prescrição médica ao recebimento de vantagens oferecidas por agentes interessados na produção ou comercialização de produtos farmacêuticos (Resolução CFM n. 1.595/2000), ao passo que o Código de Ética Médica veda exercer a profissão com interação ou dependência de farmácia, indústria farmacêutica, óptica ou qualquer organização destinada

---

[83] "Se a fornecedora, farmácia de manipulação, entrega à consumidora produto diverso daquele por ela adquirido, ou seja, solução para eliminar piolhos em lugar de solução para emagrecimento, vindo a adquirente ingeri-lo, ainda que da ingestão não lhe advenham danos materiais, faz jus à reparação por danos morais, consubstanciados pelo medo de ter ingerido substância perigosa à sua saúde, em razão do que se dirige ansiosamente a pronto-socorro, onde é imediatamente submetida a lavagem gástrica, ali permanecendo em observação por algumas horas. Trata-se de fato que prejudica o estado de harmonia e tranquilidade individual da consumidora, o que deve ser contornado. Ainda que a consumidora tenha concorrido com culpa para o evento, já que não observou, antes de ingerir o conteúdo do produto adquirido, a descrição do rótulo de sua embalagem, tal fato não exclui a concorrência de culpa também da fornecedora e ambas as omissões de cuidado foram eficientes para a ocorrência dos danos sofridos pela primeira. É absolutamente razoável que a consumidora, imbuída da boa-fé e da presunção de idoneidade do serviço prestado pela fornecedora, se esqueça de verificar o rótulo do remédio, não podendo, só por isso, responder, sozinha, pelos danos advindos da ingestão da solução que equivocadamente lhe fora entregue, ainda que, no caso, não tenha sido a ingestão, propriamente dita, a causa dos danos, mas o medo, fruto do desconhecimento dos efeitos colaterais de que poderia ressentir." (TJ-MG – Ap. cív. n. 2.000.00.502141-4/000 – 17ª Câm. – Rel. Walter Pinto da Rocha – j: 19.12. 2005, v.u. – DJMG 16.2.2006)

[84] "Quanto às farmácias, o médico evitará indicar uma determinada, cabendo-lhe apenas o direito, que também é dever, de desaconselhar as que saiba agirem mal. O profissional não deve ter preferências para que se não pense existir sociedade dele com o farmacêutico." (Fávero, Flamínio. ob. cit. p. 23)

à fabricação, manipulação, promoção ou comercialização de produtos de prescrição médica, qualquer que seja a natureza (CEM, art. 68).

O exercício simultâneo da Medicina e Farmácia e a participação em empresa que explore indústria ou comércio farmacêuticos, não são permitidos ao médico enquanto exercer a clínica[85 e 86]. A restrição faz sentido. Tem por finalidade impedir que a Medicina seja vista de alguma forma como comércio (CEM, Princípios Fundamentais IX)[87 e 88].

---

85 CEM, art. 69 e Dec. 20.931, de 11.1.1932 (Regula e fiscaliza o exercício da medicina, da odontologia, da medicina veterinária e das profissões de farmacêutico, parteira e enfermeira, no Brasil, e estabelece penas) "Art. 16. É vedado ao médico: (...) g) fazer parte, quando exerça a clínica, de empresa que explore a indústria farmacêutica ou seu comércio. Aos médicos autores de fórmulas de especialidades farmacêuticas, serão, porém, assegurados os respectivos direitos, embora não as possam explorar comercialmente, desde que exerçam a clínica; h) exercer simultaneamente as profissões de médico e farmacêutico quando formado em medicina e farmácia, devendo optar por uma delas, do que deve dar conhecimento, por escrito, ao Departamento Nacional de Saúde Pública."

86 "Administrativo. Conselho Regional de Farmácia. Legitimidade para fiscalizar o cumprimento ou aplicar penalidades baseadas no Código de Ética Médica. Inaplicabilidade do art. 16, alínea h, do Decreto n. 20.931/1932. 1. Não se conhece de recurso especial para exame de supostas violações a dispositivos constitucionais. 2. É inviável o recurso especial articulado sob alegação de ofensa a Resolução do Conselho Federal de Farmácia, uma vez que não se enquadra no conceito de lei federal, conforme disposto no permissivo constitucional. 3. O Conselho Regional de Farmácia é entidade com atribuição legal para fiscalizar o registro do profissional de farmácia na hipótese de ocorrência do exercício concomitante das profissões de médico e de farmacêutico. 4. Nos termos do art. 16, alínea h, do Decreto n. 20.931/1932, é vedado o exercício concomitante das profissões de médico e de farmacêutico, devendo o interessado fazer a opção por uma dessas profissões, solicitando o seu licenciamento ou o cancelamento de seu registro perante o conselho profissional respectivo. 5. Recurso especial parcialmente conhecido e, nessa parte, provido." (STJ – REsp n. 796.560 – 2ª Turma – Rel. Min. Eliana Calmon – j: 14.8.2007, v.u. – DJ 24.8.2007)

87 "O motivo fundamental da proibição de o médico ser sócio de farmácia ou obter um lucro direta ou indiretamente com a venda do remédio, tem uma finalidade ética, que é, justamente, impedir que a Medicina seja utilizada como meio para obter lucros através da comercialização; em última análise, para impedir que, no exercício da Medicina, o médico receite remédios desnecessários da sua farmácia." (STJ – 1ª Turma – trecho do voto proferido pelo Min. Teori Albino Zavascki no REsp n. 611.318 – j: 04.3.2004, v.u.)

88 "Farmácia. Cooperativa médica sem fins lucrativos. Inaplicabilidade do art. 16, "g", do Decreto n. 20.931/32. Precedentes. A jurisprudência do Superior Tribunal de Justiça firmou-se no sentido de que a vedação prevista no art. 16, alínea 'g', do Decreto n. 20.931/32 não abrange as cooperativas médicas sem fins lucrativos que dispõem de farmácia destinada a fornecer medicamentos a seus cooperados, a preço de custo." (STJ – AgRg no REsp n. 1.217.139 – 2ª Turma – Rel. Min. Humberto Martins – j: 03.2.2011, v.u.)

O médico deve optar por uma das profissões e solicitar o licenciamento ou cancelamento do registro da outra perante o Conselho profissional respectivo.

Assim, como não é possível o exercício cumulativo das profissões de médico e de farmacêutico, o médico está impedido de obter vantagem pelo encaminhamento de procedimentos, comercialização de medicamentos, órteses, próteses ou materiais implantáveis de qualquer natureza, cuja compra decorra de influência direta em virtude da atividade profissional (CEM, art. 69)[89 e 90].

Considera-se postura antiética o profissional da medicina exigir instrumental ou aparelho de determinada marca, quando existirem outras aprovadas pelos órgãos fiscalizadores e cientificamente comprovadas: "Podemos até concordar que um médico possa indicar a utilização de um instrumental ou equipamento de determinada marca comercial, aprovada cientificamente pelos órgãos competentes, sendo-lhe vedado excluir as outras marcas comerciais, desde que também aprovadas cientificamente pelos órgãos competentes, não podendo se recusar a executar o procedimento médico, sob o fundamento de que só o fará usando a marca de sua preferência, provocando fundada presunção de interação ou dependência com a comercialização do produto." (trecho do Parecer CFM n. 16/2008)[91].

---

89 Resolução CFM n. 1.956/2010: "Disciplina a prescrição de materiais implantáveis, órteses e próteses e determina arbitragem de especialista quando houver conflito.

90 "Nas decisões para o fornecimento de órteses, próteses e materiais especiais - OPME, o juiz deve exigir a descrição técnica e não a marca específica e/ou o fornecedor, em consonância com normas do SUS, da ANS, bem como a Resolução n. 1956/2010 do CFM." (Enunciado n. 28 do CNJ - III Jornada de Direito da Saúde, 18.3.2019)

91 Parecer CFM nº 16/08 - Ementa: "Não há justificativa para o médico excluir marca comercial de produtos e/ou instrumentos para procedimentos, sendo garantido a ele o conhecimento antecipado de cadastro destes no âmbito do seu trabalho e também que devam ser consideradas excepcionalidades para análise."

10

RESPONSABILIDADE EM TRANSFUSÕES DE SANGUE

As transfusões têm por finalidade compensar a perda sanguínea verificada durante procedimentos médicos ou em razão de algum acontecimento. Comuns nas cirurgias demoradas, os benefícios resultantes das atividades hemoterápicas são inestimáveis.

Isaias Zatz afirma que é uma das armas mais poderosas do arsenal terapêutico, não se concebendo medicina e cirurgia modernas que possam prescindi-la[92]. Apesar disso, contratempos, complicações que podem ocasionar e possibilidade de aparecer alguma doença por contaminação, a prudência aconselha o médico sempre pesar a necessidade do tratamento hemoterápico[93].

---

92 ZATZ, Isaias – Transfusão de Sangue. São Paulo, 1969, 3ª ed., Livraria Editora Artes Médicas Ltda., 1969, XIV.

93 "A despeito dos riscos que comporta, constitui um recurso terapêutico de importância vital, que não deve ser desprezado ou protelado nos casos em que esteja formalmente indicado. É muito importante, entretanto, que o sangue e seus derivados sejam utilizados unicamente quando estejam formalmente indicados, isto é, deve-se evitar com todo rigor a utilização abusiva da hemoterapia, pois os riscos que ela representa são consideráveis. Ao decidir sua aplicação é imprescindível que se avalie judiosamente se esses riscos serão compensados pelos benefícios auferidos." (Miller, Otto

As judiciosas considerações feitas pelo Dr. Luiz Gastão Mange Rosenfeld, Conselheiro do CREMESP, na resposta à consulta feita àquele órgão sobre o risco das transfusões sanguíneas, refletem bem as preocupações: "O mecanismo de transmissão de doenças infecciosas é conhecido desde os primórdios da hemoterapia. Com o desenvolvimento dessa prática terapêutica e as evidências de contaminação, foram introduzidos os testes sorológicos de triagem de sangue para fins transfusionais já na década de 40. E, com o passar do tempo, os métodos laboratoriais se aperfeiçoam, assim como as técnicas de seleção de doadores, coleta e armazenamento do sangue e também as técnicas de fracionamento para obtenção do plasma. Vale lembrar, ainda, que as modernas técnicas de fracionamento industrial incluem o tratamento profilático por métodos físico-químicos que impedem a transmissão das doenças, hoje conhecidas, por alguns tipos de hemoderivados. Mas, apesar de toda a evolução tecnológica, diante dos conhecimentos atuais, não se pode afirmar que a transfusão de sangue ou seus derivados, apresente uma segurança absoluta com relação à transmissão de moléstias infecciosas. Logo, as transfusões devem sempre ser consideradas como procedimento de risco e, portanto, nas suas indicações deve ser pesado o binômio risco/benefício"[94 e 95].

---

e colaboradores. Diagnóstico e Terapêutica em Medicina Interna. Livraria Atheneu – Rio de Janeiro. São Paulo, 1987, 14ª ed., Vol. Segundo, Parte 22 Hemoterapia, p. 415)

Ver, também, Isaias Zatz, ob. cit., Capítulo VIII, Indicações e Contra-Indicações da Transfusão, p. 71.

94 Consulta n. 1.817-10/88, CREMESP – Conselho Regional de Medicina do Estado de são Paulo.

95 "(...) infelizmente, não temos até o momento nenhum teste laboratorial que seja 100% seguro para a identificação das doenças transmissíveis, por isso há sempre um risco presente nas transfusões sangüíneas entre pessoas, que deve ser esclarecido ao paciente que receberá a transfusão. Para reduzir esse risco, além dos testes laboratoriais existentes que devem ser realizados, é de suma importância a conscientização por parte dos médicos no sentido de se evitar ao máximo transfusões, sendo indicadas somente aquelas imprescindíveis. (...)" (Consulta n 34.594/92, CREMESP – Responsabilidade ética e legal no caso de uma possível transmissão de doenças, como a AIDS, por transfusão sanguínea – Cons. Flávio Badin Marques)

Diante da possibilidade do sangue, seus componentes ou derivados estarem infectados por bactérias ou vírus, não é de hoje a ideia de substituir o tratamento com o uso do sangue por outras alternativas: "Existem ainda, na atualidade, visando a higidez, segurança e operacionalidade do processo transfusional, algumas alternativas médicas ao sangue humano, o que inclui os substitutos do sangue, frequentemente chamados por sangue artificial, que são usados para encher o volume fluido e transportar o oxigênio e outros gases ao sistema circulatório. Os termos preferidos e mais exatos são: expansores do volume e terapias de oxigênio. Nos últimos anos, muitas técnicas modernas e inovadoras têm sido desenvolvidas para tratamentos e cirurgias sem sangue. Ao passo que novos métodos usados em tratamentos médicos e cirurgia sem sangue tornam-se disponíveis, estes têm sido a escolha de muitos pacientes." (Rego Freitas Dabus Maluf, Adriana Caldas do. Curso de Bioética e Biodireito. São Paulo: Editora Atlas, 2010).

O surgimento de uma doença após a realização de uma transfusão, faz presumir a existência do nexo de causalidade levando bancos de sangue e hospitais responderem pela contaminação do sangue fornecido. A responsabilidade está intimamente relacionada com a segurança da prestação do serviço que o paciente espera e tem direito de receber. Por isso o serviço de fornecimento de sangue insere-se entre as obrigações de resultado, de natureza objetiva[102, 103 e 104]. Para se precaverem,

---

[102] "A transfusão de sangue, componentes ou hemoderivados, pela sua especificidade técnica, em face dos significativos progressos da hemoterapia, insere-se, isoladamente, como obrigação de resultado." (Silva, Artur Marques da. Responsabilidade civil dos médicos nas transfusões de sangue – in Bittar, Carlos Alberto (Coord.). Responsabilidade Civil Médica, Odontológica e Hospitalar. São Paulo: Saraiva, 1991, p. 130)

[103] "Falha na prestação de serviços médicos. Ação de indenização por danos morais. Hepatite C. alegação de infecção por transfusão de sangue. Ausência de nexo causal. Improcedência mantida. (...) 2. Aplica-se a responsabilidade objetiva aos estabelecimentos hospitalares e as empresas prestadoras de serviços de atendimento à saúde pelos serviços que prestam, na forma do art. 14, caput, do CDC, o que faz presumir a culpa do apelante e prescindir da produção de provas a esse respeito, em razão de decorrer aquela do risco da atividade desempenhada. 3. O hospital demandado apenas

é importante às instituições fornecedoras, certificarem-se da rigorosa execução de todos os testes no sangue a ser transfundido.

Bastará o paciente demonstrar a consequência danosa, para fazer o hospital responder pela transfusão inadequada ou contaminada. Contudo, será preciso comprovar que a doença foi contraída em função do sangue recebido naquele estabelecimento. Se o paciente recebeu

---

desonera-se do dever de indenizar caso comprove a ausência de nexo causal, ou seja, prove a culpa exclusiva da vítima, fato exclusivo de terceiro, caso fortuito, ou força maior, ocorrendo a hipótese de isenção de culpa no caso tela. Isso se deve ao fato que não houve equívoco nos procedimentos adotados pelos médicos que atenderam ao paciente, pois de acordo com o conjunto probatório existente nos autos foram realizados todos os testes obrigatórios para verificar a existência do vírus HCV nos doadores de sangue, não encontrados elementos que possam desabonar ou imputar erro aos procedimentos realizados quando da transfusão realizada na parte autora, nem havendo desídia na prestação de serviços. 4. Assim, no caso dos autos não assiste razão à parte autora ao imputar ao réu a responsabilidade pelo evento danoso, na medida em que não restou comprovado no feito qualquer negligência pelos profissionais que prestaram atendimento ao paciente, bem como não foi provado o nexo de causalidade entre a hepatite C contraída e a transfusão de sangue realizada junto ao hospital de responsabilidade da ré. (...)" (TJ-RS – Apelação Cível nº 70072039100 –5ª Câm. Cível – Rel. Jorge Luiz Lopes do Canto j: 31.5.2017 – trechos da ementa)

[104] "Hospital. Falha na prestação do serviço. Contaminação por HIV durante procedimento cirúrgico. Ato ilícito evidenciado. Danos morais. Ocorrência. (...) Os hospitais, na qualidade de fornecedores de serviços, respondem objetivamente pelos danos causados aos seus pacientes, ou seja, independente de culpa, bastando a comprovação do prejuízo e do nexo de causalidade. Inteligência do art. 14, caput, do CDC. III. No caso concreto, a prova dos autos evidenciou a presença dos requisitos necessários ao reconhecimento do dever de indenizar, pois demonstrada a falha no procedimento adotado pelo nosocômio durante o procedimento cirúrgico realizado, no qual foi necessária transfusão de sangue, causando a contaminação da autora por vírus HIV. (...) IV. Deve ser mantida a condenação do réu ao custeio do tratamento médico e hospitalar que a autora necessitar em decorrência da doença contraída, ou qualquer outra enfermidade que venha decorrer da doença de origem (...) V. Igualmente, sendo reconhecida a falha do atendimento médico prestado, a hipótese dos autos reflete o dano moral in re ipsa, uma vez que o aborrecimento, o transtorno e o incômodo causados pela parte requerida são presumidos, conferindo o direito à reparação sem a necessidade de produção de prova quanto ao abalo psicológico. Em outras palavras, o próprio fato já configura o dano. (...)" (TJ-RS – Ap. Cível n. 70072243686 – 5ª Câm. Cível – Rel. Jorge André Pereira Gailhard – j: 31.5.2017 – trechos da ementa)

tratamento sanguíneo em outras instituições hospitalares, ficará difícil indicar qual delas foi a responsável pelo dano[105].

No repertório jurídico encontra-se caso em que a entidade hospitalar foi condenada porque um paciente de 10 anos foi contaminado com vírus HIV, embora a prestação do serviço de hemoterapia fosse realizada por terceiro conveniado com o hospital[106].

Infelizmente esses acontecimentos não são poucos, sendo inaceitável que, em uma transfusão, o enfermo venha a contrair alguma doença.

A Lei paulista n. 10.241 de 17.3.1998, por vezes mencionada, reconhece entre os direitos do usuário dos serviços de saúde conhecer a procedência do sangue e dos hemoderivados e verificar, antes de recebê-los, sua origem, as sorologias efetuadas e o prazo de validade, além de ter

---

[105] "Responsabilidade civil. Paciente hemofílico que teria contraído AIDS no tratamento, mas teria se valido de vários locais. A causalidade alternativa só é possível se todos os intervenientes do círculo causador do dano forem chamados a lide, sendo inviável a opção exclusivamente contra um. Culpa individual não comprovada. Embargos rejeitados." (TJ-RS – Embargos Infringentes n. 593048838 – 3ª Câm. Cível – Rel. Décio Antônio Erpen – j: 3.12.1993)

[106] "Ação de Indenização. Responsabilidade civil hospitalar. Serviço de hemoterapia. Sangue contaminado com vírus HIV. Contaminação de paciente. Violação a dever contratual. Vício de prestação de serviço. Vírus adquirido por paciente com 10 anos através de transfusão de sangue a que submetida na instituição hospitalar. Comprovado contrato de prestação de serviço celebrado entre as partes, dano e nexo causal. Configurada a responsabilidade do hospital em razão da má prestação do serviço. Serviço de transfusão de sangue. Convênio. Concessão exclusiva de prestação de serviço aos pacientes necessitados junto ao hospital. Utilização de espaço físico do hospital. A existência de convênio de concessão de serviço entre o hospital e o denunciado implica em responsabilidade solidária de ambos no atinente a prestação de serviço de hemoterapia. Não obrigatoriedade legal, do uso do teste anti-HIV à época do evento. Lei n. 7.649/1988. Identificação do vírus HIV. A não exigência legal de fazimento de teste de verificação da adequação do material não exime o dever contratual do fornecedor do produto e serviço de fazê-lo de forma adequada. Verba indenizatória. Adequada verba indenizatória fixada considerando a necessidade de controle médico constante da doença, a idade da vítima, a intensidade do dano, a gravidade do agir da instituição hospitalar, exigência do tratamento e a imprescindibilidade de recursos financeiros para obtenção de medicamentos e tratamento adequado. Apelações improvidas." (TJ-RS – Ap. cív. n. 599494358 – 2ª Câm. de Férias Cível – Rel. Des. Jorge Luis Dall' Agnol – j: 21.12.1999)

anotado no prontuário esses dados e a quantidade de sangue recebida (art. 2º, XII e XIII, letra b).

As disposições básicas referentes à utilização do sangue, seus componentes e derivados estão na Lei 10.205 de 21.3.2001 (Regulamenta o § 4º do art. 199 da Constituição Federal, relativo à coleta, processamento, estocagem, distribuição e aplicação do sangue, seus componentes e derivados, estabelece o ordenamento institucional indispensável à execução adequada dessas atividades, e dá outras providências)[107 e 108]. *A lei,* além de pôr em destaque o meritório caráter altruísta da doação voluntária, estabelece regras a serem observadas em todo o País pelos órgãos e entidades públicas e privadas, a respeito da atividade hemoterápica de acordo com os princípios e diretrizes da política nacional de sangue, componentes e hemoderivados, no pertinente à captação, proteção ao doador e ao receptor, coleta, processamento, estocagem, distribuição e transfusão do sangue, de seus componentes e derivados, originados do sangue humano venoso e arterial, para diagnóstico, prevenção e tratamento de doenças.

---

[107] Lei 10.205 de 21.3.2001 – Regulamenta o § 4o do art. 199 da Constituição Federal, relativo à coleta, processamento, estocagem, distribuição e aplicação do sangue, seus componentes e derivados, estabelece o ordenamento institucional indispensável à execução adequada dessas atividades, e dá outras providências. – "Art. 1º Esta lei dispõe sobre a captação, proteção ao doador e ao receptor, coleta, processamento, estocagem, distribuição e transfusão do sangue, de seus componentes e derivados, vedada a compra, venda ou qualquer outro tipo de comercialização do sangue, componentes e hemoderivados, em todo o território nacional, seja por pessoas físicas ou jurídicas, em caráter eventual ou permanente, que estejam em desacordo com o ordenamento institucional estabelecido nesta Lei. Art. 2º Para efeitos desta Lei, entende-se por sangue, componentes e hemoderivados os produtos e subprodutos originados do sangue humano venoso, placentário ou de cordão umbilical, indicados para diagnóstico, prevenção e tratamento de doenças, assim definidos: I – sangue: a quantidade total de tecido obtido na doação; II – componentes: os produtos oriundos do sangue total ou do plasma, obtidos por meio de processamento físico; III – hemoderivados: os produtos oriundos do sangue total ou do plasma, obtidos por meio de processamento físico-químico ou biotecnológico. (...)"

[108] Portaria MS/GM n. 1.353, de 13.6.2011 do Gabinete do Ministro do Ministério da Saúde: "Aprova o Regulamento Técnico de Procedimentos Hemoterápicos." (DOU de 14.6.2011)

10.1. As Testemunhas de Jeová

Às vezes sobrevêm situações em que os direitos fundamentais do indivíduo entram em choque com o dever médico de agir com o máximo zelo e mais alta capacitação em favor do doente e o profissional se defronta com o dilema: lutar estoicamente pelo bem maior que é a vida, usar todos os recursos da Medicina ao seu alcance para restabelecer a saúde do enfermo ou ferir direitos (CEM, Princípios Fundamentais, II art. 32)[109].

---

[109] "(...) Testemunha de Jeová. Dano moral e material. Procedimento cirúrgico. Negativa do médico em prestar seus serviços face à eventual necessidade de transfusão de sangue, recusada pelo paciente por concepção religiosa. Conflito entre a liberdade do profissional da medicina e a religião do paciente. (...) a prova constante dos autos evidenciou suficientemente os riscos inerentes ao procedimento indicado ao autor no que tange à eventual necessidade de transfusão de sangue. Mérito. Hipótese em que o autor teve indicação médica para a realização de ato cirúrgico RTU prostático, cujo procedimento seria realizado através do SUS. Contudo, por motivo de crença religiosa, negou-se ao tratamento de transfusão de sangue, em caso de necessidade. Diante desta manifestação, o médico anestesista recusou-se a participar da cirurgia, invocando preceitos do Código de Ética da Medicina, optando o paciente pelo procedimento na via privada. Conforme o art. 5°, inciso VI, da CF, o aspecto individual da liberdade religiosa, um direito fundamental, assegura àquele que professa a sua fé escolhas e medidas que guardem e respeitem sua crença, inclusive com relação a atos ligados ao seu bem-estar e até mesmo à sua condição de saúde, circunstâncias estas que agasalham a decisão de recusa no tratamento por hemotransfusão. Ao médico, assegura-se o direito/dever de exercer a profissão com autonomia, não sendo obrigado a prestar serviços que contrariem os ditames de sua consciência ou a quem não deseje, excetuadas as situações de ausência de outro médico, em caso de urgência ou emergência, ou quando sua recusa possa trazer danos à saúde do paciente, bem como, ocorrendo fatos que, a seu critério, prejudiquem o bom relacionamento com o paciente ou o pleno desempenho profissional. O médico tem o direito de renunciar ao atendimento, desde que o comunique previamente ou a seu representante legal, assegurando-se da continuidade dos cuidados e fornecendo todas as informações necessárias ao profissional que lhe suceder. Exegese do inciso VII, Capítulo I e do § 1° do art. 36 do Código de Ética da Medicina. Diante do conflito entre as liberdades de consciência dos envolvidos, tem-se que a recusa do médico não evidencia ato ilícito a ensejar reparação. Diálogo entre ambas as condutas e manifestações filosóficas. Ausência de risco de vida iminente, mostrando-se plenamente possível o encaminhamento a outro profissional moral e ideologicamente desimpedido. Interpretação conforme as regras do Código de Ética da Medicina. A ocorrência dos fatos no âmbito do Sistema Único de Saúde não afasta a prerrogativa que desobriga o médico a prestar serviços que contrariem os ditames da sua consciência. (...) ". (TJ-RS – Ap. Cível n. 70071994727 – 10ª Câm. Cível – Rel. Túlio de Oliveira Martins – j: 27.4.2017 – trechos da ementa)

Existem pessoas que por profissão de fé se opõem radicalmente a certos procedimentos médicos[110]. Em casos como esses, é aconselhável ao médico e/ou hospital munirem-se de declaração do enfermo ou de seu responsável, sobre o não querer submeter-se ao tratamento proposto.

Para as Testemunhas de Jeová, trata-se de ponto fundamental de seus preceitos religiosos o recebimento de transfusões, mesmo no caso de risco de vida, razão porque rejeitam qualquer terapêutica que inclua a utilização de sangue, hemocomponentes e/ou derivados, à si e aos filhos, menores ou incapazes. Por isso são criticados. Porém, não deve ser esquecido que as crenças merecem respeito. Ademais, outras religiões também têm seus dogmas.

Miguel Reale Júnior e Janaina Conceição Paschoal distinguem a situação do adulto suficientemente informado que decide em causa própria, da situação em que a decisão envolve terceiro, menor ou incapaz de se manifestar: "(...) Na primeira hipótese o princípio da autonomia deve prevalecer sobre o princípio da benevolência, mesmo que se reconheça não poder vir a ter o paciente a perfeita compreensão em termos técnicos exatos acerca do modo do procedimento proposto pelo médico e ao qual se recusa. Mais patente é a decisão do paciente quando fundada em convicção religiosa, pois se coloca em jogo a liberdade da pessoa de se autodeterminar e de assumir responsabilidades no exercício do direito de livre desenvolvimento da sua personalidade ao decidir que a vida vale ser vivida se respeitado determinado dogma no qual se crê como essencial à salvação da alma". Particularizando o raciocínio aos adeptos da Igreja Testemunhas de Jeová, acrescentam: "(...) Para estes crentes não vale a pena viver conspurcado, valendo mais morrer para

---

110 "Usar as ferramentas da ciência para discutir religião é uma atitude imprópria e equivocada. A Bíblia não é um livro cientifico. É um livro religioso." (COLLINS, Francis – biólogo americano, citado por Jair Ribeiro da Silva, médico Oftalmologista, in Religião e Ciência, Suplemento Cultural da Revista da Associação Paulista de Medicina, junho 2010, n. 214)

se alcançar a salvação eterna. Pode-se valer do disposto no artigo 15 do Código Civil, pois se à pessoa cabe se opor ao ato médico que cause perigo de vida, pode a pessoa opor-se a ato médico que cause a perda da salvação. Tem assim, como assinala Tereza Rodrigues Vieira, o paciente maior e capaz o direito de decidir se aceitará ou não o tratamento sugerido (Vieira, Tereza Rodrigues. Aspectos éticos e jurídicos da recusa do paciente Testemunha de Jeová. Loc. cit., p. 226), especialmente se esta decisão for pautada por convicções religiosas, cabendo ao paciente religioso optar acerca do que lhe é mais importante: salvar a vida, mas vivê-la doravante conspurcado ou morrer, porém ganhar a salvação eterna. Contudo, quando se busca salvar de perigo iminente à vida, pessoa pela qual é responsável como pai ou parente, observam: "(...) Neste caso, em que está em jogo a vida de uma pessoa, criança ou incapaz de se manifestar, a decisão só pode ser do médico, sendo justificada sua ação de mesmo sem autorização do responsável realizar o ato médico necessário, segundo seu conhecimento técnico, para salvar a vida do doente. Justifica-se, na hipótese a excludente constante do § 3º do artigo 146 do Código Penal, hipótese em que está correta a conclusão de que é direito e dever do médico empregar todos os tratamentos, inclusive cirúrgicos, para salvar o paciente, mesmo contra a vontade de seus familiares e de quem quer que seja, ainda que a oposição seja ditada por motivos religiosos". (in Direito penal: jurisprudência em debate, crimes contra a pessoa – itálico dos autores – Vol. 1. Rio de Janeiro: GZ Editora, 2011, pp. 193, 195).

Celso Bastos, autor não menos reconhecido, anota o seguinte: "(...) Quanto aos pais ou demais responsáveis, é preciso deixar certo que não há negligência ou qualquer espécie de culpa quando solicitam aos médicos que usem meios alternativos para o tratamento de sangue em seus filhos. A recusa a uma determinada técnica médica pelos pais ou responsáveis, quando não se tem algumas outras vias, que atingem até melhores resultados do que a técnica padrão (sempre presente um alto risco de contaminação por diversas doenças), não é suficiente para configurar a culpa em qualquer de suas modalidades. (...) Em verdade, o que os pais querem é salvar a vida dos seus filhos por métodos alternativos, sem que com isso tenha-se de pagar um alto preço que seria a violação de princípios religiosos que lhes são por demais caros." (in Direito de Recusa de Pacientes Submetidos a Tratamento Terapêutico às Transfusões de Sangue, por Razões Científicas e Convicções Religiosas – Parecer jurídico dado à Associação das Testemunhas Cristãs de Jeová – RT 787, p. 504).

Movidas pelo desejo de verem preservados seus princípios religiosos e dar tranquilidade aos médicos quanto à utilização de alternativas às transfusões, as Testemunhas de Jeová costumam trazer consigo uma declaração onde afirmam não admitirem procedimentos terapêuticos que incluam transfusão sanguínea ou hemoderivados, isentando, ao mesmo tempo, o profissional da responsabilidade por qualquer resultado adverso proveniente da recusa[111]. Apresentam sempre o documento ou assim declaram ao serem internadas em hospitais[112].

A Constituição Federal assegura firmemente a liberdade individual ao dizer que ninguém será obrigado a fazer ou deixar de fazer alguma coisa senão em virtude de lei, assim como a liberdade de consciência e de crença (CF, art. 5º, II e VI)[113]. Consequentemente, sendo regra a ser

---

111 Veja um modelo nos anexos: "Diretrizes sobre Tratamento de Saúde e Isenção para Equipe Médica", extraído do trabalho de Tereza Rodrigues Vieira, intitulado "Aspectos éticos e jurídicos da recusa do paciente Testemunha de Jeová em receber transfusão de sangue", Revista de Ciências Jurídicas e Sociais da Unipar, v. 6, n.º 2, p. 228, jul./dez. 2003.

112 As Testemunhas de Jeová criaram uma rede mundial de Comissões de Ligações com Hospitais (COLIH), incumbidas de ajudar pacientes que desejam ser transferidos a hospitais que usam alternativas para evitar a hemotransfusão e/ou para orientar equipes médicas sobre as alternativas.

113 A liberdade de crença foi instituída pela primeira vez entre nós na Constituição brasileira outorgada, em 25.3.1824, por Dom Pedro I. Por ela, embora a religião oficial no Brasil fosse o catolicismo, protestantes, adeptos de outras crenças, muçulmanos, budistas e judeus poderiam seguir livremente a fé e praticar seus cultos.

observada, deve ser respeitada e cumprida por todos [114 e 115]. O Código Civil dispõe que ninguém pode ser constrangido a submeter-se, com risco de vida, a tratamento médico ou a intervenção cirúrgica (art. 15) [116 e 117]. O Código de Ética Médica veda ao médico, executar práticas diagnósticas ou terapêuticas em violação ao direito de livre decisão do paciente, salvo em caso de iminente perigo de morte (CEM, art. 31 e Princípios Fundamentais, XXI). O Estatuto do Idoso (Lei 10.741/2003)

---

114 "(...) o paciente tem o direito de recusar determinado tratamento médico, no que se inclui a transfusão de sangue, com fundamento no art. 5º, II, da CF. Por este dispositivo, fica certo que ninguém é obrigado a fazer ou deixar de fazer alguma coisa senão em virtude de lei (princípio da legalidade). (...) Como não há lei obrigando o médico a fazer a transfusão de sangue no paciente, todos aqueles que sejam adeptos da religião "Testemunhas de Jeová", e que se encontrarem nesta situação, certamente poderão recusar-se a receber o referido tratamento, não podendo, por vontade médica, ser constrangidos a sofrerem determinada intervenção. (...) Mesmo sob iminente perigo de vida, não se pode alterar o quadro jurídico acerca dos direitos da pessoa." (BASTOS, Celso. ob. cit., RT 787, pp. 505/506)

115 "A abrangência do preceito constitucional é ampla, pois, sendo a religião o complexo de princípios que dirigem os pensamentos, ações e adoração do homem para com Deus, acaba por compreender a crença, o dogma, a moral, a liturgia e o culto. O constrangimento à pessoa humana, de forma a constrangê-la a renunciar sua fé, representa o desrespeito à diversidade democrática de ideias, filosofias e à própria diversidade espiritual." (MORAES, Alexandre de. Constituição do Brasil interpretada e legislação constitucional. 6ª ed. atualizada até a EC nº 52/06. São Paulo: Atlas, 2006, p. 215)

116 "A expressão 'risco de vida' do CC 15 deve ser entendida como sendo relativa ao 'risco que será criado ou agravado' pelo tratamento ou intervenção cirúrgica que se pretende empregar. Em suma: o doente não pode ser constrangido a se submeter a tratamento ou a cirurgia arriscada, nem o médico pode depender da autorização de quem não pode dá-la para realizar as manobras técnica e cientificamente necessárias para tirar o paciente do iminente perigo de vida em que se encontra. (NERY JUNIOR, Nelson. Código Civil comentado – Nelson Nery Junior, Rosa Maria de Andrade Nery – 13 ª ed. ver., ampl e atual. – São Paulo: Thomson Reuters Brasil, 2019, pp. 209/210 – nota 5 ao art. 15 do CC)

117 "O Direito à inviolabilidade de consciência e de crença, previsto no art. 5º, VI, da Constituição Federal, aplica-se também à pessoa que se nega a tratamento médico, inclusive transfusão de sangue, com ou sem risco de morte, em razão do tratamento ou da falta dele, desde que observados os seguintes critérios: a) capacidade civil plena, excluído o suprimento pelo representante ou assistente; b) manifestação de vontade livre, consciente e informada; e c) oposição que diga respeito exclusivamente à própria pessoa do declarante." – Enunciado 403 – Art. 15 CC – aprovado pelo CNJ na V Jornada de Direito Civil.

garante ao idoso em pleno domínio das faculdades mentais, o direito de optar pelo tratamento que lhe for reputado mais favorável (art. 17). A Lei n. 10.241/98 do Estado de São Paulo, inclui entre os direitos dos usuários dos serviços de saúde, consentir ou recusar livremente, procedimentos diagnósticos ou terapêuticos a serem nele realizados (art. 2º, VII).

De sorte que é ilegal violar a liberdade religiosa do paciente como, também, constrangê-lo a aceitar determinada terapia[118]. O Cód. Penal considera crime constranger alguém, mediante violência ou grave ameaça, ou depois de lhe haver reduzido, por qualquer meio, a capacidade de resistência, a não fazer o que a lei permite ou a fazer o que ela não manda. Esclarece, porém: não haverá crime se a intervenção médica ou cirúrgica, embora sem o consentimento do paciente ou de seu representante legal, se justificar por iminente perigo de vida (art. 146, § 3º, I[119].

---

[118] "Testemunha de Jeová. Transfusão de sangue. Direitos fundamentais. Liberdade de crença e dignidade da pessoa humana. Prevalência. Opção por tratamento médico que preserva a dignidade da recorrente. A decisão recorrida deferiu a realização de transfusão sanguínea contra a vontade expressa da agravante, a fim de preservar-lhe a vida. A postulante é pessoa capaz, está lúcida e desde o primeiro momento em que buscou atendimento médico dispôs, expressamente, a respeito de sua discordância com tratamentos que violem suas convicções religiosas, especialmente a transfusão de sangue. Impossibilidade de ser a recorrente submetida a tratamento médico com o qual não concorda e que para ser procedido necessita do uso de força policial. Tratamento médico que, embora pretenda a preservação da vida, dela retira a dignidade proveniente da crença religiosa, podendo tornar a existência restante sem sentido. Livre arbítrio. Inexistência do direito estatal de "salvar a pessoa dela própria", quando sua escolha não implica violação de direitos sociais ou de terceiros. Proteção do direito de escolha, direito calcado na preservação da dignidade, para que a agravante somente seja submetida a tratamento médico compatível com suas crenças religiosas. Agravo provido. (TJ-RS - AI n. 70032799041 - 12ª Câm. Cível - Rel. Cláudio Baldino Maciel - j: 06.5. 2010)

[119] "Na hipótese de ser imprescindível a transfusão de sangue, mesmo sendo a vítima maior e capaz, em caso de recusa, tal comportamento deverá ser encarado como uma tentativa de suicídio, podendo o médico intervir, inclusive sem o seu consentimento, uma vez que atua amparado pelo inciso I do § 3º do art. 146 do Código Penal, que diz não se configurar constrangimento ilegal a intervenção médica ou cirúrgica, sem o consentimento do paciente ou de seu representante legal, se justificada por iminente perigo de vida." (Greco, Rogério. Código Penal Comentado. Rio de Janeiro: Impetus, 2008, p. 401)

Uma vez que vida e saúde são os maiores bens do patrimônio humano, surge a pergunta: até que ponto o profissional precisa respeitar as convicções religiosas do enfermo para isentar-se da responsabilidade? A questão é altamente polêmica e o repertório jurídico considerável.

A Resolução CFM n. 1.021/80, orienta o médico a como proceder no caso de pacientes que, por motivos diversos, inclusive de ordem religiosa, recusam o tratamento sanguíneo. Sua conclusão é: "Em caso de haver recusa em permitir a transfusão de sangue, o médico, obedecendo a seu Código de Ética Médica, deverá observar a seguinte conduta: 1º– Se não houver iminente perigo de vida, respeitará a vontade do paciente ou de seus responsáveis. 2º– Se houver iminente perigo de vida, praticará a transfusão de sangue, independentemente de consentimento do paciente ou de seus responsáveis".[120]

Sendo possível, e o caso não for grave a ponto de importar risco de vida, o profissional recorrerá a alternativas eticamente aceitáveis. Aconselhável, entretanto, havendo possibilidade, obter declaração manifestada livremente pelo doente, familiares ou responsáveis, na qual conste o motivo da recusa ou o não querer submeter-se ao tratamento proposto, e registrar tudo no prontuário [121].

Há situações em que o médico precisa transgredir a liberdade de crença e, mesmo contra o desejo do enfermo ou dos familiares, fazer a transfusão porque o estado do paciente é grave e presente o perigo de morte. Quando a necessidade for imperiosa, a despeito da inegável interferência na vontade do doente e/ou familiares, o profissional não deverá sofrer consequências ainda que diante da recusa pois, se deixar

---

[120] Ver Recomendação CFM n. 1/2016 – Dispõe sobre o processo de obtenção de consentimento livre e esclarecido na assistência médica – Anexo I, item 8.3., Recusa de consentimento por crença religiosa.

[121] "A primeira opção a ser adotada pelos médicos é, em nome do respeito ao direito de crença, aplicar, se houver tempo hábil, tratamento alternativo. É situação relativamente simples e a que melhor se compatibiliza com as regras do exercício da profissão e os direitos em jogo, assegurados pela ordem constitucional." (Castro, João Monteiro de. Responsabilidade civil do médico. Ed. Método, 2005, pp. 120 e 121)

de realizar a transfusão e o paciente falecer, estará sujeito à responsabilização civil e criminal[122, 123 e 124].

Miguel Kfouri Neto sustenta que "em nenhuma hipótese poder-se-ia buscar reparação de eventual dano - de natureza moral - junto ao médico: se este realizasse, por exemplo, a transfusão de sangue contra a vontade do paciente ou de seu responsável - provado o grave e iminente risco de vida; se não realizasse, diante do dissenso consciente do paciente capaz, seria impossível atribuir-lhe culpa. De qualquer modo, sendo o paciente menor de dezoito anos, incumbirá ao facultativo, como medida de cautela – e se as circunstâncias permitirem –, requerer ao Juízo da Infância e da Juventude permissão para realizar o ato indesejado pelos

---

122 "Homicídio. Sentença de pronúncia. Pais que, segundo consta, impedem ou retardam transfusão de sangue na filha, por motivos religiosos, provocando-lhe a morte. Médico da mesma religião que, também segundo consta, os incentiva a tanto e ameaça de processo os médicos que assistiam a paciente, caso realizem a intervenção sem o consentimento dos pais. Ciência da inevitável consequência do não tratamento. Circunstâncias, que, em tese, caracterizam o dolo eventual, e não podem deixar de ser levadas à apreciação do júri. Recursos não providos. (TJ-SP – Rec. sent. estr. n. 993.99.085354-0 – 3ª Vara Criminal de São Vicente – 9ª Câm. de Direito Criminal – Rel. Des. Galvão Bruno – j: 28.1.2010, v.m.)

123 "(...) No juízo de ponderação, o peso dos bens jurídicos, de um lado, a vida e o superior interesse do adolescente, que ainda não teria discernimento suficiente (ao menos em termos legais) para deliberar sobre os rumos de seu tratamento médico, sobrepairam sobre, de outro lado, a convicção religiosa dos pais, que teriam se manifestado contrariamente à transfusão de sangue. Nesse panorama, tem-se como inócua a negativa de concordância para a providência terapêutica, agigantando-se, ademais, a omissão do hospital, que, entendendo que seria imperiosa a intervenção, deveria, independentemente de qualquer posição dos pais, ter avançado pelo tratamento que entendiam ser o imprescindível para evitar a morte. Portanto, não há falar em tipicidade da conduta dos pais que, tendo levado sua filha para o hospital, mostrando que com ela se preocupavam, por convicção religiosa, não ofereceram consentimento para transfusão de sangue - pois, tal manifestação era indiferente para os médicos, que, nesse cenário, tinham o dever de salvar a vida. Contudo, os médicos do hospital, crendo que se tratava de medida indispensável para se evitar a morte, não poderiam privar a adolescente de qualquer procedimento, mas, antes, a eles cumpria avançar no cumprimento de seu dever profissional. (...)" (STJ HC 268.459/SP – 6ª Turma – Rel. Min. Maria Thereza de Assis Moura – j: 02.9.2014 - trechos da ementa)

124 Ver "Recusa de transfusão de sangue por paciente adepto da religião Testemunhas de Jeová: colisão de direitos fundamentais – estudo de caso " – Faustus Máximus de Araujo Alvim e Carlos Alberto Simões de Tomaz, in Revista de Direitos Humanos e Efetividade, v. 2, n. 2 , Curitiba, pp. 1/20, Jul/Dez. 2016.

responsáveis". (Responsabilidade Civil do Médico. 6ª ed. São Paulo: Revista dos Tribunais, 2007, p. 189)

No geral, a despeito de divergência de algumas decisões e respeitadas opiniões, a jurisprudência tem decidido que o direito à vida se sobrepõe à liberdade de crenças. Nesse sentido multiplicam-se os julgados, entre eles os seguintes: "Indenizatória. Reparação de danos. Testemunha de Jeová. Recebimento de transfusão de sangue quando de sua internação. Convicções religiosas que não podem prevalecer perante o bem maior tutelado pela Constituição Federal que é a vida. Conduta dos médicos, por outro lado, que se pautou dentro da lei e ética profissional, posto que somente efetuaram as transfusões sanguíneas após esgotados todos os tratamentos alternativos. Inexistência, ademais, de recusa expressa a receber transfusão de sangue quando da internação da autora. (...)." (TJ-SP – Ap. civ. n. 123.430-4/4-00 – Sorocaba – 3ª Câm. de Direito Privado – Rel. Flávio Pinheiro – j: 7.5.2002, v.u); "Testemunhas de Jeová. Necessidade de transfusão de sangue, sob pena de risco de morte, segundo conclusão do médico que atende o paciente. Recusa dos familiares com apoio na liberdade de crença. Direito à vida que se sobrepõe aos demais direitos. Sentença autorizando a terapêutica recusada. Recurso desprovido." (TJ-SP – Ap. civ. n. 132.720-4/9-00 – Limeira – 5ª Câm. de Direito Privado – Rel. Boris Kauffmann – j: 26.6.2003, v.u.); "Carece de interesse processual o hospital ao ajuizar demanda no intuito de obter provimento jurisdicional que determine à paciente que se submeta à transfusão de sangue. Não há a necessidade de intervenção judicial, pois o profissional de saúde tem o dever de, havendo iminente perigo de vida, empreender todas as diligências necessárias ao tratamento da paciente, independentemente do consentimento dela ou dos seus familiares. Recurso desprovido." (TJ-RS – Ap. civ. n 70020868162 – 5ª Câm. Cível – Rel. Des. Umberto Guaspari Sudbrack – j: 22.8.2007, v.u.)[125].

---

[125] "Medida Cautelar. Autorização judicial para cirurgia e transfusão de sangue em paciente necessitada que se recusa à prática do ato por questão religiosa. Desnecessidade. Estrito cumprimento do dever legal do médico. Recurso não provido." (TJ-SP – Ap. n. 264.210-1 – 6ª Câm. de Direito Privado – Rel. Testa Marchi – j: 01.8.96)

"Testemunha de Jeová. Procedimento cirúrgico com possibilidade de transfusão de sangue. Existência de técnica alternativa. Tratamento fora do domicílio. Recusa da administração pública. Direito à saúde. Dever do Estado. Respeito à liberdade religiosa. Princípio da isonomia. Obrigação de fazer. Liminar concedida. Recurso provido. Havendo alternativa ao procedimento cirúrgico tradicional, não pode o Estado recusar o Tratamento Fora do Domicílio (TFD) quando ele se apresenta como única via que vai ao encontro da crença religiosa do paciente. A liberdade de crença, consagrada no texto constitucional não se resume à liberdade de culto, à manifestação exterior da fé do homem, mas também de orientar-se seguir os preceitos dela. Não cabe à administração pública avaliar e julgar valores religiosos, mas respeitá-los. A inclinação de religiosidade é direito de cada um, que deve ser precatado de todas as formas de discriminação. Se por motivos religiosos a transfusão de sangue apresenta-se como obstáculo intransponível à submissão do recorrente à cirurgia tradicional, deve o Estado disponibilizar recursos para que o procedimento se dê por meio de técnica que dispense-a, quando na unidade territorial não haja profissional credenciado a fazê-la. O princípio da isonomia não se opõe a uma diversa proteção das desigualdades naturais de cada um. Se o Sistema Único de Saúde do Estado de Mato Grosso não dispõe de profissional com domínio da técnica que afaste o risco de transfusão de sangue em cirurgia cardíaca, deve propiciar meios para o procedimento se verifique fora do domicílio (TFD), preservando, tanto quanto possível, a crença religiosa do paciente." (TJ-MT – AI n. 22395/2006 – Classe II – Capital – 5ª Câm. Cível – Rel. Convocado Des. Sebastião de Arruda Almeida – j: 31.5.2006, v.m.)

"Plano de saúde. Cirurgia autorizada. Recusa da ré em garantir a restrição de transfusão de sangue. Convicção religiosa do paciente. Dano moral não configurado. Realização fora da rede credenciada. Reembolso não previsto no contrato. Indenização por dano indevida. Recurso improvido. (TJ-SP – Ap. cív. n. 442.163.4/1-00 – São Paulo – 8ª Câm. de Direito Privado – Rel. Caetano Lagrasta – j: 13.6.2007, v.u)

"Cautelar. Transfusão de sangue. Testemunhas de Jeová. Não cabe ao poder judiciário, no sistema jurídico brasileiro, autorizar ou ordenar tratamento médico-cirúrgicos e/ou hospitalares, salvo casos excepcionalíssimos e salvo quando envolvidos os interesses de menores. Se iminente o perigo de vida, é direito e dever do médico empregar todos os tratamentos, inclusive cirúrgicos, para salvar o paciente, mesmo contra a vontade deste, e de seus familiares e de quem quer que seja, ainda que a oposição seja ditada por motivos religiosos. Importa ao médico e ao hospital é demonstrar que utilizaram a ciência e a técnica apoiadas em séria literatura médica, mesmo que haja divergências quanto ao melhor tratamento. O judiciário não serve para diminuir os riscos da profissão médica ou da atividade hospitalar. Se transfusão de sangue for tida como imprescindível, conforme sólida literatura médico-científica (não importando naturais divergências), deve ser concretizada, se para salvar a vida do paciente, mesmo contra a vontade das testemunhas de Jeová, mas desde que haja urgência e perigo iminente de vida (ART-146, PAR-3, INC-1, do código penal). Caso concreto em que não se verificava tal urgência. O direito à vida antecede o direito à liberdade, aqui incluída a liberdade de religião e falácia argumentar com os que morrem pela liberdade, pois, aí se trata de contexto fático totalmente diverso. Não consta que morto possa ser livre ou lutar por sua liberdade. Há princípios gerais de ética e de direito, que aliás norteiam a

Para esta tão delicada questão, o exame das manifestações doutrinárias e da jurisprudência atualmente dominantes leva a estas conclusões: (i) se o paciente estiver em iminente perigo de morte, a decisão cabe soberanamente ao médico; (ii) se ausente o perigo, prevalece a vontade do paciente ou dos familiares.

carta das Nações Unidas, que precisam se sobrepor às especificidades culturais e religiosas sob pena de se homologarem as maiores brutalidades; entre eles estão os princípios que resguardam os direitos fundamentais relacionados com a vida e a dignidade humanas. Religiões devem preservar a vida e não exterminá-la." (TJ-RS – Ap. cív. n. 595000373 – 6ª Câm. Cível – Rel. Sérgio Gischkow Pereira – j: 28.3.1995, v.m. – Revista de Jurisprudência do Rio Grande do Sul, v. 30, n.171, pp. 384-396 – ago. 1995)

11

DANO. MATERIAL, MORAL E ESTÉTICO. QUANDO SURGE O DEVER DE REPARAR. ATO ILÍCITO. CONFIGURAÇÃO. VERIFICAÇÃO DA CULPA. NEXO CAUSAL

Os instrumentos legais em que os juízes se apoiam para decidir as questões relacionadas aos danos ocasionados por erros médicos são, basicamente, a Constituição Federal, o Código Civil, o Código de Defesa do Consumidor e o repertório dos tribunais.

Dano é toda ofensa causada ao patrimônio material ou imaterial da pessoa. O direito chama o segundo de prejuízos morais ou extrapatrimoniais. Ambos são indenizáveis, conforme assegurado constitucionalmente (CF art. 5º, V).

Dano moral são os sofrimentos psíquicos ocasionados a alguém pela conduta de outrem: dor, angústia, aflição, tristeza[126]. Para estes não

---

126 "Segundo entendimento generalizado na doutrina, e de resto consagrado nas legislações, é possível distinguir, no âmbito dos danos, a categoria dos danos patrimoniais, de um lado, dos danos extrapatrimoniais, ou morais, de outro; respectivamente, o verdadeiro e próprio prejuízo econômico, o sofrimento psíquico ou moral, as dores, as angústias e as frustrações infligidas ao ofendido. (...) Parece mais razoável, assim, caracterizar o dano moral pelos seus próprios elementos; portanto, 'como a privação ou diminuição daqueles bens que têm um valor precípuo na vida do homem e que são a paz, a tranquilidade de espírito, a liberdade individual, a integridade individual, a

há base exata para a determinação do valor reparável (pretium doloris = expressão latina usada em direito, para se referir ao sofrimento de uma pessoa), uma vez que tais sentimentos são incompatíveis com valorações econômicas. Procura-se apenas amenizar o padecimento do ofendido e punir o ofensor para que a conduta ilícita não se repita[127, 128 e 129].

---

integridade física, a honra e os demais sagrados afetos'; classificando-se, desse modo, em dano que afeta a 'parte social do patrimônio moral' (honra, reputação, etc.) e dano que mostra a 'parte afetiva do patrimônio moral' (dor, tristeza, saudade, etc.); dano moral que provoca direta ou indiretamente dano patrimonial (cicatriz deformante, etc.) e dano moral puro (dor, tristeza, etc.)." (Cahali, Yussef Said. Dano moral. 2ª ed. revista, ampliada e atualizada. São Paulo: Revista dos Tribunais, 1998, pp. 19 e 20)

127 "(...) 6. A indenização por dano imaterial, como a dor, a tristeza ou a humilhação sofridas pela vítima, mercê de valores inapreciáveis economicamente, não impede que se fixe um quantum compensatório, com o intuito de suavizar o respectivo dano. 7. O quantum indenizatório devido a título de danos morais deve assegurar a justa reparação do prejuízo sem proporcionar enriquecimento sem causa do autor, além de levar em conta a capacidade econômica do réu, devendo ser arbitrado pelo juiz de maneira que a composição do dano seja proporcional à ofensa, calcada nos critérios da exemplaridade e da solidariedade (...) (trechos do REsp n. 693.172-MG – 1ª Turma – Rel. Min. Luiz Fux – DJ 12.9.2005)

128 "Responsabilidade civil e processual civil. Ação condenatória. Danos materiais e morais. Erro médico. Procedência parcial na origem com fixação dos danos morais. Recurso do réu. CDC. Incidência. Responsabilidade do médico. Caracterização. Obrigação de meio. Perquirição da culpa. Colecistectomia. Retirada de pedras na vesícula biliar. Material cirúrgico deixado na cavidade abdominal. Dano, nexo causal e negligência. Provas bastantes. Dever de indenizar. Dano moral. Quantum. Fins reparatório, pedagógico e inibidor. Minoração. Juros de mora. Relação contratual. Marco Citação. Sentença reformada. Recurso parcialmente provido." (...) Configura conduta negligente do profissional da medicina o esquecimento de material cirúrgico (compressa ou atadura) dentro da cavidade abdominal da paciente/autora, em cirurgia de retirada de pedras na vesícula. O dano suportado em casos dessa envergadura é presumível. (...) – trechos do acórdão (TJ-SC – Ap. n. 2010.075078-0 – 5ª Câm. de Dir. Civil – Rel. Des. Henry Petry Junior – j: 1.12.2011, v.u.)

129 "Direito Civil e Consumidor. Recusa de clínica conveniada a plano de saúde em realizar exames radiológicos. Dano moral. Existência. Vítima menor. Irrelevância. Ofensa a direito da personalidade. A recusa indevida à cobertura médica pleiteada pelo segurado é causa de danos morais, pois agrava a situação de aflição psicológica e de angústia no espírito daquele. Precedentes. As crianças, mesmo da mais tenra idade, fazem jus à proteção irrestrita dos direitos da personalidade, entre os quais se inclui o direito à integridade mental, assegurada a indenização pelo dano moral decorrente de sua violação, nos termos dos arts. 5º, X, in fine, da CF e 12, caput, do CC/02. Mesmo quando o prejuízo impingido ao menor decorre de uma relação de consumo, o CDC, em seu art. 6º, VI, assegura a efetiva reparação do dano, sem fazer qualquer distinção quanto à

Olham-se especialmente a gravidade do acontecimento e as condições sociais e econômicas dos envolvidos para, dentro dos princípios da proporcionalidade e razoabilidade, fixar-se valor adequado ou pelo menos próximo à recomposição dos prejuízos, sem, entretanto, levar à vítima um enriquecimento desmotivado[130]. O dano estético é diferente: corresponde a uma grave deformidade corporal que pode aumentar consideravelmente os sentimentos de dor e tristeza. É possível propor ação para obter, isolada ou acumuladamente, indenização por dano material,

---

condição do consumidor, notadamente sua idade. (...) Ainda que tenha uma percepção diferente do mundo e uma maneira peculiar de se expressar, a criança não permanece alheia à realidade que a cerca, estando igualmente sujeita a sentimentos como o medo, a aflição e a angústia. Na hipótese específica dos autos, não cabe dúvida de que a recorrente, então com apenas três anos de idade, foi submetida a elevada carga emocional. Mesmo sem noção exata do que se passava, é certo que percebeu e compartilhou da agonia de sua mãe tentando, por diversas vezes, sem êxito, conseguir que sua filha fosse atendida por clínica credenciada ao seu plano de saúde, que reiteradas vezes se recusou a realizar os exames que ofereceriam um diagnóstico preciso da doença que acometia a criança. Recurso especial provido." (STJ – REsp 1.037.759 - RJ (2008/0051031-5 – 3ª Turma – Rel. Min. Nancy Andrighi – j: 23.2.2010, v.u.)

130 Código Civil: Art. 944: "A indenização mede-se pela extensão do dano. Parágrafo único. Se houver excessiva desproporção entre a gravidade da culpa e o dano, poderá o juiz reduzir, equitativamente, a indenização."

"Embora o reconhecimento dos danos morais se dê, em numerosos casos, independentemente de prova (in re ipsa), para a sua adequada quantificação, deve o juiz investigar, sempre que entender necessário, as circunstâncias do caso concreto, inclusive por intermédio da produção de depoimento pessoal e da prova testemunhal em audiência." (Enunciado 454 – art. 944 do CC – aprovado pelo CNJ na V Jornada de Direito Civil)

"O prejuízo moral que alguém diz ter sofrido, é provado "in re ipsa". Acredita que ele existe porque houve a ocorrência do ato ilícito. Quando a vítima sofre um dano, que pela sua dimensão, é impossível ao homem comum não imaginar que um prejuízo aconteceu. Ninguém, em sã consciência, dirá que a perda do pai ou de um filho, não gera desgosto e mal-estar, tanto físico como espiritual, ou que alguém que teve a perna ou um braço amputado não vá p0assar o resto da vida sofrendo por essa diminuição física. A só consumação do ilícito que faz surgir fatos desta natureza, mostra o prejuízo, a prova é in re ipsa ". (Santos, Antonio Jeová. Dano moral indenizável. 4ª ed., revista, ampliada e atualizada, de acordo com o novo Código Civil. São Paulo: Revista dos Tribunais, 2003, p. 515)

"A indenização não inclui os prejuízos agravados, nem os que poderiam ser evitados ou reduzidos mediante esforço razoável da vítima. Os custos da mitigação devem ser considerados no cálculo da indenização." (Enunciado 629 – art. 944 do CC – aprovado pelo CNJ na VIII Jornada de Direito Civil – abril 2018)

moral e estético[131 e 132]. Anote-se, porém, que meros aborrecimentos ou descontentamentos não propiciam reparação.

A responsabilidade civil pressupõe ação ou omissão do praticante do ato, culpa, dano e relação de causalidade entre a conduta e o resultado danoso (relação de causa e efeito – teoria da causalidade adequada ou do dano direto e imediato)[133 e 134].

---

131 Súmula n. 387 do STJ: "É lícita a cumulação das indenizações de dano estético e dano moral." (ver também STJ – Jurisprudência em Teses, Edição 125, 17.5.2019)

132 "Ação de indenização por dano material, moral e estético. Realização de cirurgia plástica para implante de silicone nos seios da autora recorrente. Infecção. Efetivação de cirurgias reparadoras em razão da consequência de ausência de cuidados necessários no ato operatório inicial. Laudo médico pericial que aponta a existência de nexo de causalidade positivo. Danos configurados. Preliminares suscitadas pelos réus que foram rejeitadas. Responsabilidade civil do cirurgião plástico que é de obrigação de resultado. Inexistência de provas da ocorrência de fatores imponderáveis capaz de afastar o dever de indenizar. Dano estético que se distingue do dano moral. Possibilidade de cumulação. Fixação do quantum relativo ao dano estético na importância de R$ 15.000,00. Provimento parcial do primeiro recurso para aderir ao pedido inicial da autora a condenação no dano estético e seguimento negado ao segundo. Aplicação do artigo 577 do Código de Processo Civil. Sentença modificada." (TJ-RJ – Ap. cív. n. 23.544/2008 - 19ª Câm. Cível – Rel. Des. Marcus Tullius Alves – j: 22.6.2009, v.u. – DJERJ 1.7.2009)

133 "Responsabilidade civil. Erro médico em reiteradas cirurgias plásticas. Omissão do Conselho Regional de Medicina do estado de Mato Grosso do Sul. Danos morais. (...) 1. Trata-se, na origem, de Ação Civil Pública proposta pelo Ministério Público Federal contra o Conselho Regional de Medicina de Mato Grosso do Sul - CRM/MS e A. J. R. O., em razão da realização de reiteradas cirurgias plásticas das quais derivaram danos materiais, morais e estéticos em diversos pacientes, objetivando a condenação dos réus à indenização pelas sequelas advindas dos procedimentos cirúrgicos indevidamente realizados pelo ex-médico. 2. O Tribunal de origem, com base no conjunto probatório dos autos, consignou que, "para a condenação solidária do Conselho à reparação pelos aludidos danos, foi considerado o fato de que o CRM/MS teve ciência das barbaridades técnicas efetuadas pelo ex-médico, ao menos em 1992, todavia permaneceu inerte. (...) Assim, a evidente omissão do Conselho quanto ao seu dever fiscalizador por cerca de dez anos, há de ser ponderada para fixação do importe indenizatório, ainda que se vislumbre a alta somatória que poderá ser ao final devida, considerando a totalidade das vítimas. (...)" (STJ – REsp 1708981/SP - 2ª Turma – Rel. Min. Herman Benjamin – j: 06.3.2018 ,v.u. – trechos da ementa)

134 "Apelação Cível. Responsabilidade civil. Ação de indenização. Responsabilidade médica. Parto. Danos cerebrais no infante. Culpa e nexo de causalidade não configurados. Art. 14, §4º do CDC. São pressupostos da responsabilidade civil subjetiva: a conduta culposa do agente, o nexo causal e o dano; a ausência de quaisquer destes elementos afasta o dever de indenizar. Casos em que restou assente nos autos, mormente na prova

Sujeita-se à reparação e responsabilização aquele que, por ato ilícito proveniente de ação ou omissão voluntária, negligência (descuido, desleixo, falta de cuidados), imprudência (atitude precipitada, sem cautela) ou imperícia (desconhecimento técnico, inexperiência) causar dano a outrem, ainda que exclusivamente moral (CC, arts. 186 e 927)[135]. "Responsabilizar não consagra uma vontade absoluta de indenizar; depende, para que isso aconteça, da prova da culpa, para que o réu possa ser compelido a satisfazer o dano que sua ilicitude concretizou. Importa concluir que, por vezes (e, não raro, tal fato se verifica na ação de responsabilidade por erro médico), um dano poderá se eternizar sem que seja indenizado e, nesses casos, costuma-se confortar a vítima, informando-a de que foi 'escolhida pelo destino para purgar a infelicidade', uma fatalidade a cujos efeitos deve resignar-se de forma paciente. A ordem jurídica, no entanto, não tolera mais esse tipo de situação, que revolta o injustiçado e tende a excluí-la com a política do dano zero (todo e qualquer dano injusto necessita ser indenizado)." (Zuliani, Ênio Santarelli. Inversão do ônus da prova na ação de responsabilidade civil fundada em erro médico, RT 811/45).

A imprudência, a imperícia e a negligência são modalidades da culpa[136]. Se o ato culposo levar à morte, a reparação consistirá no

---

técnica, que os danos cerebrais suportados pelo demandante G. não foram decorrentes do parto efetuado pelo médico demandado, o qual se valeu dos meios indicados para o atendimento da gestante, mostrando-se inviável o reconhecimento do dever de indenizar. Culpa e nexo causal não comprovados. Agravo retido interposto contra a decisão que indeferiu o pedido de antecipação da tutela improvido. Sentença mantida." (TJ-RS – Ap. cív. n. 70037837309 – 10ª Câm. Cível – Rel. Des. Paulo Roberto Lessa Franz – j: 24.2.2011, v.u.)

135 "Há uma acentuada diferença de significados. Reparar é um conceito mais amplo do que responsabilizar." (Trabucchi, Alberto. Instituciones de derecho civil. Trad. Luis Martinez-Calcerrada. Madri: Revista de Derecho Privado, 1967, I 229)

136 "A imperícia, a imprudência e a negligência, todavia, nunca serão presumidas. Caberá sempre ao paciente ou quem alega em juízo a culpa do médico em qualquer de suas modalidades, o ônus de provar os fatos que, concretamente, a configuraram." (Theodoro Junior, Humberto – A prova da culpa médica – in Aspectos Processuais da ação de responsabilidade por erro médico – RT 760, p.45)

pagamento à quem de direito, das despesas com o tratamento recebido pela pessoa antes de morrer, seu funeral e o luto da família [137]. Inclui, ainda, a prestação de alimentos a quem tinha direito de recebê-los do morto, filhos até completarem 25 anos[138], cônjuge ou companheiro, descendentes e ascendentes incapazes, levando em conta a provável duração da vida do falecido (CC, art. 948, II), 65 anos. Decisões mais realistas estendem até 70 anos, baseadas no aumento da duração da vida e melhora na saúde que as ciências sociais e biológicas trouxeram à população[139] e [140]. No caso de lesão ou outra ofensa à saúde, permite-se à vítima pedir o reembolso das despesas do tratamento, o que deixou de ganhar até o fim da convalescença (lucros cessantes) e outros prejuízos sofridos. Se

---

137 "(...) Conquanto a inventariante deva representar o espólio, ativa e passivamente, em juízo ou fora dele (art. 991, inciso I, do CPC), sua atuação fica restrita às ações que se referem aos direitos que envolvem o próprio acervo patrimonial. Tratando-se, portanto, de ação indenizatória por ato ilícito em função de morte do patriarca, a legitimidade ativa é conferida aos herdeiros, pois o abalo integra o patrimônio moral e individual de cada sucessor, e não o conjunto de bens ou direitos deixados pelo de cujus (...)" (TJ-SC – trechos da Ap. cív. n. 2009.002422-7 – 2ª Câm. de Direito Civil – Rel. Des. Gilberto Gomes de Oliveira – j: 25.8.2011, v.u.)

138 "Administrativo. Responsabilidade civil do estado. Danos morais e materiais. Indenização. 1. A jurisprudência do STJ sedimentou-se no sentido de fixar a indenização por perda do pai ou progenitor, com pensão ao filho menor até os 24 (vinte e quatro) anos de idade (integralmente considerados), ou seja, até a data de aniversário dos 25 anos." (STJ – REsp n. 592671-PA – 2ª Turma – Rel. Min. Eliana Calmon – j: 6.4.2004, v.u.)

139 TST – E-RR n. 50200-75.2005.5.02.0221 – Subseção 1 Especializada em Dissídios Individuais – Rel. Min. Horácio de Senna Pires.

140 "(...) condeno a recorrida, relativamente aos danos materiais, ao pagamento de pensão mensal de meio salário mínimo a cada uma das autoras, sendo que às filhas até a maioridade civil, e à viúva, desde a data do evento, até a data em que a vítima completaria 70 anos. Isto porque, "não obstante ter a jurisprudência desta Corte, na maioria dos casos, fixado, para fins de indenização, como tempo provável de vida do falecido, a idade de 65 anos, certo é que tal orientação não é absoluta, servindo, apenas como referência, não significando que seja tal patamar utilizado em todos os casos, notadamente naqueles em que a vítima já possua idade avançada." (REsp n. 164.828-RS – Rel. Min. Sálvio de Figueiredo Teixeira – DJ de 21.6.1999) (STJ – trecho do REsp n. 705.859-SP – 4ª Turma – Rel. Min. Jorge Scartezzini – j: 3.2.2005, v.u.)

tiver diminuída a capacidade de trabalho, a indenização deverá cobrir as despesas do tratamento e os lucros cessantes até o final da convalescença, inclusive pensão mensal correspondente à perda da capacidade laborativa e, se a incapacidade laborativa for completa e permanente, a pensão equivalerá à importância que auferiria com o trabalho (CC, arts. 949 e 951)[141].

Não se deve confundir indenização civil com benefícios previdenciários. São verbas de natureza distinta. Uma é consequência de ato ilícito a outra tem caráter previdenciário, puramente social. O recebimento desta não prejudica nem limita o recebimento daquela.

O médico estará isento de responder pelos males causados quando surgirem acontecimentos imprevisíveis que escapam ao seu domínio e à ciência pois, nesses casos, a conduta profissional não foi determinante do resultado indesejado.

Eventos que vão além das forças humanas, impossíveis de serem evitados e impedem o cumprimento da obrigação, afastam a responsabilidade. Isso ocorre diante do caso fortuito ou de força maior, ambos equiparados pelo Código Civil, tendo em vista que, embora com características distintas - inevitabilidade na força maior e imprevisibilidade no caso fortuito - excluem, por igual, a responsabilidade por inexistir culpa do agente[142 e 143]. São fatores alheios à vontade, sem nenhuma

---

[141] A respeito da apuração do valor da sentença que condena a indenizar ou liquidação do dano médico nas hipóteses mencionadas, veja Miguel Kfouri Neto in Responsabilidade Civil do Médico, 6ª ed. São Paulo: Revista dos Tribunais, pp. 113/146.

[142] Código Civil: "Art. 393. O devedor não responde pelos prejuízos resultantes de caso fortuito ou força maior, se expressamente não se houver por eles responsabilizado. Parágrafo único. O caso fortuito ou de força maior verifica-se no fato necessário, cujos efeitos não era possível evitar ou impedir."

[143] "O caso fortuito e a força maior somente serão considerados como excludentes da responsabilidade civil quando o fato gerador do dano não for conexo à atividade desenvolvida." (Enunciado 443 - Arts. 393 e 927 do CC - aprovado pelo CNJ na V Jornada de Direito Civil)

correlação com a negligência, imprudência e imperícia médica[144, 145 e 146]. Porém, quem alega tais excludentes precisa demonstrar a interferência

[144] "Como evidentemente existem exceções, exemplificarei uma: paciente com febre tifóide, sem antecedentes alérgicos, é medicado com cloranfenicol, desenvolve aplasia de medula e morre. É sabido que, em casos muito raros, o claranfenicol pode causar essa quase sempre fatal hemopatia. Foi, entretanto, um caso excepcional, fortuito, o puro azar, como se diz vulgarmente. Não há delito ético, nem penal, nem civil." (Coutinho, Léo Meyer. Código de Ética Médica Comentado. 2ª ed. São Paulo: Saraiva, 1994, p. 43)

[145] "Para se derruir, por completo, a relação de causalidade, o dano há de ser produzido por circunstância imprevisível e inevitável, atual e inimputável ao médico – chamado caso fortuito. Para se determinar se o evento era ou não previsível, utiliza-se o standard do médico diligente. Se, para a generalidade dos médicos, a causa do dano, nas circunstâncias consideradas, não poderia ser superada, nem mesmo cogitada, admitir-se-á o resultado como inevitável ou imprevisível. Tal aferição é casuística – e levará em conta o aparelhamento e meios disponíveis. É necessário que se trate de um fato presente, não de hipótese futura, e que de modo algum possa se imputar qualquer resquício de culpa, identificável no comportamento do médico. (...) Ao hospital aplicam-se as regras da responsabilidade objetiva: somente se eximirá do dever de indenizar caso comprove culpa exclusiva da vítima, caso fortuito ou circunstância que arrede, vez por todas, o nexo de causalidade." (Kfouri Neto, Miguel. Culpa médica e ônus da prova. São Paulo: Revista dos Tribunais, 2002, pp. 40 e 195)

[146] "Responsabilidade civil. Erro médico. Procedimento cirúrgico. Hospital. Não pode ser responsabilizado o nosocômio réu pelo evento morte se tomou todas as precauções cabíveis, realizando os testes e exames preliminares pertinentes, procedendo-se, como de mister, a cirurgia que se mostrava impostergável diante do quadro agudo apresentado pelo falecido. Falta de prova do nexo causal. Exame da prova técnica constante dos autos; perícia conclusiva, indo de encontro ao pedido inicial. Improcedência do pedido indenizatório. Parecer do MP. Apelo e agravo retido improvidos". (TJ-RS – Ap. cív. n. 70018317362 – 10ª Câm. Cível – Rel. Des. Luiz Ary Vessini de Lima – j: 31.5.2007, v.u.)

Trechos do Acórdão: "(...) Por outro lado, não existe teste ou avaliação que possa garantir ao anestesista que não irá ocorrer evento semelhante ao verificado, ou seja, não há 'teste disponível que possa garantir ao anestesiologista que o paciente possa vir a sofrer uma parada cardiorrespiratória no transoperatório' (fl. 606, item 10). Ou seja, o falecimento constatado decorreu, pode-se inferir, não por causa externa, ou por fator ligado à conduta omissiva ou comissiva do nosocômio réu. A morte deu-se por força das más condições de saúde, intrínsecas, próprias do paciente. Do contexto, extrai-se que se cuidou de evento fortuito e inevitável, sobre o qual nenhum hospital ou médico poderia ter controle (...) De ressaltar a inexorabilidade da cirurgia, diante do quadro agudo do falecido. O procedimento era, mais do que recomendado, urgente. A investigação sobre as condições de saúde do paciente foi devidamente observada, de modo que somente pode-se qualificar a sua morte como fato acidental. Antes de mais nada é importante ressaltar que a obrigação assumida pelo médico, quando promoveu o atendimento do autor, foi de meio e não de resultado, porque, por mais avançada que esteja a ciência médica, é inevitável garantir, previamente, o desfecho de qualquer quadro clínico."

de causas alheias à atuação como fontes do dano, e mostrar que o resultado seria outro se as causas imprevisíveis não tivessem ocorrido.

A despeito da responsabilidade do profissional liberal ser exceção à regra (CDC, art. 14 e seu § 4º), há quem diga que, quando se tratar de obrigação de resultado, no sistema da responsabilidade objetiva o caso fortuito e a força maior não excluem o dever de indenizar (Nery Junior, Nelson, Rosa Maria de Andrade Nery. Leis Civis Comentadas e Anotadas – 5 ª ed. rev., atual. e ampl. – São Paulo: Thomson Reuters Brasil, 2019, pp. 430/431).

O Código de Ética Médica prevê a responsabilidade profissional por imperícia, imprudência ou negligência, vendo-a como pessoal e não presumida (CEM art. 1º, Parágrafo único). A importância atribuída à pessoalidade dos atos profissionais do médico e a não presunção da culpa, em boa hora, ficaram destacadas nos Princípios Fundamentais (CEM, Princípios Fundamentais, XIX). Tais colocações se afinam com o Código de Defesa do Consumidor no pertinente à não presunção da responsabilidade aos profissionais liberais – entre os quais situa-se o médico – a qual, classificada como subjetiva, apura-se mediante a verificação da culpa[147].

O Superior Tribunal de Justiça tem decisão permitindo entender que, por ser a ocupação médica obrigação de meio, a responsabilidade resolve-se com a prova da culpa a qual, se não estiver caracterizada, impede o reconhecimento do dever de reparar[148].

---

[147] Art. 14, § 4º do CDC: "A responsabilidade pessoal dos profissionais liberais será apurada mediante a verificação de culpa."

[148] No acórdão, o Ministro relator destacou: "(...) Para o Tribunal de origem, sendo a prova da culpa do médico exercício dificílimo de ser levado a cabo, notadamente porque os laudos periciais, confeccionados por outros médicos, nunca ou quase nunca são conclusivos, a responsabilidade pela reparação dos danos sofridos pelo paciente surge da comparação entre a situação física anterior à cirurgia e a dela decorrente, presumindo-se a culpa, à míngua de outra causa excludente. Essa conclusão, entretanto, dissente da norma do art. 1.545 (atual art. 951) do Código Civil e do art. 14, § 4º do Código do Consumidor. (...)" (STJ – REsp n. 196306 – 4ª Turma – Rel. Min. Fernando Gonçalves, v.u. – DJ 16.8.2004 – trechos do acórdão)

Como o resultado ruim, compromete a boa reputação e uma vida inteira de bons resultados, a inconsequente imputação de erro e a ação judicial infundada podem provocar irreversíveis danos e destruir uma carreira. Quando formuladas por emulação ou malícia, levam o autor de acusações desmotivadas e/ou demandas temerárias a responder pelos danos que causar à imagem do profissional, pois a justiça não ampara atos contrários ao direito e reprime pretensões levianas. Portanto, antes de atribuir erro ao médico, impõem-se agir prudentemente, averiguando se a atividade culposa está bem configurada para constatar, com segurança, se o profissional deixou de utilizar os meios disponíveis de diagnóstico, tratamento clínico ou cirúrgico adequados ao seu alcance e, se efetivamente houve mau desempenho técnico ou erro grosseiro.

Mas isso não basta. Torna-se indispensável verificar a presença de outro componente importante: o nexo de causalidade. Isto é, se o resultado experimentado pelo prejudicado aconteceu em razão direta da conduta médica. Esclarecendo mais: para a responsabilização do médico ou da entidade hospitalar sob cujos cuidados o paciente estava, é preciso provar claramente a causa determinante do dano[149, 150 e 151].

---

149 "Responsabilidade civil. Indenização. Danos materiais e morais. Morte do filho. Negligência médica. Fatos que devem ser agregados à prova de vínculo de causa e efeito. Ausência que afasta a obrigação indenizatória.

Ementa Oficial: Não é suficiente para a caracterização da responsabilidade civil que aquele que ingressa em juízo tenha sofrido danos morais e materiais em virtude da morte de seu filho, nem que o médico que o atendeu tenha agido com culpa, devendo também reunir-se a esses requisitos a prova da existência de um vínculo de causa e efeito, o qual, se ausente, afasta a obrigação indenizatória." (TAMG – Ap. cív. n. 358.506-0 – 1ª Câm. Cível – Rel. Juiz Osmando Almeida – j: 30.4.2002, v. u. – DOMG 4.12.2002)

150 "Indenização. Danos material e moral. Erro médico. Descaracterização. Inexistência de comprovação de nexo de causalidade entre a suposta ação lesiva e o dano sofrido. Responsabilidade objetiva que não necessita de prova testemunhal, depoimento da ofendida ou mesmo prova pericial quando os documentos trazidos aos autos são suficientemente indiscutíveis. Verbas indevidas." (TJ-AP – Ap. n. 2.746/2006 – Câm. Única – Rel. Des. Carmo Antônio – j: 11.7.2006, v.u. – RT 855/309)

151 "Responsabilidade civil. Indenização. Dano moral. Cirurgia de laqueadura de trompas. Paciente submetida à intervenção cirúrgica que engravida depois de determinado tempo. Ausência de provas de que o médico responsável pelo procedimento tenha agido com negligência ou imperícia. Inexistência de técnica que garanta eficácia completa de esterilização por tal método cirúrgico. Nexo de causalidade não comprovado. Verba indevida." (TJ-RJ – Ap. n. 2007.001.66758 – 7ª Câm. – Rel. Carlos Eduardo Moreira da Silva – j: 30.1.2008, v.u. – RT 871/342)

Apresentado apenas o desvio da conduta pertinente à obrigação de tratar o doente de maneira zelosa e diligente, impossível admitir a responsabilidade sem o nexo causal.

Exemplo didático encontra-se em julgado do Tribunal de Justiça do Rio de Janeiro ao declarar que, mesmo na responsabilidade objetiva, ninguém pode ser responsabilizado pelo dano ao qual não deu causa. No caso, restou provado que as lesões apresentadas pelo paciente não decorreram do tratamento fisioterápico a que fora submetido, mas sim ligadas às próprias características do organismo, como flebites e varizes associadas à erisipela. Desta forma, ficou afastado o dever de indenizar do estabelecimento hospitalar apontado como responsável[152].

---

152 "Responsabilidade civil. Estabelecimento hospitalar. Tratamento fisioterápico. Nexo causal inexistente. Mesmo na responsabilidade objetiva, ninguém pode ser responsabilizado pelo dano a que não deu causa. Destarte, provado que as lesões apresentadas pelo paciente não são decorrentes do tratamento fisioterápico a que foi submetido, mas sim às causas ligadas às próprias características do seu organismo, como flebites e varizes, associadas com erisipela, fica afastado qualquer dever de indenizar do estabelecimento hospitalar apontado como responsável." (TJ-RJ – Ap. cív. n. 5.598/94 – 2ª Câm. Cível – Rel. Des. Sérgio Cavalieri Filho)

Em igual sentido: "Responsabilidade civil. Dano moral. Erro médico. Inocorrência. Intervenção cirúrgica realizada de forma correta e adequada. Inexistência de nexo causal entre o dano sofrido e o procedimento cirúrgico realizado. Extrusão dos pontos que causaram os ferimentos e a hérnia na região abdominal da paciente proveniente de uma reação de seu próprio organismo ao material colocado em seu corpo." (TJ-RN – Ap. n. 2006.003444-9 – 2ª Câm. – Rel. Des. Aderson Silvino – j: 12.9.2006, v u. – RT 858/402)

"Responsabilidade civil. Feto que vem a óbito. Fato atribuído à negligência do médico plantonista, que, não obstante as fortes dores que acometiam a gestante, entregou-a aos cuidados de uma parteira, o que impossibilitou a constatação que era caso de se realizar, desde logo, cesariana. Fato constitutivo do direito, todavia, indemonstrado. Culpa não caracterizada. Laudo pericial conclusivo no sentido de que o procedimento foi correto e que a causa da morte não guarda relação com uma suposta desídia do responsável pelo atendimento, mas sim com o fato de o feto ser portador de sífilis congênita, associada a outras causas. Desprovimento. Hipótese em que a autora atribui a morte de sua filha ao tratamento desidioso que lhe foi ministrado no nosocômio, pois, muito embora acometida de fortes dores, o médico plantonista a teria deixado aos cuidados da parteira, de modo que retardada indevidamente a cesariana. Certidão de óbito do natimorto, todavia, que aponta como causa eficiente do lamentável evento fatores outros, totalmente dissociados de um possível atraso na realização da intervenção cirúrgica, os quais foram devidamente comprovados pelo laudo médico-judicial, a saber, hepato-esplenomegalia (aumento do fígado e do baço), acompanhada de infecção

Note que não há dever de reparação quando o paciente desobedece ao aconselhamento e às orientações médicas[153]. O Conselho Federal de Medicina determinou o arquivamento de recurso originado de processo instaurado por suposta infração ética ao decidir que "(...) Não comete infração ética o médico que atende o paciente dentro da técnica e da ética, não sendo responsável pelo abandono da paciente ao tratamento proposto." (CFM - Proc. n. 3622/1998 - Rel. Wirlande Santos da Luz - DOU 22.10.2000, Seção 1, p. 51). Assim, àquele que desatende as prescrições do médico ou abandona tratamento, não caberá alegar prestação defeituosa do serviço.

Se a vítima contribuiu para o resultado danoso, a indenização será fixada de acordo com a gravidade da sua culpa, confrontada com a do causador do dano[154 e 155]. Chama-se a isso culpa concorrente do paciente.

Embora o Código de Defesa do Consumidor esteja vigorando há quase 30 anos, ainda existem questionamentos sobre a aplicação das suas regras na relação médico-paciente.

---

fetal decorrente de sífilis congênita, responsável, segunda literatura médica, pela morte perinatal em 40% das crianças infectadas. Pressupostos necessários à configuração da responsabilidade, esta objetiva, com relação ao hospital, e subjetiva, no que concerne ao profissional da área médica, indemonstrados. Improcedência da ação, por conseguinte, bem pronunciada." (TJ-SC - Ap. cív. n. 2009.036371-0 - 1ª Vara da Fazenda Pública - Rel. Vanderlei Romer - j: 15.9.2009, v.u.)

153 "Responsabilidade civil. Dano Moral. Inocorrência. Hipótese em que restou comprovado, pelos documentos acostados, que não houve falha na prestação de serviço, e sim desatendimento das orientações pertinentes aos exames pós-operatórios pelo demandante. Não caracterizados os pressupostos de que tratam a doutrina e a jurisprudência, para a caracterização da responsabilidade civil (dano, ação ou omissão do agente e nexo causal). Apelo improvido. Preliminar afastada." (TJ-RS - Ap. cív. n. 70012325650 - 10ª Câm. - Rel. Des. Luiz Ary Vessini de Lima - j: 6.10.2005, v.u.)

154 Código Civil: "Art. 945. Se a vítima tiver concorrido culposamente para o evento danoso, a sua indenização será fixada tendo-se em conta a gravidade de sua culpa em confronto com a do autor do dano."

155 "A conduta da vítima pode ser fator atenuante do nexo de causalidade na responsabilidade civil objetiva." (Enunciado 458 - art. 945 do CC - aprovado pelo CNJ na V Jornada de Direito Civil)

11.1. Dano reflexo ou em ricochete

Em regra, a indenização é devida somente ao lesado direto, isto é, aquele que sentiu as consequências do ato ilícito imediata e pessoalmente. A regra, contudo, comporta exceções posto que a par dos danos, quer patrimoniais quer extrapatrimoniais, os efeitos podem ir além da vítima e projetar-se em terceiros[156].

Com o intuito de estender a proteção às pessoas ligadas à vítima por laços afetivos ou dela dependentes economicamente, doutrina e jurisprudência passaram a admitir como indenizável o prejuízo causado indiretamente a outrem: teoria do dano reflexo ou em ricochete[157 e 158].

Em estudo a respeito, assim se manifesta João Monteiro de Castro: "Considerando, de modo específico, aqueles que são atingidos indiretamente pelo fato lesivo, para designar esta peculiar categoria de dano, foram criadas as expressões dano reflexo ou dano em ricochete. É frequente, mormente em caso de acidente corporal, que o dano sofrido pela vítima imediata seja a fonte de outros prejuízos, atingindo, por exemplo, quem tiver de indenizar a vítima inicial ou aqueles que

---

156 "O caráter direto do dano é bastante discutido, pois alguns designam como dano indireto o dano por ricochete, que é indenizável, outros utilizam as designações dano direto e indireto conforme os seus efeitos sejam imediatos ou mediatos, porém consideram indenizáveis os danos indiretos." (Severo, Sérgio. Os danos extrapatrimoniais. São Paulo: Saraiva, 1996, p. 9)

157 "(...) 1. O dano moral reflexo, indireto ou por ricochete é aquele que, originado necessariamente do ato causador de prejuízo a uma pessoa, venha a atingir, de forma mediata, o direito personalíssimo de terceiro que mantenha com o lesado um vínculo direto. 2. Segundo a jurisprudência desta Corte Superior, o vínculo presente no núcleo familiar, e que interliga a vítima de acidente com seus irmãos e pais, é presumidamente estreito no tocante ao vínculo de afeto e amor, presumindo-se que desse laço se origina, com o acidente de um, a dor, o sofrimento, a angústia etc. nos genitores e irmãos, o que os legitima para a propositura de ação objetivando a percepção de indenização por dano moral reflexo.(...)" (STJ – AgInt no AREsp 1099667/SP – 4ª Turma – Rel. Min. Luis Felipe Salomão – j: 24.4.2018 – trechos do acórdão)

158 "A legitimidade para pleitear a reparação por danos morais é, em regra, do próprio ofendido, no entanto, em certas situações, são colegitimadas também aquelas pessoas que, sendo muito próximas afetivamente à vítima, são atingidas indiretamente pelo evento danoso, reconhecendo-se, em tais casos, o chamado dano moral reflexo ou em ricochete." (STJ – Jurisprudência em Teses, Edição 125, 17.5.2019)

tenham com ela relações afetivas ou que dela dependam materialmente. (...) toda pessoa que prove haver sofrido um dano pessoal, por repercussão daquele dano que fulminou a vítima inicial, pode obter ressarcimento". (Responsabilidade civil do médico. São Paulo: Método, 2005, pp. 37 e 38)

Segundo a teoria, quem for atingido pelo ato culposo de maneira indireta ou mediata é parte legítima para se voltar contra o causador do dano e reclamar em juízo o ressarcimento do prejuízo sofrido. Titular que é de direito autônomo pode, portanto, exercer seu direito judicialmente independente do pedido de reparação feito pela vítima imediata. Nada impede que os pedidos sejam apresentados em conjunto[159, 160 e 161].

---

159 CPC: "Art. 17. Para postular em juízo é necessário ter interesse e legitimidade" e "Art. 113. Duas pessoas ou mais pessoas podem litigar, no mesmo processo, em conjunto, ativa ou passivamente, quando: I – entre elas houver comunhão de direitos ou de obrigações relativamente à lide; II – entre as causas houver conexão pelo pedido ou pela causa de pedir; III– ocorrer afinidade de questões por um ponto comum de fato ou de direito."

160 "Direito Civil. Responsabilidade civil. Compensação por danos morais. Legitimidade ativa. Pais da vítima direta. Reconhecimento. Dano moral por ricochete. (...) 2. Reconhece-se a legitimidade ativa dos pais de vítima direta para, conjuntamente com essa, pleitear a compensação por dano moral por ricochete, porquanto experimentaram, comprovadamente, os efeitos lesivos de forma indireta ou reflexa. Precedentes. 3. Recurso especial não provido. " (STJ – REsp n. 1.208.949-MG – 3ª Turma – Rel. Min. Nancy Andrighi – j: 7.12.2010, v.u. – trechos da ementa)

161 "Responsabilidade civil. Ação indenizatória. Dano reflexo, indireto ou por richochete. Pretensão indenizatória deduzida pelo esposo e filhas da paciente que recebeu sangue infectado pelo vírus HIV mediante transfusão realizada nas dependências do nosocômio demandado. Dano moral in re ipsa. Configuração. Manutenção do quantum indenizatório fixado na sentença. Reconhecimento do dano moral por ricochete à família da paciente contaminada por ato ilícito imputável ao hospital. O dano moral reflexo, indireto ou por ricochete compreende o ato cujos efeitos atingem potencialmente a integridade moral de terceiros, no caso, do esposo e das filhas da paciente contaminada em transfusão de sangue, que acabou contraindo o vírus HIV. Reparação que decorre das intercorrências resultantes da enfermidade adquirida pelo ente familiar por culpa exclusiva da ré, que se viram obrigados a vivenciar a patologia, importando em substancial alteração não apenas no âmbito familiar, como também íntimo e social. Dano moral in re ipsa. Angústia e sofrimento presumidos. (...)" (TJ-RS – Ap. cív. n. 70079408522 – 9ª Câm. Cível – Rel. Eduardo Kraemer – j: 18.12.2018 – trechos da ementa)

Para isso o atingido pelo ato lesivo via reflexa, haverá de demonstrar o nexo de causalidade entre o ato culposo e o efeito prejudicial nele foi produzido [162 e 163]. Contudo, o prejuízo deve ser atual, real e efetivo, não puramente hipotético ou eventual.

Simples probabilidade de dano ou incerteza de que ocorrerá, não gera dever de reparação.

---

[162] "(...) sobrevivendo a vítima direta, a sua incapacidade pode gerar um dano a outrem. Neste caso, o liame de proximidade deve ser mais estreito. (...) Os familiares mais próximos da vítima direta gozam o privilégio da presunção – juris tantum – de que sofreram um dano em função da morte do parente, mas, se a vítima sobreviver, devem comprovar que a situação é grave e que, em função da convivência com a vítima, há um curso causal suficientemente previsível no sentido de que o dano efetivar-se-á." (Severo, Sérgio. ob. cit. pp. 25/26)

[163] Súmula 491 do STF – "É indenizável o acidente que cause a morte de filho menor, ainda que não exerça trabalho remunerado."

12

O RESULTADO MÉDICO ADVERSO. DANO DESCULPÁVEL

Procedimentos médicos, dos mais simples aos da mais alta complexidade, estão sujeitos a complicações imprevisíveis. Reações orgânicas mudam de pessoa para pessoa.

Para não ser apontado como negligente por omitir informações, o profissional da medicina tem o dever de informar o enfermo ou a família dos riscos de um mau resultado no tratamento (CEM, art. 34). De outro lado, o paciente sempre precisa lembrar que a atividade médica é de meios e não de resultado.

Ninguém pode ser responsabilizado pelo dano que não causou. Significa dizer, o médico está isento de responder males para os quais não contribuiu, advindos de acontecimentos imprevisíveis surgidos de fatores múltiplos: faixa etária do doente, resposta adversa do organismo, intercorrências médicas, falta de resistência imunológica, parada cardiorrespiratória, hemorragia imprevisível, interação medicamentosa e outras situações anômalas em que incorre contribuição culposa faltando, consequentemente, o nexo de causalidade entre o ato praticado e o resultado danos[164 e 165].

---

164 "Indenização. Intercorrência cirúrgica que levou a óbito a criança, filho dos autores. Ausência de comprovação de culpa (negligência e imprudência), por parte da equipe hospitalar, bem como da atuação das empresas rés. Requisitos para o ressarcimento não preenchidos. Profissionais que têm obrigação de meio e não de resultado. Responsabilidade não configurada. Sentença mantida. Recurso desprovido." (TJ-SP – Ap. cív. n. 0151789-72.2002.8.26.0100 – 5ª Câm. de Direito Privado – Rel. Des. Paulo Alcides – j: 17.11.2011, v.u.)

165 "Apelação Cível. Ação Indenizatória. Relação de Consumo. Erro laboratorial. (...) Prova pericial produzida que não evidenciou a ocorrência de erro profissional cometido no procedimento laboratorial. Ao contrário, diante do que foi apurado pela perícia, o que aconteceu foi uma intercorrência médica, cujo termo define uma ocorrência inesperada em um procedimento, o que não significa necessariamente erro médico. (...) Prova técnica conclusiva no sentido de se tratar de intercorrência médica, não rara no tipo de procedimento, sem sequelas. A falta da prova do erro profissional, que incumbia à Autora, afasta o ato ilícito e, por consequência, impede a concessão da pretendida indenização. (...)" (TJ-RJ – Ap. Cív. n. 0306443-32.2013.8.19.0001 – 22ª Câmara Cível – Rel. Carlos Eduardo Moreira da Silva – j: 10.4.2018 – v.u. – trechos da ementa.

"Apelação cível. Ação de reparação por danos morais. Erro médico. Cirurgia de catarata. (...) Profissional liberal. Responsabilidade civil subjetiva. Art. 14, § 4º, do Código de Defesa do Consumidor. Indispensabilidade da comprovação da culpa e do nexo de causalidade entre a conduta e os danos sofridos. Laudo pericial no sentido de que a ceratopatia bolhosa e a perda da visão do autor não decorreram de falha na cirurgia realizada pelo médico demandado. Intercorrência com diversas causas, inclusive a idade avançada do demandante. Complicação pós-cirúrgica que não caracterizou negligência do profissional. Inexistência de demonstração de que a perda da acuidade visual do autor decorreu de conduta profissional culposa do médico demandado. Indenização devidamente afastada. (...)" (TJ-SC– Ap. Cív. n. 0008015-12.2010.8.24.0018, Chapecó –1ª Câmara de enfrentamento de acervos –Rel. Des. Luiz Felipe Schuch – j: 22.8.2018 – trechos da ementa).

"(...) Nada nos autos aponta para culpa, negligência ou imperícia dos profissionais que atenderam o autor, seja na realização da cirurgia ou no tratamento posterior. A instrução do processo ocorreu adequadamente e dela se extrai que o dano sofrido pelo autor não decorre da conduta dos profissionais que o atenderam; trata-se de intercorrência médica a que, infelizmente, está submetido qualquer um que passa pelo procedimento cirúrgico em questão. Ausente o liame de causalidade, não há que se falar em responsabilidade civil (...)" (TJ-SP – Ap. n. 0003379-51.2013.8.26.0047 – 10ª Câmara de Direito Público – Rel. Torres de Carvalho j: 8.10. 2018 – v.u. – trechos da ementa)

"Apelação cível. Ação indenizatória decorrente de erro médico. Parada cardiorrespiratória em procedimento cirúrgico. Sequelas neurológicas severas e irreversíveis. Vida vegetativa do paciente até o falecimento no curso do processo. Demanda ajuizada em desfavor do profissional que realizou o ato e do estabelecimento hospitalar. Improcedência na origem. Recurso do espólio. (...)Responsabilidade civil subjetiva.

Também afastam a obrigação de indenizar, os procedimentos que, por não haver terapia alternativa ou substitutiva, precisam ser realizados mesmo ocasionando sequelas, bem como a utilização de terapêutica experimental permitida pelos órgãos competentes, desde que consentida pelo paciente ou seu representante legal, devidamente esclarecidos da situação e das possíveis consequências[166].

Durante a realização de procedimentos de alto risco podem sobrevir danos. Quando quem receber o tratamento estiver prévia e adequadamente esclarecido, não derivarem de erro grosseiro ou culpa e o procedimento for executado com técnica e segurança recomendadas, os danos surgidos são considerados decorrentes da periculosidade inerente à própria natureza da profissão. Por tal razão, não ensejam reparações.

Elucidativos estes dizeres de Sérgio Cavalieri Filho: "Há riscos que são inerentes a certos serviços, intrinsecamente atados à sua própria natureza e modo de funcionamento – como por exemplo, os serviços médico-hospitalares. A cirurgia de uma pessoa idosa – ou mesmo outros tipos de cirurgia ou tratamentos –, por si só, representa riscos que não podem ser evitados ainda que o serviço seja prestado com a técnica e segurança. Transferir as consequências desses riscos (inerentes) para o prestador do serviço seria ônus insuportável; acabaria por inviabilizar a própria atividade. Daí por que, na medida que o risco inerente está associado a inúmeros serviços tidos como imprescindíveis à vida moderna,

---

Profissional liberal (art. 14, § 4º, do CDC). Culpa. Alegação de que o procedimento cirúrgico eleito seria inadequado, ainda que realizado sem cuidados pré-operatórios indispensáveis e à margem da melhor técnica. Insubsistência. Obrigação de meio. Perícia Técnica que atesta o tratamento como um dos indicados para recuperação do paciente. Intercorrência médica não imputável ao médico demandado. Afastada também a culpa do anestesiologista. Risco inerente ao procedimento cirúrgico. Ausência de nexo causal entre os danos relatados e as atitudes tomadas pelo médico apelado. Responsabilidade civil do nosocômio, no caso, condicionada a demonstração de culpa do profissional. (...)" (TJ-SC – Ap. Cív. n. 0033694-72.2005.8.24.0023 – 2ª Câm. de Direito Civil – Rel. Des. Rubens Schulz – j: 01.11.2018 – v. u. - trechos da ementa)

166 CEM: "Art. 102 Deixar de utilizar a terapêutica correta quando seu uso estiver liberado no país. Parágrafo único. A utilização de terapêutica experimental é permitida quando aceita pelos órgãos competentes e com o consentimento do paciente ou de seu representante legal, adequadamente esclarecidos da situação e das possíveis consequências."

o caminho que se tem é controlar a sua execução. Desde que executados com segurança, acompanhados de informações adequadas, não acarretarão responsabilidade para seus operadores pelos eventuais danos decorrentes da periculosidade inerente. Se a cirurgia de uma pessoa idosa, embora realizada com toda técnica e segurança, não for bem-sucedida, o insucesso não poderá ser imputado a quem prestou o serviço." (Cavalieri Filho, Sérgio. Programa de Responsabilidade Civil. 8ª ed. São Paulo: Atlas, 2009, pp.174 e 175).

Um bom relacionamento do profissional com o paciente e/ou familiares, acompanhado de informações claras, linguajar compreensível a respeito das características próprias da patologia e de tratamentos, riscos possíveis, percentuais de êxito, recidivas, efeitos colaterais de medicamentos, sequelas, etc., a par de serem fundamentais para o enfermo e pessoas que o cercam compreenderem a probabilidade de um resultado desfavorável, podem evitar as desagradáveis surpresas de ações judiciais.

12.1. Iatrogenia. O dano sem culpa

Lesões iatrogênicas ou efeitos iatrogênicos são distúrbios causados tanto pela atuação médica como pela ação de medicamentos.

Conforme se deduz, a palavra atende apenas à ideia de um resultado malogrado, sem conter necessariamente o significado de dano decorrido exclusivamente de uma prática médica equivocada. É um malefício inevitável ou consequência imprevisível manifestada, quer por causa de um atuar médico realizado dentro das recomendações, quer pelo uso de um medicamento. Um remédio certo e na dosagem certa pode produzir reação indesejada e ser pior que a doença (lesões iatrofarmacogênicas)[167].

[167] Erro de medicação tem outro significado: uso impróprio de medicamento por informações insuficientes, nomes, rótulos e embalagens parecidos, administração incorreta, etc.

Elias Farah traz esta esclarecedora contribuição: "Chamam-se iatrogenia as consequências nocivas, psíquicas ou somáticas, decorrentes de um ato médico ou do seu comportamento ou de qualquer ação terapêutica, não punível por sua característica de não inculpável, e, portanto, isenta de responsabilidade profissional. São exemplos as mutilações inevitáveis, a despeito dos riscos, como a mastectomia na mulher, a quebra de costelas nas massagens em paradas cardíacas ou amputações em diabéticos. (...) Vê-se que juridicamente são excludentes da responsabilidade do médico, porque iatrogênicas e escusável o erro, não gera responsabilidade civil, pessoal ou administrativa (...) Os danos iatrogênicos podem estar consubstanciados na forma de físicos, psíquicos, farmacológicos, instrumentais etc. Subentende-se que tenham sido decorrentes de atos médicos tecnicamente adequados e de benéfica intenção de curar." (FARAH, Elias. Temas de Direito Médico. São Paulo: Letras Jurídicas, 1. ed., 2016, pp. 200 e 203). De fato, há situações em que o médico, frente a dois males, precisa eleger o menor [168].

Rui Stoco (*in* Iatrogenia e Responsabilidade Civil do Médico, RT 784/105, fevereiro de 2001), mencionando Kátia Conceição Guimarães Veiga (Iatrogenia de enfermagem em unidade de emergência – dissertação de mestrado, Salvador, Universidade Federal da Bahia, 1993), registra que o termo é visto pelos profissionais da área como sendo: "as manifestações inerentes aos vários procedimentos diagnóstico-terapêuticos adotados na área médica e de enfermagem, principalmente aqueles de caráter invasivo, cujos efeitos danosos podem ser presumíveis, inesperados, controláveis ou não ".

O médico cirurgião plástico Paulo Jatene, citado por Rui Stoco no artigo acima, explica que a iatrogenia pode referir-se a alguma destas modalidades:"1– lesões previsíveis, sabendo-se que o procedimento implicaria sequela (ex.: cirurgias mutiladoras como amputação de

---

[168] Antiga máxima: "*in duobus malis minus malum est elegendum*" ou "entre dois males, elege-se o menor".

membros (visíveis), gastrectomias, colecistectomias, apendicectomias (não-visíveis); 2 – lesões previsíveis, porém inesperadas, podendo o procedimento acarretar lesões inerentes à técnica (ex.: reação alérgica decorrente do uso de contrastes radiológicos); 3 – lesões decorrentes de falha do comportamento humano no exercício da profissão, caso em que as falhas são passíveis de suscitar o problema da responsabilidade legal do médico (ex.: confusão de veia safena com artéria femural durante cirurgia de varizes, levando à gangrena)". São lesões sofridas pelo paciente desprovidas de falha, erro ou omissão.

O seguinte comentário ajuda compreender o sentido do vocábulo: "Do ponto de vista da Ciência do Direito, por iatrogenia, *strictu sensu*, há de se entender a lesão causada no paciente, mas decorrente de correto atuar médico, ou seja, a 'alteração patológica provocada no paciente por tratamento de qualquer espécie'. Por outras palavras, pode-se dizer que, no enfrentamento da doença do paciente, pode 'acontecer' ou ser necessário outros danos à saúde do mesmo (a exemplo da amputação de um membro ou extirpação de parte de um órgão), previsível, mas inevitável. Ou imprevisível e, por isso mesmo, impossível de ser evitado. Ou, por fim, previsível ou imprevisível, mas a exigir pronta ação médica radical em contrário, para cessar a evolução da doença, a exemplo de infecção que torne necessário a extirpação de um membro para evitar a disseminação geral. Cumpre registrar, no tocante ao tema iatrogenia, que o corpo humano ocasionalmente reage de forma imprevista e inesperada, em verdadeiro enigma pelo ângulo médico, não obstante o avanço científico nos dias atuais. De qualquer forma, o tratamento para a cura de uma doença, com ou sem internamento hospitalar, pode resultar no aparecimento de outras enfermidades ou anomalias na saúde do paciente, ou ser necessário uma intervenção cirúrgica radical, sem que se possa atribuir ao médico qualquer responsabilização." (SEBASTIÃO, Jurandir. Responsabilidade Médica Civil, Criminal e Ética. Belo Horizonte: Del Rey, 2003, pp. 77-78).

Essas várias interpretações estão aqui reproduzidas com a intenção de mostrar que nem sempre o médico será responsável pelo mau resultado do tratamento quando se defrontar com acontecimentos inevitáveis e imprevisíveis[169]. Daí dizer-se que iatrogenia tem igual significado

---

[169] "Responsabilidade civil. Microcirurgia. Surdez. Prótese de teflon. Intercorrência pós-operatória (fístula). Dano. Iatrogenia. No exame da responsabilidade civil médica deve a abordagem ser feita sob um duplo enfoque, o erro médico e a iatrogenia. A medicina moderna, ao conceituar a iatrogenia como todo dano causado ao paciente pela ação médica ou os males provocados pelo tratamento prescrito, estanca de forma direta o ingresso no campo da responsabilidade civil, já que os profissionais médicos, que cuidam da saúde alheia, assumem uma obrigação de meios com a finalidade de aplicar a arte, perícia e zelo que detêm e que seus pacientes presumem, cuja aferição de eventual desvio não vai além da reparação terapêutica. Daí por que sob a ótica do Direito Civil, a distinção entre o dano iatrogênico e a responsabilidade civil torna tormentosa a tarefa imposta ao Judiciário, a quem cabe dizer o direito, fixando a responsabilidade. Afastado, pois, o erro médico, conclui-se que o dano suportado pela autora é iatrogênico, decorrente do atuar médico, não dando margem, portanto, à reparação civil. Sentença Correta. Apelo Improvido." (TJ-RJ – Ap. cív. n. 16.581/2003 – 6ª Câm. Cível – Rel. Des. Maldonado de Carvalho – j: 26.8.2003, v.u.)

"Responsabilidade civil. Danos materiais, morais e estéticos. Erro médico. Lesão iatrogênica. 1. Afirmou a autora que o réu, médico, na primeira cirurgia executada, causou lesão de "colédoco com ligamento de ducto hepático direito" e, por isso, a razão da grave infecção abdominal sofrida pela autora. Pediu reparação por danos morais, materiais e estéticos. 2. Realizou-se prova pericial a fim de que fosse apurado o alegado erro médico. O perito examinou a gravação da cirurgia realizada por videolaparoscopia. Afirmou que não verificou ter o réu cometido a lesão alegada e, por isso, confirmou não ter havido erro profissional no ato cirúrgico. (...) O perito adotou conceito de iatrogenia, muito comum na medicina. Acidente imprevisível. Erro escusável. (...)" (TJ-SP – Ap. cív. 0003287-43.2009.8.26.0361 – 10ª Câm. de Direito Privado – Rel. Carlos Alberto Garb – j: 28/04/2015 – trechos da ementa)

"Responsabilidade civil. Erro médico. Estenose biliar decorrente de colecistectomia (retirada da vesícula biliar). (...) Laudo pericial que apurou que a lesão da autora consiste em iatrogenia, isto é, perigo inerente ao procedimento cirúrgico a que se submeteu. Laudo conclusivo e bem fundamentado, tendo afastado eventual imperícia ou imprudência por parte do réu. (...) Ausência de responsabilidade civil atribuível ao réu. (...)" (TJ-SP – Ap. cív. 1005745-07.2014.8.26.0566 – 3ª Câm. de Direito Privado – Rel. Nilton Santos Oliveira – j: 14.8.2018 – trechos da ementa)

"Ação de indenização por danos morais. Defeito na prestação de serviços hospitalares de enfermagem. I- Extravasamento de medicação quando da utilização de acesso vascular periférico cefálico, ensejando quadro de alopecia (perda de cabelo) na autora. Adequação, na espécie, do procedimento, notadamente quanto a conduta do pessoal de enfermagem do recorrente: "não é possível atestar negligência, imperícia ou imprudência por parte da reclamada e seus funcionários" (laudo pericial, fls. 313). II- Condição

de erro médico escusável, uma vez que exclui consequências civis, penais ou administrativas para o profissional da saúde[170].

De particular relevância é deixar claro que presunções de erros de procedimentos não devem levar – e não dão acolhimento – a acusações injustas.

---

pessoal da paciente, um recém-nascido, com veias de menor resistência que contribuíram também para o extravasamento. Extravasamento, outrossim, que somente é detectado após a medicação ter saído para fora do vaso sanguíneo. Ocorrência, na espécie, de iatrogenia. Precedente desta Câmara em caso parelho (Ap. 1011656-92.204.8.0309, Jundiaí, desta Relatoria). III- Inexistência de defeito na prestação de serviços a permitir o reconhecimento da responsabilidade objetiva do recorrente. (...)" (TJ-SP – Ap .cív. 1003231-58.2014.8.26.0606 – 3ª Câm. de Direito Privado – Rel. Donegá Morandini – j: 15.8.2017 – trechos da ementa)

"Ação de indenização por danos morais e materiais. Pretensão indenizatória fundada em perfuração de bexiga e extração do útero durante o procedimento de histeroscopia. Dificuldades impostas no decorrer da cirurgia, que somente puderam ser diagnosticadas e mensuradas durante a histeroscopia. Iatrogenia. Prova pericial que afasta a ocorrência de erro médico. Ausência da obrigação de indenizar (...)" (TJ-SP – Ap. cív. 4009782-96.2013.8.26.0554 – 6ª Câm. de Direito Privado – Relª Cristina Medina Mogioni -- j: 26.6.2018)

170 "(...) Iatrogenia e responsabilidade civil, dentro de um universo jurídico eminentemente conflitual, são termos inconciliáveis e excludentes. Inconciliáveis porque iatrogenia, ou "erro escusável" – faut du service –, uma vez caracterizada, não gera a responsabilidade em qualquer uma das vertentes: civil, penal e administrativa. Aproxima-se de uma simples imperfeição de conhecimentos científicos, escudada na chamada falibilidade médica. Já a responsabilidade civil decorrente da violação consciente de um dever ou de uma falta do dever objetivo de cuidado impõe ao médico, além das sanções penais e administrativas, a obrigação de reparar o dano. Por fim, são excludentes porque a simples caracterização de um desses resultados, na órbita jurídica ou profissional, exclui automaticamente o outro." (Maldonado de Carvalho, José Carlos. Iatrogenia e o erro médico sob o enfoque da responsabilidade civil. Rio de Janeiro: Lumen Júris, 2005, pp. 3 e 7/198)

13

ERRO DE DIAGNÓSTICO

Feitos o diagnóstico e o prognóstico, o médico traça a terapêutica possível para debelar ou aliviar o mal causado pela moléstia. É fácil compreender que uma deficiente anamnese (sintomas presentes, lembrança dos primeiros sinais da doença, histórico do paciente e enfermidades anteriores, exame físico e clínico, reação a medicamentos) e um diagnóstico mal feito, não raro ocasionado por avaliações ou consultas apressadas, contribuem sobremodo para o avanço da doença, podendo trazer consequências irreversíveis e levar a óbito[171]. É preciso saber escutar as queixas do paciente e conceder-lhe tempo suficiente para dar suas explicações[172].

---

171 "Diagnóstico. Determinação de uma doença com base nos sintomas apresentados. O d. se fundamenta no levantamento detalhado dos dados fornecidos pela anamnese, no exame físico dos doentes, na sintomatologia clínica e no emprego de todos os recursos da pesquisa científica" (Grande Dicionário Brasileiro de Medicina - Editora Maltese, p. 100)

172 "Indenização. Responsabilidade civil. Danos morais e materiais. Erro médico. Paciente alérgica a Dipirona internada no Hospital do Servidor Público Estadual, com queixa de febre associada a vômitos e dor abdominal, a quem foi ministrado medicamento cujo princípio ativo era a sustância causadora da alergia. Ocorrência de choque anafilático, com subsequente morte da doente, após ter entrado em estado de coma. Prova pericial não conclusiva quanto à prévia comunicação da paciente ou seus familiares acerca da alergia. Irrelevância. (...) Anamnese mal elaborada. Precedente do STJ e lição

No passado o médico não dispunha de meios para diagnosticar eficientemente. Atualmente, o estágio que a tecnociência aplicada à saúde atingiu facilita o encontro de caminhos seguros para diagnósticos precisos, possibilitando, inclusive, a detecção de patologias em estado inicial e alterações orgânicas associadas a doenças sequer manifestadas (radiologia, ultra-sonografia, tomografia, ressonância magnética, cintilografia, PET – tomografia para exame do comportamento das células, etc.).

Bioengenharia, biomedicina, biotecnologia, ciência da computação unem-se para o aperfeiçoamento e criação de aparelhagens sofisticadas, destinadas a auxiliar os médicos na diagnose e em soluções cirúrgicas cada vez menos invasivas (engenharia clínica, engenharia médica, cirurgia robotizada). Contudo, sob uma perspectiva distinta dos avanços tecnológicos, é patente a necessidade de socialização das novas contribuições técnicas para que pessoas de todos os níveis sociais possam acessá-las e usufruir dos benefícios. Sem embargo da contínua evolução da tecnologia, bons diagnósticos e tratamentos bem-sucedidos sempre dependerão das informações dadas pelo paciente, observações e capacidade de raciocínio clínico do profissional. Não se podem ter como verdades, intuições, palpites ou suposições.

O profissional zeloso, consciente da obrigação de utilizar os meios disponíveis de diagnóstico e tratamento ao seu alcance e que antes de diagnosticar recorre, sem exageros e sem deificar a tecnologia, aos recursos científicos existentes (CEM, art. 32 e art. 35) mesmo quando a hipótese diagnóstica parecer compatível com o quadro sintomático, seguramente ficará isento da acusação de ter agido com negligência. Entretanto, para não comprometer a relação médico-paciente, terá presente que a sua atividade firmar-se-á, a todo o tempo, em princípios

---

doutrinária a respeito da questão. Sentença de improcedência. Recurso parcialmente provido." (TJ-SP – Ap. cív. n. 369.006.5/8-00 – 10ª Câm. de Direito Público – Rel. Des. Reinaldo Miluzzi – j: 2.6.2008, v.u. – trechos da ementa)

humanísticos e não só na modernidade técnica (CEM, Princípios Fundamentais, I e II).

No geral, os erros inevitáveis de diagnóstico são insuficientes para responsabilizar: excluem a culpa porquanto não identificam ato negligente. Nem sempre as circunstâncias e o estado do paciente favorecem concluir um diagnóstico precoce, exato e preciso[173 e 174]. Ademais, no momento presente, a medicina ainda não tem resposta à todas sintomatologias. Todavia, evolui-se para diagnósticos feitos por computadores cujos resultados certamente poderão reduzir erros, prolongando a vida e contribuindo com a qualidade de vida do ser humano.

Os erros evitáveis derivados de diagnósticos afoitos, descuidados, sem o respaldo de exames laboratoriais ou por imagens, incondizentes com princípios patogênicos elementares, estes sim, são entendidos

---

173 "Homicídio culposo. Inobservância de regra técnica de profissão. Erro médico. Não cabimento. Réu que agiu corretamente dentro das circunstâncias que se faziam presentes. Evolução rápida da doença e ausência dos sintomas clássicos para fechar diagnóstico. Absolvição. Necessidade. Sentença mantida. Apelação do Ministério Público não provida." (TJ-SP – Ap. Criminal c/rev. n. 990.08.027176-8 – 16ª Câm. de Dir. Criminal – Rel. Designado Pedro Menin – j: 11.1.2011, v.m.)

174 "Responsabilidade civil. Ação de reparação de danos materiais e morais. Falha na prestação de serviço médico-hospitalar. Erro de diagnóstico e alta precoce. Não verificação. Confirmação da sentença de improcedência dos pedidos iniciais. 1. No caso, pelo que se depreende da prova colhida, o atendimento prestado pelas rés, diante do quadro sintomático apresentado pelo familiar dos autores ao ser atendido, se deu dentro da conduta médica esperada, não sendo possível falar, então, em erro de diagnóstico ou alta precoce. 2. Afinal, quando do atendimento pelas ré, as queixas e os achados davam conta da existência de problema cardiológico, não havendo qualquer sintoma sugestivo de tétano. 3. Ademais, ficou demonstrado que houve alteração súbita e imprevisível do quadro clínico do autor em relação àquele apresentado quando do atendimento buscado junto às rés, com alterações de sintomas, o que explica o posterior levantamento da hipótese diagnóstica de tétano. 4. Logo, sem que haja elementos capazes de revelar, de forma minimamente convincente, a existência da falha de atendimento alegada e, até mesmo, do nexo de causalidade entre a morte do familiar dos autores e a conduta médica adotada pelas rés, a manutenção da sentença de improcedência dos pedidos é medida impositiva. Apelação desprovida." (TJ-RS – Ap. cív. n. 70080371651– 9ª Câm. Cível –Rel. Eugênio Facchini Neto – j: 27.3.2019)

como produtos da negligência[175, 176 e 177]. O médico, como qualquer ser humano, não tem o privilégio da infalibilidade. Pode falhar no diagnóstico [178]. É difícil entender que um profissional de saúde dê início ao tratamento do doente sem realizar o diagnóstico nosológico (nosologia: estudo das moléstias) e sem reconhecer algum sinal ou sintoma da doença. O que são condenadas são as atitudes precipitadas capazes de conduzir a diagnósticos malfeitos e grosseiramente errados, situações de manifesta culpa profissional viabilizadoras de medidas civis e administrativas considerando que pode ser perdida a chance de eliminar algo que permitiria a oportunidade de cura[179].

---

175 "Indenização. Dano Moral. Erro médico. Clínico que não determinou a realização do exame de biópsia quando lhe foi apresentada a mamografia de sua paciente. Câncer descoberto dois anos mais tarde por outro profissional. Doença que causou a morte da autora. Verba devida. Ementa da Redação: É devida indenização por dano moral, proveniente de erro de diagnóstico (...)" (TJ-RJ – Ap. n. 10417/2002 – 5ª Câm. – Rel. Des. Galdino Siqueira Netto – DORJ 2.10.2003, v.u., RT 821/344)

176 "Responsabilidade civil. Erro médico de diagnóstico. Culpa caracterizada, pois o diagnóstico foi feito sem amparo em elementos concretos seguros. Procedência corretamente decretada. Recurso desprovido." (TJ-SP – Ap. cív. c/rev. n. 428.253-4/0-00 – Laranjal Paulista – 5ª Câm. "B" de Dir. Privado – Rel. Des. Fernando Bueno Maia Giorgio – j: 14.8.2009, v.u.)

177 "Ação de reparação de danos materiais e morais. Responsabilidade civil atendimento no sistema público de saúde. Erro de diagnóstico. Paciente que se queixava de fortes dores estomacais decorrentes de gastrite avançada até então desconhecida. Exame laboratorial que concluiu, erroneamente, pelo diagnóstico de câncer de estômago com metástase para o baço e vesícula biliar. Médicos públicos que optaram por extrair três órgãos do autor (estômago, baço e vesícula) sem qualquer exame complementar ou maior diligência. Posterior biópsia realizada nos órgãos concluiu pela ausência de câncer, mas mera gastrite. Situação surreal que merece reparação, pois nitidamente implicou consequências graves e funestas para a vida do autor. Dano moral configurado. (...)" (TJ-SP – Ap. cív. n. 0127580-29.2008.8.26.0100 – 3ª Câm. Direito Público – Rel. Beatriz Braga – j: 29.09.2015 – trechos da ementa)

178 "Esquecem muitos médicos que eles têm o direito de errar em seus diagnósticos e prognósticos. O que não podem é praticar erros grosseiros, aqueles decorrentes de negligência, imperícia e imprudência." (Coutinho, Léo Meyer. Código de Ética Médica Comentado. 1ª ed. São Paulo: Saraiva, 1989, p. 80)

179 "O erro de diagnóstico não gera responsabilidade, salvo se tomado sem atenção e precauções conforme o estado de ciência, apresentando-se como erro manifesto e grosseiro. Comete-o o médico que deixa de recorrer a outro meio de investigação ao seu alcance ou profere um juízo contra princípios elementares de patologia (Chammard – Monzein, pp. 119-120)." (Aguiar Jr., Ruy Rosado de. ob. cit. RT 718/33)

Como exemplos, foram coletadas as seguintes decisões judiciais mais relevantes: (a) não concedendo indenização: diagnóstico de uma simples enxaqueca ao invés de hemorragia cerebral em que o paciente, embora vindo a morrer, não apresentava os sintomas e em que o atendimento prestado fora perfeitamente adequado à situação. O diagnóstico foi considerado compatível com o quadro sintomático [180]; (b) concedendo indenização: broncopneumonia não-diagnosticada por não se tratar de moléstia incomum [181]; negligência médico-hospitalar, considerando que a paciente foi atendida, em ambulatório, com fortes dores abdominais e submetida à medicação, retornara por quatro vezes

"Responsabilidade civil por erro de diagnóstico e perda de uma chance. Configura negligente atuação do médico que, ao atender jovem que para ele se dirige reclamando de dor abdominal e no testículo, não examina a região escrotal e dispensa o paciente após melhora do quadro doloroso (pela aplicação de Buscopan), porque o diagnóstico de cálculo renal a que chegou pelo equivocado serviço impediu que se detectasse a torção do condão espermático (infarto testicular), passível de ser revertido se fosse realizada, dentro de 24 horas, a destorção. Paciente que, cinco dias depois, sofre ablação do testículo. Dano moral indenizável, embora inalteradas as funções sexuais e reprodutivas pela preservação de um dos testículos. Espécie de dano estético e fisiológico. (...)" (TJ-SP - Ap. n. 0118869-69.2007.8.26.0100 (990.10.165579-9) - 4ª Câm. de Direito Privado - Rel. Des. Enio Zuliani - j: 10.2.2011, v.u. - trechos da ementa)

"Não é propriamente o erro de diagnóstico que incumbe ao juiz examinar, mas sim se o médico teve culpa no modo pelo qual procedeu o diagnóstico, se recorreu ou não, a todos os meios ao seu alcance para a investigação do mal, desde as preliminares auscultações até os exames radiológicos e laboratoriais - tão desenvolvidos em nossos dias, mas nem sempre ao alcance de todos os profissionais -, bem como se a doença diagnosticada foram aplicados os remédios e tratamentos indicados pela ciência e pela prática" (Kfouri Neto, Miguel. Responsabilidade civil do médico. 6ª ed. São Paulo: Revista dos Tribunais, 2007, p.89)

"Ação de indenização por danos materiais e compensação por danos morais. Nascimento prematuro de bebê. Acompanhamento pediátrico. Falta de informações. Cegueira irreversível. Laudo pericial. Responsabilidade do hospital e da médica. (...) 4. A apreciação do erro de diagnóstico por parte do juiz deve ser cautelosa, com tônica especial quando os métodos científicos são discutíveis ou sujeitos a dúvidas, pois nesses casos o erro profissional não pode ser considerado imperícia, imprudência ou negligência. (...)" (STJ - REsp 1771881/PR - 3ª Turma - Relª. Min. Nancy Andrighi - j: 27.11.2018 - trechos da ementa)

[180] TJ-SP - Ap. cív. n. 214.801-1-Araçatuba - Rel. Des. J. Roberto Bedran - j: 24.10.1994, v.u.

[181] 1º TAC de São Paulo - Ap. cív. n. 0684076-6 - 11ª Câm. - Rel. Urbano Ruiz - j: 9.3.1998, v.u.

até ser internada. Constatado nos exames tratar-se de apendicite aguda, a cirurgia foi realizada somente no dia seguinte, vindo a paciente a falecer dias depois. A negligência ficou caracterizada porque os sintomas indicavam necessidade de internação imediata, com exames aptos ao diagnóstico [182].

O Tribunal Pleno do Conselho Federal de Medicina tem decisão no sentido de que comete falta ética o médico que indica procedimento cirúrgico sem esgotar investigação de diagnóstico disponível (Proc. n. 31/1985 - Rel. Cons. Cláudio Balduino Souto Franzen - DOU 16.4.1991, Seção I, p. 7.014).

[182] TJ-SP - 5ª Câm. - Ap. cív. n. 276.395 - Rel. Des. Barros Monteiro Filho - j: 12.2.1980, v.m. - in RJTJ-SP 64/100.

14

DEVER DE INFORMAR

A doença sempre traz dúvidas e preocupações: gravidade da enfermidade, incerteza da cura, perigos a serem enfrentados, possibilidade de sequelas, interrupção das atividades habituais e laborais, despesas imprevisíveis.

A informação e o aconselhamento são obrigações médicas que não podem ser descuidadas. O médico tem o dever ético de levar ao doente, familiares ou responsáveis, as peculiaridades da moléstia, as complicações que poderão surgir com o tratamento e os efeitos colaterais[183 e 184].

O paciente por sua vez, tem o inafastável direito de receber informações claras acerca do diagnóstico, prognóstico, procedimentos

---

183 "O médico deve esclarecer o seu paciente sobre a sua doença, prescrições a seguir, riscos possíveis, cuidados com o seu tratamento, aconselhando a ele e a seus familiares 'sobre as precauções essenciais requeridas pelo seu estado'." (Aguiar Jr., Ruy Rosado de. ob. cit., RT 718/33)

184 O dever de conselho (informação), quando violado gera responsabilidade, conforme leciona José Aguiar Dias: "Responde o médico por infração do dever de conselho quando não instrui o cliente ou a pessoa que ele cuida a respeito das precauções essenciais requeridas pelo seu estado. (...) No mesmo título se compreende a responsabilidade pela não advertência quanto aos riscos das intervenções e tratamentos preconizados." (Da responsabilidade civil. 11ª ed. revista, atualizada de acordo com o Código Civil de 2002, e aumentada por Rui Berford Dias. Rio de Janeiro: Renovar, 2006, p. 337)

propostos, alternativas, riscos, benefícios, prescrições, cuidados a seguir, custos e remuneração profissional, etc. (CEM, art. 34, art. 61 e inciso VI da Lei n. 10.241/1998, do Estado de São Paulo[185].

A disposição legal de que ninguém pode ser constrangido a se submeter a tratamento arriscado ou a intervenção cirúrgica que crie ou aumente risco de vida (Código Civil, art. 15), está intimamente ligada com o dever médico de afastar ideias deturpadas e esclarecer sobre a doença, sua evolução, probabilidade de reaparecimento, cuidados requeridos, vantagens e desvantagens do tratamento clínico ou cirúrgico indicado, resultados esperados[186]. A transgressão desse dever de aconselhamento-informação provoca a responsabilização do profissional e do próprio hospital. Informações falhas, incorretas ou mal dadas constituem, por si sós, negligência e imprudência.

Na literatura jurídica são encontrados inúmeros precedentes no sentido de que o médico responde civilmente, quando deixa de prevenir o paciente sobre os efeitos da moléstia[187]. Precisa usar de franqueza

---

185 "Paciente e familiares, mais do que ninguém, têm o direito de saber tudo, e ao médico cabe a obrigação de dizê-lo. É verdade que por vezes o médico não informa ao paciente o diagnóstico por uma razão muito simples. Ele próprio, o médico, desconhece qual a doença do seu paciente. Quantas vezes nos defrontamos com um doente que apresenta quadro infeccioso, porém, não identificamos sua origem? Ou tem uma dor cuja etiologia não conseguimos identificar? Devemos ter a lealdade de dizer ao paciente, ou ao responsável, que não sabemos o que ele tem. (...) Quando a família está devidamente informada, dificilmente recriminará o médico. O mais frequente é ficar grata pelo seu esforço no intuito de salvar a vida de seu ente querido." (Coutinho, Léo Meyer. Código de Ética Médica Comentado. 2ª ed. São Paulo: Saraiva, 1994, pp.72 e 73)

186 "O dever de informar do médico tem natureza instrumental, isto é, serve para esclarecer devidamente o seu paciente, de forma que este, ao concordar em se submeter ao procedimento sugerido, esteja devidamente ciente e consciente de todo o contexto. Ou seja, informa-se para se obter o "consentimento informado". (Facchini Neto, Eugênio e Gemelli Eick, Luciana, in "Responsabilidade civil do médico pela falha no dever de informação, à luz do princípio da boa-fé objetiva" – Revista AJURIS – Porto Alegre, v. 42, n. 138, Junho, 2015, p. 57)

187 "Responsabilidade civil do médico por inadimplemento do dever de informação. Necessidade de especialização da informação e de consentimento específico. (...) 3. O dever de informação é a obrigação que possui o médico de esclarecer o paciente sobre os riscos do tratamento, suas vantagens e desvantagens, as possíveis técnicas a serem empregadas, bem como a revelação quanto aos prognósticos e aos quadros clínico e

e dizer que, muitas vezes, os melhores tratamentos podem ser inúteis, mas sem chegar ao ponto de causar desalento nem tirar a esperança na recuperação e na eficácia do tratamento.

A notícia tanto pode conformar como desesperar. É justo que algumas vezes o doente queira saber pormenores do prognóstico ou a estimativa do tempo de vida que lhe resta para poder se preparar. Hipóteses como essas devem ser transmitidas, mesmo quando causarem desconforto. Não pode haver pouco diálogo sobre o assunto entre médico, paciente, parentes ou responsáveis. A sensibilidade do profissional é que indicará quando e até onde a comunicação poderá agravar o estado do enfermo como, por exemplo, for o caso de intervenção perigosa ou de prognóstico sombrio da enfermidade. O Código de Ética veda omitir o diagnóstico, o prognóstico, os riscos e os objetivos do tratamento. Segue a exceção: salvo quando a comunicação direta ao enfermo puder provocar danos, devendo, nesse caso, ser feita ao responsável (art. 34)[188].

Em pequeno, mas valioso artigo intitulado 'O Direito de Saber', Léo Pessini pergunta e ele próprio responde: "O que dizer ao doente, quando estamos frente a um diagnóstico e/ou prognóstico difícil? Esta é uma das questões éticas mais delicadas e difíceis que os profissionais da

---

cirúrgico, salvo quando tal informação possa afetá-lo psicologicamente, ocasião em que a comunicação será feita a seu representante legal. (...) 6. O dever de informar é dever de conduta decorrente da boa-fé objetiva e sua simples inobservância caracteriza inadimplemento contratual, fonte de responsabilidade civil per se. A indenização, nesses casos, é devida pela privação sofrida pelo paciente em sua autodeterminação, por lhe ter sido retirada a oportunidade de ponderar os riscos e vantagens de determinado tratamento, que, ao final, lhe causou danos, que poderiam não ter sido causados, caso não fosse realizado o procedimento, por opção do paciente. (...)" (REsp 1540580/DF, 4ª Turma Rel. Min. Lázaro Guimarães (Des. convocado do TRF 5ª Região), Rel. p/ Acórdão Min. Luis Felipe Salomão j: 02.8.2018- trechos da ementa)

[188] "Se a perspectiva é de desenlace fatal, a comunicação deve ser feita ao responsável, nos termos do art. 59 do Código de Ética (art. 34 do CEM atual) – Resolução n. 1.246, de 1988, do Conselho Federal de Medicina. O prognóstico grave pode ser compreensivelmente dissimulado; o fatal, revelado com circunspecção ao responsável. Em se tratando de risco terapêutico, o médico deve advertir os riscos previsíveis e comuns, os excepcionais podem ficar na sombra (cf. 'Jean Penneau, La reformé de la responsabilité médicale. Revue Internationale de Droit Comparé', 1990, n. 3, p. 530)." (Stoco, Rui. Tratado de Responsabilidade civil. 7ª ed., revista, atualizada e ampliada São Paulo: Revista dos Tribunais, 2007, p. 553)

saúde e familiares enfrentam hoje. Num passado não muito distante, a mentalidade cultural defendia a crença de que quanto menos o paciente soubesse a respeito de seu estado de saúde, melhores seriam as chances de recuperação. Em muitas situações, mesmo frente à morte inevitável e iminente, os médicos não comunicariam nada a respeito, temendo que tal comunicação e conhecimento pudesse levar a pessoa à depressão e desespero. Com o crescente despertar dos direitos dos pacientes, entre os quais o direito de saber a verdade, que realça o seu protagonismo e autonomia, existe hoje uma tendência crescente para que se adote uma postura aberta, honesta e verdadeira, ao se revelar as condições de saúde do paciente. A comunicação de uma verdade em que está em jogo a própria vida, exige delicadeza e respeito pela condição do paciente." Prossegue, dizendo: "Em suma, a questão ética, no que diz respeito a comunicar a verdade ao paciente, mudou. Não é mais 'se devemos ou não comunicar', mas antes 'como' vamos partilhar esta informação. Nesse sentido faz-se necessário levar em conta, a condição psicológica do doente, os valores familiares, culturais e religiosos."[189].

Com o tirocínio adquirido na lida diária, na maioria das vezes os médicos percebem que as pessoas, leigas em questões médicas, ficam ansiosas ao procurá-los e reagem diferente nos momentos difíceis de angústia e sofrimento[190]. Assim mesmo, com paciência, serenidade, e sem se aborrecer, precisarão, se o estado do paciente permitir, cumprir a missão de informar.

---

189 Pe. Léo (Leossir) Pessini, Sacerdote e Professor Doutor em Bioética, foi Superior Geral dos Camilianos, Coordenador do Núcleo de Estudos e Pesquisas em Bioética no Centro Universitário São Camilo-SP – Vice-Presidente da Sociedade Brasileira de Bioética e representante brasileiro na Diretoria da International Association of Bioethics. (*in* Revista Essencial. São Paulo: YPÊ Editora e Publicidade Ltda., ano 4, n. 21, p. 24)

190 "(...) espera-se que, por meio das reações de qualquer ser humano, seja ele doente ou são, a ansiedade possa ser minimizada: quando sua individualidade é respeitada e é informado sobre o que lhe acontecerá, em determinada situação; quando sente que tem algum controle da situação a qual está vivenciando; quando não está só e quando não se sente apenas como mais uma pessoa passando pela situação." (Policastro, Silvana, *in* Orientação de enfermagem: uma estratégia para minimizar a ansiedade e eventuais intercorrências imediatas à alta hospitalar de pacientes mastectomizadas – Dissertação de Mestrado – Escola de Enfermagem da Universidade de São Paulo – São Paulo, 2002, p. 16)

15

CONSENTIMENTO LIVRE E ESCLARECIDO DO PACIENTE

A orientação do legislador brasileiro quer o constitucional quer o comum, sempre foi no sentido de dar ampla proteção à liberdade individual, física ou psíquica das pessoas. É por isso que ninguém pode ser constrangido a fazer ou deixar de fazer alguma coisa senão em virtude de lei (CF, art. 5º, II). Constranger significa forçar, coagir, compelir, obrigar, incutir medo, seja de que forma for, para reduzir a resistência do indivíduo.

O Código Civil e o Código de Ética Médica não permitem desrespeitar o direito do paciente de decidir sobre procedimento a ser realizado em seu corpo e sobre execução de práticas diagnósticas ou terapêuticas, salvo no caso extremo de risco de morte[191 e 192]. O Código Penal

---

[191] Código Civil: "Art. 15. Ninguém pode ser constrangido a submeter-se, com risco de vida, a tratamento médico ou a intervenção cirúrgica."

[192] CEM: "Princípios Fundamentais: XXI – No processo de tomada de decisões profissionais, de acordo com seus ditames de consciência e as previsões legais, o médico aceitará as escolhas de seus pacientes, relativas aos procedimentos diagnósticos e terapêuticos por eles expressos, desde que adequadas ao caso e cientificamente reconhecidas." (...) Capítulo IV - Direitos Humanos - "É vedado ao médico: Art. 22. Deixar de obter o consentimento do paciente ou de seu representante legal após esclarecê-lo sobre o procedimento a ser realizado, salvo em caso de risco iminente de morte. (...) Art. 24. Deixar de

criminaliza a intervenção médica ou cirúrgica sem o consentimento da pessoa ou do seu representante legal [193]. Procedimentos invasivos e cirurgias realizadas sem a manifestação da vontade, são considerados agressões à integridade física. Tão só em situação de iminente perigo de vida, a falta do consentimento é justificável. A Lei n. 10.241/1998 do Estado de São Paulo, reitera a prerrogativa do enfermo de consentir ou recusar, de forma livre, voluntária e esclarecida, com adequada informação, procedimentos diagnósticos ou terapêuticos aos quais será submetido (art. 2º, VII).

É fundamental que o doente, familiar ou acompanhante recebam, de maneira clara, compatível com o nível sociocultural, as informações apropriadas para entender os procedimentos que serão adotados, objetivos, benefícios, resultados esperados, riscos, recidivas, complicações previsíveis e alternativas éticas possíveis[194 e 195].

---

garantir ao paciente o exercício do direito de decidir livremente sobre sua pessoa ou seu bem-estar, bem como exercer sua autoridade para limitá-lo. (...) Art. 31. Desrespeitar o direito do paciente ou de seu representante legal de decidir livremente sobre a execução de práticas diagnósticas ou terapêuticas, salvo em caso de iminente risco de morte."

[193] Código Penal: "Art. 146 – Constranger alguém, mediante violência ou grave ameaça, ou depois de lhe haver reduzido, por qualquer outro meio, a capacidade de resistência, a não fazer o que a lei permite, ou a fazer o que ela não manda: Pena – detenção, de 3 meses a 1 ano, ou multa. (...) § 3º – Não se compreendem na disposição deste artigo: I – a intervenção médica ou cirúrgica, sem o consentimento do paciente ou de seu representante legal, se justificada por iminente perigo de vida."

[194] "O consentimento há de ser informado, vale dizer, precedido de todas as informações disponíveis segundo o estado da arte da medicina, com esclarecimento ao paciente ou aos seus familiares ou responsável legal, em linguagem compreensível a estes, sobre os riscos imanentes à cirurgia, ao tratamento, à prescrição de medicamentos, a exames e demais procedimentos invasivos, os percentuais de êxito possível, as sequelas imediatas, os efeitos colaterais, a expectativa e a qualidade da sobrevida, se existem meios alternativos e quais os riscos e percentuais de êxito destes e possibilidade de acesso do paciente a esses tratamentos, na sua cidade, Estado ou no País, e a qual custo." (Cambler, Everaldo Augusto [et al.]; coordenadores: Arruda Alvim e Thereza Alvim. Comentários ao Código Civil Brasileiro, parte geral, v. 1, Rio de Janeiro: Forense, 2005, p. 140)

[195] CFM - Recomendação CFM n. 1/2016 Dispõe sobre o processo de obtenção de consentimento livre e esclarecido na assistência médica.

O propósito da lei foi este: munido das informações, o enfermo poderá avaliar o resultado esperado com o tratamento e exercer livremente a vontade para dar ou recusar o consentimento reafirmando, assim, a sua autonomia e capacidade de se autogovernar ao fazer escolhas e agir conforme as próprias convicções[196].

É o que se chama de consentimento informado ou consentimento esclarecido, consubstanciado no documento Termo de Consentimento Livre e Esclarecido (TCLE) assinado pelo paciente. Agrava-se a responsabilidade do médico que decide sozinho, sem a anuência do paciente e sem esclarecê-lo previamente sobre os efeitos e riscos do tratamento.

Não raro entregam para o enfermo ou para o acompanhante assinar, impressos de termo de ciência e consentimento com os espaços dos procedimentos em branco. Nesses impressos, desacompanhados de esclarecimentos quanto ao tratamento que será ministrado ou, quando muito, acompanhados de vagas informações verbais, constam declarações de ciência e autorizações para procedimentos (invasivos, cirúrgicos, anestésicos ou de sedação). Isso, sem dúvida, contraria a intenção da lei[197]. A essencialidade do consentimento informado é inquestionável, notadamente quando o ato médico envolver graves riscos ou for necessária a extirpação de membros (cirurgias mutiladoras), redução ou anulação de alguma função orgânica. O documento é tão importante que,

---

[196] "(...) 3. Direito a autodeterminação. a) O paciente tem o direito à autodeterminação e tomar livremente suas decisões. O médico informará o paciente das consequências de suas decisões; b) Um paciente adulto mentalmente capaz tem o direito de dar ou retirar consentimento a qualquer procedimento diagnóstico ou terapêutico. O paciente tem o direito à informação necessária e tomar suas próprias decisões. O paciente deve entender qual o propósito de qualquer teste ou tratamento, quais as implicações dos resultados e quais seriam as implicações do pedido de suspensão do tratamento; (...)" (Declaração de Lisboa – Sobre os Direitos do Paciente – setembro de 1995)

[197] "Não basta o preenchimento de formulário que é oferecido por hospital, quando o paciente ali ingressa. A autorização, permitindo a realização de qualquer manobra cirúrgica, escrita de forma genérica e à qual o paciente concorda mecanicamente, é considerada mero ato burocrático. Quase sempre o doente desconhece o real sentido da intervenção médica." (Santos, Antonio Jeová. Dano moral indenizável. 4ª ed., revista, ampliada e atualizada, de acordo com o novo Código Civil. São Paulo: Revista dos Tribunais, 2003, p. 274)

exigido inclusive nos procedimentos médico-cirúrgicos ambulatoriais, deve ser anexado ao prontuário do paciente[198]. Melhor será a criação de documento de caráter geral, regulamentado e uniformizado pelo CFM.

Na medida em que aumentam os riscos ou danos, as exigências relativas ao consentimento informado devem ser atendidas com maior zelo e rigor. Os tribunais consideram negligência, o médico deixar de obter a permissão do enfermo, especialmente nos casos mais graves, cirurgicamente perigosos[199 e 200]. O exame de vários julgados revelou que muitos problemas motivadores de ações judiciais, poderiam ser evitados se prévios esclarecimentos e boa comunicação, tivessem ocorrido entre o profissional, o paciente e a família.

---

198 Resolução CFM n. 1.081/82 – Consentimento Informado para Procedimentos Diagnósticos e Terapêuticos.

Resolução CFM n. 1.802/06 – Consentimento Informado específico para anestesia – Anexo I, item 1, letra l.

Resolução SS-169, de 19.6.1996 (Aprova Norma Técnica que disciplina as exigências para o funcionamento dos estabelecimentos que realizam procedimentos médico-cirúrgicos ambulatoriais, no âmbito do Estado de São Paulo) DOE, 19.6.1996 – Termo de Responsabilidade Médica, Termo de Aceitação do Tratamento Médico-Cirúrgico Ambulatorial e Termo de Acompanhamento de Paciente, Norma Técnica, item 7.4.).

Resolução CREMESP n. 226, de 22.03.2011 – Consentimento de pacientes portadores de transtornos mentais para tratamento psicocirurgico.

199 "Responsabilidade civil. Médico. Consentimento informado. A despreocupação do facultativo em obter do paciente seu consentimento informado pode significar – nos casos mais graves – negligência no exercício profissional. As exigências do princípio do consentimento informado devem ser atendidas com maior zelo na medida em que aumenta o risco, ou o dano. Recurso conhecido." (STJ – REsp n. 436827-SP – 4ª Turma – Rel. Min. Ruy Rosado de Aguiar – j: 1.10.2002, v.u. – DJ: 18.11.2002)

200 "Cirurgia artroscópica de joelho. Ausência de consentimento informado do paciente sobre as possíveis sequelas do ato cirúrgico. Lesão do nervo fibular. Comprovação do nexo causal. Responsabilidade do médico por danos morais. Responsabilidade solidária do hospital pelos atos do seu preposto. Quantum indenizatório mantido. 1. O consentimento ao tratamento médico constitui uma manifestação de liberdade e autonomia, sendo indispensável para quaisquer tipos de intervenções médicas ou cirúrgicas. Agindo de outra maneira, o profissional da área médica incide na falta do dever de prestar informação, o que também gera responsabilidade. 2. Não se encontra no conjunto probatório dos autos qualquer tipo de autorização demonstrando a ciência do paciente com relação aos ricos do ato cirúrgico. 3. A realização de cirurgia, sem a anterior informação detalhada ao paciente, configura desrespeito à capacidade de discernimento e de decisão sobre a aceitação ou não do procedimento a ser adotado, posto

Às vezes o médico, sob a angustiante e intensa pressão do momento, precisa tomar decisão, até mesmo radical, e ir além do previsto para remover perigo prestes a agravar, sem poder interromper o procedimento e obter a autorização. Por exemplo, quando se vê obrigado a ampliar a cirurgia e extirpar membro ou órgão doente não detectado anteriormente que põe em perigo a vida ou que pode tornar pior a enfermidade. Nessas hipóteses de situação emergencial e de estado de necessidade, prescinde-se do consentimento informado e o procedimento será lícito[201 e 202].

Já faz tempo que a imprensa publicou entrevista de um conhecido ator na qual ele contou ter sofrido parada cardíaca durante uma angioplastia. Disse que o médico sugeriu fazer um cateterismo e mais nada. Quando foi submetido à angioplastia colocaram um *stent* sem consultá-lo. Se falaram, estava inconsciente não lembrando de ter respondido. Disse estar enfrentando uma batalha judicial contra o hospital, por acreditar-se vítima de um erro médico que lhe rendeu traumas físicos e emocionais[203].

---

que não competia ao médico realizá-la sem prévio esclarecimento e autorização. 4. O hospital responde objetiva e solidariamente pelos atos dos seus prepostos, que, in casu, verifica-se pela falta de informações e esclarecimentos dados ao paciente sobre o ato cirúrgico." (TJ-PR – Ap. cív. 900743-8 – 8ª Câm. Cível – Rel. José Laurindo de Souza Netto – j: 19.07. 2012 – v.u.)

201 Código Civil: "Art. 188. Não constituem atos ilícitos: (...) II – a deterioração ou destruição da coisa alheia, ou a lesão a pessoa, a fim de remover perigo iminente. Parágrafo único. No caso do inciso II, o ato será legítimo somente quando as circunstâncias o tornarem absolutamente necessário, não excedendo os limites do indispensável para a remoção do perigo."

202 "Responsabilidade civil. Indenização por danos materiais e morais. Erro médico. Câncer na tireóide, recidiva após uma primeira cirurgia anos antes. Ablação total contra que se insurge a autora, afirmando previamente não haver sido consultada sobre a necessidade de sua realização. Autorização escrita a liberar o cirurgião, todavia, para todos os procedimentos que se fizessem necessários. Necessidades de extração de três tumores que depois se verificou serem malignos. Procedimento correto e de rotina mantido pelo cirurgião, improcedência bem decretada. Afirmação de que a extração poderia ter sido parcial e não total, cabalmente desmentida pela perícia técnica levada a cabo no Imesc – Apelo improvido." (TJ-SP – Ap. cív. n. 259.975.4/8-00 – 8ª Câm. de Direito Privado – Rel. Des. Luiz Ambra – j: 26.6.2008, v.u.)

203 IstoÉGente – 326, 14.11.2005 – pp. 17/18.

Atente-se, portanto, para a capacidade de compreender do paciente. Estando inconsciente, doente demais para falar por si mesmo ou faltando-lhe condições de discernir, o consentimento deve ser obtido do acompanhante ou do responsável legal.

O caso do ator, mencionado acima, reafirma a importância da obtenção do consentimento informado do paciente ou dos parentes ou responsável legal, recomendando que o consentimento seja documentado depois das explicações terem sido, ampla e previamente, verbalizadas. O consentimento documentado poderá ser valioso elemento para afastar ou, ao menos, minimizar os efeitos de acusações passíveis de responsabilizar médicos e hospitais[204].

De particular relevância é acentuar que consentimento informado não significa limitar a atuação médica mesmo porque, após ter dado os esclarecimentos necessários, o médico continuará responsável pelo tratamento. Ademais, o documento não pode, sob pretexto algum, tolher a liberdade do profissional com restrições ou imposições que possam prejudicar a eficiência e a correção do seu trabalho (CEM, Princípios Fundamentais, VIII).

Quem pratica procedimento médico sem necessidade, força, exagera a gravidade do diagnóstico, do prognóstico ou dos efeitos de moléstia, estimula, prolonga tratamentos desnecessariamente, além de infringir princípios éticos, age desonestamente e afronta a livre vontade do paciente (CEM, Princípios Fundamentais, IX, arts. 14, 35 e 58)[205].

---

[204] "Apelação Cível. Ação de indenização por danos materiais, morais e estéticos. Paciente encaminhada ao nosocômio para retirada de mioma por videolaparoscopia. Histerectomia (extirpação do útero) sem autorização através de procedimento não autorizado de incisão do abdômen. Inexistência de emergência ou perigo de vida. Negligência. Indenização por dano moral. Inteligência do art. 950 do Código Civil/2002. Dever de indenizar. Médico e Hospital. Responsabilidade solidária. Art. 14 do CODECON. Sentença reformada. Recurso provido em parte." (TJ-SC – Ap. cív. n. 2005.000232-2 – 3ª Câm. de Direito Civil – Rel. Des. Sérgio Izidoro Heil – j: 8.5.2007)

[205] CEM: "Princípios Fundamentais: IX – A Medicina não pode, em nenhuma circunstância ou forma, ser exercida como comércio." (...) "É vedado ao médico: Art. 14. Praticar ou indicar atos médicos desnecessários ou proibidos pela legislação vigente no País. (...) Art. 35. Exagerar a gravidade do diagnóstico ou do prognóstico, complicar a terapêutica ou exceder-se no número de visitas, consultas ou quaisquer outros procedimentos médicos. (...) Art. 58. O exercício mercantilista da Medicina."

16

DOAÇÃO E TRANSPLANTE DE ÓRGÃOS E TECIDOS

Doação é o ato pelo qual alguém autoriza retirar órgão ou tecido do próprio corpo (doador) para ser transplantado em outra pessoa (receptor). Preconceitos, crendices e falta de informações são os grandes responsáveis pela insuficiência das doações frente às necessidades.

Em nosso País, a disposição de tecidos, órgãos e partes do corpo humano, em vida ou depois da morte, para realização de transplantes e tratamentos, obedece a normas bastante rígidas. Vem permitida no Código Civil e na Lei n. 9.434/1997, conhecida como Lei dos Transplantes [206 e 207]. Essa lei permite que a pessoa juridicamente capaz disponha gratuitamente de tecidos, órgãos e partes do corpo para fins

---

[206] Código Civil: "Art. 14. É válida, com objetivo científico, ou altruístico, a disposição gratuita do próprio corpo, no todo ou em parte, para depois da morte. Parágrafo único. O ato de disposição pode ser livremente revogado a qualquer tempo."

[207] Lei n. 9.434, de 4.2.1997 – Dispõe sobre a remoção de órgãos, tecidos e partes do corpo humano para fins de transplante e tratamento e dá outras providências. (ver a íntegra em Anexos).

Decreto n. 9.175, de 18.10.2017– Regulamenta a Lei n. 9.434, de 04 de fevereiro de 1997, para tratar da disposição de órgãos, tecidos, células e partes do corpo humano para fins de transplante e tratamento.

terapêuticos ou para transplantes em cônjuge e parentes consanguíneos até o quarto grau, inclusive, desde que não prejudique a própria saúde. Para os não parentes, há exigência de autorização judicial (art. 1º, art. 9º e §§).

As mesmas exigências servem para os estrangeiros aqui residentes que desejarem doar os órgãos, tecidos, células e partes do corpo aos cônjuges, companheiros ou parentes até o quarto grau, brasileiros ou não. Se o receptor for estrangeiro não residente no País, a realização do procedimento será permitida apenas em benefício do cônjuge, companheiro ou parente consanguíneo até o quarto grau (Dec. n. 9.175/2017, arts. 40, 41 e 42) [208].

Entre as regras que traz a respeito da doação e transplante, o Código de Ética Médica obriga o médico esclarecer o doador, o receptor e seus respectivos representantes legais sobre os riscos decorrentes de exames, intervenções cirúrgicas e outros procedimentos que envolvem esse complexo e delicado ato (CEM, art. 44).

No estágio atual da ciência, é possível doador vivo doar um de seus dois rins e parte dos seguintes órgãos: fígado, pulmão, medula óssea [209]. De doador com morte encefálica constatada segundo os rigorosos critérios do CFM, podem ser obtidos: coração, pulmões, fígado, pâncreas, intestino, rins, córnea, pele, veias, ossos e tendões [210].

---

[208] Portaria do Ministério da Saúde – Gabinete do Ministro – MS/GM n. 201, de 7.2.2012 – Dispõe sobre a remoção de órgãos, tecidos e partes do corpo humano vivo para fins de transplantes no território nacional envolvendo estrangeiros não residentes no País.

[209] "O art. 14, parágrafo único, do Código Civil, fundado no consentimento informado, não dispensa o consentimento dos adolescentes para a doação de medula óssea prevista no art. 9º, § 6º, da Lei n. 9.434/1997 por aplicação analógica dos arts. 28, § 2º (alterado pela Lei n. 12.010/2009), e 45, § 2º, do ECA." (CJF –Enunciado 402 – aprovado na V Jornada de Direito Civil)

[210] Ver em Anexos a Resolução CFM n. 2.173/2017 – Define os critérios do diagnóstico de morte encefálica –, e Resolução CFM n. 1.826/2007 – Dispõe sobre a legalidade e o caráter ético da suspensão dos procedimentos de suportes terapêuticos quando da determinação de morte encefálica de indivíduo não-doador – .

O Código Civil consente dispor do próprio corpo para fins de transplante conforme estabelecer lei especial, no caso, a Lei n. 9.434/1997. No entanto proíbe, salvo para atender exigência médica, se importar diminuição permanente da integridade física e quando contrariar os bons costumes [211].

Além das informações costumeiras necessárias, deve constar no prontuário do doador: (i) se vivo, o resultado dos exames realizados para avaliar as possibilidades de retirada e transplante de órgãos, tecidos, células ou partes do corpo humano e a autorização do Poder Judiciário para a doação, quando for o caso (Dec. n.9.175/2017, art. 38, II); (ii) se morto, os laudos dos exames utilizados para a comprovação da morte encefálica e para a verificação da viabilidade da utilização dos órgãos, dos tecidos, das células ou das partes do corpo humano e o original ou a cópia autenticada dos documentos utilizados para a sua identificação (Dec. n. 9.175/2017, art. 38, I) [212]. No prontuário do receptor:

---

[211] Código Civil "Art. 13. Salvo por exigência médica é defeso o ato de disposição do próprio corpo, quando importar diminuição permanente da integridade física, ou contrariar os bons costumes. Parágrafo único. O ato previsto neste artigo será admitido para fins de transplante, na forma estabelecida em lei especial."

"É permitida a disposição gratuita do próprio corpo com objetivos exclusivamente científicos, nos termos dos arts. 11 e 13 do Código Civil." (CJF – Enunciado 532 – aprovado na VI Jornada de Direito Civil)

"O paciente plenamente capaz poderá deliberar sobre todos os aspectos concernentes a tratamento médico que possa lhe causar risco de vida, seja imediato ou mediato, salvo as situações de emergência ou no curso de procedimentos médicos cirúrgicos que não possam ser interrompidos." (CJF – Enunciado 533 – aprovado na VI Jornada de Direito Civil)

[212] "(...) todos médicos, foram pronunciados porque supostamente, fariam parte da chamada "Máfia dos Transplantes", organização criminosa que atuava na Irmandade da Santa Casa de..., subtraindo, deliberadamente a expectativa de vida de pacientes graves que davam entrada naquela unidade hospitalar, em situação de saúde já extremamente precária falsificando prontuários médicos, documentos hospitalares e promovendo abandono terapêutico , com o intuito deliberado de captar órgãos e tecidos humanos para posterior revenda no mercado negro de transplantes. (...) Os documentos juntados às fls. 210/212 demonstram haver indícios de que a comprovação do estado de doador ocorreu antes mesmo da constatação da morte encefálica da vítima. Percebe-se ainda rasura no preenchimento do termo de doação de órgãos (fl. 161). O diagnóstico de morte encefálica também foi informado à família antes de sua efetiva constatação, sem aguardar o interstício mínimo de 6 (seis) horas entre o primeiro exame clínico

a prova de seu consentimento a cópia dos laudos dos exames realizados para avaliar as possibilidades do transplante, a viabilidade da utilização dos tecidos, órgãos ou partes retiradas e os exames realizados (Dec. n. 9.175/2017, art. 38, III) [213].

O CEM veda ao profissional participar do diagnóstico de morte ou da suspensão dos meios artificiais para prolongamento da vida de

---

e o segundo, conforme preceitua a Lei 9.434/97, Decreto n. 2.268/1997 e Resolução 1.480/1997. (...) a equipe médica que trabalhou no tratamento da vítima jamais poderia ser a mesma que compunha a equipe de transplantes, seja por previsão legal ou por evidente conflito de interesses. (...) os indícios existentes nos autos apontam que o acusado ... concorreu para a morte de ... possibilitando a indevida retirada de órgãos da vítima para fins de transplante (...) O anestesista ... teria, em tese, sedado a vítima com o objetivo de reduzir sua pressão arterial e constatar a morte encefálica. (...) Existem nos autos diversos documentos rasurados. Dentre eles, podemos citar a autorização para retirada de órgãos e a ficha de pressão arterial da vítima. (...) Também não consta do prontuário da vítima o laudo radiológico que diagnosticou a morte cerebral. (...) além da gravidade real de que se reveste o delito narrado pelo MP, coexiste a circunstância de que o homicídio teria sido praticado por médicos, no exercício de suas funções (públicas, pois agiam prestando serviços ao SUS), valendo-se, pois, da situação profissional que lhes possibilitou (em tese) não só praticar (em tese, friso) o delito, mas também de o dissimular(...), decreto contra eles a cautelar de afastamento das funções públicas, ou seja, determino o imediato cessar de suas atividades de prestação de serviços médicos pelo Sistema Único de Saúde (SUS), seja em consultórios, hospitais públicos ou particulares conveniados com o SUS"(STJ - HC: 265527 MG 2013/0054500-8, Rel. Min. Rogerio Schietti Cruz, j: 05.4. 2017)

213 "Homicídio. Dolo eventual. Transplante de fígado. Óbito depois de meses da cirurgia. Ausência de laudo necroscópico. Função dúplice do laudo. Comprovar a materialidade e constar se houve modalidade culposa ou dolosa na conduta dos acusados. Órgão recusado por outras equipes médicas por não ter condições adequadas para o procedimento. Alto nível de gordura. Aceitação do fígado pela equipe médica dos apelados. A recusa do órgão deu-se em razão de informação equivocada propalada às equipes médicas, via telefone, de que o órgão era dotado de alto teor adiposo. Órgão avaliado visualmente pelos apelados que constataram a qualidade do órgão. Biópsia pós-operatória constatou o índice de gordura compatível com um bom fígado. Não obrigatoriedade de realização de biópsia prévia. Discernimento da equipe cirúrgica. Avaliação macroscópica por profissional experiente é o habitual. Isquemia. Órgão transplantado em menos de 12 horas após a retirada do corpo do doador. Dentro do prazo aceitável pela comunidade médica. Acotovelamento da veia cava. Caso existente, inviabilizaria o funcionamento do fígado. O órgão transplantado funcionou no organismo da vítima. Indicativo de que o órgão era são para ser implantado e de que o transplante foi bem-sucedido. Recurso improvido." (TJ-SP – Ap. Criminal c/rev. n. 990.09.216706-5 – 4ª Câm. de Direito Criminal – Rel. Edison Brandão – j: 31.5.2011, v.u.)

possível doador, caso pertencer à equipe de transplante, bem como retirar órgão de doador vivo quando este for juridicamente incapaz, ainda que com autorização do representante legal, exceto nos casos permitidos e regulamentados em lei (CEM, arts. 43 e 45).

Além de sanções administrativas a Lei de Transplantes penaliza com reclusão de três a oito anos mais multa quem compra, vende, promove, intermedeia, facilita ou obtém qualquer tipo de vantagem com a transação de tecidos, órgãos ou partes do corpo humano (Lei n. 9.434/1997, arts. 14 a 23). O Código Penal, por sua vez, pune com a pena de reclusão de quatro a oito anos mais multa, quem agencia, alicia, recruta, transporta, transfere, compra, aloja ou acolhe pessoas mediante grave ameaça, violência, coação, fraude ou abuso, com a intenção de remover órgão, tecidos ou parte do corpo. A pena é aumentada se o crime for cometido por funcionário público no exercício das funções ou se praticado contra criança, adolescente, idoso ou deficiente (art. 149-A, inciso I e § 1º, incisos I e II).

Neste ponto cabe um parêntese: quatro médicos da cidade de Taubaté, interior do Estado de São Paulo, foram acusados de terem participado, no ano de 1986, em esquema de tráfico de órgãos humanos. O acontecimento tornou-se público após denúncia de outro médico, ficando conhecido como caso Kalume em referência ao sobrenome do denunciante. Constou do processo criminal que os envolvidos falsificavam diagnósticos de morte encefálica com a finalidade de convencer e obter das famílias dos pacientes, autorizações para extração de rins. Segundo a denúncia os doentes não estavam incluídos no conceito médico de morte encefálica como definido pelo Conselho Federal de Medicina. Um dos médicos faleceu antes do caso ser julgado; os outros três foram condenados a 17 anos e seis meses de reclusão e pagamento de cem UFESPs (Unidades Fiscais do Estado de São Paulo) [214]. Como a responsabilidade civil independe da criminal (CC, art. 935) os condenados sujeitam-se a reparar solidariamente os

[214] Vara do Júri e da Infância da Comarca de Taubaté – Processo n. 422/2006 – Tribunal do Júri – Sentença proferida pelo MM. Juiz Marco Antônio Montemór, em 20.10.2011.

danos materiais e morais causados a outrem pelo ilícito cometido (CC, arts.186, 942 § único e 948).

Retornando ao tema, vale esclarecer que o legislador não estabeleceu forma rígida para permitir doações, de modo que a autorização do doador pode ser dada de preferência por escrito e diante de testemunhas, ou mesmo verbalmente (art. 1º, art. 9º e §§). É importante a família conhecer o desejo de doar, para o caso da pessoa tornar-se incapacitada de manifestar a própria vontade. De qualquer forma, a doação só acontecerá depois da família permitir [215].

Em geral, o ser humano, uns mais outros menos, deseja fazer o bem aos semelhantes em franca demonstração de amor ao próximo. Qualquer um pode doar. Nenhuma religião é contrária a tão elevado ato de humanidade.

---

[215] Vigora no ordenamento jurídico brasileiro a exigência do prévio consentimento da pessoa para a remoção de órgãos, tecidos ou partes do seu cadáver. Ausente a permissão, faz-se necessário a autorização dos familiares (Dec. n. 9.175/.2017, art. 20). O consentimento pode ser manifestado nas Diretivas Antecipadas de Vontade (ver em Anexos).

17

RESPONSABILIDADE DO MÉDICO POR ABANDONO DO PACIENTE

Assim como a qualquer pessoa, adversidades e casualidades podem atingir o médico levando-o a afastar-se de suas atividades: luto, doença, impedimento de consciência superveniente, etc. [216 e 217]. Em tais circunstâncias o enfermo não pode ficar desamparado. Precisa ser avisado. É obrigação do médico recomendar algum colega durante suas ausências e impedimentos.

---

[216] O médico não está obrigado a prestar serviços contrários à sua consciência ou a quem ele não desejar. Exceções: situações de ausência de outro médico, casos de urgência ou emergência e quando a recusa puder trazer danos à saúde do paciente. (CEM, Princípios Fundamentais, VII).

[217] Resolução CFM n. 1990/2012 - Regulamenta a apuração do procedimento administrativo quanto a existência de doença incapacitante, parcial ou total, para o exercício da Medicina - "Art. 1° Cabe ao Conselho Regional de Medicina, mediante denúncia formal ou de ofício, apurar em procedimento administrativo, com perícia médica, a existência de doença incapacitante, parcial ou total, para o exercício da Medicina. Parágrafo único. O procedimento ocorrerá em absoluto sigilo processual. (...) Art. 3° Os conselhos regionais de Medicina poderão interditar cautelarmente o médico submetido a procedimento administrativo para doença incapacitante desde que os atos decorrentes do seu exercício profissional estejam notoriamente prejudicando a população, ou na iminência de fazê-lo. § 1º Nestes casos será observado o rito previsto na Resolução CFM nº 1.987/12, sem prejuízo do procedimento administrativo para apuração de doença incapacitante. (...)"

A atitude do profissional que se ausenta, adoece, empreende viagens e não deixa ninguém para substituí-lo e sem informar a equipe sobre os casos que requerem atendimento emergencial, demonstra falta de zelo, responsabilidade e respeito àqueles sob seus cuidados.

O Código de Ética Médica proíbe o afastamento da atividade médica, ainda que temporariamente, sem o profissional deixar outro médico encarregado de cuidar de seus pacientes internados ou em estado grave (CEM, art. 8º) [218].

Até nas situações de moléstia crônica ou incurável o médico deve continuar assistindo o enfermo, ainda que somente para ministrar procedimentos paliativos e atenuar sofrimentos físicos ou psíquicos (CEM, art. 36, § 2º) [219 e 220].

---

[218] "Processo ético-profissional, Recurso de Apelação. Infração ao art. 36 do CEM (art. 8º, do CEM atual). Afastar-se de suas atividades sem deixar outro médico encarregado do atendimento, ainda que temporariamente. Manutenção da pena de suspensão do exercício profissional por 20 (vinte) dias. I – Comete infração ética o médico que abandona o paciente sem deixar substituto. II – Apelação conhecida e improvida." (CFM – 1ª Câm. do TSEM – Proc. n. 1/1998 – Rel. Pedro Pablo Magalhães Chacel, v.u. – DOU 15.6.2000, Seção 1, p. 25)

[219] "Falta ao dever de cuidar, implícito no contrato médico, o profissional que desatende a um chamado do doente ou negligencia as visitas. Claro está que a obrigação de atender a chamados ou de visitar o enfermo pressupõe necessidade ditada pela moléstia ou acordo entre as partes a respeito. De outra forma, não se caracterizaria o abandono, e é este que define a infração do médico àquele dever. Não se poderia, também configurar como abandono o fato de se fazer o médico substituir por um colega, no caso de, por excesso de serviço profissional, não poder pessoalmente atender o cliente." (AGUIAR DIAS, José de, ob. cit., p. 338)

[220] "Nos casos crônicos, incuráveis, que estão evoluindo inexoravelmente para a morte, há tendência do médico abandonar o paciente, explicável pela frustração que sentimos, impotentes para enfrentar a doença. Não podemos, entretanto, agir dessa forma. Temos a obrigação de confortar o paciente com nossa presença, lutando para pelo menos diminuir seu sofrimento. E essa dedicação também é útil aos familiares, que no mínimo sentem solidariedade do médico como homem, e não apenas como máquina fria e insensível." (COUTINHO, Léo Meyer. Código de Ética Médica Comentado. 2ª ed. São Paulo: Saraiva, 1994, p. 76)

Mesmo quando ocorrerem dificuldades durante o atendimento nos serviços em setores emergência, não pode abandonar o trabalho. Se o fizer comete infração ética [221].

No que se refere às consequências disciplinares, o Conselho Federal de Medicina consolidou o entendimento de que a falta de acompanhamento criterioso na evolução do quadro do paciente e o seu abandono, provam negligência e constituem falta ética [222 e 223].

Decidindo demanda indenizatória proposta contra hospital, cirurgião e anestesista, derivada de intercorrência pós-operatória que resultou no falecimento de uma criança, o Tribunal de Justiça de Minas Gerais livrou o hospital de responsabilidade porque o paciente não era do médico da casa, mas do cirurgião. Livrou, também, o anestesiologista, considerando que este, além de ter cumprido a contento seu trabalho específico, solicitado a suprir o atendimento não prestado pelo cirurgião, apresentou-se e praticou os atos possíveis. No entanto condenou

---

221 "Processo ético-profissional. Recurso de apelação. Infração aos artigos 35 e 36 do CEM (arts. 7º e 8º do atual CEM). É vedado ao médico deixar de atender em setores de urgência e emergência, quando for sua obrigação fazê-lo – É vedado ao médico afastar-se de suas atividades sem deixar outro encarregado. Manutenção da pena de "advertência confidencial em aviso reservado". I – Mesmo que eventuais dificuldades ocorram no curso de atendimento nos Serviços de Emergência, não justifica que o médico abandone seu trabalho. O fazendo infringe os artigos 35 e 36 do CEM (arts. 7º e 8º do atual CEM). II– Apelação conhecida e improvida. Vistos, relatados e discutidos os presentes autos, em que são partes as acima indicadas, ACORDAM os Conselheiros membros da 5ª Câmara do Tribunal Superior de Ética Médica do Conselho Federal de Medicina, por unanimidade de votos, em conhecer e negar provimento ao recurso interposto pelo apelante, mantendo a decisão do Conselho de origem, que lhe aplicou a pena de "Advertência confidencial em aviso reservado", prevista na letra "a" do artigo 22 da Lei 3.268/57, por infração aos artigos 35 e 36 do Código de Ética Médica (arts. 7º e 8º do atual CEM), nos termos do voto do Sr. Conselheiro Relator." (CFM – 5ª Câm. do Tribunal Superior – Proc. n. 0058-001/2000 – Rel. Silo Tadeu S. de H. Cavalcanti – j: 12.4.2002 , v.u. – DOU 23.5.2002, Seção 1, p. 87)

222 "A falta de acompanhamento criterioso na evolução do quadro do paciente constitui prova de negligência médica." (CFM – 1ª Câm. do Tribunal Superior – Proc. n. 2228/1991 – Rel. Luiz Carlos Sobania – DOU 28.1.1993, Seção 1, p. 1.223)

223 "(...) 1 – Constitui falta ética abandonar paciente que esteja sob seus cuidados, caracterizando negligência; 2 – Recurso conhecido, a unanimidade e desprovido por maioria." (CFM – 1ª Câm. do Tribunal Superior – Proc. n. 28/1989 – Rel. Claudio de Carvalho Lisboa – DOU 22.1.1992, Seção 1, p. 866)

o cirurgião, carreando a ele toda a responsabilidade por não ter comparecido quando informado do aparecimento da intercorrência, posto ter falhado com o compromisso de acompanhamento e assistência ao paciente [224].

Surgindo acontecimentos que possam prejudicar o desempenho profissional e o bom relacionamento com o doente ou familiares, o médico tem o direito de deixar de atender o enfermo, sem que a atitude seja interpretada como abandono. Porém, comunicará o paciente ou o representante legal, certificando-se da continuidade dos cuidados e prescrições, e prontificando-se a fornecer as informações necessárias a quem lhe suceder (CEM, art. 36, § 1º) [225 e 226].

---

224 "Responsabilidade civil. Erro médico. Negligência. Hospital. Responsabilidade contratual. Solidariedade. Dissolução de solidariedade. Omissão de meios com frustração de resultados." (TJ-MG - Ap. cív. n. 1.0287.01.001527-2/001 - 16ª Câm. Cível - Rel. Des. Batista de Abreu - j: 24.5.2006, v.u)

225 "O médico nunca abandona o caso ou o doente, mas renuncia com as cautelas necessárias para assegurar o bem-estar do paciente e a continuidade dos cuidados. O mero abandono é uma violência à solidariedade humana vedada pela ética profissional, enseja responsabilidade civil e pode configurar crime, em tese, de periclitação da vida (art. 132, CP) ou omissão de socorro (art. 135, CP)." (Castro, João Monteiro de. Responsabilidade Civil do Médico. Editora Método, 2005, p.106)

226 Cremesp - Consulta n. 86.168/08 - Assunto: Alta administrativa. Tratamento médico. Doenças infectocontagiosas e psiquiátricas. Relação médico-paciente - Rel. Cons. Antonio Pereira Filho - Ementa: "Não se pode exigir que a equipe de saúde fique à mercê de surtos de agressividade do paciente quando tem sua integridade física e saúde colocadas em risco." - Aprovado na 3.974ª Reunião Plenária, 27.2.2009.

Cremesp - Consulta n. 91.991/09 - Assunto: Sobre como agir em relação a paciente que pela segunda vez causa desordem no nosocômio - Rel. Cons. Gaspar de Jesus Lopes Filho - Ementa: "Como não podem abandonar os pacientes que estão sob seus cuidados, os médicos devem comunicar - como já ocorreu - o responsável pela unidade, uma vez que não se caracteriza o estado de iminente risco de vida, deverá comunicar aos pacientes dos motivos que levaram a esta decisão e providenciar os contatos necessários para a transferência do atendimento dos pacientes para outra instituição, de igual competência e qualidade, visando possibilitar continuidade de atendimento adequado aos pacientes." - Aprovado na 4.137ª Reunião Plenária, 15.1.2010.

18

CUIDADOS PALIATIVOS. TRATAMENTO PALIATIVO. ORTOTANÁSIA. EUTANÁSIA. SUICÍDIO ASSISTIDO. DISTANÁSIA

Quando o doente percebe que a evolução da enfermidade o levará inevitavelmente à morte e o fim da vida se aproxima, quase sempre aparecem outros sintomas de natureza física, psicológica e emocional. Maria Goretti Sales Maciel, médica sanitarista, define paciente em processo de morte, como o que apresenta sinais de rápida progressão da doença e vida estimada de semanas a mês; por fase final, o período em que a expectativa da extinção da vida pode ser estimada em horas ou dias [227].

O tratamento paliativo surgiu da ideia das pessoas enfermas e seus familiares receberem a morte de uma forma digna, mais humana, menos sofrida e melhor compreendida. Paliar significa amenizar, atenuar.

---

[227] Definições e Princípios, *in* Cuidado Paliativo – Coordenação Institucional de Reinaldo Ayer de Oliveira. São Paulo – Conselho Regional de Medicina do Estado de São Paulo, vários colaboradores, 2008, pp. 22 e 23.

Paliativo dá a noção de atitude efetiva para suavizar os efeitos de um mal ou resultado, ainda que temporariamente[228].

O Instituto Nacional de Câncer explica que "são os cuidados totais prestados ao paciente e à sua família, os quais se iniciam quando a terapêutica específica curativa deixa de ser o objetivo. A terapêutica paliativa é voltada ao controle sintomático e preservação da qualidade de vida para o paciente, sem função curativa, de prolongamento ou de abreviação da sobrevida. A empatia, bom humor e compreensão são integrantes fundamentais da terapêutica." [229]

Os benefícios da atuação paliativa, finalidades e efeitos foram ressaltados, em 2002, pela Organização Mundial de Saúde: "Os cuidados paliativos: melhoram a qualidade de vida dos pacientes e das famílias que enfrentam doença que coloca a vida em risco, ao proporcionar alívio da dor e dos sintomas, apoio espiritual, mesmo aos que não possuem nenhuma crença religiosa que os ampare, e psicológico desde o diagnóstico até o fim da vida e na perda. Os cuidados paliativos: – proporcionam alívio da dor e de outros sintomas angustiantes; – celebram a vida e vêem a morte como um processo normal; – não têm a intenção nem de apressar nem de adiar a morte; – integram os aspectos psicológicos e espirituais dos cuidados com o paciente; – oferecem um sistema de apoio para ajudar os pacientes a viverem o mais ativamente possível até a morte; – oferecem um sistema de apoio para auxiliar a família a enfrentar a doença dos pacientes e na sua morte; – utilizam uma abordagem de equipe para cuidar das necessidades dos pacientes e suas famílias, inclusive aconselhamento quando do falecimento, se indicado; – irão melhorar a qualidade de vida e poderão também influenciar positivamente o desenvolvimento da doença; – aplicam-se nos primeiros estágios da doença, em conjunto com outras terapias que visam prolongar

---

[228] A Medicina Paliativa está incluída entre as áreas de atuação reconhecidas pelo CFM – Resolução CFM n. 2.221/2018 – Homologa a Portaria CME n 1/2018, que atualiza a relação de especialidades e áreas de atuação médicas aprovadas pela Comissão Mista de Especialidades – D.O.U. de 24.1. 2019, Seção I, pg. 67.

[229] Cuidados Paliativos Oncológicos – Controle da Dor – Ministério da Saúde, Instituto Nacional de Câncer, Rio de Janeiro, 2001.

a vida, tais como quimioterapia ou terapia radiativa, e incluem aquelas pesquisas necessárias para melhor entender e gerenciar complicações clínicas angustiantes."[230]

Nada têm a ver com ortotanásia, eutanásia, suicídio assistido e distanásia. A primeira se dá quando são suspensos os esforços terapêuticos e meios artificiais de prolongamento da vida; exigem decisão médica e autorização do paciente, se consciente, ou de seu representante legal. Com a eutanásia (sentido etimológico: boa morte), provoca-se a morte para suprimir ou abreviar uma inevitável e dolorosa agonia e cessar o sofrimento. Nosso direito considera a eutanásia crime de homicídio privilegiado com diminuição da pena (Cód. Penal, art. 121, § 1º). No suicídio assistido (ou medicamente assistido) a pessoa, desejando morrer, recebe auxílio de outrem para concretizar a vontade de dar fim à sua vida. Induzir, instigar, persuadir alguém ao suicídio, assim como prestar-lhe auxílio para que o faça, constitui crime (Cód. Penal, art. 122). Na distanásia recorre-se a todos os recursos para prolongar a duração da vida, com o que ocorrerá a morte lenta, natural, porém agônica: "É ela cognominada "obstinação terapêutica" ou "futilidade médica". Os procedimentos não acenam com perspectivas de cura e acarretam desfechos fatais dolorosos, às vezes longos e onerosos. Há rumores de casos em que a obstinação terapêutica, com manutenção artificial de funções vitais, tiveram motivações nebulosas ou inconfessáveis, políticas ou científicas. A distanásia pode também ser praticada por interesses financeiros ou econômicos, para encarecer o atendimento médico em hospitais, ou cumprir estratégia de herdeiros de heranças." (Farah, Elias, ob. cit., p. 535).

---

[230] "Torna-se vital que o médico reconheça a importância da necessidade da mudança do enfoque terapêutico diante de um enfermo portador de doença em fase terminal, para o qual a Organização Mundial da Saúde preconiza que sejam adotados os cuidados paliativos, ou seja, uma abordagem voltada para a qualidade de vida tanto dos pacientes quanto de seus familiares frente a problemas associados a doenças que põem em risco a vida. A atuação busca a prevenção e o alívio do sofrimento, através do reconhecimento precoce, de uma avaliação precisa e criteriosa e do tratamento da dor e de outros sintomas, sejam de natureza física, psicossocial ou espiritual." (Resolução CFM n. 1.805/2006 – Exposição de Motivos)

As necessidades dos pacientes em situações clínicas irreversíveis ou terminais são diferentes dos doentes em que ainda existem chances de cura ou quando há possibilidade de aumento da sobrevida com algum benefício ou bem-estar ao enfermo. Surgindo os sinais de proximidade da morte, o objetivo principal do tratamento paliativo é proporcionar uma melhor qualidade ao que resta de vida ao enfermo, preparando-o para a morte. Busca-se abrandar a ansiedade, a autocomiseração, o desespero, o sofrimento, a dor, o medo dos momentos finais da existência com ajuda psicológica e espiritual de equipe multifuncional: psicólogo, religiosos, assistente social, enfermeiros, fisioterapeutas, nutricionistas e outros, agregada à continuidade da assistência física prestada por médicos. Se for possível, uma vez que o sentimento de pesar pela perda de alguém, na maior parte das vezes, é inevitável, o amparo pode se estender aos membros da família, acompanhado de sugestão de terapia de luto, para que possam receber a morte com maior compreensão e serenidade[231].

Na palavra abalizada de Léo Pessini, "As questões éticas envolvidas em Cuidados Paliativos baseiam-se no reconhecimento do fato de que o paciente incurável ou em fase terminal não é um resíduo biológico por quem nada mais pode ser feito, um ser necessitado de anestesia, cuja vida não deve ser prolongada desnecessariamente. Estamos sempre diante de uma pessoa, e como tal, capaz até o momento final, de relacionamento, de tornar a vida uma experiência de crescimento e de plenitude." [232]

---

[231] "Saunders formulou em 1967, o conceito de Dor Total que inclui o sofrimento físico, psíquico, social, espiritual, mental, e financeiro do paciente, abrangendo também o sofrimento dos familiares e da equipe médico-hospitalar." (Ana Catarina de Araujo Elias - psicóloga - e Joel Sales Giglio - médico psiquiatra -, citando Saunders C. (Hospice and Palliative Care. An interdisciplinary approach. London. Edward Arnold, 1991) *in* Relaxamento Mental, Imagens Mentais e Espiritualidade na Re-significação da Dor Simbólica da Morte de Pacientes Terminais - Revista da Sociedade Brasileira de Cancerologia, nº 16, 4º Trimestre de 2001, p. 15)

[232] Cuidados paliativos: perspectivas contemporâneas - *in* Revista Brasileira de Cuidados Paliativos, São Paulo, v. 1, n. 1, p. 26, 2008.

Os hospitais e os profissionais de saúde de várias partes do mundo reconhecem, cada vez com mais intensidade, os princípios de solidariedade humana almejados com os cuidados paliativos [233 e 234]. Em nosso País, embora limitado o número de hospitais públicos, instituições particulares e hospitais universitários, a prática já é adotada em centros de internação de doentes sem possibilidade de cura [235 e 236].

O médico, diz o Código de Ética Médica, não pode abandonar o paciente por ser este portador de moléstia crônica ou incurável, mas deve continuar a assisti-lo ainda que para cuidados paliativos (art. 36, § 2º) [237]. Isso quer dizer que, como a obrigação médica é de meios e não de resultado, esgotados os recursos de tratamento, resta ainda dar conforto ao enfermo fora da possibilidade de cura, uma vez que existem

---

233 "Na medicina atual, têm adquirido particular importância os denominados «cuidados paliativos», destinados a tornar o sofrimento mais suportável na fase aguda da doença e assegurar ao mesmo tempo ao paciente um adequado acompanhamento humano." (João Paulo II, O Valor e a Inviolabilidade da Vida Humana, Encíclica *Evangelium vitae*, 25.03.1995, http://www.vatican.va)

234 "Mesmo que a morte seja considerada iminente, os cuidados habitualmente devidos a uma pessoa doente não podem ser legitimamente interrompidos. O uso dos analgésicos para aliviar os sofrimentos do moribundo, mesmo correndo-se o risco de abreviar os seus dias, pode ser moralmente conforme com a dignidade humana, se a morte não for querida, nem como fim nem como meio, mas somente prevista e tolerada como inevitável. Os cuidados paliativos constituem uma forma excepcional da caridade desinteressada; a esse título, devem ser encorajados." (Catecismo da Igreja Católica - Parágrafo n. 2279)

235 Fundada em 2005, a Academia Nacional de Cuidados Paliativos (ANCP) - http://paliativo.org.br - empenha-se no incentivo à educação, assistência e pesquisa sobre Cuidado Paliativo em instituições de saúde em todo o Brasil.

236 Numa pesquisa realizada no ano de 2010 em 40 países por uma entidade americana (Economist Intelligence Unit -EIV), o Brasil ficou em 38º lugar, numa classificação de qualidade de morte ruim, por não haver cuidados paliativos suficientes para os doentes que atingiram grau irreversível da doença.

237 Resolução CFM n.1805/2006: "Art. 2º O doente continuará a receber todos os cuidados necessários para aliviar os sintomas que levam ao sofrimento, assegurada a assistência integral, o conforto físico, psíquico, social e espiritual, inclusive assegurando-lhe o direito da alta hospitalar."

procedimentos e medicamentos capazes de proporcionar bem estar físico até o final dos dias do ser humano [238].

A Lei paulista n. 10.241, de 17.3.1998, incluiu entre os direitos dos doentes, atendimento digno, atencioso e respeitoso além de recebimento de auxílio do profissional adequado, para a melhoria do conforto e bem-estar, incluindo assistência moral, psicológica, social ou religiosa (artigo 2º, I e XX).

A Portaria n. 19/GM, de 3.1.2002, do gabinete do Ministro da Saúde, instituiu, no âmbito do SUS, o Programa Nacional de Assistência à Dor e Cuidados Paliativos. Em 12.12.2002, foi expedida a Portaria n. 3.150 (Institui a Câmara Técnica em Controle da Dor e Cuidados Paliativos) à qual, entre outras atribuições, cabe pronunciar-se a respeito das diretrizes nacionais sobre controle da dor e cuidados paliativos inclusive para formação e qualificação de profissionais. Outra Portaria, a n. 2.439, de 8.12.2005, instituiu a Política Nacional de Atenção Oncológica: Promoção, Prevenção, Diagnóstico, Tratamento, reabilitação e Cuidados Paliativos [239].

O bom profissional e uma boa equipe de cuidados paliativos solidarizam-se com os familiares pelos impactos causados pela morte do paciente, comparecendo ao funeral ou manifestando-se de alguma forma para expressar as condolências.

18.1. Excesso terapêutico

O tratamento paliativo é flagrantemente diferente do tratamento obstinado, desnecessário, fútil, desproporcional ou extraordinário para prolongar a existência, quando não há chance de cura ou de melhora da

---

[238] Preceito da Medicina: "*Sedare dolorem opus divinum est*" ou "Aliviar a dor é uma obra divina".

[239] Há notícia de que a Câmara Técnica de Terminalidade da Vida do CFM desenvolve estudos para a criação de um Manual de Cuidados Palitivos.

saúde do enfermo em fase inexorável e iminente do final da vida (distanásia) [240 e 241].

A legislação nacional evoluiu, mas no Brasil o assunto ainda é tratado com certo acanhamento.

O médico não pode abreviar a vida ainda que a pedido do paciente ou dos familiares, mas há de compreender os limites da ciência médica e reconhecer quando não é mais possível controlar o incontrolável. Tanto é assim que o Código de Ética Médica, face a essa dura verdade, determina ao profissional oferecer nos casos de doença incurável e terminal, todos os cuidados paliativos disponíveis sem empreender ações

---

240 "Hoje em dia, com a medicalização da morte, o cenário muda para o leito do hospital, 'sem direito de morrer com vela na mão', como se queixava uma mulher em fase avançada de câncer que tive oportunidade de acompanhar. A benignidade humanitária e solidária, que é uma das grandes vertentes da ética médica brasileira, procura humanizar esta situação principalmente com a sedação, para que, por exemplo, os piores excessos da UTI passem despercebidos pelo doente. Esta benignidade humanitária e solidária, porém, se sente ameaçada em duas frentes, para paradigma tecnocientífico da medicina, em que o saber científico e a medicina curativa tendem a predominar, e pelo paradigma comercial-empresarial, em que predominam o lucro e a saúde como mercadoria. O paradigma tecnocientífico da medicina procura prolongar a vida humana custe o que custar, e o paradigma comercial-empresarial procura prolongar a vida humana enquanto se pode arcar com o custo!" (PESSINI, Leocir; BARCHIFONTAINE Christian de Paul de. Eutanásia: por que abreviar a vida? *in* Problemas atuais de Bioética. 8ª ed. rev. e ampl. São Paulo: Centro Universitário São Camilo: Edições Loyola, 2008, p 532)

241 "Deve-se evitar a obstinação terapêutica com tratamentos sem evidências médicas e benefícios, sem custo-utilidade, caracterizados como a relação entre a intervenção e seu respectivo efeito – e que não tragam benefícios e qualidade de vida ao paciente, especialmente nos casos de doenças raras e irreversíveis, recomendando-se a consulta ao gestor de saúde sobre a possibilidade de oferecimento de cuidados paliativos de acordo com a política pública." (Enunciado n. 89 do CNJ – III Jornada de Direito da Saúde, 18.3.2019)

terapêuticas inúteis ou obstinadas [242 e 243]. Contudo, sempre deve levar em consideração o consentimento do paciente ou na impossibilidade, quer por estar inconsciente quer porque a comunicação direta possa lhe causar danos, o dos parentes [244].

Depoimentos de respeitados médicos fazem ver como é difícil decidir ante a realidade: "Faço 60 cirurgias por mês há três décadas. Já passei por todos os imprevistos que podem surgir em uma mesa de operação. Então, não posso dizer que é no ato cirúrgico que tomo as decisões mais difíceis. A meu ver, reconhecer que não faz mais sentido dar continuidade a um tratamento é a decisão mais difícil a tomar. Quando era novo, decidia com mais facilidade. Usava modelos estatísticos para

---

[242] CEM, Princípios Fundamentais, XXII "Nas situações clínicas irreversíveis e terminais, o médico evitará a realização de procedimentos diagnósticos e terapêuticos desnecessários e propiciará aos pacientes sob sua atenção todos os cuidados paliativos apropriados", e Art. 41 Parágrafo único: "Nos casos de doença incurável e terminal, deve o médico oferecer todos os cuidados paliativos disponíveis sem empreender ações diagnósticas ou terapêuticas inúteis ou obstinadas, levando sempre em consideração a vontade expressa do paciente ou, na sua impossibilidade, a de seu representante legal."

[243] "Quando o homem, por uma das ocorrências citadas, está próximo da morte, sem que haja recurso científico disponível para manter a vida, o médico tem obrigação de levantar a bandeira branca e render-se à morte. Ela venceu. Essa derrota, entretanto, deve ser digna, sem adotar a prática de terra arrasada. Como será isso? 1) O médico não pode, sob qualquer pretexto, deliberadamente antecipar a morte, praticando a eutanásia ativamente. Considero prática da eutanásia por ação o ato de aplicar dose mortal de entorpecente, por exemplo. 2) O médico não pode manter a vida artificialmente, apenas vegetativa, quando o organismo do paciente não tenha condições de mantê-la por seus próprios meios. É claro que estou referindo-me a pacientes terminais. Não é o caso daquele que momentaneamente pode apresentar uma parada cardíaca, ou respiratória, ou um estado de choque, situações em que o paciente possa ser recuperado e novamente devolvido às condições de sobrevivência, como nos acidentes, com hemorragias de vulto, traumatismos cranianos etc. Naqueles casos, ouvidos os familiares, é perfeitamente válido desligar o respirador artificial, ou deixar de administrar sangue, ou medicamentos que prolonguem apenas por mais algumas horas ou dias uma vida vegetativa, sem possibilidade de voltar a relacionar-se com o meio. 3) Sua postura diante dos familiares não deve ser de fuga, afastando-se, mas sim de compreensão e conforto. Não custa nada conversar com os familiares e dizer-lhes que infelizmente a ciência não dispõe de recursos para salvar aquela vida. (...)" (Coutinho, Léo Myer. O Médico e a Morte *in* Código de Ética Médica Comentado. 2ª ed. São Paulo: Saraiva, 1994, pp. 165 e 166)

[244] CEM, art. 34; Resolução CFM n. 1.805/2006 e Lei paulista n. 10.241, de 17.3.1998, art. 2º, XXI

resolver que caminho seguir e o objetivo era sempre dar sobrevida ao paciente. Hoje já peso o tipo de vida que o paciente terá depois das intervenções. Com a maturidade, você passa a entender o valor do sofrimento e questões menos objetivas integram o processo decisório"; e "Fiz parte da equipe que cuidou do ex-governador Mario Covas durante sua luta contra o câncer. Dias antes de morrer, ele me disse que eu saberia até onde ir com o tratamento. Quando esse momento chegou, foi muito difícil. Primeiro porque, além de meu paciente, éramos muito amigos. Mas a ciência tem limites. Foi uma decisão baseada na minha experiência e na vontade dele e da família. Ele morreu no quarto, junto com familiares, como queria." [245]

Eutanásia, distanásia, obstinação terapêutica, tratamento fútil são práticas condenadas pela Igreja Católica: "Para um correto juízo moral da eutanásia, é preciso, antes de mais, defini-la claramente. Por eutanásia, em sentido verdadeiro e próprio, deve-se entender uma ação ou uma omissão que, por sua natureza e nas intenções, provoca a morte com o objetivo de eliminar o sofrimento. «A eutanásia situa-se, portanto, ao nível das intenções e ao nível dos métodos empregues». Distinta da eutanásia é a decisão de renunciar ao chamado «excesso terapêutico», ou seja, a certas intervenções médicas já inadequadas à situação real do doente, porque não proporcionadas aos resultados que se poderiam esperar ou ainda porque demasiado gravosas para ele e para a sua família. Nestas situações, quando a morte se anuncia iminente e inevitável, pode-se em consciência «renunciar a tratamentos que dariam somente um prolongamento precário e penoso da vida, sem, contudo, interromper os cuidados normais devidos ao doente em casos semelhantes». Há, sem dúvida, a obrigação moral de se tratar e procurar curar-se, mas essa obrigação há de medir-se segundo as situações concretas, isto é, impõe-se avaliar se os meios terapêuticos à disposição são objetivamente proporcionados às perspectivas de melhoramento. A renúncia a meios extraordinários ou desproporcionados não equivale ao suicídio ou à

[245] Respectivamente Miguel Srougi e David Uip para revista "Isto é" – n. 2087, pp. 122 e 125, 11 nov. 2009

eutanásia; exprime, antes, a aceitação da condição humana defronte à morte." (João Paulo II, ob. cit.) [246].

Não obstante os familiares terem o direito de recusar o abuso ou excesso terapêutico, "(...) seja qual for a razão, o que se recomenda nos casos de doentes terminais (assim definidos pela ciência médica) é o registro da exigência da família em cessar o tratamento, pelas formas possíveis (declaração assinada, testemunhas etc.), para que não venha qualquer de seus membros, no futuro, alegar omissão na conduta médica ou hospitalar." [247]

Manifestado, contudo, o desejo de a vida ser prolongada tanto quanto possível, predominarão o livre arbítrio e o respeito ao direito do doente ou das pessoas qualificadas para falar em nome dele (CEM, Princípios Fundamentais, XXI, arts. 24 e 31).

18.2. Diretivas Antecipadas de Vontade (DAV). Testamento vital

Os testamentos vitais, também conhecidos como living will nos Estados Unidos, testament de vie na França, testamento de vita, direttive antecipata di trattamento, voluntà previe di trattamento na Itália, voluntades antecipadas, instruciones previas na Espanha, diretivas antecipadas de vontade em Portugal [248], são instruções deixadas pela pessoa civilmente capaz, acerca de tratamentos e não tratamentos que deseja

---

[246] "A cessação de tratamentos médicos onerosos, perigosos, extraordinários ou desproporcionados aos resultados esperados, pode ser legítima. É a rejeição do «encarniçamento terapêutico». Não que assim se pretenda dar a morte; simplesmente se aceita o fato de a não poder impedir. As decisões devem ser tomadas pelo paciente se para isso tiver competência e capacidade; de contrário, por quem para tal tenha direitos legais, respeitando sempre a vontade razoável e os interesses legítimos do paciente." (Catecismo da Igreja Católica – Parágrafo n. 2278)

[247] SEBASTIÃO, Jurandir. Responsabilidade médica civil, criminal e ética. 3ª ed. Belo Horizonte: Del Rey, 2003, p. 253.

[248] Em 16.7.2012, Portugal promulgou a Lei n. 25/2012 que "Regula as diretivas antecipadas de vontade, designadamente sob a forma de testamento vital, e a nomeação de procurador de cuidados de saúde e cria o Registro Nacional de Testamento Vital (RENTEV)."

ser submetida, caso acometida de enfermidade fora de possibilidades de cura que a faça inconsciente ou que a torne incapaz de expressar a vontade quando chegar no final dos seus dias. Podem ser revogadas e modificadas em qualquer momento, mesmo verbalmente.

Há pessoas que, presas a tabus e superstições, recusam falar sobre tais orientações. Acham que podem atrair mau agouro e por isso o assunto deve ser evitado em conversas. Talvez sejam esses os motivos da pouca utilização de tais documentos.

Entre nós com frequência ouvimos a expressão testamento vital que, embora não sendo das mais felizes, é usada ao invés de disposições ou diretivas antecipadas de vontade ou diretivas antecipadas em vida, atribuídas como mais corretas. Numa ou noutra expressão podem ser objeto de escrito público ou particular [249 e 250]. Como não há lei dispondo sobre o assunto, seu cumprimento não se torna obrigatório; dependerá dos familiares ou de quem representava o falecido.

No ordenamento jurídico brasileiro, testamento é um documento contendo disposições de última vontade que a pessoa (testador) deseja ver cumpridas pós-morte (Cód. Civil, art. 1.857 a art. 1.880). Para compreender melhor: "(...) o testador pode dispor, no todo ou em parte, do seu patrimônio, isto é, de todos os seus bens ou de parte deles; pode enunciar disposições patrimoniais ao lado de disposições não patrimoniais; bem como apresentar somente disposições não patrimoniais, que terão eficácia depois da morte (...) pode utilizar-se do testamento para fazer o reconhecimento de filiação, a deserdação, a reabilitação do

---

[249] CNJ - Enunciado 527 - Arts. 1.729 e 1.857 do CC - "É válida a declaração de vontade expressa em documento autêntico, também chamado 'testamento vital', em que a pessoa estabelece disposições sobre o tipo de tratamento de saúde, ou não tratamento, que deseja no caso de se encontrar sem condições de manifestar a sua vontade." - V Jornada de Direito Civil, 2.012.

[250] CNJ - Enunciado 37 - "As diretivas ou declarações antecipadas de vontade, que especificam os tratamentos médicos que o declarante deseja ou não se submeter quando incapacitado de expressar-se autonomamente, devem ser feitas preferencialmente por escrito, por instrumento particular, com duas testemunhas, ou público, sem prejuízo de outras formas inequívocas de manifestação admitidas em direito." - III Jornada de Direito da Saúde, 2019.

indigno, a nomeação de tutor para os filhos menores, de testamenteiro, a confissão a respeito de qualquer fato, dar instruções sobre seu funeral, determinar sufrágios por sua alma, dispor de uma ou várias partes do corpo, post mortem, para fins terapêuticos (...)" [251]. Vê-se, então, que é direito de cada um dispor gratuitamente à ciência e à caridade, o próprio corpo ou suas partes para depois da morte [252].

Nas disposições antecipadas de vontade, o querer da pessoa resume-se, quase sempre, na administração de medidas para receber conforto e alívio da dor ou então para suspender tratamentos, enquanto a hora final é aguardada.

Estando inconsciente, os médicos devem se regrar na vontade do paciente, expressada previamente de alguma forma, e na da família ou, se não houver ninguém, na sua própria, a fim de decidir o melhor para o enfermo.

Antes de manter, por qualquer meio, a vida do doente terminal, seu direito à autodeterminação deve ser respeitado [253]. No entanto, inseguro afirmar que será atendido uma vez que, conforme esclarecido, em nosso País o cumprimento daquela vontade não está assegurado em lei.

---

[251] Veloso, Zeno. Comentários ao Código Civil: parte especial: direito das sucessões. vol. 21 – arts. 1.857 a 2.027; coord. Antonio Junqueira de Azevedo. São Paulo: Saraiva, 2003, p. 3.

[252] Código Civil: "Art. 14. É válida, com objetivo científico, ou altruístico, a disposição gratuita do próprio corpo, no todo ou em parte, para depois da morte."

[253] "Constitucional. Mantença artificial de vida. Dignidade da pessoa humana. Paciente, atualmente, sem condições de manifestar sua vontade. Respeito ao desejo antes manifestado. Há de se dar valor ao enunciado constitucional da dignidade humana, que, aliás, sobrepõe-se, até, aos textos normativos, seja qual for sua hierarquia. O desejo de ter a 'morte no seu tempo certo', evitados sofrimentos inúteis, não pode ser ignorado, notadamente em face de meros interesses econômicos atrelados a eventual responsabilidade indenizatória. No caso dos autos, a vontade da paciente em não se submeter à hemodiálise, de resultados altamente duvidosos, afora o sofrimento que impõe, traduzida na declaração do filho, há de ser respeitada, notadamente quando a ela se contrapõe a já referida preocupação patrimonial da entidade hospitalar que, assim se colocando, não dispõe nem de legitimação, muito menos de interesse de agir." (TJ-RS – Ap. cív. n. 70042509562 – 21ª Câm. Cível – Rel. Des. Armínio José Abreu Lima da Rosa – j: 1.6.11, v.u.)

Os familiares, junto com o médico, decidirão se acatam ou não o desejo do enfermo. Quando possível, devem respeitá-lo sem, contudo, ultrapassarem os limites éticos e legais.

Curvando-se à liberdade de decisão do doente sobre os cuidados terapêuticos que quer ou não receber e acentuando que os avanços científicos sempre devem ser empregados com prudência e comedimento a fim de evitar-se condutas que apenas prolongam a vida sem benefício algum, bem como a falta de regulamentação nos dispositivos éticos nacionais a respeito do assunto o CFM, com o intuito de orientar o profissional, editou resolução dispondo sobre as diretivas antecipadas de vontade dando mais tranquilidade ao médico para agir, possibilitando-lhe, inclusive, discutir e aconselhar o enfermo em relação ao momento em que os tratamentos devem cessar [254 e 255].

A resolução, ao tempo em que define as diretivas como o conjunto de desejos expressamente manifestados pela pessoa sobre cuidados e tratamentos que quer, ou não, receber no momento em que estiver incapacitada de expressar a vontade, dispõe que as determinações devem prevalecer acima de qualquer parecer não médico e sobre os desejos dos familiares, desde que conformes com os ditames do CEM.

Demais disso, salienta que as diretivas comunicadas pelo paciente diretamente ao médico, serão registradas no prontuário. Inexistindo determinações do enfermo, não havendo familiares ou faltando consenso entre eles e não tendo representante designado para falar em nome do doente, na hipótese de surgirem conflitos éticos o médico, entendendo necessário e conveniente, recorrerá ao Comitê de Bioética da instituição onde atende ou atendeu o então enfermo, à Comissão de Ética Médica do hospital ou ao Conselho Regional ou, ainda, ao Conselho Federal de Medicina.

---

[254] Resolução CFM n. 1.995/2012 – Dispõe sobre as diretivas antecipadas de vontade dos pacientes (D.O.U. de 31.8. 2012, Seção I, p.269-70)

[255] Ver, em Anexos, modelo de documento de Diretivas Antecipadas de Vontade, no qual contemplo, inclusive, instruções sobre o funeral, destinação dos restos mortais, doação de órgãos, cremação, criopreservação, etc.

19

SIGILO MÉDICO

A obrigação de manter segredo sobre fatos e dados transmitidos pelo enfermo a respeito da saúde e sobre a sua forma de vida é inerente à atividade médica e está consagrada no Juramento de Hipócrates[256]. O dever de se calar e por qualquer meio se abster de manifestações, visa proteger a privacidade do paciente; está implícito no trabalho do médico.

Informações obtidas pelos prestadores de serviços de saúde no desempenho das atribuições, possuem caráter rigorosamente confidencial e devem ser usadas unicamente em benefício do doente. Interessam apenas a ele e ao profissional. Particularidades da vida e acesso aos documentos médicos de cada um, pertença a que categoria ou nível social for, estão amplamente protegidos em várias leis. A transgressão desse importantíssimo dever propicia reparação civil e severas sanções penais e administrativas.

---

256 "Respeitarei os segredos que me forem confiados."

A Constituição Federal assegura o direito de ressarcimento que o dano, material ou moral, causar a quem tiver violada a intimidade e a vida privada (art. 5º, X). O Código Civil acentua que a vida íntima é inviolável (art. 21). O Código Penal penaliza aquele que, sem justa causa, dá a conhecer segredo confiado em razão de profissão, cuja revelação possa produzir dano (art. 154) e o Código de Ética Médica é incisivo: obriga o médico, com exceção das ressalvas legais, manter sigilo quanto às informações recebidas no exercício das funções (CEM, Princípios Fundamentais, XI) [257]. A Lei paulista n. 10.241/1998 – Dispõe sobre os direitos dos usuários dos serviços e das ações de saúde no Estado e dá outras providências – garante ao paciente a privacidade e a confidencialidade de toda e qualquer informação pessoal (art. 2º, XIII).

Sigilo profissional relacionado a criança ou adolescente, pode ser contado aos pais ou representantes legais, se o paciente não tiver capacidade de discernir ou a manutenção do segredo puder causar dano ao doente (CEM, art. 74). As informações obtidas quando do exame médico de trabalhadores não podem ser reveladas ainda que exigidas pelo empregador, salvo quando colocar em risco a saúde de outros empregados (CEM, art. 76).

O médico chamado está desobrigado a depor a respeito de acontecimentos que tenha sabido em razão da profissão ou por ter dado assistência a alguém. Mesmo assim, comparecerá perante a autoridade a fim de declarar seu impedimento (CEM, art. 73, Parágrafo Único, letra b). Ademais, o Código de Processo Civil dispõe que a testemunha pode pedir escusa ao juiz e silenciar-se sobre fatos a cujo respeito, por estado ou profissão, deva guardar sigilo (CPC, art. 448, II, e art. 457 § 3º).

---

[257] O Código de Ética e Disciplina da Ordem dos Advogados do Brasil – OAB estabelece igual dever ao advogado quando se tratar de fatos de que tomou conhecimento no exercício da profissão, ao dispor que o sigilo profissional só pode ser quebrado em circunstâncias excepcionais que configurem justa causa, como nos casos de grave ameaça ao direito à vida e à honra ou que envolvam defesa própria (arts. 35 e 37).

Só em situações muito peculiares o segredo pode ser quebrado: (a) diante de motivo justo enquadrando-se, também, como tal, quando for para o médico defender-se de acusação injusta; (b) por dever legal e (c) quando existir consentimento do paciente (CEM, art. 73)[258 e 259].

Em princípio, o médico é o dono da ficha médica ou clínica na qual faz anotações e lança os relatos colhidos do doente. Às vezes o paciente ou os parentes precisam do documento. Isso acontece quando é transferido a outro profissional, muda a residência para outra localidade, necessita fazer alguma prova, etc. Em hipóteses como essas, tanto o médico como os hospitais devem fornecer cópia dos documentos acompanhada das informações solicitadas, com o resumo do tratamento ministrado[260].

Instado a pronunciar- se sobre o destino de fichário médico e exames em caso de falecimento do profissional, o Conselho Regional de Medicina de São Paulo (Parecer n. 45.708/01) respondeu que o arquivo do médico é composto de duas modalidades de documentos: o registro das anotações médicas e os exames complementares. Os exames são de propriedade do paciente e a devolução aos donos deve ser a conduta. As anotações feitas nas fichas médicas fazem parte do método de atendimento e podem ser úteis para a sequência do atendimento por outro

---

[258] "Sigilo profissional. Solicitações de informações detidas por médico ou nosocômio visando apurar eventual crime doloso contra a vida do paciente. Admissibilidade. Situação de flagrante interesse público, evidenciada a pertinência lógica entre o requerimento e os fatos motivadores da instauração do inquérito policial ou de ação penal. Prevalência da busca da verdade real sobre o segredo da profissão." (Tribunal de Alçada Criminal de São Paulo - MS 345.512/9 - 11ª Câm. - Rel. Juiz Wilson Barreira - j: 30.8.1999 - Denegaram a ordem, v.u., in RT 773/587)

[259] "Denúncia 'ex officio'. Sigilo médico. Quebra. Divulgação à população sobre suspeita de um cidadão ser portador do vírus HIV. Art. 102 (atual art. 73) do Código de Ética Médica. Procedência. Censura pública em publicação oficial. O texto legal é taxativo em impor vedação ético-profissional ao médico, de revelar fato de que tenha conhecimento em virtude do exercício da profissão, sem justa causa, dever legal ou autorização expressa do paciente. Incomprovado qualquer dos elementos legais para a divulgação do dado médico averiguado, impõe-se a procedência da denúncia." (CFM - Tribunal Pleno - Processo n. 1/1993 - Rel. Cons. Miguel Ibraim Abboud Hanna Sobrinho, v.u.) (www.cfm.org.br)

[260] Ver mais em França, Genival Veloso de. Direito médico. 3ª ed. Editorial Bok-Procienx, 1982, pp. 14/15.

médico. Para isso os pacientes devem ser notificados e solicitados a manifestar a vontade de passar a guardá-los e dar o destino que melhor lhes aprouver. Não sendo possível, o procedimento será incinerá-los sob a supervisão de pessoa idônea.

Sintetizando: sempre será necessária a existência de um motivo legal ou, então, autorização para romper o sigilo. A não ser por isso, a violação da regra de guardar respeito ao segredo médico, levará o profissional à responsabilização criminal, administrativa e civil.

19.1. O prontuário médico. Importância e sigilo

O Conselho Federal de Medicina define o prontuário médico como "documento único constituído de um conjunto de informações, sinais e imagens registradas, geradas a partir de fatos, acontecimentos e situações sobre a saúde do paciente e a assistência a ele prestada, de caráter legal, sigiloso e científico, que possibilita a comunicação entre membros da equipe multiprofissional e a continuidade da assistência prestada ao indivíduo"[261].

É no prontuário ou história clínica onde fica reunido o maior número possível dos dados de interesse médico. Deve ser preenchido em cada avaliação do doente, com data, hora, assinatura e número de registro do médico no Conselho Regional de Medicina, e conter o indispensável para a boa condução do caso: informações sobre os sintomas iniciais, evolução da doença, exames realizados, resultados, impressão diagnóstica, prescrições, profissionais que deram assistência ao enfermo (CEM, art. 87, § 1º e Resolução CFM n. 1.638/2002, art. 5º)[262]. Esse complexo de informações fornecerá os elementos ao tratamento ou à sua continuidade.

---

261 Resolução CFM n. 1.638/2002 – Define prontuário médico e torna obrigatória a criação de Comissão de Revisão de Prontuários nas instituições de saúde – art. 1º.

262 Sobre registros de enfermagem em prontuários, ver "Auditoria dos registros de enfermagem em prontuário: relato de experiência" (Silvana Policastro, Fernanda Girão Exposto e Hanna Cristina Terêncio Fernandes – *in* Boletim Científico do Instituto de Ensino e Pesquisa do Hospital São Camilo, abril/2001, pp. 17-22)

Prontuários sem rasuras, com os registros da anamnésia, procedimentos realizados, diagnoses e prescrições, escritos de forma legível, clara e precisa, além de servirem de valiosa fonte a trabalhos científicos são instrumentos altamente eficazes para a avaliação da conduta do profissional. Siglas e abreviaturas devem ser cuidadosamente usadas, quiçá evitadas, considerando que, não sendo padronizadas, podem levar a falsas interpretações[263 e 264].

Posto que o sistema legal brasileiro permite, entre outros meios, fazer a prova dos fatos documentalmente (Código Civil, art. 212, II), os registros médicos são de fundamental importância para a instrução de processos judiciais ou administrativos de cunho disciplinar, tornando-se poderosa arma quando recair suspeita sobre o trabalho do

---

[263] "É do conhecimento geral que o uso de abreviações ou siglas é de uso corrente no preenchimento de prontuários e diversos documentos médicos. Esta prática tem a grande vantagem de imprimir rapidez aos relatórios médicos, tornando-os mais completos e com documentos médicos com maior número de informações essenciais. Por outro lado, não existindo padronização e normas rígidas, o uso regional, institucional e mesmo individual de determinadas abreviações torna absolutamente impossível decifrar-se documentos e/ou prontuários médicos em determinadas oportunidades. Só para citar alguns exemplos, todos os médicos de São Paulo até alguns anos atrás, saberiam que GECA significava Gastroentorocolite aguda, porém, atualmente os médicos mais jovens, diante do mesmo quadro fazem hipótese diagnóstica de DDA, Doença Diarrética Aguda. Este exemplo adiciona mais uma variável ao problema: a variação das siglas ou abreviaturas no tempo." (Parecer-Consulta 61.624/2005 do CREMESP – Uso de siglas e abreviaturas em prontuários)

"Os dados contidos no prontuário médico pertencem ao paciente que, sendo leigo, não tem o conhecimento técnico necessário para decifrar siglas ou abreviaturas de uso comum no meio médico ou entre especialistas. Este documento serve à comunicação entre os profissionais envolvidos com o tratamento, podendo, ainda, ser utilizado em questões judiciais. Portanto, há que ser inteligível a todos os que o manuseiam." (Parecer CREMERJ n. 175/2006 – Utilização de siglas e abreviaturas em prontuários médicos)

[264] O médico Olympio Barbante elaborou um *Dicionário de Siglas Médicas* (Editora Maitiry, São Paulo, 1995) indicando as siglas utilizadas em publicações médicas e com maior frequência dentro do território nacional na prática médica. Além desse dicionário existem outros e a ABNT – Associação Brasileira de Normas Técnicas editou, em 1989, a NBR 6032 com as abreviações de títulos e periódicos e publicações seriadas.

médico[265 e 266]. Ao serem requisitadas informações médicas judicialmente, será permitido ao perito nomeado acessá-las para exame, apenas nas partes pertinentes à apuração dos fatos envolvidos na demanda (CEM, art. 89, § 1º)[267].

O prontuário pode ser manuscrito ou eletrônico sempre, entretanto, com informações e documentação médica relativas a um único paciente. O Código de Ética determina a elaboração de prontuário individual (CEM, art. 87). Nosso direito aceita o prontuário na forma eletrônica como meio de prova [268].

---

265 Documento médico, engloba todas as formas de manifestações escritas dos profissionais de saúde: prontuários, termos de consentimento, fichas médicas, registros de procedimentos, de atendimento, de prescrições, receituários, relatórios, atestados, declarações, laudos, boletins.

266 "A abertura e registros em prontuários não é arma que possa ser usada contra o médico. Pelo contrário, é arma em seu favor na eventualidade de qualquer suspeita quanto à correção de seu trabalho. Exemplo: um clínico examina o paciente e chega ao diagnóstico de úlcera perfurada. Ele não deve escrever no prontuário somente 'solicito atendimento cirúrgico'. Ele deve registrar sua impressão diagnóstica também. Dessa forma, se o cirurgião que examinou o paciente o fez com negligência, retardando por mais de vinte e quatro horas a intervenção, não poderá alegar que não foi avisado de que o quadro era tão grave, ou qualquer outra desculpa que possa incriminar o clínico. Da mesma forma o cirurgião, a quem durante o pós-operatório o paciente queixa-se de dor que o faz suspeitar de cardiopatia isquêmica, deve chamar o cardiologista ou o clínico, registrando sua impressão na papeleta. Inúmeros outros exemplos poderiam ser citados. Com esses dois o leitor terá condições de meditar e, analisando, tirar suas próprias conclusões." (Coutinho, Léo Meyer. ob. cit. p. 81)

267 "É dever ético e legal do médico manter sigilo quanto ao prontuário do paciente, só o podendo revelar com autorização expressa deste ou seu representante legal. Disposições instituídas no resguardo do direito do paciente. Constituição Federal. Código de Ética Médica. A requisição, mesmo judicial, que implique retirada do prontuário do hospital, constitui coação ilegal. Precedentes jurisprudenciais, inclusive do STF. Em se tratando de investigação de crime de ação pública incondicionada, é cabível, no resguardo do interesse social e desde que não implique procedimento criminal contra o paciente, pôr-se o prontuário à disposição, para exame por perito legista, restrito aos fatos sob investigação e não sobre o conteúdo do prontuário, e sob sigilo pericial. Revogação da Resolução CFM nº 999/80." – Processo-consulta CFM n.1.973/2000 PC/CFM/Nº 22/2000 – Cons. Luiz Augusto Pereira)

268 Código Civil: "Art. 225: As reproduções fotográficas, cinematográficas, os registros fonográficos e, em geral, quaisquer outras reproduções mecânicas ou eletrônicas de fatos ou de coisas fazem prova plena desta, se a parte contra quem forem exibidas não lhes impugnar a exatidão".

Não podendo alhear-se aos avanços da tecnologia, o Conselho Federal de Medicina editou, em 10.7.2002, a Resolução n. 1.639/2002 para disciplinar o uso, guarda e manuseio do prontuário emitido por processo eletrônico. Em 11.7.2007 essa resolução foi revogada, passando a vigorar a Resolução CFM n. 1.821/2007 (Aprova as normas técnicas concernentes à digitalização e uso dos sistemas informatizados para a guarda e manuseio dos documentos dos prontuários dos pacientes, autorizando a eliminação do papel e a troca de informação identificada em saúde).

O uso fácil dos meios eletrônicos, a simplificação do armazenamento de dados, a velocidade de informações, sobretudo a respeito do histórico do paciente, são vantagens incontestáveis que levarão em muito pouco tempo à implantação definitiva do prontuário eletrônico. A Resolução CFM n. 1.821/2007, mencionada acima, estabeleceu o prazo mínimo de 20 anos contados a partir do último registro, para a preservação dos prontuários dos pacientes em suporte de papel, que não foram arquivados eletronicamente em meio óptico, microfilmado ou digitalizado (art. 8º) [269].

Digitalizado ou manuscrito, o prontuário médico e todo o seu conteúdo são, igualmente, protegidos pelo segredo profissional.

Conforme salientado no item anterior, o sigilo médico não é absoluto. O Código de Ética e os Tribunais preveem situações em que a exibição do prontuário não afronta o dever de segredo (motivo justo, dever legal, consentimento do paciente)[270]. Em face da decisão proferida pelo TRF da 4ª Região sobre a disponibilização do prontuário médico e da

---

[269] "Os prontuários elaborados em meio eletrônico poderão assim permanecer, bem como os novos a serem criados, desde que obedeçam ao disposto em resolução específica do CFM. Os prontuários médicos atualmente existentes em papel somente podem ser destruídos após serem microfilmados observados os trâmites legais. As unidades de saúde deverão constituir Comissão Permanente de Avaliação de Documentos e Comissão de Revisão de Prontuários." – Processo-consulta CFM n. 1.401/2002 PC/CFM/n. 30/2002 – Câmara Técnica de Informática em Saúde ementa – Rel. Cons. Mauro Brandão Carneiro)

[270] "Recurso em mandado de segurança. Administrativo e Criminal. Requisição de prontuário. Atendimento a cota ministerial. Investigação de 'queda acidental'. Arts. 11, 102

ficha médica, quando requisitados judicialmente no âmbito de processo judicial, o CFM orientou os profissionais médicos e os estabelecimentos de saúde a encaminharem à autoridade responsável os prontuários e fichas médicas (ou documentos médicos equivalentes) quando assim determinado pelo juiz competente[271 e 272].

---

e 105 do Código de Ética. Quebra de sigilo profissional. Não verificação. O sigilo profissional não é absoluto, contém exceções, conforme depreende-se da leitura dos respectivos dispositivos do Código de Ética. A hipótese dos autos abrange as exceções, considerando que a requisição do prontuário médico foi feita pelo juízo, em atendimento à cota ministerial, visando apurar possível prática de crime contra a vida. Precedentes análogos. Recurso desprovido." (STJ – RMS 11453/SP – 5a Turma – Rel. Min. José Arnaldo da Fonseca – j: 17.6.2003, v.u. – DJ 25.8.2003, p. 324)

"Médico Sigilo profissional. Violação. Inocorrência. Determinação judicial da entrega de prontuário médico de paciente. Admissibilidade, se fundada em justa causa e necessária à formação do livre convencimento do Juiz e ao justo equacionamento da lide. Interpretação do art. 154 do CP e do art. 339 do CPC." (2º TAC de São Paulo – AgIn n. 526199-00/3 – 3a Câm. – Rel. Juiz Milton Sanseverino – j: 11.8.1998, RT 760/295)

271 "Direito administrativo. Resoluções do Conselho Federal de Medicina ns. 1.605/2000 e 1.931/2009, arts. 4º e 89, § 1º, respectivamente. Previsão, nos atos normativos, da disponibilização do prontuário médico e da ficha médica, quando requisitados judicialmente no âmbito de processo judicial, apenas ao médico nomeado perito judicial. Disposição sobre prova processual em desconformidade com a lei processual. Ilegalidade dos atos normativos. 1. Os preceitos contidos no art. 4º da Resolução nº 1.605/2.000 e no art. 89, § 1º, da Resolução nº 1.931/2009 (antigo CEM), ambas do Conselho Federal de Medicina, ao preverem que o prontuário e a ficha médica requisitados judicialmente sejam disponibilizados apenas ao médico nomeado perito judicial, pretendem estabelecer disciplina sobre prova processual contrária ao que dispõem as leis processuais, que asseguram o acesso direto do juiz à prova, sem a necessidade da intervenção de intérpretes ou mediadores (CPC-73, art. 131; CPC-2015, art. 371; CPP, art. 234). 2. Existe legislação federal própria que disciplina o tratamento processual de informação sigilosa trazida para o âmbito dos processos judiciais, que estabelece ampla regulamentação sobre os cuidados a serem conferidos aos processos que contenham dados sigilosos, bem como sobre a responsabilização daqueles que descuidem do sigilo legal, (...) 3. Os atos normativos do Conselho Federal de Medicina acabam por limitar a atuação do juiz no âmbito do processo judicial, sem amparo nas leis que disciplinam a matéria, do que resulta inequívoca ilegalidade, a indicar a procedência da ação, em que se pretende afastar sua aplicação. Dessa forma, a demanda se resolve no campo da legalidade, sendo desnecessária a declaração da inconstitucionalidade dos inquinados atos normativos. 4. Apelação provida. (TRF da 4ª Região – Ação civil pública 5009152-15.2013.4.04.7200/SC – Rel. Juiz Federal Sergio Renato Tejada Garcia – j: 09. 2. 2017, v.m. – trechos da ementa)

272 Circular CFM n.16/2018-COJUR, de 31 de janeiro de 2018, aos Presidentes dos Conselhos Regionais de Medicina.

A Resolução CFM n. 1.605/2000 do Conselho Federal de Medicina repete a proibição da revelação dos registros do prontuário ou da ficha médica sem o paciente permitir, porém possibilita ao médico apresentá-los em defesa própria, com a observação de que a matéria permaneça sob sigilo profissional (art. 1º e art. 7º da Resolução e art. 89, § 2º do CEM). Fora as hipóteses previstas, quem revelar o que contém, facilitar o manuseio e conhecimento de prontuários, papeletas e demais folhas de observações médicas, mesmo parcialmente, sujeita-se a indenizações de natureza civil, comete crime e infração disciplinar (art. 154 do Código Penal e art. 85 do Código de Ética Médica)[273].

Embora as informações contidas no prontuário sejam do paciente, o documento fica sob a guarda do médico ou, então, da instituição hospitalar que assiste ou deu assistência (CEM, art. 87, § 2º). Contudo, cabe ao doente ou aos seus responsáveis terem acesso a ele e, inclusive, obterem cópias, mediante pagamento das despesas pertinentes (CEM, arts. 88, 89 e 90)[274, 275 e 276].

---

273 Código Penal: "Art. 154. Revelar alguém, sem justa causa, segredo, de que tem ciência em razão de função, ministério, ofício ou profissão, e cuja revelação possa produzir dano a outrem: Pena – detenção, de 3 (três) meses a 1 (um) ano, ou multa. Parágrafo único. Somente se procede mediante representação."

274 "Processual civil. Recurso especial. Hospital. Acesso a documentos médicos requerido pelo próprio paciente. Negativa injustificada pela via administrativa. Ensejo de propositura de ação de exibição de documentos. Ônus de sucumbência. Princípio da causalidade. De acordo com o Código de Ética Médica, os médicos e hospitais estão obrigados a exibir documentos médicos relativos ao próprio paciente que requeira a exibição. A negativa injustificada à exibição de documentos médicos pela via administrativa, que obrigou o paciente à propositura de ação à sua exibição pela via judicial, tem o condão de responsabilizar o hospital pelo pagamento dos ônus de sucumbência, em atenção ao princípio da causalidade, nos termos dos precedentes firmados no STJ. Recurso especial conhecido e provido." (STJ – REsp n. 540048/RS – 3ª Turma – Rel. Min. Nancy Andrighi – j: 2.12.2003, v.u. – DJ 12.4.2004, p. 207)

"Sigilo profissional. Violação. Inocorrência. Recusa ao fornecimento de prontuário médico de paciente morto após cirurgia de redução do estômago com base em resolução do Conselho Federal de Medicina que veda este tipo de procedimento. Inadmissibilidade. Prova destinada a embasar investigação para apurar crime de ação penal pública incondicionada. Hipótese em que a requisição não se destina a revelar segredo da vítima, mas sim qual a rotina médica adotada no procedimento cirúrgico, com o fim específico

Médicos, militantes da saúde, entidades hospitalares, públicas ou privadas, precisam estar atentos: a entrega de cópia do prontuário e outros documentos médicos a terceiros, ainda que a solicitação venha de operadoras de planos de saúde ou seguradoras e conste de cláusula contratual, só pode ser atendida com a permissão do paciente ou de quem falar por ele. Descuidando, transgridem o dever de sigilo[277].

---

de se obter informações necessárias à elucidação da causa do óbito, sua autoria e se o médico responsável negligenciou na observância de regra técnica da profissão." (TJ-RJ – HC 4055/03 – 3a Câm. – Rel. Des. Valmir de Oliveira Silva – j: 14.10.2003 – DORJ 18.2.2004, RT 826/663)

275 "Poderá constituir ato ilícito por violação de direito do paciente e quebra de confiança passível de condenação por dano, a recusa em fornecer cópia do prontuário ao próprio paciente ou seu representante legal ou contratual, após comprovadamente solicitado, por parte do profissional de saúde, clínica ou instituições hospitalares públicas ou privadas." (Enunciado n. 66 do CNJ – III Jornada de Direito da Saúde, 18.3.2019)

276 Não obstante defender que o sigilo médico deve ser respeitado e que o fornecimento dos prontuários médicos devem ocorrer em observância ao CEM e a Resolução CFM n. 1605/2000, para atender determinação proferida pelo TRF da 1ª Região no Agravo de Instrumento nº 0015632-13.2014.4.01.0000, o CFM recomenda aos profissionais médicos e instituições de tratamento médico, clínico, ambulatorial ou hospitalar fornecerem, quando solicitados pelo cônjuge/companheiro sobrevivente do paciente morto, e sucessivamente pelos sucessores legítimos do paciente em linha reta, ou colaterais até o quarto grau, os prontuários médicos do paciente falecido, desde que documentalmente comprovado o vínculo familiar e observada a ordem de vocação hereditária, bem como que informem aos pacientes acerca da necessidade de manifestação expressa da objeção à divulgação do seu prontuário médico após a sua morte – Circular n.16/2018-COJUR.

277 Consulta CREMESP n. 3.087/2002: "Fornecimento de prontuário médico para seguradoras através de termo de autorização assinado pelo paciente."

Resolução CFM n. 1.819/2007: "Proíbe a colocação do diagnóstico codificado (CID) ou tempo de doença no preenchimento das guias da TISS de consulta e solicitação de exames de seguradoras e operadoras de planos de saúde concomitantemente com a identificação do paciente e dá outras providências."

CEM: "É vedado ao médico (...) Art. 77 Prestar informações a empresas seguradoras sobre as circunstâncias da morte do paciente sob seus cuidados, além das contidas na declaração de óbito, salvo por expresso consentimento do seu representante legal."

20

RESPONSABILIDADE CIVIL DO ANESTESIOLOGISTA E DO CIRURGIÃO

O ato anestésico incumbe ao médico anestesiologista[278]. Posto que detém especialidade na área, somente ele está qualificado a decidir, de modo soberano e intransferível, a conveniência ou não da realização do procedimento[279]. O Conselho Federal de Medicina, em antiga disposição, já exprimia a concepção de que os resultados lesivos do ato anestésico pertencem, direta e pessoalmente, aos médicos autorizados a praticá-lo[280]. Por conseguinte, sobre esses

---

[278] As palavras anestesiologista ou anestesista referem-se ao mesmo profissional, ou seja, médico que detém o título de especialista e RQE em anestesiologia.

[279] Resolução CFM n. 2.174/2017 – Dispõe sobre a prática do ato anestésico e revoga a Resolução CFM n. 1.802/2006 – DOU. em 27.2. 2018, Seção I, p.82).

[280] "O Conselho Federal de Medicina resolve: (...) V – Todas as consequências decorrentes do ato anestésico são da responsabilidade direta e pessoal do médico anestesista (...)"– Resolução CFM n. 1.363/1993 revogada pela Resolução CFM n. 1.802/2006 – .

especialistas recaem as consequências da conduta anestesiológica danosa[281 e 282].

A partir do surgimento das diversas especialidades clínicas e cirúrgicas, não é mais possível deixar de admitir a obrigação individual de reparar o mal surgido no exercício da especialidade. A circunstância de ser especialista não livra o profissional de cometer erros.

A responsabilidade do anestesiologista começa antes da operação, quando realiza a avaliação pré-anestésica (período pré-operatório); continua durante o ato operatório permanecendo até o momento em que o paciente, ainda no centro cirúrgico ou na sala de recuperação pós-anestésica, retoma a consciência e mantém estável as condições vitais saindo do quadro anestésico, com ou sem auxílio de respirador artificial (período pós-anestésico imediato)[283 e 284]. No caso de encaminhamento

---

281 "Apelação Cível. Ação ordinária de indenização. Insurgência de erro médico em cirurgia cesariana. Alegação de imperícia e negligência por parte do médico anestesista. Recebimento de alta hospitalar. Dificuldade de Deambulação (Paraplegia). Análise probatória que confirma as atitudes imprudente, negligente e imperícia por parte do anestesista que se furtou de realizar acompanhamento durante o ato cirúrgico e período pós-operatório. Relato feito pelo médico cirurgião. Requisitos da responsabilidade civil preenchidos. Dever de indenizar patente. Sentença reformada. Recurso Provido." (TJ-SC – Ap. cív. n. 2003.021324-4 – 3ª Câm. – Rel. Des. Sérgio Izidoro Heil – j: 16.12.2005)

282 "(...) Revela culpa, por imperícia e negligência, caracterizador de ilícito civil, o ato operatório levado a termo em sala cirúrgica desprovida de aparelhos médicos necessários ao eficiente controle do respectivo procedimento médico, ainda mais se constatada, pela densa prova produzida, que a técnica anestésica foi, por incúria do profissional da saúde, deficientemente utilizada, ocasionando a morte do paciente por complicações decorrentes de parada cardiorespiratória." (TJ-SC – trecho do acórdão proferido na Ap. cív. n. 2006.046652-9-Joinville – 4ª Câm. de Direito Civil – Rel. Des. Eládio Torret Rocha – j: 2.12.10, v.u.)

283 "Responsabilidade civil. Indenização. Anestesista. Negligência médica. Complicações pós-operatórias. Paralisia cerebral. Condenação do médico anestesista ao pagamento de pensão alimentar vitalícia, gastos com tratamentos e indenização por danos morais c/c estéticos. (...) Anestesia geral. Responsabilidade exclusiva do anestesista. Ausência do anestesista na sala de recuperação. Extubação precipitada. Vômito e asfixia. Falta de oxigenação. Manobras de ressuscitação. Paralisia cerebral. Ilícito configurado. Recurso desprovido. Sentença mantida." (TJ-SC – Ap. cív. n. 2.015700-2 – 2ª Câm. – Rel. Des. Monteiro Rocha – j: 29.4.2004, v.u. – trechos da ementa)

284 "Denúncia pelo crime de lesão corporal de natureza gravíssima com dolo eventual (...) o réu, na condição de médico anestesista e descumprindo seu dever de vigilância permanente da paciente, ausentou-se da sala cirúrgica durante o procedimento e não prestou-lhe auxílio imediato diante da intercorrência ocorrida, assumindo o risco de

do enfermo à Unidade de Terapia Intensiva após a abordagem cirúrgica, deve ainda, acompanhá-lo no percurso entre o centro cirúrgico e a UTI e continuar ao seu lado[285]. Em qualquer dos momentos pode surgir o acidente anestésico indesculpável: na etapa pré-anestésica, na anestésica e na pós-anestésica.

Como é esse profissional especializado quem faz a avaliação antecedente à intervenção cirúrgica e conclui se a pessoa está em condição de receber a anestesia, toma inteiramente para si a responsabilidade de anestesiá-lo e recuperá-lo. Assume, consequentemente, obrigação de resultado. Casos há de imprevisíveis acidentes anestésicos ou de fatos dissociados da atuação do anestesista, isentando-o de culpa[286].

Na monografia que o levou à conquista da cátedra de Medicina Legal da Faculdade de Direito da Universidade de São Paulo [287], João Batista de Oliveira e Costa Junior relacionou os principais erros do anestesista, resumidos com singular clareza por Miguel Kfouri Neto: "a) Erros de Diagnóstico – na avaliação do risco anestésico; resistência ao ato operatório; análise dos dados indispensáveis à aplicação da anestesia (ao anestesiar cardíacos, falta de medicação pré-anestésica); o

---

causar-lhe as lesões que resultaram na incapacidade permanente para o trabalho.(...) (TJ-RS –Ap. Crim. n. 0006667-79.2012.8.24.0020, Criciúma – 3ª Câmara Criminal – Rel. Des. Ernani Guetten de Almeida – j: 27.3. 2018, v.u. – trechos da ementa – o anestesista foi condenado a cumprir pena de dois anos, oito meses e vinte dias de reclusão)

285 UTI – Unidade de Terapia Intensiva: espaço hospitalar onde são abrigados pacientes que requerem assistência médica, de enfermagem, laboratorial e radiologia ininterruptas. CTI – conjunto de UTIs agrupadas num mesmo local (cf. Resolução da Diretoria Colegiada da ANVISA, RDC n. 50, de 21.2.2002).

Resolução ANVISA/DC n. 7, de 24.2.2010 – aprova os requisitos mínimos para funcionamento de Unidades de Terapia Intensiva – DOU 25.2.2010, seção I, pp. 48/51.

286 "(...) Cirurgia de desvio de septo. Infecção decorrente de infiltração de anestesia. Nexo causal reconhecido pelo laudo pericial. Responde o cirurgião por eventual infiltração e infecção decorrentes de sua imprudência. (...)" (STJ – AgRg no REsp n. 1.175.958-SP (2010/0010139-9) – 3ª Turma – Rel. Min. Paulo de Tarso Sanseverino – j: 20.9.2012, v.u. – trechos da ementa)

287 Aspectos Médico-legais da Anestesia: Responsabilidade Penal e Civil – Monografia para concurso à cátedra de Medicina Legal da Faculdade de Direito da Universidade de São Paulo – 1962, São Paulo, composição e impressão: Sociedade Beneficente São Camilo, pp. 402/497.

anestesista deve dispor de todos os elementos para a escolha do anestésico cabível; recomenda-se muita prudência, completo exame psicofísico e exames de laboratório; b) Erros de Terapêutica (ou de conduta do anestesista) – pré-medicação ineficaz (tipo ou dosagem errada), erro nos tipos ou dosagem dos anestésicos; negligência durante o ato cirúrgico: deixar o paciente sem vigilância permanente; após a conclusão da cirurgia, deixar de combater o estresse cirúrgico; c) Erros de Técnica – uso de gás explosivo durante operações realizadas com bisturi elétrico ou termocautério; uso de anestésico local em paciente hipersensível; uso inadequado de substância anestésica; posição imprópria do doente durante o ato, lesões nervosas ou traumáticas (aqui, o cirurgião também responde); oxigenação insuficiente (deve ser avaliada intermitentemente); excesso de anestésico; morte anestésica, lesões de olhos e da pele; lesões provocadas pela máscara; lesões provocadas pela agitação do paciente durante o ato anestésico; pneumonia causada por éter líquido nos pulmões."[288]

Os médicos conscienciosos somente admitem intervir cirurgicamente, quando percebem que o tratamento terapêutico ou sua resposta serão ineficazes. Sabem que, se de um lado a decisão repercutirá no enfermo e na família sob os aspectos físico, laboral, econômico e emocional, preocupam-se, de outro lado, com os riscos de intercorrências imprevisíveis, sempre presentes, por mais hábeis e precavidos que sejam, profissionais e membros da equipe cirúrgica. Por isso acautelam-se, antes e depois do procedimento, com exames pré-operatórios, cuidados pós-operatórios e acompanhamentos, cientes de que são medidas fundamentais para o sucesso de uma operação e restabelecimento do paciente e que um pós-operatório mal orientado pode se transformar em emergência hospitalar.

A cirurgia se realiza com a presença de equipe composta de anestesiologista (geralmente comparece à sala cirúrgica antes dos cirurgiões), técnico ou auxiliar de enfermagem o qual, juntamente com o

---

[288] Kfouri Neto, Miguel. Responsabilidade civil do médico. 6ª ed. São Paulo: Revista dos Tribunais, 2007, p. 160.

enfermeiro, são responsáveis pela montagem e desmontagem da sala e ali permanecem para suprimento dos materiais necessários. Também integram a equipe, o instrumentador, o cirurgião titular, chefe da equipe, e seus assistentes ou auxiliares[289, 290 e 291]. Na maioria das vezes o instrumentador pertence à equipe do próprio cirurgião; quando não, são pessoas vinculadas ao hospital onde a operação será realizada. Tendo em vista que durante o procedimento o direcionamento dos trabalhos pertence ao cirurgião-chefe, o primeiro impulso é responsabilizá-lo por acidentes verificados no curso da intervenção, incluindo a ação de cada um da equipe. A rigor, não é bem assim.

Vem se consagrando, tanto na doutrina como nos tribunais, a ideia de separar o ato operatório em si das outras atividades multidisciplinares inerentes ao procedimento. Deveras, o cirurgião-chefe pode não ter provocado nem contribuído, direta ou indiretamente, para o resultado lesivo. Às vezes, os membros da equipe sequer foram escolhidos por ele. Isso ocorre rotineiramente nos hospitais em que a anestesia é realizada por anestesiologista do hospital.

Nessa linha de pensamento, a despeito da responsabilidade do anestesista e dos demais profissionais ser distinta, o cirurgião-chefe poderá ser responsabilizado solidariamente pelo dano anestésico e

---

[289] Resolução CFM n. 1.490/98 – "Art. 1º - A composição da equipe cirúrgica é da responsabilidade direta do cirurgião titular e deve ser composta exclusivamente por profissionais de saúde devidamente qualificados. (...) Art. 4º - Deve ser observada a qualificação de um auxiliar médico, pelo cirurgião titular, visando ao eventual impedimento do titular durante o ato cirúrgico. Art. 5º - O impedimento casual do titular não faz cessar sua responsabilidade pela escolha da equipe cirúrgica. (...)".

[290] "A Resolução CFM nº 1.490/98, ao estabelecer a obrigatoriedade de médico como auxiliar, capacitado e habilitado, para substituir em caso de impedimento o cirurgião assistente na cirurgia em andamento, objetiva unicamente a segurança e a boa assistência ao paciente, sendo esta determinação tão importante que se sobrepõe a qualquer dificuldade porventura existente para a sua efetivação." – Parecer CFM n. 4/15 - Resolução CFM n.1.490/98 - Composição da Equipe Cirúrgica.

[291] "O cirurgião geral tem seus limites de atuação na competência, bom senso, recursos disponíveis e contexto social. O cirurgião geral é imprescindível e pode fazer tudo dentro de sua área de atuação, desde que esteja realmente habilitado e, na medida do possível, em ambiente adequado, nunca se esquecendo de respeitar o Código de Ética Médica "– Processo-consulta CFM Nº 5.993/1999 PC/CFM/n. 62/2002.

inclusive pelos erros da equipe. Acontece, por exemplo, quando equipe e anestesista forem da sua escolha, pois, imagina-se que a seleção foi feita por quem conhece a capacitação dos escolhidos para a tarefa[292].

---

[292] "A escolha do médico anestesista pelo cirurgião-chefe, atribui a este a responsabilidade solidária pela culpa in eligendo, quando comprovado o erro médico pela imperícia daquele, pois, ao médico-chefe é a quem se presume a responsabilidade, em princípio, pelos danos ocorridos em cirurgia, eis que no comando dos trabalhos e sob suas ordens é que executam-se os atos necessários ao bom desempenho da intervenção." (STJ - REsp n. 53.104 - 3ª Turma - Rel. Min. Waldemar Zveiter - j: 4.3.1997, v.u. - DJ 16.6.1997, p. 27.359, in RT 748/182)

"O cirurgião (obstetra, oftalmologista, endoscopista) pode ser excepcionalmente responsável pela culpa do anestesista, na seguinte hipótese: o paciente recorre ao cirurgião, para determinada cirurgia. A indicação do anestesista é feita pelo próprio cirurgião - que esclarece ao paciente ser o anestesiologista indicado integrante da sua equipe, o único em quem ele, cirurgião, deposita confiança." (Kfouri Neto, Miguel. Culpa médica e ônus da prova. São Paulo: Revista dos Tribunais, 2002, p. 164)

"Responsabilidade civil. Anestesia. Hipotensão e parada cardiorrespiratória. Paciente menor vítima de encefalopatia pós-anóxica. Sentença que restringiu a indenização ao hospital. Recurso provido, por maioria, para excluir a responsabilidade do hospital. Recurso provido para responsabilizar o médico anestesista por negligência e o médico chefe da equipe por culpa in eligendo. Condenação concomitante em danos morais e danos estéticos. Beneficiários diferentes. Agravos retidos não conhecidos. Recurso de apelação dos autores provido, em parte. Recurso de apelação da co-ré provido, por maioria. Votos vencedores integrando o acórdão." (TJ-SP - Ap. cív. n. 65.345.4/4-00 - 4ª Câm. de Direito Privado - Rel. Des. Cunha Cintra - j: 14.6.1999, v.u.)

"Responsabilidade civil. Cirurgia. Queimadura causada na paciente por bisturi elétrico. Médico-chefe. Culpa "in eligendo" e "in vigilando". Relação de preposição. Dependendo das circunstâncias de cada caso concreto, o médico-chefe pode vir a responder por fato danoso causado ao paciente pelo terceiro que esteja diretamente sob suas ordens. Hipótese em que o cirurgião-chefe não somente escolheu o auxiliar, a quem se imputa o ato de acionar o pedal do bisturi, como ainda deixou de vigiar o procedimento cabível em relação àquele equipamento. Para o reconhecimento do vínculo de preposição, não é preciso que exista um contrato típico de trabalho; é suficiente a relação de dependência ou que alguém preste serviços sob o comando de outrem. Recurso especial não conhecido." (STJ - REsp 200.831/RJ - 4ª Turma - Rel. Min. Barros Monteiro- j: 08.5.2001)

"Civil e Processual Civil. Consumidor. Reparação de danos morais e materiais. Cirurgia plástica. Erro médico. Defeito no serviço prestado. Culpa manifesta do anestesista. Responsabilidade solidária do chefe da equipe e da clínica. (...) 2. Em regra, o cirurgião chefe dirige a equipe, estando os demais profissionais, que participam do ato cirúrgico, subordinados às suas ordens, de modo que a intervenção se realize a contento. 3. No caso ora em análise, restou incontroverso que o anestesista, escolhido pelo chefe da equipe, agiu com culpa, gerando danos irreversíveis à autora, motivo pelo qual não há como afastar a responsabilidade solidária do cirurgião chefe, a quem estava o

Ademais, essa é a crença do paciente, advinda da confiança depositada no médico ao qual se entrega para a cirurgia. Se o dano originar da atuação de profissional contratado pelo hospital ou pertencente ao seu corpo clínico, a entidade responderá pela reparação civil decorrente da culpa presumida contida na regra de que o empregador responde por seus empregados e prepostos no exercício do trabalho que lhes competir ou em razão dele. Desse modo, aquele que se compromete a prestar assistência médica por intermédio dos profissionais que indica, torna-se responsável pelos serviços prestados (STJ - REsp n. 138.059 - Rel. Min. Ari Pargendler - ver nota 372), sem falar na responsabilidade de natureza objetiva dos prestadores de serviços[293 e 294].

A respeito, Teresa Ancona Lopez Magalhães mostra que: "1) Na responsabilidade pelos atos dos auxiliares e enfermeiras é preciso distinguir entre os danos cometidos por aqueles que estão diretamente sob as ordens do cirurgião, ou os destacados especialmente para servi-lo, daqueles cometidos por funcionários do hospital. No primeiro caso o cirurgião responderá. No segundo a culpa deverá ser imputada ao hospital, a menos que a ordem tenha sido mal dada ou que tenha sido executada sob a fiscalização do médico-chefe. Por exemplo, injeção aplicada diante do médico. 2) Se o dano ao paciente veio em virtude da anestesia há que se distinguir também entre o anestesista imposto pelo

---

anestesista diretamente subordinado. 4. Uma vez caracterizada a culpa do médico que atua em determinado serviço disponibilizado por estabelecimento de saúde (art. 14, § 4º, CDC), responde a clínica de forma objetiva e solidária pelos danos decorrentes do defeito no serviço prestado, nos termos do art. 14, § 1º, CDC. (...)" (STJ - REsp n. 605.435-RJ (2003/0167564-1) - 4ª Turma - Rel. Min. Luis Felipe Salomão - j: 22.9.2009, v.m. - trechos da ementa)

293 Código Civil, arts. 932, III e 933 e Súmula 341 do STF.

294 "Apelação. Ação de indenização. Erro médico. Operação ginecológica. Responsabilidade subjetiva do profissional liberal. Ausência de culpa do ginecologista. Verificação de conduta culposa do anestesista. Parada cárdio-respiratória no pós operatório. Liberação precoce da paciente. Plano de saúde. Responsabilidade objetiva. Seleção de profissionais que prestam serviço médico aos consumidores. Nosocômio. Responsabilidade objetiva. Vínculo com o médico responsável pelo evento. Danos morais. Redução do quantum. Honorários advocatícios. Médico excluído da lide. Fixação consoante o art. 20, § 4º, do CPC." (TJ-MG - Ap. cív. n. 438.020-1 - 14ª Câm. - Rel. Des. Dídimo Inocêncio de Paula - j: 9.6.2005)

hospital, quando caberá a esta instituição responder, e o anestesista que faz efetivamente parte da equipe operadora."[295 e 296]

Em acréscimo, já se escreveu: "Quando uma cirurgia é levada a cabo, existe o trabalho de toda uma equipe médica. Em caso de acidente provocado por culpa, a responsabilidade é considerada solidária, respondendo todos os profissionais que participaram do infausto evento. Ocorre, porém, que a atividade do anestesista é a que se apresenta com mais autonomia em relação aos demais médicos. É o que se denomina divisão horizontal de trabalho, em razão da pluralidade de funções, fundada na autonomia científica e técnica do anestesista e no exercício de função nitidamente diferenciada dos demais profissionais da área médica. Sobre a divisão horizontal de trabalho, acentua Vazquez Ferreyra (Daños y Perjuicios em el Ejercicio de la Medicina, p. 50), que "ela se dá entre profissionais, que por seu grau de formação, competência e independência, atuam em situação de igualdade, embora sem chegar a desconhecer a supremacia do chefe de equipe quanto a suas funções de organização e supervisão. Como regra geral, é sustentado que em casos de concorrência de profissionais com autonomia científica e técnica, as responsabilidades são independentes, embora o chefe da equipe possa ser alcançado em hipóteses nas quais este podia ou devia vigiar os atos de seus colaboradores."[297]

---

[295] Responsabilidade Civil dos Médicos – *in* Responsabilidade civil: doutrina e jurisprudência. Coordenador Yussef Said Cahali. 2ª ed., atual. São Paulo: Saraiva, 1988, pp. 315 e 337.

[296] "Indenização. Erro médico. Equipe médica que esquece agulha de sutura no organismo do paciente. Fato não relacionado com a sintomatologia apresentada pelo mesmo. Irrelevância. Negligência caracterizada. Problemas agravados psicologicamente com a agulha de sutura abandonada no tórax. Inviabilidade de nova cirurgia em segurança. Verba devida. Direito de regresso do hospital contra o cirurgião responsável. Inteligência dos arts. 159, 1.521, III, 1.539 e 1.545 do CC; da Lei n. 8.078/1990 (Código de Defesa do Consumidor), art. 14, §§ 1º, II e 4º; e art. 602 do CPC – Voto vencido." (TJ-RJ – Ap. n. 4.486/1993 – 1ª Câm. – Rel. Des. Pedro Américo Rios Gonçalves – j: 15.3.1994, RT 719/228)

[297] Santos, Antonio Jeová. Dano moral indenizável. 4ª ed., revista, ampliada e atualizada de acordo com o novo Código Civil. São Paulo: Revista dos Tribunais, 2003, p. 259.

Enfim, só depois de investigação cautelosa e exame das particularidades de cada caso o cirurgião-chefe, o anestesista, um ou alguns profissionais, ou a própria equipe poderão ser responsabilizados, solidariamente ou não, pelo evento danoso.

20.1. Erro de lateralidade nas cirurgias

Dentre os erros que o descuido pode causar ao longo do ato cirúrgico, chama atenção a troca de lado, membro ou órgão a ser operado (erros de lateralidade).

Com o intuito de evitar esses erros e até mesmo confusão de pacientes, hospitais e profissionais cautelosos adotam rigorosos procedimentos de identificação e de marcação no lugar em que o procedimento será realizado, de modo a ficar bem visualizado e não deixar dúvida alguma à equipe cirúrgica.

Sérgio Rudelli comenta que "A marcação é válida tanto para o paciente como para o cirurgião. Mesmo que, por sorte, nunca tenha passado por uma situação constrangedora, algumas vezes tivemos que reavaliar o prontuário e recorremos à memória de toda a equipe cirúrgica para termos certeza de que estávamos iniciando a cirurgia do lado correto. Todavia, mesmo com a medida de marcação prévia, toda equipe cirúrgica deverá saber qual é o local correto, porque o ato de saber o lado que deve ser operado nada mais representa do que o interesse e a preocupação que a equipe cirúrgica deve apresentar no importante relacionamento médico paciente."[298]

A Aliança Mundial para a Segurança do Paciente criada pela Organização Mundial de Saúde lançou em 2005, seis metas gerais de segurança:

1 – Identificar os pacientes corretamente.

2 – Melhorar a eficácia da comunicação entre os profissionais envolvidos com o paciente.

---

[298] Prevenindo o Erro de Lateralidade nas Cirurgias – Revista dos Médicos, n. 51, maio/junho 2007, p. 5.

3 – Melhorar a segurança de medicações de alto risco.

4 – Assegurar cirurgias com local de intervenção, procedimento e paciente corretos.

5 – Reduzir o risco de infecções associadas aos cuidados de saúde.

6 – Reduzir o risco de lesões ao paciente decorrentes de quedas.

Há instituições que utilizam os padrões de segurança recomendados pela OMS[299] e fazem o reconhecimento do paciente e dos procedimentos mediante preenchimento de questionários, em momentos e pessoal diferentes: na unidade de internação, pela enfermagem; no transporte ao centro cirúrgico, por quem transportará; na admissão do centro cirúrgico, novamente pela enfermagem.

Antes do início da intervenção, a equipe checa a identificação do paciente, o número do prontuário, a cirurgia que será realizada, a documentação médica necessária (prontuário, exames de imagens, laboratoriais etc.), a montagem da sala operatória, os equipamentos e materiais a serem utilizados (check-list). A seguir, para reforçar as medidas de segurança, algum membro da equipe faz pausa obrigatória e confirma, em voz alta, os dados do paciente, os procedimentos que devem se realizar, a marcação do sítio da operação (time-out). A partir daí dá-se início à cirurgia[300]. Finalizada a operação, a equipe confere os equipamentos e verifica se não houve esquecimento de instrumento ou material no interior do operado. A seguir, com o paciente ainda no centro cirúrgico, são relacionados os profissionais que participaram dos trabalhos, colhidos os dados do procedimento e anotadas eventuais intercorrências (check-out).[301]

---

[299] Orientações da OMS para a Cirurgia Segura 2009 Cirurgia Segura Salva Vidas – Edição em Português: Linhas de orientação para a segurança cirúrgica da OMS Cirurgia Segura Salva Vidas.

[300] É chamado de intra-operatório, o interregno entre o início da cirurgia e a sua conclusão.

[301] "Apelação criminal. Lesão corporal gravíssima (art. 129, § 2.º, incisos I e II, CP) e falsidade ideológica (art. 299, caput, CP) imputadas a médico anestesiologista e falsidade ideológica (art. 299, caput, CP) imputada a médico cirurgião. (...) Condenação do médico anestesiologista à pena de cinco (5) anos de reclusão (...) Condenação do médico

Enganos de lado, membros ou órgãos, revelam erro grosseiro face a omissão de cuidados que pode ser evitada quando a prudência impera. Qualquer procedimento médico, especialmente o ato cirúrgico, reclama antes de mais nada cautela e compenetração A confirmação do lugar do corpo onde o paciente vai ser operado é pressuposto elementar para afastar a certa responsabilização solidária do cirurgião e de toda a equipe.

Infelizmente os exemplos são muitos: cirurgia no pé direito quando era para ser no esquerdo (TJ-MG, Ap. civ. n. 1.0024.04.515711-2/001 – rel. Des. Otávio Portes, j: 20.2.2008); no joelho errado; em punho sadio; no olho direito, quando deveria ser no esquerdo; em membro saudável, etc.[302]

---

cirurgião à pena de um (1) ano e três (3) meses de reclusão (...) Registro das graves intercorrências médicas sofridas pela vítima, durante o procedimento cirúrgico, que competia não só ao médico anestesiologista, mas também ao médico cirurgião. (...) Crime de lesão corporal gravíssima, imputado ao médico anestesiologista. (...) Crime de falsidade ideológica, imputado a ambos os acusados. (...)" (TJ-PR – Ap. crim. n. 1359355-8 - Curitiba – 1ª Câm. Criminal – Rel.: Miguel Kfouri Neto – j: 17.03.2016, v.m. – trechos da ementa)

302 "Apelação Cível. Responsabilidade civil médico-hospitalar. Realização de cirurgia no joelho errado. Falha do serviço. Legitimidade do nosocômio. Falta do dever de cuidado exteriorizado na negligência. Dever de indenizar configurado. Danos morais majorados. A responsabilidade do estabelecimento hospitalar, mesmo sendo objetiva, é vinculada à comprovação da culpa do médico. Precedentes da Câmara. Culpa do médico pelo ocorrido que decorre do próprio acordo entabulado com a autora. Hipótese em que restou comprovada a falha no serviço prestado pelo hospital, caracterizada pela negligência no atendimento pré-operatório da autora, não sendo admissível que esta fosse encaminhada ao bloco cirúrgico com indicação para cirurgia no joelho errado. Se ao médico cumpria averiguar a correção do procedimento a ser executado, outra conduta não poderia ser exigida do nosocômio, por meio dos funcionários responsáveis, uma vez que a estes é atribuída a realização da correta preparação do paciente para a cirurgia. Presença do nexo de causalidade, uma vez que o evento (cirurgia no joelho errado) resultou de um agir descuidado dos profissionais de saúde do nosocômio. Erro inescusável. Cabimento do dano moral. Indenização pelo dano moral que deve ser suficiente para atenuar as consequências da ofensa à honra da parte autora, não significando, por outro lado, um enriquecimento sem causa, bem como deve ter o efeito de punir o responsável de forma a dissuadi-lo da prática de nova conduta. Majoração do quantum fixado pela sentença. Apelo da autora provido. Negado Provimento ao apelo do réu. (TJ-RS – Ap. cív. n. 70042169748 – 9ª Câm. Cível – Rel. Des. Leonel Pires Ohlweiler – j: 11.5. 2011, v.u.)

"(...) Intervenção cirúrgica em punho sadio. Dever de indenizar. Valor da condenação. Manutenção. Recursos principais e adesivo não providos. (...) II - As operadoras de planos de saúde são solidariamente responsáveis pelo erro cometido por médicos cooperados, associados ou credenciados, especialmente se o procedimento foi realizado

E ainda este outro, à época amplamente divulgado pela imprensa: paciente operada no lado direito do cérebro para retirar coágulo, quando o correto devia ser no lado oposto. Submetida a nova a cirurgia para corrigir o erro, faleceu horas depois . . .[303]

em hospital próprio da operadora, do qual o médico faz parte do corpo clínico. III - É evidente o dano moral sofrido pela pessoa que teve operado o membro sadio, em razão da negligência do médico ao não observar que a intervenção estava sendo realizada no punho errado. (...)" (TJ-MG – Ap. cív. n. 1.0024.11.124947/- 0/001 – 10ª Câm. Cível – Rel. Des.Vicente de Oliveira Silva – j: 16.9.2014, v.u. – trechos da ementa)

"Administrativo. Dano moral. Dano material. Transplante de córnea realizado no olho direito, quando deveria ser no esquerdo. Os pressupostos da reparação civil são o ato ilícito, o dano e o nexo de causalidade. No caso concreto, estão demonstrados os requisitos para a configuração do dever de indenizar, a saber: a) o fato (equívoco no transplante de córnea, pois deveria ser realizado no olho esquerdo e foi realizado do olho direito); b) o dano (trauma psicológico após cirurgia); d) o nexo de causalidade; e) a inexistência de culpa exclusiva da vítima, caso fortuito e força maior. Majorado valor da indenização por dano moral." (TRF da 4ª Região – Ap. cív. n. 5056355-16.2012.4.04.7100/RS - Rel. Des. Federal Cândido Alfredo Silva Leal Junior – j: 14.7.2015, v.u.)

"Ação de indenização. Alegação de erro médico. Cirurgia de varizes realizada em membro sadio. Comprovação. Danos morais devidos. Quantum indenizatório. A obrigação de reparar por erro médico exige a comprovação de ter ocorrido imperícia, negligência ou imprudência, além do nexo de causalidade entre a conduta médica e as consequências lesivas à saúde do paciente. Compete ao julgador, estipular equitativamente o quantum da indenização por dano moral, segundo o seu prudente arbítrio, analisando as circunstâncias do caso concreto e obedecendo aos princípios da razoabilidade e da proporcionalidade." (TJ-MG – Ap. cív. n. 1.00027.06.106693-5/001 – 9ª Câm. Cível – Rel. Des. Marcio Idalmo Santos Miranda – j: 07.6.2016, v.u.)

[303] Notícia de 09.3.2009, disponível em: https://www.estadao.com.br/noticias/geral, ligacao-anonima-avisou-sobre-erro-em-cirurgia-do-cerebro,335699.

21

RESPONSABILIDADE DOS HOSPITAIS. ERRO MÉDICO EM PACIENTES HOSPITALIZADOS

A palavra hospital deriva do vocábulo latino *hospitale* cujo antigo significado era hospedaria: pousada onde as pessoas podiam encontrar alojamento temporário mediante pagamento. Com o passar do tempo passou a exprimir a ideia de lugar onde doentes são internados para receber tratamentos.

Não precisa ser um ambiente sombrio e melancólico, no entanto não é, e algumas pessoas insistem em confundir, local de encontros sociais, falatórios, recreação e, menos ainda, de passeios para crianças. Em nome do respeito, bem-estar do enfermo e da boa educação, espera-se dos acompanhantes e visitantes, atitudes respeitosas, compatíveis com as finalidades do recinto hospitalar.

A Direção Geral da Saúde possui editado um documento com o título de Carta dos Direitos do Doente Internado onde, de forma pedagógica, dá vários esclarecimentos de inegável utilidade: 1. O doente internado tem direito a ser tratado no respeito pela dignidade humana. 2. O doente internado tem direito a ser tratado com respeito, independentemente das suas convicções culturais, filosóficas e religiosas. 3.

O doente internado tem direito a receber os cuidados apropriados ao seu estado de saúde, no âmbito dos cuidados preventivos, curativos, de reabilitação, terminais e paliativos. 4. O doente internado tem direito à continuidade dos cuidados. 5. O doente internado tem direito a ser informado acerca dos serviços de saúde existentes, suas competências e níveis de cuidados. 6. O doente internado tem direito a ser informado sobre a sua situação de saúde. 7. O doente internado tem direito a obter uma segunda opinião sobre a sua situação clínica. 8. O doente internado tem direito a dar ou recusar o seu consentimento, antes de qualquer ato clínico ou participação em investigação ou ensino. 9. O doente internado tem direito à confidencialidade de toda a informação clínica e elementos identificadores que lhe respeitam. 10. O doente internado tem direito de acesso aos dados registrados no seu processo clínico. 11. O doente internado tem direito à privacidade na prestação de todo e qualquer ato clínico. 12. O doente internado tem direito, por si ou por quem o represente, a apresentar sugestões e reclamações. 13. O doente internado tem direito à visita dos seus familiares e amigos. 14. O doente internado tem direito à sua liberdade individual.

O Código de Defesa do Consumidor, além de conferir ao usuário de serviços o direito básico à reparação de danos patrimoniais e morais, imputa ao prestador a responsabilidade de ressarcir os efeitos danosos do serviço deficiente, independentemente da existência de culpa (art. 6º, VI e art. 14). Só o desobriga se conseguir provar que o defeito ou a falha ocorrida aconteceu por culpa do usuário ou de outra pessoa (art. 14, § 3º). A dispensa da responsabilização está clara: não haverá caso faltar o nexo de causalidade entre os serviços prestados e o dano produzido. Cuidando especificamente de atividade hospitalar, não alcança unicamente a atividade médica, mas também os serviços paramédicos e extra médicos como, exemplificando, os de hotelaria. Para isentar-se, a entidade precisará demonstrar que o dano aconteceu por culpa do próprio internado, por fato de terceiro dela desvinculado, caso fortuito ou força maior (ver item 11. – Dano. Material, moral e estético. Quando surge o dever de reparar. Ato ilícito. Configuração. Verificação da culpa. Nexo causal).

Dispensar a prova da culpa significa dizer que a lei supõe a existência do dever de ressarcir, desde logo. Baseia-se no risco da atividade. Por isso, atribui à responsabilidade natureza legal ou objetiva (CDC, art. 14); diferente da atuação pessoal do médico, de natureza subjetiva, porquanto sujeita a constatação da culpa, (CDC, art. 14, § 4º) (ver item 21.2. – Danos causados por empregados e prepostos). Assim, para que haja o dever de indenizar, basta a existência do nexo causal entre o dano e o fato causador, sendo irrelevante a conduta (dolo ou culpa) do agente[304].

Os Tribunais vêm amenizando a responsabilidade das instituições pelos serviços fornecidos no âmbito hospitalar embora, no mais das vezes, ainda a considerem objetiva[305].

---

[304] "Dois são os sistemas de responsabilidade civil que foram adotados pelo CC: responsabilidade civil objetiva e responsabilidade civil subjetiva. O sistema geral do CC é o da *responsabilidade civil subjetiva* (CC 186), que se funda na *teoria da culpa*: para que haja o dever de indenizar é necessária a existência: a) do dano; b) do nexo de causalidade entre o fato e o dano; c) da culpa *lato sensu* (culpa – imprudência, negligência ou imperícia – ou dolo) do agente. O sistema subsidiário do CC é o da *responsabilidade civil objetiva* (CC 927 par. ún.), que se funda na *teoria do risco*: para que haja o dever de indenizar é irrelevante a conduta (dolo ou culpa) do agente, pois basta a existência: a) do dano; e b) do nexo de causalidade entre o fato e o dano. Haverá responsabilidade civil objetiva quando a lei assim o determinar (*v.g.*, CC 933) ou quando a atividade habitual do agente, por sua natureza, implicar risco para o direito de outrem (*v.g.*, atividades perigosas). Há outros subsistemas derivados dos dois sistemas, que se encontram tanto no CC como em leis extravagantes.(...)" (Nery Junior, Nelson Código Civil Comentado, 13ª ed. rev., atual. e amp.. São Paulo: Thomson Reuters Brasil, 2019, p. 1282, nota 3 ao art. 927)

[305] "Responsabilidade civil. Estabelecimento hospitalar. Morte de recém-nascido. Alta prematura. Indenização circunscrita ao dano moral. A alta hospitalar prematura de criança nascida com peso inferior ao normal e com deficiência respiratória, constitui, até aos olhos do leigo, a causa adequada da morte do recém-nascido, sendo prova inequívoca da relação de causalidade o fato de ter o falecimento ocorrido cerca de oito horas após a alta. Como prestadores de serviço que são, os estabelecimentos hospitalares respondem objetivamente pela reparação dos danos causados aos consumidores. Pela morte do filho menor, antes da idade do trabalho, os pais só fazem jus à indenização pelo dano moral, de acordo com a mais atual doutrina e jurisprudência. (Tribunal de Justiça do Rio de Janeiro – Apelação Cível n. 217/96 – 2ª Câm. Cível – Rel. Des. Sérgio Cavalieri Filho)" (Cavalieri Filho, Sérgio. ob. cit. p. 292).

"Apelação Cível. Responsabilidade civil. Ação de reparação de danos morais. Material cirúrgico esquecido no interior da paciente após o parto. Falha no serviço verificada. Responsabilidade civil do nosocômio. É cediço que os hospitais, na qualidade de prestadores de serviços, respondem independente de culpa pelo serviço defeituoso

Existem decisões dizendo que a apuração da responsabilidade exige prova cabal da culpa, tanto nas demandas propostas contra a pessoa física do profissional liberal como nas demandas contra a pessoa jurídica prestadora dos serviços, porque o que estaria em exame seria o próprio trabalho do profissional. Sendo as ações de saúde realizadas num ambiente de atividade multiprofissional, compreende-se a distinção entre os danos produzidos por serviços hospitalares propriamente ditos e os causados pela atuação técnica do médico[306].

---

prestado ou posto à disposição do consumidor, responsabilidade que é afastada sempre que comprovada a inexistência de defeito ou a culpa exclusiva do consumidor, ou de terceiro, ex vi do art. 14, § 3º do CDC. Falha na prestação de serviço. Ocorrência. Assente nos autos que os prepostos do réu, descuidadamente, deixaram uma compressa de gaze na vagina da autora, após realização de parto natural, por aproximadamente 30 dias, culminando com fortes dores e odores desagradáveis durante o período, o que justifica o dever de indenizar, diante da evidente falha na prestação do serviço. Sentença mantida. Dano moral. Configuração. Dano moral que decorre do próprio evento danoso. Portanto, in re ipsa, prescindindo de prova quanto à ocorrência de prejuízo concreto. (...)" (TJ-RS – Ap. cív. n. 70046278354 – 10ª Câm. Cível – Rel. Des. Paulo Roberto Lessa Franz – j: 16.2.2012, v.u. – trechos da ementa)

"(...) 3. Reconhece-se a responsabilidade do hospital que emite exame com laudo positivo de HIV, repetido e confirmado, ainda que com a ressalva de que poderia ser necessário exame complementar. Precedentes. 4. Defeito no fornecimento do serviço, com exame repetido e confirmado, causa sofrimento a paciente, enquanto que o laboratório assumiu obrigação de realizar exame com resultado veraz, o que não aconteceu, pois o realizado depois em outro laboratório foi negativo. 5. Recurso especial conhecido e parcialmente provido." (STJ – REsp n. 1.291.576-RS – 3ª Turma – Rel. Min. Nancy Andrighi – j: 28.2.2012, v.u. – trechos da ementa)

"Responsabilidade civil. Prestação de serviço. CDC. Culpabilidade objetiva. Dano moral. Montante indenizatório. A responsabilidade civil do hospital é objetiva – inteligência do art. 14 do CDC. As excludentes da culpabilidade são a inexistência de defeito no serviço e a culpa exclusiva do consumidor ou de terceiro – art. 14, § 3º, I e II. Caso em que ocorreu a troca da pulseira de identificação de recém nascido. Necessidade de realização de exame de DNA para confirmar a paternidade. Atuação deficiente da entidade de saúde, resultando em prejuízo ipsto facto. Ausente sistema tarifado, a fixação do montante compensatório ao dano moral está adstrita ao prudente arbítrio do juiz. Atenção aos critérios apontados pela doutrina e precedentes da jurisprudência. Valor arbitrado em sentença mantido. Negaram provimento. Unânime." (TJ-RS – Ap. Cív. 70045843356 – 10ª Câm. Cível – Rel. Des. Jorge Alberto Schreiner Pestana – j: 24.11.2011)

306 "Responsabilidade civil. Erro médico. Ação movida contra sociedade civil prestadora de serviços de medicina. Inaplicabilidade das normas do art. 6º, VIII, e do § 3º, do art. 14, ambos do Código de Defesa do Consumidor (Lei n. 8.078/1990). Apuração de responsabilidade que exige prova de culpa e dolo nos termos do § 4º, do aludido art.

Pode realmente acontecer que o mal foi causado estritamente pelo

---

14, tanto quanto ocorre quando proposta contra a pessoa física do profissional liberal a demanda. (...) A propósito da matéria, versando especificamente a responsabilidade de pessoas jurídicas prestadoras de serviços médicos, a exigir a prova da culpa para responsabilização, vejam-se os precedentes do Agravo de Instrumento n. 179.184-1/4, da 5ª Câm. Civil deste Egrégio Tribunal de Justiça, julgado em 17 de setembro de 1992, e da Apelação Cível n. 66.148-4/2, de sua Egrégia 5ª Câm. de Direito Privado, em sessão de 25 de fevereiro de 1999, ambos por votação unânime.(...)" (TJ-SP - 9ª Câm. de Direito Privado - Rel. Des. Marco César - j: 5.2.2002, v.u. - *in* JTJ 252/148)

"Responsabilidade civil. Hospital. Ajuizamento com base no Código de Defesa do Consumidor. Responsabilização objetiva. Inadmissibilidade. Hipótese de exercício de profissão liberal, na medida em que o que se põe em exame é o próprio trabalho médico. Necessidade da prova de que o réu agiu com culpa ou dolo. Art. 14, § 4º, do referido Código, Recurso não provido. *Em ação de indenização contra hospital, ajuizada, com base no Código de Defesa do Consumidor, embora se trate de pessoa jurídica, a ela não se aplica a responsabilização objetiva, na medida em que o que se põe em exame é o próprio trabalho médico - Aplicável, pois, o § 4º do art. 14 do referido Código.*" (TJ-SP - 5ª Câm. Cível - AI n. 179.184-1 - Rel. Marco César - j: 17.9.1992, v.u. - Revista de Jurisprudência do Tribunal de Justiça do Estado de São Paulo. São Paulo: Lex, 41/248)

"Responsabilidade civil. Prestação de serviços médico-hospitalares. Retirada involuntária de um dos rins. Hipótese em que o diagnóstico, efetuado por exame especializado, identificava o órgão como massa tumoral. Comprovação posterior por exame anátomo-patológico, de que se tratava de rim de constituição anômala, não se identificando nele a pelve. Culpa dos médicos do hospital não demonstrada. Relação contratual entre as partes que gera obrigação de meio e não de resultado. Impossibilidade de se cogitar de responsabilidade objetiva do réu. Indenizatória improcedente. Recurso improvido." (TJ-SP - Ap. cív. n. 95.222-4 - 1ª Câm. de Direito Privado - Rel. Des. Elliot Akel - j: 16.5.2000, v.u. - Jurisprudência do Tribunal de Justiça do Estado de São Paulo. Lex, 141/ 248)

"(...) Entendo que a responsabilidade do hospital não é objetiva, tem que ser provada especificamente a responsabilidade do hospital em relação a algum ato vinculado ao nosocômio. "O art. 14 do CDC, conforme melhor doutrina, não conflita com essa conclusão, dado que a responsabilidade objetiva, nele prevista para o prestador de serviços, no presente caso, o hospital, circunscreve-se apenas aos serviços única e exclusivamente relacionados com o estabelecimento empresarial propriamente dito, ou seja, aqueles que digam respeito à estadia do paciente (internação), instalações, equipamentos, serviços auxiliares (enfermagem, exames, radiologia, etc) e não aos serviços técnicos-profissionais dos médicos que ali atuam, permanecendo estes na relação subjetiva de preposição (culpa)," (STJ - REsp n. 258.389 - 4ª Turma - Rel. Min. Fernando Gonçalves - j: 16.6.2005, v.u.)

"(...) 1. A responsabilidade do estabelecimento hospitalar, mesmo sendo objetiva, é vinculada à comprovação da culpa do médico. Ou seja, a responsabilização da pessoa jurídica depende da atuação culposa do médico (preposto), sob pena de não se estabelecer o nexo de imputação. 2. No caso dos autos, a prova pericial revelou que o médico adotou o procedimento que melhor atendia os interesses da criança, que estava em sofrimento fetal e precisava ser retirada do útero materno o mais rápido possível. Segundo perito, o procedimento empregado pelo médico era o que melhor atendia a

atuar técnico do médico e não em razão do atendimento hospitalar ou, então, pela falha nos serviços do hospital ou, ainda, dos dois, concorrendo conjuntamente um e outro para o dano, caso em que ambos respondem solidariamente pela reparação. As situações são diferentes e justificam diferentes soluções [307].

---

esse desiderato. Também não ficou comprovado que houve a demora excessiva na realização do parto da autora. Diante da falta de comprovação do ato ilícito imputável aos réus, os pedidos de dano moral e dano estético por conta da cicatriz que resultou da cesariana devem ser julgados improcedentes. 3. Mantido o julgamento de improcedência." (TJ-RS – Ap. cív. n. 70039810767 – 9ª Câm. Cível – Rel. Desª. Iris Helena Medeiros Nogueira – j: 24.11.10, v.u.)

"Responsabilidade civil. Hospitais e médicos. Erro médico. Feto natimorto (...) Em ação de indenização proposta em face de médicos e hospitais, a responsabilidade objetiva deste último não isenta o paciente de provar a culpabilidade daquele, mesmo em relação de consumo. Assim, deve ser prestigiada a sentença que afasta a pretensão indenizatória por suposto erro médico se a prova pericial afasta a tese de conduta culposa do médico e o nexo de causalidade entre a conduta e o dano verificado.(...)" (TJ-SP – Ap. Cív. 0013261-44.2008.8.26.0554 – 8ª Câm. de Direito Privado – Rel. Alexandre Coelho – j: 17.2.2016 , v.u. – trechos da ementa)

307 "De forma geral, os danos sofridos por pacientes internados sempre foram apurados com base na verificação da culpa, porque decorrentes da má atuação médica isolada ou conjunta. Entretanto, após o advento do CDC, instalaram-se critérios distintos para aferimento da conduta médica e do procedimento hospitalar. (...) Em relação ao hospital passou-se a adotar, cada vez mais, o critério de desprezo ou irrelevância da culpa. Assim, os conflitos paciente/hospital estão sendo examinados e interpretados pelos Tribunais, em boa parte, com base no princípio da responsabilidade objetiva, ora de natureza absoluta (afastamento da culpa), como se fosse autêntico contrato de risco (seguro), ora mitigada ou relativa, procurando detectar o nexo de causalidade, a conduta censurável (culpa presumida). Modestamente, aderimos a esta segunda posição. Por isso, em caso de dano ao paciente por decorrência do internamento, pela incorreta ação ou omissão da direção do hospital (...) o estabelecimento de saúde pode ser responsabilizado isolado ou conjuntamente com o médico ou médicos (se em equipe), se não provar a sua culpa. O critério de apuração da responsabilidade, ao nosso ver, se estabelece pelo critério de presunção da culpa, como subespécie da culpa objetiva – já que, salvo rara exceção, é impossível falar em relação paciente/hospital sem participação médica. (...)" (Sebastião, Jurandir. A Responsabilidade Civil. A Singularidade da Medicina e Aplicação do Direito, *in*: Erro Médico: Responsabilidade Civil Médico-Hospitalar, vol. III, Rio de Janeiro: ADV/COAD, 2004; Suplemento Seleções Jurídicas, p. 59)

"Responsabilidade civil. Erro médico. Fase pós-operatória. Imperícia e negligência caracterizadas. Alto grau de complexidade do procedimento cirúrgico a exigir atenção dos médicos após sua realização. Prova. Demonstração. Recuperação em UTI. Obrigatoriedade, não obstante a inocorrência de complicações durante a cirurgia. Responsabilidade solidária de todos os co-réus. Reconhecimento. Afastada a alegação de que a pneumonia foi contraída no centro cirúrgico. Ônus da prova que compete ao nosocômio e não ao paciente. Relação de consumo. Responsabilidade objetiva do hospital (artigo 14 do Código de Defesa do Consumidor). Recurso parcialmente provido." (TJ-SP – Ap. cív. c/rev. n. 500.079-4/0-00 – 7ª Câm. de Direito Privado – Relator: Elcio Trujillo – j. 27.06.2007, v.u.)

"Responsabilidade civil. Erro Médico. Tratamento Inadequado. Sequelas irreversíveis. Culpa do Esculápio e Responsabilidade objetiva do hospital. Código de Defesa do Consumidor. Dever ressarcitório indeclinável. Embargos Infringentes providos, maioria. Indesculpável a omissão do médico que, ao tratar uma fratura, não se certifica sobre a regularidade da mobilização e engessamento do membro danificado e nem, ao depois, faz o devido e necessário acompanhamento; as sequelas irreversíveis, objeto do descaso profissional, impõem o dever indenizatório pelos danos morais. Nesses casos transcende a culpa contratual, sob égide do Código de Defesa do Consumidor e o hospital, como co-fornecedor do serviço, é solidário na reparação do dano." (TJ-DFT – Ap. cív. n. 2000075002636/4 – 1ª Câm. Cível – 5ª Turma – Rel. Des. José Geronymo Bezerra de Souza, v.m. – DJ. 24.9.2004, pp. 148/164)

"Responsabilidade civil. Caso de apontado hemangioma labial. Erro médico. Paciente deformada e com problemas graves em decorrência do tratamento escolhido (embolização) e procedimento na sua realização. Falhas e omissões indesculpáveis também no pós-operatório. Condenação do médico e do hospital solidariamente, no pagamento de indenização, em reparação dos danos causados à paciente. Código Civil de 1916, arts. 1.539, 1538, *caput* e § 2º; 159. Recurso das partes providos, em parte, rejeitado o agravo retido e repelidas as preliminares." (TJ-SP – Ap. cív. n. 153.603-4/9-SP – 4ª Câm. de Direito Privado – Rel. Des. J. G. Jacobina Rabello – j: 15.3.2007, v.u.)

"Civil. Indenização. Morte. Culpa. Médicos. Afastamento. Condenação. Hospital. Responsabilidade. Objetiva. Impossibilidade. 1 – A responsabilidade dos hospitais, no que tange à atuação técnico-profissional dos médicos que neles atuam ou a eles sejam ligados por convênio, é subjetiva, ou seja, dependente da comprovação de culpa dos prepostos, presumindo-se a dos preponentes. Nesse sentido são as normas dos arts. 159, 1521, III, e 1545 do Código Civil de 1916 e, atualmente, as dos arts. 186 e 951 do novo Código Civil, bem com a súmula 341 – STF (É presumida a culpa do patrão ou comitente pelo ato culposo do empregado ou preposto.). 2 – Em razão disso, não se pode dar guarida à tese do acórdão de, arrimado nas provas colhidas, excluir, de modo expresso, a culpa dos médicos e, ao mesmo tempo, admitir a responsabilidade objetiva do hospital, para condená-lo a pagar indenização por morte de paciente. 3 – O art. 14 do CDC, conforme melhor doutrina, não conflita com essa conclusão, dado que a responsabilidade objetiva, nele prevista para o prestador de serviços, no presente caso, o hospital, circunscreve-se apenas aos serviços única e exclusivamente relacionados com o estabelecimento empresarial propriamente dito, ou seja, aqueles que digam respeito à estadia do paciente (internação), instalações, equipamentos, serviços auxiliares (enfermagem, exames, radiologia), etc e não aos serviços técnico-profissionais dos médicos que ali atuam, permanecendo estes na relação subjetiva de preposição (culpa). 4 – Recurso especial conhecido e provido para julgar improcedente o pedido." (STJ – REsp n. 258.389/SP – 4ª Turma – Rel. Min. Fernando Gonçalves – j: 16.06.05, v.u.)

Mesmo sem trazer à baila discussões sobre as modalidades da culpa, o princípio da reparação por fato de outrem e teorias como a do risco inerente à atividade médica, dir-se-á injusto imputar o ressarcimento por ilícito a quem não o cometeu. Todavia, maior contrassenso seria deixar o prejudicado sem reparação.

"Apelação Cível. Responsabilidade civil. Hospital e profissional da medicina. Erro médico oriundo de intervenção cirúrgica. Videolaparoscopia. Prejuízos morais e materiais. Em caso de responsabilidade civil de hospitais e clínicas médicas em geral, por ato de seus prepostos no exercício da medicina, embora a pessoa jurídica tenha culpa objetiva, deve ser feito um exame da conduta do médico sob a ótica da responsabilidade subjetiva. Isso porque, a responsabilidade dos hospitais, no que tange à atuação técnico-profissional dos médicos que neles atuam ou a eles sejam ligados por convênio, é subjetiva, ou seja, dependente da comprovação de culpa dos prepostos, presumindo-se a dos preponentes (REsp 258.389/SP). (...) Hipótese em que a obrigação assumida pelo médico é de meio e não de resultado. Destarte, não se considera como objeto da obrigação a cura do paciente, e sim o emprego do tratamento adequado de acordo com o estágio atual da ciência, e, evidentemente, os recursos disponíveis ao profissional da medicina, o qual deve agir, sempre, da maneira mais cuidadosa e consciente possível. O caderno probatório não deixou dúvidas de que o tratamento médico-cirúrgico dispensado ao paciente foi adequado e que as complicações apresentadas pelo recorrente não ocorreram em virtude de erro de procedimento realizado no tratamento cirúrgico de refluxo gastroesofágico por videolaparoscopia, haja vista que tanto a prova técnica quanto a prova oral são uníssonas em excluir a ocorrência de erro médico. Inexistindo prova concreta da conduta culposa do médico, não há que se falar em responsabilidade civil. (...) Hipótese em que a obrigação assumida pelo médico é de meio e não de resultado. Destarte, não se considera como objeto da obrigação a cura do paciente, e sim o emprego do tratamento adequado de acordo com o estágio atual da ciência, e, evidentemente, os recursos disponíveis ao profissional da medicina, o qual deve agir, sempre, da maneira mais cuidadosa e consciente possível. O caderno probatório não deixou dúvidas de que o tratamento médico-cirúrgico dispensado ao paciente foi adequado e que as complicações apresentadas pelo recorrente não ocorreram em virtude de erro de procedimento realizado no tratamento cirúrgico de refluxo gastroesofágico por videolaparoscopia, haja vista que tanto a prova técnica quanto a prova oral são uníssonas em excluir a ocorrência de erro médico. Inexistindo prova concreta da conduta culposa do médico, não há que se falar em responsabilidade civil. (...) " (TJ-RS – Ap. cív. n. 70022995757 – 9ª Câm. Cível – Rel. Des. Tasso Caubi Soares Delabary – j: 10.9.2008, v.u. – trechos da ementa)

"Responsabilidade civil. Hospital. Erro Médico. Responsabilidade subjetiva. Sem que fique comprovada a culpa do médico e o nexo causal entre o dano e a conduta omissiva ou comissiva não há a responsabilidade do hospital. A dúvida entre três prováveis patologias, como confirmado no laudo, não é evidência de erro médico. Inexistência de culpa ou erro grosseiro de diagnóstico." (TJ-SP – Ap. Cív. 0115344-39.2008.8.26.0005 – 1ª Câm. de Direito Privado – Rel. Alcides Leopoldo – j: 02.2.2016, v.u.)

21.1 Dever de hospedagem

A hospedagem hospitalar adequada está intimamente associada ao dever de dar boa prestação de serviços aos internados. Compreende, concomitantemente, a assistência médica e as obrigações de hospedeiro: alojamento, alimentação, respeito à dignidade da pessoa, preservação da incolumidade e cuidados necessários ao bem estar do enfermo durante o tempo da internação [308]. No conceito de hospital estão todos os estabelecimentos destinados a tratar, recuperar e reabilitar doentes: hospitais propriamente ditos, hospitais gerais, hospitais-dia, prontos-socorros, atendimentos de urgência, ambulatórios, clínicas, etc. [309]. O bom atendimento

---

[308] "(...) Relativamente ao hospital, examinando os autos, verifico que a hipótese é de violação do dever de preservação da incolumidade do paciente, diretamente relacionado com os serviços prestados pela entidade hospitalar. Ao examinar os deveres oriundos da hospedagem ou internamento, menciona Décio Policastro: 'A hospedagem hospitalar adequada está intimamente associada ao dever de boa prestação de serviços ao usuário internado. Compreende: o alojamento, a alimentação, o respeito à dignidade da pessoa, a preservação da incolumidade e, no geral, todos os cuidados necessários ao bem estar durante o tempo da internação. O bom atendimento ao usuário deve estar em toda parte do hospital. - Erro Médico e suas consequências jurídicas. 3ª. ed. Belo Horizonte: Del Rey, 2010, p. 97' (...)" (trechos da Ap. cív. n. 70042169748 - 9ª Câm. Cível do TJ-RS - Rel. Des. Leonel Pires Ohlweiler - j: 11.5.2011, v.u.)

[309] Hospital: estabelecimento de saúde dotado de internação, meios diagnósticos e terapêuticos, com o objetivo de prestar assistência médica curativa e de reabilitação, podendo dispor de atividades de prevenção, assistência ambulatorial, atendimento de urgência/emergência e de ensino/pesquisa. Hospital-dia (regime de), "*Day clinic*": modalidade de assistência à saúde, cuja finalidade é a prestação de cuidados durante a realização de procedimentos diagnósticos e/ou terapêuticos, que requeiram a permanência do paciente na unidade por um período de até 24 horas. Ambulatório: unidade destinada à prestação de assistência em regime de não internação (cf. Glossário da Resolução da Diretoria Colegiada da ANVISA, RDC n. 50, de 21.2.200.

Resolução CFM n. 1.886/2008 - Dispõe sobre "As Normas mínimas para o Funcionamento de consultórios médicos e dos complexos cirúrgicos para procedimentos com internação de curta permanência".

Resolução CFM n. 2.073/2014 - Dispõe sobre a nova redação do Anexo II da Resolução CFM nº 2.056/13, que disciplina os departamentos de Fiscalização nos Conselhos Regionais de Medicina, estabelece critérios para a autorização de funcionamento dos serviços médicos de quaisquer naturezas, bem como estabelece critérios mínimos para seu funcionamento, vedando o funcionamento daqueles que não estejam de acordo com os mesmos. Trata também dos roteiros de anamnese a serem adotados em todo o Brasil, inclusive nos estabelecimentos de ensino médico, bem como os roteiros para perícias médicas e a organização do prontuário de pacientes assistidos em ambientes de trabalho dos médicos. (D.O.U. de 11.4. 2014, Seção I, p. 154)

aos usuários deve achar-se em qualquer parte do hospital. Estão obrigados a ele, desde o porteiro até os altos dirigentes da instituição.

Reputa-se prática criminosa, punível com detenção de três meses a um ano e multa, exigir depósito prévio, cheque-caução, cheque pré-datado, nota promissória, título de crédito ou qualquer garantia para fins de internação e atendimento de doente em situação de urgência e emergência. A vedação estende-se aos prestadores de serviços contratados, credenciados, cooperados ou referenciados das Operadoras de Planos de Assistência à Saúde e Seguradoras Especializadas em Saúde[310]. A simples exigência caracteriza prática ilegal, ainda que não materializada.

---

[310] Lei n. 12.653, de 28.5.2012 – Acresce o art. 135-A ao Decreto-Lei n. 2.848, de 7 de dezembro de 1940 – Código Penal, para tipificar o crime de condicionar atendimento médico hospitalar emergencial a qualquer garantia e dá outras providências. – (...) Art. 2º. O estabelecimento de saúde que realize atendimento médico hospitalar emergencial fica obrigado a afixar, em local visível, cartaz ou equivalente, com a seguinte informação: " Constitui crime a exigência de cheque-caução, de nota promissória ou de qualquer garantia, bem como o preenchimento prévio de formulários administrativos, como condição para o atendimento médico-hospitalar emergencial, nos termos do art. 135-A do Decreto-Lei n. 2.848, de 7 de dezembro de 1940 – Código Penal. (...)

Código Penal: "Art. 135-A. Exigir cheque-caução, nota promissória ou qualquer garantia, bem como o preenchimento prévio de formulários administrativos, como condição para o atendimento médico-hospitalar emergencial. Pena - detenção, de 3 (três) meses a 1 (um) ano, e multa. Parágrafo único. A pena é aumentada até o dobro se da negativa de atendimento resulta lesão corporal de natureza grave, e até o triplo se resulta a morte.

"Responsabilidade civil. Relação de consumo. Hospital. Situação de emergência. Cheque-caução. Exigência para fins de internação. Prática abusiva. Aflição e angústia impostas ao consumidor. Dano moral configurado. Violação do Código de Defesa do Consumidor e de lei estadual (Lei 3.426 de 21.6.2000 do Rio de Janeiro) (...) A exigência de cheque-caução para que ocorra a internação hospitalar de paciente em estado grave emergencial, configura prática abusiva, ferindo disposições do CDC. Configura ainda afronta a Lei Estadual nº 3.426/00, que proíbe a exigência de depósito prévio de qualquer natureza, para possibilitar internação de doente em situação de urgência e emergência (...)" (TJ-RJ – Ap. cív. n. 57406/2008 – 18ª Câm. Cível – Rel. Des. Rogério de Oliveira Souza – j: 07.4.2009, v.u.)

Resolução Normativa n. 44, de 24.7.2003 da ANS – Dispõe sobre a proibição da exigência de caução por parte dos prestadores de serviços contratados, credenciados, cooperados ou referenciados das Operadoras de Planos de Assistência à Saúde: "Art. 1º Fica vedada, em qualquer situação, a exigência, por parte dos prestadores de serviços contratados, credenciados, cooperados ou referenciados das Operadoras de Planos de Assistência à Saúde e Seguradoras Especializadas em Saúde, de caução, depósito de

Considerando que a partir do internamento o paciente ficará ao seu abrigo, o hospital responde pela incolumidade do enfermo, incluindo tratamento de outras moléstias que se manifestarem enquanto internado [311].

---

qualquer natureza, nota promissória ou quaisquer outros títulos de crédito, no ato ou anteriormente à prestação do serviço."

No Estado de São Paulo, a Lei n. 14.471, de 22.6.2011 proíbe a exigência de caução de qualquer natureza para internação de doentes em hospitais ou clínicas da rede privada, nas hipóteses de emergência ou urgência. Outros estados possuem disposições similares.

311 "Apelação Cível. Responsabilidade civil. Hospital. Paciente que internado se mostra agitado e sem cuidados para com esse estado, ao tentar fugir sofre queda e vem a falecer. Omissão. Responsabilidade que verte tênue perante a legislação civil mas ganha relevo ante o fato de defeito do serviço do estabelecimento de saúde. Incidência do Código de Defesa e Proteção do Consumidor (CDC). Maioria. Dano Moral. Cabimento ante o disposto na Constituição Federal art. 5º, incisos V e X e Súmula 37 do E. S.T.J. Indenização pelo falecimento de esposo e pai das autoras. Limite temporal à data de eventual casamento da primeira e maioridade ou casamento dos últimos. Verba honorária. Aplicação das disposições do art. 20, parágrafos 3º e 5º do CPC. Recurso do réu provido em parte. Recurso das autoras provido." (TJ-PR – Ap. cív. n. 056716-2 – 5ª Câm. Cível – Rel. Convocado Juiz Cunha Ribas – j: 8.2.2000, v.m.)

"Responsabilidade civil. Doente internado em hospital. Agressão por outro. Falecimento. Intervenção tardia de funcionário. Indenização pleiteada pela viúva. Ação procedente. Na responsabilidade dos hospitais se inclui a incolumidade, mesmo quando o tratamento seja gratuito." (TJ-SP – Ap. cív. n. 276.152-Santos – 4ª Câm. Cível – Rel. Campos Gouvêa – j: 26.10.1978, v.u. – RT 5622/90)

"Responsabilidade civil do estado. Homicídio de paciente por outra paciente, ambas internadas em hospital psiquiátrico. Responsabilidade objetiva. Dano material comprovado deve ser ressarcido. Dano moral configurado. Obrigação de indenizar. Quantum indenizatório fixado com bom senso. Respeito aos princípios da razoabilidade e proporcionalidade. Honorários mantidos. 1 – A Constituição Federal assegura à vítima, a ação de reparação contra ente estatal que lhe cause dano. No caso, não há como afastar a responsabilidade objetiva da União, prevista no aludido art. 37, § 6º da Constituição Federal de 1988, haja vista a presença de seus requisitos autorizadores: o dano, o nexo de causalidade entre a ação/omissão administrativa e o dano, e a inexistência de qualquer excludente de responsabilidade. 2 – Os elementos carreados aos autos indicam falha na prestação do serviço hospitalar prestado à paciente, já que a Administração Pública deixou de tomar as precauções que lhe competiam, em especial, quanto ao dever de vigilância. É dever da Administração o atendimento ao paciente com diligência e prudência, com a preservação de sua integridade física, por todos os meios necessários. Do descumprimento desse dever exsurge a obrigação de indenizar. (...)" (TRF da 2ª Região – Ap. cív. n. 1992.51.01.041631-5 – 6ª Turma Especializada – Rel. Des. Fed. Frederico Gueiros – j: 4.5.2009, v.u.)

Ofendida a incolumidade do interno por causa, ato ou comportamento de terceiro estranho aos serviços hospitalares, a responsabilização da instituição estará excluída diante da inocorrência do nexo de causalidade [312].

Com relação aos danos causados por atividade ligada à estrutura hospitalar em que inexiste a intervenção direta do médico, o hospital responderá pelos prejuízos porque, a par da responsabilidade legal e objetiva, forma-se entre o doente e o hospital uma relação contratual da qual se infere o compromisso de assistência eficaz e satisfatória até receber a alta e deixar suas dependências [313].

"(...) O hospital é responsável pela incolumidade do paciente internado em suas dependências. Isso implica a obrigação de tratamento de qualquer patologia relevante apresentada por esse paciente, ainda que não relacionada especificamente à doença que motivou a internação (...)" (STJ – REsp 494.206/MG – 3ª Turma – Rel. Min. Humberto Gomes de Barros, Rel. p/Acórdão Min. Nancy Andrighi – j: 16.11.2006, v.m. – trechos da ementa)

312 "Responsabilidade civil. Material e moral. Ajuizamento com base no art. 14 da Lei 8.079/90. Homicídio cometido em hospital. Responsabilidade objetiva. Fato de terceiro (marginais), causadores diretos, a que deu causa à vítima (pertencente a quadrilha contrária). Incidência das excludentes previstas no art. 14, § 3º, I e II do CDC. Recurso provido para julgar improcedente o pedido indenizatório. 1. A responsabilidade civil do hospital é objetiva, como se observa do § 3º do art. 14 da Lei 8.078/901. Isso não significa que o estabelecimento hospitalar deva indenizar sempre, e em qualquer caso, desde que em sua etiologia constata-se que a inexistência de defeito no serviço, bem como a culpa exclusiva da vítima ou ato ativo de terceiro, são causas excludentes (art. 14, § 3º, I e II) dessa responsabilidade. 2. Assim, se o dano sofrido pelo paciente, marginal conhecido, decorre de desavenças havidas com integrantes de quadrilha contrária, que invadiram o hospital, para assassiná-lo, por ele não responde o estabelecimento, desde que o vínculo de causa e efeito da lesão tem origem direta em ato ativo de terceiros, a que deu causa a própria vítima, todos ligados às forças incontroláveis da vida marginal, não em eventual falha de serviço de vigilância, que possa ser considerada causa mediata da lesão." (TJ-PR – Ap. cív. n. 98601-6 – Curitiba – 17ª Vara Cível – Rel. Juiz Convocado Airvaldo Stela Alves – j: 6.2.2001, v.u.)

313 "O hospital firma com o paciente internado um contrato hospitalar, assumindo a obrigação de meios consistente em fornecer hospedagem (alojamento, alimentação) e de prestar serviços paramédicos (medicamentos, instalações, instrumentos, pessoal de enfermaria, etc.); se dispuser de um corpo de médicos, seus empregados, também poderá assumir obrigação de prestar serviços médicos propriamente ditos. (...) O hospital responde pelo dano produzido pelas coisas (instrumentos, aparelhos) utilizadas na prestação de seus serviços: 'ao dono da coisa incumbe, ocorrido o dano, suportar os encargos dele decorrentes, restituindo o ofendido ao *status quo* ideal, por meio de

São situações típicas: falhas administrativas, trabalho equivocado do corpo de enfermagem ou de equipes interdisciplinares, aplicação malfeita de injeção, higienização deficiente, contração de infecção, sala de cirurgia inadequada, falta de instrumentação cirúrgica ou de equipamentos necessários, equipamentos defeituosos, manipulação equivocada e/ou administração errada de medicamentos, fornecimento de medicamentos vencidos, sangue contaminado, alimentação deteriorada ou contraindicada.[314]

---

reparação. Essa presunção não é irrefragável. Mas ao dono da coisa cabe provar que, no seu caso, ela não tem cabimento' (Aguiar Dias, José de. Da Responsabilidade Civil. Forense. n. 165)." (Aguiar Jr., Ruy Rosado de. ob. cit., RT 718/33)

314 "Responsabilidade civil. Queda de paciente da maca. Agravamento do estado de saúde. Óbito. Responsabilidade objetiva do hospital. Dever de indenizar. Dano moral configurado. *Quantum* indenizatório adequado. Observância dos critérios de proporcionalidade e razoabilidade. Laudo pericial conclusivo que indicou: 1) que o Hospital não observou a Lei 2828/97 *, que dispõe sobre a acompanhamento de pessoa idosa quando da internação hospitalar; 2) que não foi providenciada a devida contensão do paciente que se mostrava agitado; 3) que não foi dada a devida atenção a probabilidade de trauma craniano devido a queda. Decisão monocrática que nega seguimento ao recurso com fulcro no art. 555, *caput*, do CPC." (TJ-RJ – Ap. cív. n. 0120822-74.2004.8.19.0001 – 1ª Câm. Cível – Rel. Desª. Vera Maria Van Hombeeck – j: 07.10.2010) * Lei 2828 de 11.11.1997 do Rio de Janeiro que garante a permanência de acompanhamento de pessoas idosas nos casos de internação em estabelecimentos de saúde.

"Responsabilidade Civil. Danos morais. Queda de paciente idosa de maca em hospital, ocasionado quebra de costelas, hematomas e dores. Réu que admite a ocorrência do evento. Dever de indenizar caracterizado. Negligência na guarda de paciente, que estava sob sua responsabilidade. Nexo causal entre o fato e a consequência danosa configurado. Responsabilidade objetiva. Dever de reparar. Danos morais. Quantum indenitário. Fixação que deve respeitar as peculiaridades do caso em análise que envolve pessoa idosa. Incremento. Possibilidade. Juros moratórios. Fixação a partir da citação. Descabimento. Termo inicial que deve ter em conta a data do evento danoso, em observância aos termos da S. nº 54, do STJ. Sucumbência recíproca. Inaplicabilidade para o caso da lide. Condenação da ré em importância inferior à pleiteada na exordial que não gerava o reconhecimento da sucumbência recíproca, a teor do disposto na S. nº 326, do STJ, devendo responder integralmente pelos ônus sucumbenciais. Recurso de apelação da autora parcialmente provido. Danos morais. Quantum indenitário. Pretensão de sua redução. Descabimento. Recurso adesivo do réu desprovido." (TJ-SP – Ap. n. 0050412-72.2012.8.26.0564 – 10ª Câm. de Direito Privado – Rel. Des. João Batista Vilhena – j: 12.11.2013, v.u.)

"Responsabilidade civil. Hospital. Deixou que um paciente (marido/pai dos autores) em longo jejum deambulasse sozinho, vindo a sofrer queda acidental com traumatismo crâneo-encefálico, que provocou sua morte. Responsabilidade do hospital pela

O alcance dessa responsabilidade está explicado na seguinte manifestação: "Quanto à responsabilidade do hospital ela se dá quando, na condição de hospedeiro do paciente, ocorre dano mas esse dano há de estar ligado ao contrato de hospedagem. Evidentemente que esse

---

prestação defeituosa do serviço. Pensão por morte devida somente aos filhos menores. Percentual fixado em 2/3 dos rendimentos do falecido. Danos morais devidos. Valor reduzido. Danos emergentes não comprovados. Honorários advocatícios mantidos, alterada a base de cálculo (sobre o valor da condenação e não da causa). Afastada litigância de má-fé. Recursos parcialmente providos."(TJ-SP – Ap. cív. 0058229-29.2005.8.26.0114 – 8ª Câm. de Direito Privado – Rel. Pedro de Alcântara da Silva Leme Filho – j: 01/06/2016, v.u.)

"(...) 11. A falha dos equipamentos disponibilizados pela autora, e a disponibilização inadequada de material necessário à cirurgia, não são meros aborrecimentos, nem fruto do excesso de zelo do médico cirurgião. 12. Provocaram a dor, em paciente que se preparava para cirurgia, sofrendo horas na sala de preparação e no centro cirúrgico, aguardando um procedimento que nunca acontecia. Isto mais de uma vez, relata o laudo. 13. A frustração relativa à cirurgia já provocaria dano indenizável de natureza extrapatrimonial. O sofrimento de uma pessoa que tem uma lesão e espera ser reparada, agrava-se com o quadro a que a submeteu o Hospital demandado. É seu dever manter os equipamentos necessários e suficientes à realização do procedimento, à disposição da equipe médica responsável, e que esses equipamentos não falhem, não provoque o adiamento da cirurgia e a prorrogação do sofrimento do paciente." (trechos da sentença proferida em 5.12.2007 pelo MM. Juiz da 10ª Vara Cível da Comarca de Natal, Dr. Marcelo Pinto Varella, na ação de indenização por danos morais (Proc. n. 001.05.016995-6) que deu origem ao recurso de Apelação)

"Apelação cível. Ação indenizatória. Sentença de Improcedência. Injeção do medicamento *Diprospan*. Ocorrência de abscesso na região do glúteo. Aplicação correta atestada por exame pericial. Inexistência de nexo causal entre a aplicação do medicamento e a lesão noticiada. Dever de indenizar afastado. Recurso conhecido e desprovido. Para existir o dever de indenizar é necessário que se demonstre o nexo causal entre o dano e a conduta do agente. Se as provas carreadas nos autos, em especial a pericial, não foram capazes de demonstrar que o abscesso no glúteo da apelante teve origem na má aplicação do medicamento, mas de uma reação adversa própria dos corticosteróides, não há falar em dever de indenizar." (TJ-SC – Ap. cív. n. 2010.014987-7 – 5ª Câm. Cível – Rel. Des. Jairo Fernandes Gonçalves – j: 27.5.2011, v.u.)

"Responsabilidade civil. Hospital que deve responder por danos morais no caso concreto, pois deu ao coautor/menor mamadeira com leite de vaca, quando já havia informação de que o mesmo era alérgico. Conduta que prolongou por 12 dias a internação do menor, que apresentou quadro de alergia e diarreia. Angústia e incerteza dos pais que constituem dano indenizável (...) – Contudo, cabível no caso concreto redução do montante da indenização. Sentença reformada em parte – Recurso parcialmente provido". (TJ-SP – Ap. cív. 0164258-09.2009.8.26.0100 – 2ª Câm. de Direito Privado – Rel. José Carlos Ferreira Alves – j: 19.4. 2016,v.u.)

contrato não se limita apenas à hospedagem como similar de uma hotelaria. Há de se levar em conta que a hospedagem é para tratamento de saúde estando o paciente aos cuidados não de camareiras, mas de enfermeiras, e, evidentemente à disposição dos pacientes todo um conjunto de equipamentos de pronto atendimento médico, como CTI, medicamentos, oxigênio e razoável conforto. Caio Mário da Silva Pereira ensina que o hospital responde por danos nos internados na condição de hospedeiro e responde por erros do médico da casa como seu preposto (Responsabilidade Civil. 3ª ed. Forense, 1992, p. 153)" [315].

Por conta do assunto, vale lembrar a responsabilização hospitalar pela morte de paciente suicida ou de suicidomaníaco nas dependências do hospital, quando ineficiente o dever de vigilância ou faltar precaução para reduzir aquela possibilidade [316].

---

[315] TJ-MG – Ap. cív. n. 1.0287.01.001527-2/001 (1) – 16ª Câm. Cível – Rel. Des. Batista de Abreu – j: 24.5.2006, v.u.

[316] "Responsabilidade civil. Pedido de indenização decorrente da morte de paciente, doente mental, que se atirou do 4º para o 3º andar, de estabelecimento hospitalar psiquiátrico. Culpa *in vigilando*, inaceitável a assertiva de que "nenhuma medida de segurança, por mais perfeita que fosse, impediria o resultado." (TJ-RJ – Ap. cív. n. 3363/90 – 2ª Câm. Cível – Rel. Des. Thiago Ribas Filho – j: 30.10.1990, v.u.)

"Direito civil. Suicídio cometido por paciente internado em hospital, para tratamento de câncer. Hipótese em que a vítima havia manifestado a intenção de se suicidar para seus parentes, que avisaram o médico responsável dessa circunstância. Omissão do hospital configurada, à medida que nenhuma providência terapêutica, como a sedação do paciente ou administração de antidepressivos, foi tomada para impedir o desastre que se havia anunciado (...) Na hipótese de ausência de qualquer providência por parte do hospital, é possível responsabilizá-lo pelo suicídio cometido pela vítima dentro de suas dependências. Recurso especial não conhecido." (STJ – REsp 494.206/MG – 3ª Turma – Rel. Min. Humberto Gomes de Barros, Rel. p/ Acórdão Min. Nancy Andrighi – j: 16.11.2006, v.m. – trechos da ementa)

"Ação de Responsabilidade Civil por Danos Morais. Responsabilidade objetiva, nos termos do Código de Defesa do Consumidor. Relação de consumo. Vítima que é internada nas dependências da recorrente com Distúrbio Bipolar de Humor (Psicose maníaco-depressiva) e que se suicida enforcada, após 7 horas de internação. Inexistência de prova de excludentes de responsabilidade do recorrente. Culpa *in vigilando e in elegendo*. Dever de indenizar. Valor reparatório do dano moral fixado em consonância com a gravidade da lesão – morte e em conformidade com os princípios da razoabilidade e da proporcionalidade. Honorários de sucumbência fixados em 10% sobre o valor da condenação. Na ação indenizatória por dano moral, a sucumbência se dá pela condenação a indenizar, sendo irrelevante se o Tribunal não defere a integralidade do

21.2. Danos causados por empregados e prepostos

Certas pessoas tornam-se responsáveis pelos malefícios causados por outrem, mesmo sem praticar o ato. É o caso do empregador ou comitente, pessoa física ou jurídica, que, independentemente de culpa, responde por danos resultantes do trabalho de seus empregados e prepostos (responsabilidade transubjetiva) [317]. Na área da saúde, respondem as

---

montante pretendido pela parte autora, já que esse nem mesmo necessita integrar a peça exordial, conforme entendimento pretoriano dominante. Verbete n. 236 do STJ. Desprovimento da Apelação." (TJ-RJ - Ap. cív. n. 2006.001.64309 - 15ª Câm. Cível - Rel. Des. Celso Ferreira Filho - j: 23.1.2007, v.u. - DOE 7.3.2007)

[317] Código Civil: "Art. 932. São também responsáveis pela reparação civil: (...) III - o empregador ou comitente, por seus empregados, serviçais e prepostos, no exercício do trabalho que lhes competir, ou em razão dele; (...). Art. 933. As pessoas indicadas nos incisos I a V do artigo antecedente, ainda que não haja culpa de sua parte, responderão pelos atos praticados pelos terceiros ali referidos."

"Diz-se *comitente* a pessoa que encarrega outra de lhe prestar certos serviços, em regra por convenção e remuneração, mas permanentemente sob suas ordens. E *empregado* ou *preposto* é aquele que presta serviços a outrem, que o escolheu ou aceitou, sob cuja direção e autoridade desempenha os ditos serviços." (Cunha Gonçalves, Luiz da. Princípios de Direito Civil Luso-Brasileiro. São Paulo: Max Limonad, 1951, vol. II, p. 586).

STF - Súmula 341: "É presumida a culpa do patrão ou comitente pelo ato do empregado ou preposto".

"Direito civil. Ação indenizatória. Hospital. Falecimento de paciente. Atendimento por plantonista. Empresa preponente como ré. Culpa dos prepostos. Obrigação de indenizar. Danos morais. Quantificação. (...) I - Nos termos do enunciado n. 341 da súmula/ STF, "é presumida a culpa do patrão ou do comitente pelo ato culposo do empregado ou preposto". II - Comprovada a culpa dos prepostos da ré, presente a obrigação desta de indenizar. III - O valor da indenização por dano moral sujeita-se ao controle do Superior Tribunal de Justiça, recomendando-se que, na fixação da indenização a esse título, o arbitramento seja feito com moderação, proporcionalmente ao grau de culpa, ao nível sócio-econômico da parte autora e, ainda, ao porte econômico da ré, orientando-se o juiz pelos critérios sugeridos pela doutrina e pela jurisprudência, com razoabilidade, valendo-se de sua experiência e do bom senso, atento à realidade da vida e às peculiaridades de cada caso. (...)" (STJ - REsp 259.816/RJ - 4ª Turma - Rel. Min. Sálvio de Figueiredo Teixeira - j: 2.28.2000, v.u. - trechos da ementa)

"Vínculo empregatício. Médica que prestava serviços em consultório médico gerido pelo plano de saúde da ULBRA na condição formal de cooperativada. Presentes os requisitos configuradores da relação empregatícia e, principalmente, diante da evidente prestação de serviços pela reclamante no ramo que constitui atividade-fim da primeira reclamada, mediante interposta pessoa (a cooperativa), são nulos os atos que impedem a aplicação da legislação trabalhista. Recurso da primeira reclamada desprovido, no aspecto." (TRT da 4ª Região - Proc. n. 0094900-49.2009.5.04.0025-RO - 8ª Turma - Rel. Des. Denis Marcelo de Lima Molarinho - j: 1.12.2011, v.m.)

entidades prestadoras dos serviços: hospitais propriamente ditos, hospitais-dia, prontos-socorros, ambulatórios, clínicas, casas de saúde. A partir do momento em que o profissional médico é admitido na instituição empregadora, esta passa a responder objetivamente por ato ilícito praticado por ele e ambos responderão solidariamente pela obrigação de indenizar a vítima [318].

O fundamento da responsabilização está na imprudência em escolher pessoa inapta para a atividade que será desenvolvida (culpa *in eligendo*) e/ou na presunção da falta de vigilância sobre o trabalho dos subordinados (culpa *in vigilando*) [319]. Exemplos: nas intervenções cirúrgicas realizadas por médicos residentes, o hospital responde solidariamente caso alguma anomalia for causada ao doente por culpa daqueles; na falta de plantão médico adequado e nos erros de diagnóstico, o hospital poderá ser responsabilizado [320]. Episódio que merece ser destacado

---

318 "(...) Sálvio Dias faz uma distinção: se o médico atua subordinado à direção do hospital, este é responsável, como comitente em relação ao preposto; se, porém, o médico agiu no exercício da sua profissão, deixando de zelar pelo doente, ou ministrando alta dose de tóxico; ou se por omissão sua ocorre processo infeccioso; ou ainda se examina tardiamente o doente; ou se descura as normas de sua profissão, a responsabilidade direta é do médico." (Pereira, Caio Mário da Silva. Responsabilidade civil. 6ª ed. Rio de Janeiro: Forense, 1995, pp. 153/154)

319 "Culpa *in eligendo* é a oriunda da má escolha do representante ou do preposto, como, por exemplo, contratar empregado inabilitado ou imperito. Culpa *in vigilando* é a que se traduz na ausência de fiscalização do patrão ou comitente com relação a empregados ou terceiros sob seu comando. Culpa *in commitendo* ocorre quando o agente pratica ato positivo, geralmente caracterizado por imprudência e culpa *in omittendo* decorre de uma abstenção indevida, caracterizando negligência." (Venosa, Sílvio de Salvo. Direito civil: responsabilidade civil. Coleção direito civil, v. 4, 5ª ed. São Paulo: Atlas, 2005, p. 37)

320 "Responsabilidade civil. Indenização. Hospital. Intervenção cirúrgica realizada por médico residente sem acompanhamento de médico experiente, ensejando novas operações para correções de anomalias causadas por falta de habilidade médica plena daquele. Responsabilidade solidária do hospital por negligência de médico ao qual se atribui o *status* de preposto, uma vez que deveria atuar como assistente e sob supervisão. Verba devida." (TA-MG - Ap. cív. n. 339.031-6 - 1ª Câm. - Rel. Juiz Nepomuceno Silva - j: 23.10.2001, v.u. - DJ 13.4.2002, RT 802/377)

"Responsabilidade civil. Erro médico. Responsabilidade civil do hospital por culpa *in eligendo* de médicos prestadores de serviço. Indenização por danos morais e materiais. Danos materiais calculados em um salário mínimo mensal, da data do óbito até a data

diz respeito a acontecimento em que foram condenados o hospital e o médico, por este ter abandonado a parturiente e interrompido o trabalho de parto em razão da troca de plantão, causando a morte da criança[321].

Mesmo trabalhando como preposto ou assalariado, a responsabilização do médico dependerá da comprovação da culpabilidade no agir ou no deixar de agir (erro de diagnóstico, erro na escolha da terapia, erro de conduta, intervenção desastrosa, falta de atendimento ao doente sempre que estiver obrigado), ao passo que o hospital carrega sobre si a presunção de culpa pelo dano ocasionado[322].

---

em que completaria o menor dezoito anos e dois salários mínimos mensais dos dezoito aos vinte e cinco anos. Danos morais fixados em valor equivalente a mil salários mínimos. Recurso da autora, para majorar a indenização e a verba honorária. Indenização bem fixada. Recurso improvido" (TJ-SP – Ap. cív. n. 312.558.4/0-00-Comarca da Capital – 4ª Câm. de Direito Privado – Rel. Des. Francisco Loureiro – j: 1.9.2006, v.u., RT 855/1256)

"Responsabilidade civil. Doente internado em hospital. Estagiário no serviço médico. Culpa *in eligendo*. Aplicação do art. 1521, III, do CC. Dano. Reparação. Procede a ação de indenização contra estabelecimento hospitalar por erro profissional de membro de sua equipe médica. O médico pode ser considerado preposto no exercício de sua profissão para efeito de configuração de culpa presumida do empregador. A culpa contratual é configurada no caso de o estabelecimento hospitalar que mantém contrato de seguro de saúde não ter médicos de plantão em determinados horários, substituí-los por estagiários." (TJ-RJ – Ap. cív. n. 19.453 – 8ª Câm. Cível – Rel. Des. Dourado de Gusmão – j: 22.12.1981, v.u., *in* RT 556/190)

321 "Responsabilidade civil. Indenização por dano moral. Trabalho de parto interrompido. Morte da criança. Denunciação à lide. Afastada em decisão anterior. Legitimidade passiva do médico e do Hospital. Reconhecimento. Dever de indenizar. Consequência da condenação com trânsito em julgado na esfera criminal e do não afastamento da responsabilidade objetiva do Hospital. Dano moral. Configuração. Valor da indenização. Adequadamente fixado." (TJ-RS – Ap. cív. n. 70013813076 – 5ª Câm. Cível – j: 15.2.2006, v.u.)

322 "Responsabilidade civil. Erro médico e hospitalar. Cesariana. Procedimento cirúrgico Necessário devido a situação de urgência. Sofrimento fetal. Conflito de bens jurídicos. Opção pela vida do bebê. Prova pericial afastou a tese de imperícia médica. Dever de indenizar afastado. Sentença confirmada. 1. A responsabilidade do estabelecimento hospitalar, mesmo sendo objetiva, é vinculada à comprovação da culpa do médico. Ou seja, a responsabilização da pessoa jurídica depende da atuação culposa do médico (preposto), sob pena de não se estabelecer o nexo de imputação. 2. No caso dos autos, a prova pericial revelou que o médico adotou o procedimento que melhor atendia os interesses da criança, que estava em sofrimento fetal e precisava ser retirada do útero materno o mais rápido possível. Segundo perito, o procedimento empregado pelo médico

era o que melhor atendia a esse desiderato. Também não ficou comprovado que houve a demora excessiva na realização do parto da autora. Diante da falta de comprovação do ato ilícito imputável aos réus, os pedidos de dano moral e dano estético por conta da cicatriz que resultou da cesariana devem ser julgados improcedentes. 3. Mantido o julgamento de improcedência." (TJ-RS – Ap. cív. n. 70039810767 – 9ª Câm. Cível – Rel. Desª. Iris Helena Medeiros Nogueira – j: 24.11.10, v.u.)

"Responsabilidade civil. Erro médico. Negligência. Hospital. Responsabilidade contratual. Solidariedade. Dissociação de responsabilidade. Omissão de meios com frustração de resultados. A responsabilidade solidária, entre os médicos de um mesmo atendimento, é por regra geral, por infração contratual, quando se deixa de ministrar corretamente atendimento pós-operatório, por lhes ser dever garantir a segurança clínica do operado. Entretanto, a dissociação da responsabilidade de cada parte pode ser acatada, quando as provas permitirem." (TJ-MG – Ap. cív. n. 1.0287.01.001527-2/001 – Guaxupé – 16ª Câm. Cível – Rel. Des. Batista de Abreu – j: 24.5.06, v.u. – DOMG 17.6.2006)

"(...) Responsabilidade civil do nosocômio. É cediço que os hospitais, na qualidade de prestadores de serviços, respondem independente de culpa pelo serviço defeituoso prestado ou posto à disposição do consumidor, responsabilidade que é afastada sempre que comprovada a inexistência de defeito ou a culpa exclusiva do consumidor, ou de terceiro, *ex vi* do art. 14, § 3º do CDC. Hipótese em que restou demonstrado o nexo causal entre a infecção sofrida pela autora e a cesariana efetuada nas dependências do hospital demandado, não tendo este se desincumbido do ônus de demonstrar a correção nos procedimentos médicos adotados. Negligência na alta hospitalar dada à paciente verificada, tendo a mesma sido novamente internada horas após a liberação em razão da infecção sofrida. Reconhecimento do dever de indenizar mantido. Dano moral. Configuração. Evidenciados a dor e o sofrimento suportados pela autora, por não ter recebido o tratamento médico adequado, resultando a infecção sofrida na perda das trompas e do útero, resta caracterizado o *danum in re ipsa*, que prescinde de prova quanto à ocorrência de prejuízo concreto. (...) " (TJ-RS – Ap. cív. n. 70039143078 – 10ª Câm. Cível – Rel. Des. Paulo Roberto Lessa Franz – j: 31.3.2011, v.u. – trechos do acórdão)

"Civil. Indenização. Morte. Culpa. Médicos. Afastamento. Condenação. Hospital. Responsabilidade. Objetiva. Impossibilidade. 1 - A responsabilidade dos hospitais, no que tange à atuação técnico-profissional dos médicos que neles atuam ou a eles sejam ligados por convênio, é subjetiva, ou seja, dependente da comprovação de culpa dos prepostos, presumindo-se a dos preponentes. Nesse sentido são as normas dos arts. 159, 1521, III, e 1545 do Código Civil de 1916 e, atualmente, as dos arts. 186 e 951 do novo Código Civil, bem com a Súmula 341 - STF (É presumida a culpa do patrão ou comitente pelo ato culposo do empregado ou preposto.). 2 - Em razão disso, não se pode dar guarida à tese do acórdão de, arrimado nas provas colhidas, excluir, de modo expresso, a culpa dos médicos e, ao mesmo tempo, admitir a responsabilidade objetiva do hospital, para condená-lo a pagar indenização por morte de paciente. 3 - O art. 14 do CDC, conforme melhor doutrina, não conflita com essa conclusão, dado que a responsabilidade objetiva, nele prevista para o prestador de serviços, no presente caso, o hospital, circunscreve-se apenas aos serviços única e exclusivamente relacionados com o estabelecimento empresarial propriamente dito, ou seja, aqueles que digam respeito

É comum hospitais cadastrarem médicos estranhos aos quadros funcionais, com qualificação previamente avaliada e comprometimento com as normas internas, para atenderem pacientes próprios ou para realização de cirurgias em suas instalações [323]. O simples cadastramento é feito em regime conhecido como de "corpo clínico aberto" e não caracteriza relação de subordinação.

à estadia do paciente (internação), instalações, equipamentos, serviços auxiliares (enfermagem, exames, radiologia), etc e não aos serviços técnicos-profissionais dos médicos que ali atuam, permanecendo estes na relação subjetiva de preposição (culpa). 4 - Recurso especial conhecido e provido para julgar improcedente o pedido." (STJ – REsp 258.389/SP – 4ª Turma – Rel. Ministro Fernando Gonçalves – j: 16.6.2005)

"Responsabilidade civil hospitalar. Culpa evidenciada da médica que atendeu criança no ambulatório, dispensando-a com receita de analgésicos, quando, horas depois, irrompe uma infecção generalizada [meningogococcemia], causa da morte. Típica hipótese em que houve erro que resulta de transgressão de procedimentos tidos como recomendáveis e que poderiam constituir chance real de cura da paciente, o que justifica o dever de indenizar. Responsabilidade mitigada diante de não configurar culpa grave. Não provimento do recurso dos pais da criança e provimento, em parte, do recurso do nosocômio para reduzir, pela metade, o quantum." (TJ-SP – Ap. 3724904900 SP – 4ª Câm. de Direito Privado –Rel. Enio Zuliani – j: 27.3.2008)

"Ação de indenização. Erro médico. Hospital e plano de saúde. Menor impúbere, que após realização de cirurgia para tratamento de priapismo, sofreu parada cardiorrespiratória e complicações cerebrais que o levaram a estado vegetativo. Responsabilidade objetiva. Hospital que pretende seja a responsabilidade objetiva limitada aos serviços relacionados estritamente à disponibilização de espaços, equipamentos e atendimento de enfermagem. Impossibilidade. Médicos que realizaram o procedimento cirúrgico que atuavam como plantonistas no hospital, sendo irrelevante a ausência de vínculo empregatício. (...) Médico responsável pelo procedimento que foi expressamente alertado pelo profissional que atendia o paciente em caráter particular sobre a necessidade de prévia transfusão à intervenção, o que não foi observado. Hospital que dispunha de médico hematologista no plantão, que também mencionou as complicações derivadas da falciforme, sem que tenha sido chamado a avaliar o paciente. (...)". (TJ-SP – Ap. cív. 0002558-19.1999.8.26.0506 – 9ª Câm. de Direito Privado – Rel. Mariella Ferraz de Arruda Pollice Nogueira – j: 26.2. 2019 – trechos da ementa)

323 "Contrato de prestação de serviço hospitalar. (...) Hipótese em que a responsabilidade do hospital somente fica configurada se comprovada nos autos a falha na prestação do serviço no tocante a utilização de suas instalações, equipamentos e serviços auxiliares. Eventual erro médico praticado pelo profissional médico que não pode ser imposto ao embargante, pois o simples cadastro mantidos pelos hospitais de médicos que utilizam suas instalações não caracteriza relação de subordinação.(...)" (TJ-SP – Apelação Cível 1000098-94.2017.8.26.0220 –13ª Câm. de Direito Privado – Rel. Heraldo de Oliveira – j: 28.8.2017, v.u. – trechos da ementa)

O médico autônomo, sem vínculo de emprego ou de preposição com o hospital, que apenas se vale dos equipamentos e/ou das instalações da entidade para atender seus pacientes, responde pessoalmente pelos erros cometidos [324]. Em tais situações, a responsabilidade hospitalar se restringe unicamente aos danos decorrentes dos meios e serviços postos à disposição do profissional: instalações, aparelhagem, instrumental, hospedagem, serviços de enfermagem, fornecimento de sangue, medicamentos [325]. Iria além dos limites da lógica jurídica exigir o repasse da responsabilidade do médico à instituição, uma vez que esta somente cedeu as instalações para a prática médica [326].

---

[324] "Consumidor. Recurso Especial. Ação de indenização. Responsabilidade civil. Médico particular. Responsabilidade subjetiva. Hospital. Responsabilidade solidária. Legitimidade passiva *ad causam*. 1. Os hospitais não respondem objetivamente pela prestação de serviços defeituosos realizados por profissionais que nele atuam sem vínculo de emprego ou subordinação. Precedentes. 2. Embora o art. 14, § 4º, do CDC afaste a responsabilidade objetiva dos médicos, não se exclui, uma vez comprovada a culpa desse profissional e configurada uma cadeia de fornecimento do serviço, a solidariedade do hospital imposta pelo caput do art. 14 do CDC. 3. A cadeia de fornecimento de serviços se caracteriza por reunir inúmeros contratos numa relação de interdependência, como na hipótese dos autos, em que concorreram, para a realização adequada do serviço, o hospital, fornecendo centro cirúrgico, equipe técnica, medicamentos, hotelaria; e o médico, realizando o procedimento técnico principal, ambos auferindo lucros com o procedimento. 4. Há o dever de o hospital responder qualitativamente pelos profissionais que escolhe para atuar nas instalações por ele oferecidas. 5. O reconhecimento da responsabilidade solidária do hospital não transforma a obrigação de meio do médico, em obrigação de resultado, pois a responsabilidade do hospital somente se configura quando comprovada a culpa do médico, conforme a teoria de responsabilidade subjetiva dos profissionais liberais abrigada pelo Código de Defesa do Consumidor. 6. Admite-se a denunciação da lide na hipótese de defeito na prestação de serviço. Precedentes. 7. Recurso especial parcialmente provido." (STJ – REsp n. 1.216.424-MT (2010/0182549-7) – 3ª Turma – Rel. Min. Nancy Andrighi – j: 9.8.2011, v.u. – DJe 19.8.2011)

[325] "Surge uma questão interessante quando o médico, estranho ao estabelecimento, o utiliza para tratamento de seus doentes. Quem responde então, pelos fatos dos enfermeiros ou pessoal colocado sob suas ordens: o médico ou a direção do estabelecimento que emprega esses enfermeiros? Há decisões que sustentam ser a responsabilidade, no caso, do médico. A doutrina, prudentemente, em nossa opinião, entende que "o verdadeiro comitente do enfermeiro é antes o dono da casa de saúde que é médico, à disposição do qual o enfermeiro é colocado. (...)". (AGUIAR DIAS, José de, ob. cit., p. 358)

[326] "Recurso Especial. Ação de Indenização. Responsabilidade civil. Erro médico. Negligência. Indenização. Recurso Especial. 1 – A doutrina tem afirmado que a

responsabilidade médica empresarial, no caso, hospitais, é objetiva, indicando o parágrafo primeiro do artigo 14 do Código de Defesa do Consumidor como norma sustentadora desse entendimento. Contudo, a responsabilidade do hospital somente tem espaço quando o dano decorrer de falha de serviços cuja atribuição é afeta única e exclusivamente ao hospital. Nas hipóteses decorrentes de falha técnica restrita ao profissional médico, mormente quando este não tem nenhum vínculo com o hospital – seja de emprego ou de mera preposição –, não cabe atribuir ao nosocômio a obrigação de indenizar. 2 – Na hipótese de prestação de serviços médicos, o ajuste contratual – vínculos estabelecidos entre médico e paciente – refere-se ao emprego da melhor técnica e diligência entre a possibilidade de que dispõe o profissional, no seu meio de atuação, para auxiliar o paciente. Portanto, não pode o médico assumir o compromisso com um resultado específico, fato que leva ao entendimento de que, se ocorrer dano ao paciente, deve-se averiguar se houve culpa do profissional – teoria da responsabilidade subjetiva. No entanto, se, na ocorrência de dano impõem-se ao hospital que responda objetivamente pelos erros cometidos pelo médico, estar-se-á aceitando que o contrato firmado seja de resultado, pois se o médico não garante o resultado, o hospital garantirá. Isso leva ao seguinte absurdo: na hipótese de intervenção cirúrgica, ou o paciente sai curado ou será indenizado – daí um contrato de resultado firmado às avessas da legislação. 3 – O cadastro que os hospitais normalmente mantêm de médicos que utilizam suas instalações para a realização de cirurgias não é suficiente para caracterizar relação de subordinação entre médico e hospital. Na verdade, tal procedimento representa um mínimo de organização empresarial. 4 – Recurso especial do Hospital e Maternidade São Lourenço Ltda. provido." (STJ – REsp n. 908.359-SC (2006/0256989-8) – 2ª Seção – Rel. Min. Nancy Andrighi – Relator para o Acórdão Min. João Otávio de Noronha – j: 27.8.2008, maioria)

"(...) 2. Nas hipóteses de dano decorrente de falha técnica restrita ao profissional médico, mormente quando este não tem nenhum vínculo com a clínica – seja de emprego, seja de mera preposição –, não cabe atribuir ao hospital a obrigação de indenizar. (...)" (STJ – trecho da ementa do Resp n. 1.019.404-RN – 4ª Turma – Rel. Min. João Otávio de Noronha – j: 22.3.11, v.u.)

"Apelação Cível. Dano moral. Erro médico. Fragmento metálico deixado no seio da paciente. Sentença de primeiro grau que determinou a ilegitimidade do hospital bem como julgou improcedente a demanda. Insurgimento da autora. Médico que não faz parte do corpo clínico do hospital. Danos ocasionados exclusivamente da conduta do médico. Manutenção da ilegitimidade passiva do hospital. Erro médico. Negligência e imperícias configuradas. Ausência de exames após O procedimento cirúrgico. Conduta que se exigia na espécie. Culpa evidenciada. Submissão a nova cirurgia para retirado do 'corpo estranho'. Dano moral configurado. (...)" (TJ-SC – Ap. cív. n. 2009.069339-0 – 6ª Câm. de Direito Civil – Rel. Des. Substituta Cinthia Beatriz da Silva Bittencourt – j: 27.10.2011, v.u. – trechos da ementa)

"(...) 1. A responsabilidade das sociedades empresárias hospitalares por dano causado ao paciente-consumidor pode ser assim sintetizada: (i) as obrigações assumidas diretamente pelo complexo hospitalar limitam-se ao fornecimento de recursos materiais e humanos auxiliares adequados à prestação dos serviços médicos e à supervisão do

Nesse contexto e digno de menção é o seguinte pronunciamento: "A questão mais polêmica que surge é a que pertine à seguinte indagação: quando a responsabilidade deve ser carreada ao médico, pessoalmente, e quando se deve atribuí-la ao hospital? A nós parece que se impõe examinar primeiro se o médico é contratado do hospital, de modo a ser considerado seu empregado ou preposto. Se tal ocorrer, aplica-se a surrada e vetusta regra de que o empregador responde pelos atos de seus empregados, serviçais ou prepostos (Código Civil, art. 932, III). (...) Mas se o médico não for preposto mas profissional independente que tenha usado as dependências do nosocômio por interesse ou conveniência do paciente ou dele próprio, em razão de aparelhagem ou qualidade das acomodações, ter-se-á de apurar, individualmente, a responsabilidade de cada qual. Desse modo, se o paciente sofreu danos em razão do atuar culposo exclusivo do profissional que o pensou, atuando como prestador de serviços autônomo, apenas este poderá ser responsabilizado. Se, contudo, apurar-se manifestação incorreta do estabelecimento, através de ação ou omissão de seus dirigentes, empregados ou prepostos, podendo ser estes médicos, enfermeiros e funcionários em geral, então poderá responder apenas o hospital, se a ação ou omissão culposa deles dimana, ou o hospital e o médico, solidariamente, se ambos obraram com culpa." (Stoco, Rui. ob. cit., pp. 757 e 758).

---

paciente, hipótese em que a responsabilidade objetiva da instituição (por ato próprio) exsurge somente em decorrência de defeito no serviço prestado (art. 14, *caput*, do CDC); (ii) os atos técnicos praticados pelos médicos sem vínculo de emprego ou subordinação com o hospital são imputados ao profissional pessoalmente, eximindo-se a entidade hospitalar de qualquer responsabilidade (art. 14, § 4, do CDC), se não concorreu para a ocorrência do dano; (iii) quanto aos atos técnicos praticados de forma defeituosa pelos profissionais da saúde vinculados de alguma forma ao hospital, respondem solidariamente a instituição hospitalar e o profissional responsável, apurada a sua culpa profissional. Nesse caso, o hospital é responsabilizado indiretamente por ato de terceiro, cuja culpa deve ser comprovada pela vítima de modo a fazer emergir o dever de indenizar da instituição, de natureza absoluta (arts. 932 e 933 do CC), sendo cabível ao juiz, demonstrada a hipossuficiência do paciente, determinar a inversão do ônus da prova (art. 6º, VIII, do CDC. (...)" (STJ - REsp n. 1.145.728-MG (2009/0118263-2) - 4ª Turma - Rel. Min. João Otávio de Noronha - Rel. p/Acórdão Min. Luis Felipe Salomão - j: 30.6.2011, v.m.- trechos do acórdão)

De notar e relevante que, seja qual for a relação jurídica existente ou estabelecida entre o profissional e a entidade (assalariado ou autônomo), a profissão médica deve ser exercida livremente, sem injunções e ingerências (CEM, Princípios Fundamentais, VIII e XVI; Direitos dos Médicos, IX).

O hospital fica com o direito de insurgir-se contra o profissional, empregado ou não, causador do dano para buscar o reembolso do valor que pagar a título de indenização (direito de regresso, CC, art. 259, Parágrafo único, e art. 283). Pode, inclusive, valer-se de sanção administrativa quando o exercício da prática médica desrespeitar normas internas ou regramento ético; até mesmo excluir o médico do corpo clínico e impedi-lo de usar suas dependências [327].

[327] "Ação declaratória. Cancelamento da inscrição de médico no corpo clínico de hospital e proibição de uso das dependências hospitalares. Inexistência de afronta aos princípios constitucionais da ampla defesa e do livre exercício profissional. Pretensão exclusiva de usar as dependências do hospital. Inadmissibilidade. Sanção consequente do mesmo fato que acarretou a exclusão do corpo clínico. Inexistência de ofensa ao Código de Ética Médico. Recurso improvido." (TJ-SP – Ap. cív. n. 126.734-4/3-00 – 4ª Câm. de Direito Privado – Rel. Des. Carlos Stroppa – j: 23.5.2002, v.u., *in* JTJ 257/46)

21.3. Danos causados por infecção hospitalar

Quem procura um hospital leva consigo a esperança de recuperar a saúde, abalada por alguma enfermidade. Entre os deveres das entidades hospitalares, encontram-se a prevenção de contaminações e o emprego de meios para evitar riscos de contração de doenças aos internados. Nenhum hospital deseja infectar seus usuários, posto que tal acontecimento prolonga o tempo de internação, pode levar à morte, gera custos adicionais e compromete a reputação da instituição.

Infecções hospitalares ou doenças nosocômicas (de nosocômio, mesmo que hospital), assim chamadas por serem adquiridas no interior do hospital, são causadas por bactérias e microorganismos que se desenvolvem no ambiente hospitalar [328].

Para Jurandir Sebastião, "Por infecção hospitalar, como dano decorrente de conduta reprovável e por isso desencadeadora da obrigação de reparar no juízo cível, há de se compreender a inobservância de cuidados profiláticos de rotina ou o descumprimento dos cuidados especiais previstos em normas destinadas a este fim, com vistas a cada categoria hospitalar e respectivas internações, gerando no paciente agravo à sua saúde, sequela irreversível, perda da chance de cura e/ou até a morte." (*in* Responsabilidade médica: civil, criminal e ética. 3ª ed. Belo Horizonte: Del Rey, 2003, pp. 174/175) [329].

---

[328] Segundo Fernando Aurélio Calligaris Galvanese, mestre em Saúde Pública e médico sanitarista da Secretaria de Estado da Saúde de São Paulo "A denominação tradicional – infecção hospitalar – ainda hoje utilizada, já não contempla a ampla gama de serviços assistenciais extra-hospitalares nos quais algum tipo de intervenção invasiva é praticado. Além disso o fato de que mesmo processos terapêuticos aparentemente não invasivos e largamente utilizados ambulatorialmente, como a administração oral de antibióticos, são capazes de romper o equilíbrio biológico existente entre o ser humano e a microbiota, gerando, eventualmente, consequências danosas àquele. Assim, a terminologia aqui empregada – infecção relacionada à assistência à saúde – busca expressar de modo conceitualmente mais adequado o fenômeno que denomina." (Considerações sobre o controle de infecções relacionadas à assistência à saúde, *in* O Controle da infecção hospitalar no Estado de São Paulo: Conselho Regional de Medicina do Estado de São Paulo, 2010, p. 33, nota 1)

[329] "Para que haja a responsabilização, todavia, deve-se comprovar que: a) o paciente, antes de ingressar no hospital, não portava nenhum agente infeccioso ou apresentava

As infecções geralmente se manifestam durante o período de internamento e ocasionalmente no pós alta. Por conseguinte estão sempre relacionadas com a internação ou com procedimentos hospitalares [330]. Eliminá-las é tarefa difícil, mas podem ser reduzidas a baixos índices. Programas internos eficientes, destinados à prevenção e controle podem mantê-las dentro dos padrões científicos aceitáveis.

As mãos estão entre os principais veículos de transmissão de infecções. Evidente que se o médico, enfermeira ou outro profissional que atender pessoa portadora de bactéria deixa de lavar as mãos de forma apropriada, pode transmiti-la a outro doente [331].

---

baixa imunidade; b) a infecção não se classifica como endógena, gerada pelo próprio organismo; c) a infecção surgiu quando o paciente já se encontrava sob o exclusivo controle do hospital e dos respectivos médicos; e d) a infecção foi causada por agente infeccioso tipicamente hospitalar." (Kfouri Neto, Miguel. Responsabilidade civil dos hospitais: Código Civil e Código de Defesa do Consumidor. São Paulo: Revista dos Tribunais, 2010 – p. 221)

330 "Para que haja a transmissão de infecção no ambiente hospitalar são necessários três elementos: fonte de infecção, hospedeiro susceptível e meios de transmissão. A fonte de infecção pode ser outro paciente, funcionários, profissionais que têm contado com o doente direta ou indiretamente, além de visitantes. Também são fontes de infecção os objetos inanimados do ambiente hospitalar, incluindo equipamentos e medicamentos. O hospedeiro suscetível são pacientes com alguma deficiência imunológica, aqueles que estejam realizando procedimentos invasivos, ou debilitados por aspectos nutricionais. Ou ainda vítimas de colonização com bactéria do ambiente hospitalar. O meio de transmissão mais comum é o contato, mas também pode se dar por gotículas, vias aéreas e vetores." (Uma avaliação seguindo a legislação, *in* ob. cit., Conselho Regional de Medicina do Estado de São Paulo, p. 57)

331 "Os estudos quantificam o que chamam de 'oportunidades' de lavagem de mão – momentos em que a lavagem das mãos traria benefícios para a segurança dos profissionais e do doente. Ou seja, cada vez que o profissional manipula um paciente, aperta o interruptor, desliga um aparelho, abre a maçaneta. "Tudo o que é feito imediatamente antes ou depois de lidar com o paciente é objeto de lavagem de mãos", diz Galvanese (...) Conclusões de outros estudos mostram que profissionais que trabalham em UTIs, e que por isso estão a todo momento tocando o paciente ou o entorno desse paciente, não teriam tempo para lavar as mãos todas as vezes consideradas necessárias. Para esses profissionais, o emprego do álcool gel veio facilitar, já que seu uso é bastante mais rápido." (Conselho Regional de Medicina do Estado de São Paulo: ob. cit., pp. 71 e 72)

ANVISA – RDC n. 42, de 25.10.2010 – Dispõe sobre a obrigatoriedade de disponibilização de preparação alcoólica para fricção antisséptica das mãos, pelos serviços de saúde do País, e dá outras providências.

Os hospitais do País são obrigados a manter Programa de Controle de Infecções Hospitalares (PCIH) e Comissão de Controle de Infecções Hospitalares (CCIH), para reduzirem o máximo possível a incidência das infecções hospitalares[332]. O descumprimento das normas sanitárias, o descuido das regras profiláticas, a utilização de produtos saneantes, esterilizantes e desinfetantes inadequados[333], a assepsia malfeita, a falta de cuidados para evitar a manifestação de infecções, levam à responsabilização quando forem causas típicas de contaminação no próprio meio hospitalar e contribuírem para agravar o estado de saúde do internado [334]. São ocorrências inadmissíveis. O doente está em busca da cura e não de enfermidades e desgraças. Repugna lembrar casos de pacientes que, vítimas da infecção adquirida em hospital tiveram membros amputados ou vieram a falecer, como o

---

[332] Lei n. 9.431 de 6.1.1997 – Dispõe sobre a obrigatoriedade da manutenção de programa de controle de infecções hospitalares pelos hospitais do País.

Ministério da Saúde – Gabinete do Ministro – Portaria n. 2.616, de 12.5.1998 – Estabelece diretrizes e normas para a prevenção e o controle das infecções hospitalares e revoga a Portaria MS n. 930, de 27.8.1992 – "ANEXO II, item 1.2 infecção hospitalar (IH): 1.2.1 é aquela adquirida após a admissão do paciente e que se manifeste durante a internação ou após a alta, quando puder ser relacionada com a internação ou procedimentos hospitalares."

[333] Lei n. 6.360 de 23.9.1976 – Dispõe sobre a vigilância sanitária a que ficam sujeitos os medicamentos, as drogas, os insumos farmacêuticos e correlatos, cosméticos, saneantes e outros produtos, e dá outras providências – art. 3º, VII, c) e art. 44.

Decreto n. 79.094 de 5.1.1977 – Regulamenta a Lei n. 6.360 de 23 de setembro de 1976, que submete a Sistema de Vigilância Sanitária os medicamentos, insumos farmacêuticos, drogas, correlatos, cosméticos, produtos de higiene, saneantes e outros – art. 3º, X, c) e art. 67.

Lei n. 6.437 de 20.8.1977 – Configura infrações à legislação sanitária federal, estabelece as sanções respectivas, e dá outras providências – art. 1º e art. 10, XXXI.

ANVISA – RDC n. 51 de 23.10.2009 – Dispõe sobre a comprovação de eficácia de esterilizantes e desinfetantes hospitalares para artigos semicríticos frente à microbactéria "Mycobacterium massiliense" e dá outras providências.

[334] "Fenômeno que tem ocorrido com certa frequência é a chamada 'infecção hospitalar'. Se esta se deveu a condições de assepsia deficiente ou à ausência de cautelas idôneas a evitar a 'doença nosocômica', o hospital pode ser responsabilizado (Revista de Jurisprudência, vol. 73, p. 111)." (Pereira, Caio Mário da Silva. Responsabilidade civil. 6ª ed. Rio de Janeiro: Forense, 1995, p. 154)

da adolescente de 17 anos que morreu com infecção generalizada horas depois de dar entrada no pronto-socorro da instituição[335 e 336].

[335] "Ação de indenização. Comprovada infecção contraída no hospital. Necrose e amputação da perna esquerda. Culpa configurada. Dever de indenizar (art. 159, CC/16). Dano moral fixado em moeda corrente - Orientação do STJ. Sentença parcialmente reformada em reexame necessário. Recurso voluntário improvido.1) Sendo incontroverso o fato de que o autor adquiriu infecção no hospital, inquestionável a negligência com o quadro clínico apresentado antes e após a cirurgia. A demora na realização de cirurgia eficaz na perna traumatizada no acidente, facilitou contrair-se a infecção, por cuja negligência em oferecer o tratamento adequado e imediato ao paciente, resultou-lhe na necrose do membro inferior esquerdo e consequente amputação do mesmo. A indenização por dano moral é devida por força do art. 159, CC (1916). 2) Julgados recentes do egrégio Superior Tribunal de Justiça têm destacado a necessidade de fixar a condenação em moeda corrente diante da flutuação do salário mínimo vir a influir para maior ou menor valor quando da liquidação. (TA-PR - Ap. cív. n 262736-5 - 7ª Câmara Cível - Rel. Miguel Pessoa - j: 16. 08.2004, v.u.)

"Responsabilidade civil. Indenização por danos materiais, morais e estéticos. Autor que teve perna amputada, na altura da coxa, em decorrência de infecção hospitalar contraída nas dependências da entidade requerida. (...) Questionamento a respeito da responsabilidade imputada. Descabimento. Prova pericial que comprova ter o paciente vitimado contraído infecção decorrente de ato cirúrgico, nas dependências da entidade requerida. Infecção que, demais disso, demora ser identificada, sendo (depois de descoberta) tratada com medicamento não recomendado, ocasionando agravamento no quadro do autor, culminando com a amputação de parte de sua perna direita. Responsabilização objetiva evidenciada pelo regramento consumerista (artigo 14 CDC). Dever de indenizar inafastável. Danos materiais, morais e estéticos caracterizados. (...)" (TJ-SP - Ap. n. 0006721-42.2004.8.26.0320 - 9ª Câm. de Direito Privado - Rel. Alexandre Bucci - j: 25.1.2014, v.u.)

[336] "Responsabilidade civil. Ação de indenização por danos morais. Propositura por pais de paciente acometida de infecção e que veio a falecer. Reconhecimento de falha no atendimento, por falta de tomada de medidas oportunas de enfrentamento do mal, para cuja gravidade os sintomas e os dados em geral apontavam e em relação ao qual o tempo impunha urgência. Julgamento, não obstante, de improcedência do pedido. Defeito da prestação do serviço configurado. Direito da paciente a tratamento independentemente de espera de resultados de cultura de sangue e liquor, para possível reversão do quadro. CDC, artigos 6 º, n. I, e 14, *"caput"*, e parágrafos 3º, n. I, e 4º Código Civil de 1916, artigo 159; Constituição Federal, artigo 5º, inciso V. Ação procedente. Recurso provido para esse fim." (TJ-SP - Ap. 9114392-87.2006.8.26.0000 - 4ª Câm de Direito Privado Rel. J. G. Jacobina Rabello - j: 1.3.2007, data de registro: 25.4.2007, v.u.)

Em exemplar decisão, o MM. Juiz da 5ª Vara Criminal de Belo Horizonte condenou o Diretor de Hospital Maternidade e mais seis funcionários com penas restritivas de liberdade, respectivamente seis e cinco anos de detenção, por terem sido responsáveis pela morte de dezesseis recém-nascidos (homicídios culposos), adquirentes de infecção hospitalar, em razão de comprovada negligência na implementação adequada de Programa de Controle de Infecções Hospitalares determinada pela Portaria n. 2.616/1998 do Ministério da Saúde. O Juiz observou que, por mais que todo e qualquer hospital seja suscetível a infecções, elas podem ser evitadas ou minimizadas se tomadas cautelas necessárias, o que não foi feito pelos membros da Comissão e do Serviço de Controle de Infecção da entidade (Processo 02400093083, sentença proferida em 4.12.2007).

Sumarizando: boa higienização, água tratada, uso de material descartável, esterilização do instrumental, conscientização e treinamento permanente do pessoal de enfermagem, utilização de saneantes e germicidas adequados, traslado de resíduos hospitalares para locais próprios a fim de evitar contágios, roupas sujas adequadamente manuseadas e higienizadas [337], são meios recomendáveis para a redução dos índices de infecções hospitalares.

---

337 Resolução Anvisa RDC n. 6, de 30.1.2012 – Dispõe sobre as Boas Práticas de Funcionamento para as Unidades de Processamento de Roupas de Serviços de Saúde e dá outras providências.

Uma vez que a contaminação advém da internação e não do ato médico propriamente dito, o hospital responde objetivamente mesmo depois da alta pela infecção contraída ao longo da internação [338]. Mas,

---

[338] "Responsabilidade civil. Consumidor. Infecção hospitalar. Responsabilidade objetiva do hospital. Art. 14 do CDC. Dano moral. *Quantum* indenizatório. O hospital responde objetivamente pela infecção hospitalar, pois esta decorre do fato da internação e não da atividade médica em si. O valor arbitrado a título de danos morais pelo Tribunal *a quo* não se revela exagerado ou desproporcional às peculiaridades da espécie, não se justificando a excepcional intervenção desta Corte para revê-lo. Recurso especial não conhecido." (STJ - REsp n. 629.212-RJ - 2004/0019175-20 - 4ª Turma - Rel. Min. Cesar Asfor Rocha - DJU 17.9.2007)

"Direito do Consumidor. Indenização. Infecção hospitalar. Procedimento cirúrgico de revascularização do miocárdio, com a implantação de quatro pontes de safena e duas mamárias. Agravamento do quadro clínico com internação em hospital durante 30 dias, dos quais 15 dias em UTI. A parte ré alegou que o autor teria adquirido infecção hospitalar após a alta hospitalar. Sentença que julga improcedente o pedido sob argumento de que não restou comprovada a responsabilidade da ré pela ausência de nexo causal. Apelação da parte autora. Teses que merecem ser acolhidas. Primeiramente, cabe dizer que, em face do disposto no art. 14 do Codecon, os estabelecimentos hospitalares são fornecedores de serviços e, como tais, respondem objetivamente pelos danos causados aos seus pacientes. O ilustre Desembargador SÉRGIO CAVALIERI FILHO, no seu *Programa de Responsabilidade Civil*, assevera que: 'Não vemos a menor incompatibilidade entre a responsabilidade dos estabelecimentos hospitalares e a responsabilidade objetiva estabelecida no Código de Defesa do Consumidor, mesmo em face dos enormes riscos de certos tipos de cirurgias e tratamentos, haja vista que o hospital só responde quando o evento decorrer de defeito do serviço{...}' (5ª ed., pp. 385-386). A clínica deve assegurar a incolumidade do paciente em tudo que seja capaz de produzir o dano, sendo a sua responsabilidade caracterizada pela falha do serviço, que leva à indenização, independentemente de culpa. No caso concreto, a perícia constatou que houve infecção hospitalar (fls. 118, resposta ao quesito 8), e que teria se infectado durante o período de internação no estabelecimento da ré (fls. 117, resposta ao quesito 1). Não resta dúvida que o serviço existiu e foi defeituoso, havendo vínculo entre o fato e o evento, cabendo, assim, o dever de reparar o dano. Dano moral *in re ipsa*. Razoável a condenação na quantia de R$ 20.000,00, pois guardada proporcionalidade entre o dano sofrido, a reprovabilidade da conduta ilícita, sua repercussão e as condições econômicas do ofendido. Conhecimento do presente Recurso de Apelação para dar provimento, julgando procedente o pedido para condenar a ré ao pagamento da quantia de R$ 20.000,00, a título de danos morais, corrigida monetariamente a partir desta data e com juros de mora a partir da citação, condenando, ainda, a ré ao pagamento das custas e dos honorários advocatícios fixados em 10% sobre o valor da condenação." (TJ-RJ - Ap. cív. n. 2007.001.61480 - 12ª Câm. Cível - Rel. Des. Siro Darlan de Oliveira - j: 12.2.2008, v.u. - DO 16.4.2008)

"Responsabilidade civil. Hospital. Danos morais, materiais e estéticos. Infecção hospitalar. Infecção contraída durante o processo cirúrgico, dentro das dependências do

se ao ser internado o doente já era portador do quadro infeccioso, a responsabilidade será excluída; faltará o nexo causal [339]. Provada a preexistência da infecção ou então seu surgimento em razão das condições do próprio estado do paciente – idade, desnutrição, natureza da enfermidade, etc. – a instituição eximir-se-á [340]. É por isso que, como salvaguarda de futura obrigação de reparar e evitar a exposição de outros internados aos riscos de contaminações, alguns hospitais, prudentemente, avaliam o enfermo antes de internar.

Demonstrando conduta precavida de orientação, vigilância e fiscalização das normas de profilaxia e aplicação de programas preventivos de controle de infecções, se a instituição não tiver afastada a responsabilidade, poderá, pelo menos, vê-la reduzida.

---

hospital. Responsabilidade objetiva do nosocômio - Danos materiais não comprovados. Dano estético e moral configurados. Sentença reformada. Recurso provido em parte." (TJ-SP – Ap. cív. n. l 0028621-36.2011.8.26.0482 – 1ª Câm. de Direito Privado – Rel. Luiz Antonio de Godoy – j: 03.7.2018, v.u.)

339 "(...) 23. A ocorrência de infecção comprovadamente hospitalar configura descumprimento da obrigação contratual assumida pelo nosocômio de prestar serviço de saúde ao paciente – daí a procedência da demanda indenizatória. Todavia, esta responsabilização não se verifica invariavelmente, pelo simples fato de o paciente se encontrar internado nas instalações do hospital. Deve-se comprovar o nexo causal entre a permanência do enfermo nas dependências do estabelecimento, a infecção e o dano dela resultante. Se o paciente, ao se internar, já portava a infecção, inexistirá responsabilidade." (Kfouri Neto, Miguel, ob. cit., p. 310)

340 "Indenização. Responsabilidade civil. Ato ilícito. Infecção hospitalar. Sequela não decorrente do evento internação. Recurso não provido." Este trecho foi extraído do corpo do acórdão: "Na hipótese *sub examen*, é incontroverso já exibisse o autor, quando da sua internação, grave infecção, pelo que exibia quadro de apendicite aguda ulceroflegmosa. Sob a ótica do perito oficiante, difundiu-se malgrado os esforços da equipe médica, a já portada infecção que ao cabo atravessou a parede diafragmática, detonando o processo que culminou com a parcial extração do pulmão." (RJTJ-SP – Lex 143/91)

"(...) Esta Corte, todavia, já se pronunciou no sentido de que, em se tratando de infecção hospitalar, há responsabilidade contratual do hospital relativamente à incolumidade do paciente e 'essa responsabilidade somente pode ser excluída quando a causa da moléstia possa ser atribuída a evento especifico e determinado' (REsp 116.372/MG, Rel. Ministro Sálvio de Figueiredo Teixeira, Quarta Turma, DJ 2.2.1998) (...)" (STJ – trecho do REsp n. 903.258-RS (2006/0184808-0) – 4ª Turma – Rel. Min. Maria Isabel Gallotti – j: 21.6.2011, v.m.)

Não é ocioso lembrar que avental, jaleco e outras vestimentas de médicos e profissionais de saúde usadas durante o trabalho, têm a função de dar um pouco de proteção contra os microrganismos existentes em hospitais e em consultórios. Uma vez que há a possibilidade de agentes da infecção serem transportados por meio de roupas, expondo quem está fora do local de trabalho ou do ambiente hospitalar a riscos biológicos, é aconselhável evitar o seu uso no exterior daquelas dependências.

A Portaria n. 485 de 11.11.2005, do então Ministério do Trabalho e Emprego, aprovou o texto da nova Norma Regulamentadora de Segurança e Saúde no Trabalho em Estabelecimentos de Saúde (NR 32), primeira no Brasil a estabelecer as diretrizes básicas para implementação das medidas de proteção aos trabalhadores na área de saúde, a qual prescreve entre outras proibições, deixarem o local de trabalho com os equipamentos de proteção individual e vestimentas utilizadas em atividades laborais [341].

No Estado de São Paulo há lei proibindo os profissionais de saúde, usar jalecos, aventais e equipamentos de proteção individual fora do ambiente de trabalho, sob pena de pagamento de multa [342].

---

[341] NR 32 – Segurança e saúde no trabalho em serviços de saúde –32.2 Dos Riscos Biológicos – item 32.2.4.6.2 "Os trabalhadores não devem deixar o local de trabalho com os equipamentos de proteção individual e as vestimentas utilizadas em suas atividades laborais."

[342] Lei n. 14.466, de 8.6.2011 – Proíbe o uso, por profissionais da área da saúde, de equipamentos de proteção individual fora do ambiente de trabalho. – Artigo 1º. Ficam todos os profissionais de saúde que atuam no âmbito do Estado proibidos de circular fora do ambiente de trabalho vestindo equipamentos de proteção individual com os quais trabalham, tais como jalecos e aventais. Artigo 2º. O profissional de saúde que infringir as disposições contidas nesta lei estará sujeito à multa de 10 (dez) Unidades Fiscais do Estado de São Paulo (UFESP), aplicada em dobro em caso de reincidência. Parágrafo Único – As penalidades decorrentes de infrações às disposições desta lei serão impostas, nos respectivos âmbitos de atribuições, pelos órgãos estaduais de vigilância sanitária (...).

21.3.1 Reuso ou reaproveitamento de produtos médicos

As regras editadas pela Diretoria Colegiada da ANVISA sobre o reaproveitamento de produtos médicos estão nas resoluções RDC 156, RE 2605 e RE 2606, todas de 11.8.2006[343, 344 e 345]. Essas regulamentações constituem atualmente as bases legais para o reprocessamento de produtos destinados à saúde.

Materiais usados e aproveitados novamente podem ser outro sério motivo de preocupação decorrente dos possíveis perigos de transmissão de infecções, caso a recuperação ou a reutilização desse material for insegura e os procedimentos de limpeza, desinfecção e esterilização não forem rigorosamente seguidos. Não podem ser comercializados e quem os utiliza responde por eles.

---

343 RDC 156, de 11.8.2006 – Dispõe sobre o registro, rotulagem e re-processamento de produtos médicos e dá outras providências.

344 Resolução – RE n. 2.605, de 11.8.2006 – Estabelece a lista de produtos médicos enquadrados como de uso único proibidos de ser reprocessados. Anexo – Lista de produtos médicos enquadrados como de uso único proibidos de ser reprocessados: 1. Agulhas com componentes, plásticos não desmontáveis; 2. Aventais descartáveis; 3. Bisturi para laparoscopia com fonte geradora de energia, para corte ou coagulação com aspiração e irrigação; 4. Bisturis descartáveis com lâmina fixa ao cabo; 5. Bolsa coletora de espécimes cirúrgicos; 6. Bolsas de sangue; 7. Bomba centrífuga de sangue; 8. Bomba de infusão implantável; 9. Campos cirúrgicos descartáveis; 10. Cânulas para perfusão, exceto as cânulas aramadas; 11. Cateter de Balão Intra-aórtico; 12. Cateter epidural; 13. Cateter para embolectomia, tipo Fogart; 14. Cateter para oxigênio; 15. Cateter para medida de débito por termodiluição; 16. Cateter duplo J, para ureter; 17. Cateteres de diálise peritoneal de curta e longa permanência; 18. Cateteres e válvulas para derivação ventricular; 19. Cateteres para infusão venosa com lumen único, duplo ou triplo; 20. Cobertura descartável para mesa de instrumental cirúrgico; 21. Coletores de urina de drenagens, aberta ou fechada; 22. Compressas cirúrgicas descartáveis; 23. Conjuntos de tubos para uso em circulação extracorpórea; 24. Dique de borracha para uso odontológico; 25. Dispositivo para infusão vascular periférica ou aspiração venosa; 26. Dispositivo linear ou circular, não desmontável, para sutura mecânica; 27. Drenos em geral; 28. Embalagens descartáveis para esterilização de qualquer natureza; 29. Equipos descartáveis de qualquer natureza exceto as linhas de diálise, de irrigação e aspiração oftalmológicas; 30. Esponjas Oftalmológicas; 31. Expansores de pele com válvula; 32. Extensões para eletrodos implantáveis; 33. Equipos para bombas de infusão peristálticas e de seringas; 34. Extensores para equipos com ou sem dispositivo para administração de medicamentos; 35. Filtros de linha para sangue arterial; 36. Filtros

A Resolução RE n. 2.605 catalogou vários produtos de uso único, proibidos de serem reprocessados. Entre os mais comuns, encontram-se estes: agulhas com componentes plásticos não desmontáveis, aventais, bisturis, bolsas de sangue, cateteres, campos cirúrgicos, luvas cirúrgicas e de procedimento, seringas plásticas, sondas gástricas e nasogástricas, retais uretrais e vesicais. Os permitidos estão regulados na Resolução RDC n. 156[346].

---

para cardioplegia; 37. Filtros endovasculares; 38. Fios de sutura cirúrgica: fibra, natural, sintético ou colágeno, com ou sem agulha; 39. Geradores de pulso, implantáveis; 40. Hemoconcentradores; 41. Injetores valvulados (para injeção de medicamentos, sem agulha metálica); 42. Lâmina de Shaiver com diâmetro interno menor que 3mm; 43. Lâminas descartáveis de bisturi, exceto as de uso oftalmológico; 44. Lancetas de hemoglicoteste; 45. Lentes de contato descartáveis; 46. Luvas cirúrgicas; 47. Luvas de procedimento; 48. Óleos de silicone Oftalmológico e soluções viscoelásticas oftalmológicas; 49. Oxigenador de bolhas; 50. Oxigenador de membrana; 51. Pinças e tesouras não desmontáveis de qualquer diâmetro para cirurgias vídeo assistida laparoscópica; 52. Produtos implantáveis de qualquer natureza como: cardíaca, digestiva, neurológica, odontológica, oftalmológica, ortopédica, otorrinolaringológica, pulmonar, urológica e vascular; 53. Punch cardíaco plástico; 54. Reservatórios venosos para cirurgia cardíaca de cardioplegia e de cardiotomia; 55. Sensor de débito cardíaco; 56. Sensores de Pressão Intra-Craniana; 57. Seringas plásticas exceto de bomba injetora de contraste radiológico; 58. Sondas de aspiração; 59. Sondas gástricas e nasogástricas, exceto as do tipo Fouché; 60. Sondas retais; 61. Sondas uretrais e vesicais, exceto uso em urodinâmica; 62. Sugador cirúrgico plástico para uso em odontologia; 63. Registro multivias de plástico, exceto os múltiplos, tipo Manifold; 64. Cúpula isoladas para transdutores de pressão sanguínea; 65. Trocater não desmontável com válvula de qualquer diâmetro; 66. Tubo de coleta de sangue.

345 Resolução RE n. 2.606, de 11.8.2006 – Dispõe sobre as diretrizes para elaboração, validação e implantação de protocolos de reprocessamento de produtos médicos e dá outras providências.

346 "Obrigação de fazer. Relação de consumo. Plano de saúde. Cirurgia de polipectomia vídeo-histeroscopia. Negativa de autorização do material necessário ao sucesso da cirurgia. Liberação de material reutilizável possivel de reprocessamento, não solicitado pelo médico. (...) 7. Autora diagnosticada com "pólipos endometrial e sangramentos" necessitava se submeter a procedimento cirúrgico, porém a parte Ré autorizou o procedimento, mas não com o tipo de material indicado pelo médico. 8. Autorização para equipamento de uso permanente fornecido pelo próprio hospital "Alça de Ressecção Reutilizável" possível de reprocessamento. 9. Alegação que o

As normas são compulsórias. Todos os serviços de saúde são obrigados a observá-las para não incorrerem em sanções sanitárias e penais[347]. As penais, preveem, inclusive, o aumento da pena ao funcionário da saúde pública, médico, farmacêutico, dentista ou enfermeiro, que

material solicitado "Alça de Versapoint" não se encontra listado entre os produtos de uso único enquadrados na Resolução n. 2.605/2006 da ANVISA. 10. Ausência de comprovação que o emprego do aparelho oferecido tenha a mesma eficiência, qualidade e atenda às necessidades da Autora, em substituição ao material indicado pelo profissional responsável pela cirurgia. 11. Ainda que possível cirurgia com a "Alça de Ressecção Reutilizável" como autorizada pela operadora, o fato é que sobre o médico é que recai toda a responsabilidade do sucesso ou insucesso da cirurgia, não podendo ele descuidar-se de nenhum detalhe, para que não lhe seja imputado negligência ou imperícia. 12. A seguradora não pode se imiscuir na esfera de atuação, que é própria do médico que assiste o doente, é ele quem conhece sua patologia e a real necessidade de realizar é própria do médico que assiste o paciente, pois é ele quem conhece sua patologia e a real necessidade de realizar o procedimento cirúrgico indicado. (...)" (TJ-RJ - Ap. 00942653520138190001- 6ª Câm. Cív. - Rel. Teresa de Andrade Castro Neves - j: 17.6.2015,-trechos da ementa)

"Plano de saúde. Negativa indevida. Material descartável. Excepcionalidade. Dano moral. (...) 1. *In casu*, inconteste o dever de indenizar, vez que a prestadora do plano de saúde se negou a fornecer o equipamento descartável requerido pelo profissional médico que acompanhara o tratamento da paciente. Embora houvesse o referido aparelho no hospital, o médico diretamente responsável pelo tratamento requisitou o material descartável, vez que o permanente, deveras antigo e apenas reprocessado, poderia acarretar risco de infecção à paciente (...) 2. A Resolução da ANVISA apenas dispõe lista dos aparatos que em nenhuma hipótese poderão ser reprocessados, garantindo uma segurança mínima à saúde dos pacientes, mas não reprova cautelas outras a serem tomadas à luz das peculiaridades de cada caso. 3. Não cabe à operadora do plano intervir no procedimento. (...) Registre-se que as recusas abusivas dos planos de saúde estão reiteradamente presentes nas pautas do Judiciário, a exigir uma postura mais firme que de fato constitua a faceta preventiva inerente à indenização por danos morais. (...) (TJ-ES - Ap. 00208188720098080024 - 4ª Câm. Cív. - Rel. Eliana Junqueira Munhos Ferreira - j: 13.8.2012 - trechos da ementa)

[347] Lei n. 6.437 de 20.8.1977 - Configura infrações à legislação sanitária federal, estabelece as sanções respectivas, e dá outras providências.

infringir determinações do Poder Público, destinadas a impedir introdução ou propagação de doença contagiosa[348 e 349].

Orientações e recomendações transmitidas em programas e comissões internas de controle de infecções hospitalares, especialmente ao pessoal da enfermagem e profissionais que têm contato direto com o doente, acompanhadas de constante controle e rígidos cuidados com a utilização de produtos não proibidos de reaproveitamento, além de importantíssimos meios para prevenir a propagação de moléstias, são outros fortes elementos de defesa quando a entidade for apontada como negligente pela transmissão de doenças aos internados.

---

[348] Cód. Penal: "Art. 268 – Infringir determinação do Poder Público, destinada a impedir introdução ou propagação de doença contagiosa: Pena – detenção, de 1 mês a 1 ano, e multa. Parágrafo único – A pena é aumentada de 1/3, se o agente é funcionário da saúde pública ou exerce a profissão de médico, farmacêutico, dentista ou enfermeiro."

"Art. 273. Falsificar, corromper, adulterar ou alterar produto destinado a fins terapêuticos ou medicinais: Pena - reclusão, de 10 (dez) a 15 (quinze) anos, e multa. § 1º- A - Incluem-se entre os produtos a que se refere este artigo os medicamentos, as matérias-primas, os insumos farmacêuticos, os cosméticos, os saneantes e os de uso em diagnóstico."

[349] "(...) Depreende-se dos autos que o paciente, médico ortopedista, "estaria envolvido em um sofisticado esquema de reutilização de produtos médicos de uso único, cujo reprocessamento é expressamente proibido pela Agência Nacional de Vigilância Sanitária - ANVISA, em potencial dano à saúde de usuário e à coletividade. O esquema, que estaria centrado na atuação da pessoa jurídica..., envolveria médicos, instrumentadores cirúrgicos e empresários e visaria, em suma, obter altas taxas de lucro na cobrança de produtos recondicionados utilizados em cirurgias como se novos fossem, ou mesmo na cobrança de produtos que não haviam sido utilizados" (e-STJ fl. 22). Por esses fatos, foi preso preventivamente, na Operação Lama Cirúrgica, pela suposta prática dos delitos tipificados nos arts. 273, § 1º, e 171, ambos do Código Penal; 2º da Lei n. 12.850/2013 e 1º, § 2º, II, da Lei n. 9.613/1998 (e-STJ fls. 16/20) (...) (STJ – HC n. 442721 ES 2018/0070056-4 – Re. Min. Antonio Saldanha Palheiro – DJ 23/04/2018 – trechos da ementa)

"Adulteração de produtos medicinais. Estelionato (...) 4. a descrição da suposta prática de adulteração de produtos destinados a fins medicinais está devidamente evidenciada na denúncia(...) 5. Os produtos identificados na denúncia são, invariavelmente, produtos a serem utilizados em cirurgias ortopédicas. (...) cabe aqui registrar a compreensão alargada quanto à interpretação do art. 273 do código penal, compreendendo produtos medicinais para além de simples substâncias voltadas ao alívio ou à cura de doenças, mas como todo e qualquer produto que esteja vinculado à saúde e o qual se exija registro perante a Agência Nacional de Vigilância Sanitária. (...) (TJ-ES – HC: 00152756320188080000 – 1ª Câm. Crimina – Rel. Pedro Valls Feu Rosa – j: 05.9.2018 – trechos da ementa)

22

RESPONSABILIDADE CIVIL DO ESTADO

A responsabilidade do Estado pelos danos causados a terceiros por atos dos seus agentes, deriva de preceito constitucional reafirmado na lei civil[350 e 351]. A palavra "agentes", utilizada pelo legislador tem amplo significado. São os prestadores de serviços públicos em geral: pessoas jurídicas de direito público e de direito privado, pessoas físicas, funcionários ou servidores públicos, hospitais e entidades conveniadas,

---

[350] Art. 37, § 6º da Constituição Federal de 1988: "As pessoas jurídicas de direito público e de direito privado prestadoras de serviços públicos responderão pelos danos que seus agentes, nessa qualidade, causarem a terceiros, assegurado o direito de regresso contra o responsável nos casos de dolo ou culpa."

[351] Art. 43 do Código Civil: "As pessoas jurídicas de direito público interno são civilmente responsáveis por atos dos seus agentes que nessa qualidade causem danos a terceiros, ressalvado direito regressivo contra os causadores do dano, se houver, por parte destes, culpa ou dolo."

médicos credenciados, etc. [352]. Para finalidade penal, o médico particular credenciado pelo SUS iguala-se a servidor público[353 e 354].

---

[352] "O Instituto Nacional de Seguridade Social (INSS) pode prestar serviços hospitalares através de seus próprios hospitais, ou entidades conveniadas, e por médicos credenciados. Fazendo ele convênio com hospitais particulares, é dele a obrigação de fiscalizar a prestação desses serviços, é pois dele a responsabilidade pelos danos causados em pacientes, seus segurados. Foi isso o que decidiu o TAMG, no AI 135.591-7, de 24.11.1992: 'Ao exame do contrato de fls. dessume-se que a agravada é obrigada a oferecer internação e tratamento a todas as pessoas que o INAMPS (Instituto Nacional de Assistência Médica, depois substituído pelo INSS) lhe enviar (cláusula primeira), como também aludido órgão público tem direito de fiscalizar os serviços médico-hospitalares prestados pela agravada (...) Deflui desta circunstância que o referido órgão é responsável pelo tratamento médico-hospitalar dado aos seus beneficiários, inclusive danos advindos a eles na realização do aludido tratamento (...) O INAMPS é obrigado a responder pelos danos causados a terceiros, no exercício de sua função, consoante os precisos termos do § 6º do art. 37 da CF'. Também pelos atos dos médicos credenciados, tem sido reconhecida a responsabilidade do Instituto. (TRF da 1ª Reg., Ap. cív. 89.01.221268; TRF da 1ª Reg., Ap. cív. 89.01.226.480; TRF da 3ª Reg., Ap. cív. 90.03.12035-8, de 16.12.1991). Respondem os médicos, diretamente, provada a sua culpa, e o Instituto, solidariamente." (AGUIAR JR., Ruy Rosado de. ob. cit. RT 718/46)

[353] Art. 327 do Código Penal: "Considera-se funcionário público, para os efeitos penais, quem, embora transitoriamente ou sem remuneração, exerce cargo, emprego ou função pública. § 1º – Equipara-se a funcionário público quem exerce cargo, emprego ou função em entidade paraestatal, e quem trabalha para empresa prestadora de serviço contratada ou conveniada para a execução de atividade típica da Administração Pública.(...)"

[354] "Habeas Corpus. Penal. Concussão. Médico particular que atende pelo Sistema Único de Saúde – SUS. Equiparação a funcionário público para fins penais. 1. O artigo 327, § 1º, do CP determina que 'equipara-se a funcionário público quem exerce cargo, emprego ou função em entidade paraestatal, e quem trabalha para empresa prestadora de serviço contratada ou conveniada para a execução de atividade típica da Administração Pública'. 2. O paciente, médico contratado de hospital credenciado ao Sistema Único de Saúde – SUS, foi denunciado pela prática do crime de concussão, em razão de ter exigido a quantia de R$ 100,00 (cem reais) para prestar atendimento à pessoa acobertada pelo referido sistema. Daí a correta equiparação a funcionário público. Ordem indeferida." (STF – HC n. 97.710 – Santa Catarina – 2ª Turma – Rel. Min. Eros Grau – j: 2.2.10, v.u.)

No decorrer da prestação dos serviços públicos de saúde, os danos podem ter várias origens: má qualidade da assistência, erro profissional, recusa de atendimento, atendimento inadequado ou omisso do hospital, posto de saúde, pronto socorro ou ambulatório, provir, enfim, de qualquer conduta imprópria capaz de causar piora na saúde ou deflagrar a morte do doente[355].

Produzido o dano por seus agentes, recai sobre o Estado, aqui entendido qualquer dos entes federados da administração pública federal,

---

355 "Responsabilidade Civil. Indenização por danos morais e estéticos. Erro médico. Conduta negligente no atendimento médico que teria acarretado o agravamento da condição e alteração do prognóstico, tornando necessária a mastectomia. Sentença de procedência. Remessa necessária e recurso do Estado. Desprovimento de rigor. Provas dos autos suficientes a ensejar a responsabilização. Caracterizada a responsabilidade subjetiva pela falta do serviço, eis que devem os agentes públicos da área da saúde tomar todas as precauções necessárias no atendimento de pacientes. Inequívoca a negligência e a imperícia médica havida no atendimento à paciente, que, por evidente, ministrou atendimento desproporcional à gravidade da situação. Indenização por danos morais e estéticos devida. Precedentes desta C. Corte e do E. STJ. (...)" (TJ-SP – Ap. 10100306420138260053 SP 1010030-64.2013.8.26.0053 – 6ª Câm. de Direito Público – Rel. Sidney Romano dos Reis – j: 26.11.2018)

"Apelação Cível. Responsabilidade civil. Omissão do ente público em higienizar o corte antes de proceder ao curativo. Gangrena e amputação da perna direita decorrente da omissão. Responsabilidade civil do ente público comprovada. Indenização devida. Danos morais e pensão mensal fixados adequadamente. Ajuste quanto aos consectários legais. Remessa parcialmente provida." (TJ-SC – Ap. cív. n. 2011.057882-0 – 4ª Câm. de Direito Público – Rel. Des. Cláudio Barreto Dutra – j: 20.10.2011, v.u.)

estadual ou municipal, o dever de ressarcir o prejudicado – teoria do risco administrativo[356 e 357].

---

[356] "O funcionamento do Sistema Único de Saúde – SUS é de responsabilidade solidária da União, estados-membros e municípios, de modo que, qualquer dessas entidades têm legitimidade *ad causam* para figurar no pólo passivo de demanda que objetiva a garantia do acesso à medicação para pessoas desprovidas de recursos financeiros." (STJ – REsp n. 834294/SC – 2ª Turma – Rel. Ministra Eliana Calmon – DJ 26.9.2006)

"O Sistema Único de Saúde é financiado pela União, Estados-membros, Distrito Federal e Municípios, sendo solidária a responsabilidade dos referidos entes no cumprimento dos serviços públicos de saúde prestados à população. Legitimidade passiva do Município configurada." (STJ – REsp n. 439.833-SP – 1ª Turma – Rel. Min. Denise Arruda – DJ 24.4.2006)

"Agravo de Instrumento. Direito à vida e à saúde. Internação compulsória. Solidariedade entre os entes públicos. Antecipação de tutela deferida. É dever dos entes públicos promover, solidariamente, o atendimento à saúde, nos termos do art. 196, da Constituição Federal. Havendo comprovação da necessidade do tratamento contra o alcoolismo severo, fazem-se presentes a verossimilhança e o fundado receio de dano irreparável autorizadores da antecipação dos efeitos da tutela. Possível o bloqueio de verbas públicas, ao fim de dar efetividade à ordem judicial de internação psiquiátrica. Medida que não se mostra gravosa à sociedade e que garante ao enfermo o direito à saúde. Negado seguimento ao Agravo de Instrumento." (TJ-RS – AI n. 70044767747 – 7ª Câm. Cível – Rel. Des. André Luiz Planella Villarinho – j: 12.9.2009, decisão monocrática)

"Recurso de apelação. Administrativo e Constitucional. Município de Erechim. Internação compulsória. Dever do ente público, consoante a disposição constitucional expressa ao assegurar o direito à vida e o direito à saúde como garantias fundamentais, de acordo com a responsabilidade solidária (art. 196 da CF/88)." (TJ-RS – Ap. cív. n. 70032563280 – 7ª Câm. Cív. – Rel. Dr. José Conrado de Souza Júnior – j: 2.12.2009, v.u.)

"Recurso Extraordinário. Constitucional e administrativo. Direito à saúde. Tratamento médico. Responsabilidade solidária dos entes federados. Repercussão geral reconhecida. Reafirmação de jurisprudência. O tratamento médico adequado aos necessitados se insere no rol dos deveres do Estado, porquanto responsabilidade solidária dos entes federados. O polo passivo pode ser composto por qualquer um deles, isoladamente, ou conjuntamente." (STF – RG RE: 855178 PE – 0005840-11.2009.4.05.8500 – Rel. Min. Luiz Fux – j: 05.03.2015 – DJe-050 16.03.2015)

[357] "Responsabilidade civil. Ação indenizatória. Dano material e moral. Erro médico. Procedimento realizado em hospital público. Prova pericial conclusiva pelo correto procedimento médico. Não comprovada responsabilidade do hospital. Inexistência de nexo causal que afasta o dever de indenizar. Manutenção integral da sentença. 1- Responsabilidade Objetiva do Estado. Art. 37, § 6º da Constituição da República. 2- Aplica-se a Teoria do Risco Administrativo. 3- Para restar caracterizada a responsabilidade civil do Estado, é preciso estar presente os requisitos gerais, que são a conduta, o resultado (dano) e o nexo de causalidade, diante da responsabilidade objetiva estatal. 4- Prova pericial concluindo que não houve qualquer desvio de conduta médica por parte da profissional que prestou o atendimento à Autora, que o

A responsabilidade da administração pública tem natureza objetiva: responsabilidade sem culpa[358]. Desnecessário prová-la. Basta

---

tratamento aplicado foi adequado e de maneira correta. 5- O laudo foi suficientemente esclarecedor, não havendo motivos para afastar a credibilidade de seu trabalho, sobretudo em face do disposto no art. 156, parágrafo 1º do CPC. 6- Obrigação de meio, comprometendo-se o médico a tudo fazer dentro da boa técnica para atender ao paciente e não o curar. 7- O médico não pode ser responsabilizado por intercorrências que independem de sua perícia e conhecimento, mormente por aquelas que são consequências plausíveis do procedimento. 8- Não demonstrado o nexo de causalidade entre a conduta do agente público e o resultado danoso da vítima, impõe-se a improcedência do pedido. 9- Manutenção da Sentença. 10- Negativa de provimento ao recurso. " (TJ-RJ – Ap. n. 01225786920148190001 – 6ª Câm. Cív. – Rel. Desª. Teresa de Andrade Castro Neves – j: 15.05.2019)

"Responsabilidade civil. Hospital estadual. Erro médico. Imperícia no atendimento. Laceração na bexiga da paciente durante cesariana. Perícia conclusiva. Nexo de causalidade. Teoria do risco administrativo. Aplicabilidade da teoria da perda de uma chance. Dano moral configurado. Isenção do pagamento da taxa judiciária ante o instituto da confusão. O pleito indenizatório vem ancorado em responsabilidade civil decorrente de erro médico, da qual deriva a responsabilidade do ente público por ato de seus agentes, prescindindo da averiguação de culpa, relevando apenas o mau funcionamento do serviço. Perícia conclusiva no sentido de que as falhas nos procedimentos médicos realizados foram a causa da sintomatologia clínica apresentada pela autora causada pela laceração na bexiga no ato da cesariana, o que acarretou a necessidade de realização de duas cirurgias, ficando a demandante incapacitada por mais de um mês. Assim, comprovados os atos de imperícia dos agentes do réu no atendimento à vítima e o resultante quadro clínico final. Presença dos pressupostos da responsabilidade civil. Dano moral caracterizado. (...)" (TJ-RJ – Ap. n. 00099646020168190031– 17ª Câm. Cív. –Rel. Edson Aguiar de Vasconcelos– j: 04.7.2018– trechos da ementa)

358 "Responsabilidade objetiva é a obrigação de indenizar que incumbe a alguém em razão de um procedimento lícito ou ilícito que produziu uma lesão na esfera juridicamente protegida de outrem (Celso Antônio)." (Stoco, Rui. *in* Responsabilidade Civil do Estado por obras que realiza. RT 689/114)

"O § 6º do art. 37 da CF seguiu a linha traçada nas Constituições anteriores e, abandonando a privatística 'teoria subjetiva da culpa', orientou-se pela doutrina do Direito Público e manteve a 'responsabilidade objetiva da Administração', sob a modalidade do risco administrativo. (...)" (Lopes Meirelles, Hely. *in* Direito Administrativo Brasileiro. 21ª ed. Malheiros Editores, 1996, p. 564)

"Direito administrativo. Responsabilidade civil objetiva do Estado. Omissão específica. Paciente portador de dengue hemorrágica. Erro de diagnóstico. Óbito. Dano moral configurado. Ação cognitiva ajuizada por filho e irmãos de menor em face da edilidade a objetivar indenização moral, em decorrência do falecimento de familiar em nosocômio municipal. Sentença de improcedência. Apelo. 1. Omissão dos agentes públicos na realização de exames laboratoriais diante da epidemia de dengue que

demonstrar a existência da relação (nexo causal) entre a lesão produzida e o ato omissivo ou comissivo do agente[359].

---

assolava a região de Angra dos Reis no ano de 2008 e dos sintomas apresentados pela vítima. 2. Falha na prestação de serviço de que resultou o agravamento do estado clínico e o óbito do paciente. Responsabilidade civil objetiva. Omissão específica. Dever de indenizar. Artigo 37, § 6.º, da CRFB e artigo 927, § único, do Código Civil. 3. Administração Pública que não zelou pela guarda dos documentos médicos, conforme Resolução 1821/07 do Conselho Federal de Medicina, não podendo se beneficiar da sua negligência. A supressão do prontuário médico faz com que o Município tenha que suportar, o ônus de sua conduta, por inviabilizar a conclusão do laudo pericial. 4. A perda de ente querido como é caso dos autos em que os autores perderam, respectivamente, filho e irmão, configura dano moral *in re ipsa*, já que o presumido o sofrimento experimentado. (...)" (TJ-RJ – Ap. n.. 00176021520088190003 Rio de Janeiro- Angra dos Reis – 3ª Câm. Cív. – Rel. Fernando Foch de Lemos Arigony da Silva – j: 27.9.2017 – trechos da ementa)

"Responsabilidade civil do Estado. Hospital da rede pública. Omissão. Falta de atendimento à parturiente. Sequelas irreparáveis do recém-nascido. Dano moral tanto da mãe, quanto do filho. Critério para fixação do *quantum*. O direito pátrio consagra a responsabilidade objetiva do Estado, por atos de seus agentes, mas em se tratando de ato omissivo, a responsabilidade é subjetiva. Restando devidamente comprovado o dever de evitar a ocorrência do dano e a culpa dos agentes públicos, impõe-se a obrigação de indenizar. Considera-se correto o valor fixado na sentença quando arbitrado de forma a atender a função compensatória e penalizante, dupla função, na hipótese do dano moral." (TJ-DFT – Ap. cív. n. – Remessa *ex oficio* n. 2003.01.1.041507-8 – 2ª Turma Cível - Rel. Des. Carlos Rodrigues – j: 12.9.2007, v.m.)

"Indenização. Danos morais. Responsabilidade civil. Morte de paciente em hospital psiquiátrico. Responsabilidade do Estado. Omissão quanto ao dever de custódia e vigilância . Responsabilidade do Hospital. Dever de vigilância do hospital sobre os pacientes. Inteligência do artigo 932, II, do Código Civil. Dano moral que ocorre "*in re ipsa*". Fixação do valor indenizatório que deve seguir os princípios da razoabilidade e da proporcionalidade.(...)" (TJ-SP – Ap. cív. n. 0007013-03.2012.8.26.0302 – 6ª Câm. de Direito Público –Rel. Reinaldo Miluzzi – j: 03.4.2017, v.u. – trechos da ementa)

359 "Diz Cretella Júnior que havendo dano e nexo causal, o Estado será responsabilizado patrimonialmente, desde que provada a relação entre o prejuízo e a pessoa jurídica pública, fonte da descompensação ocorrida (O estado e obrigação de indenizar. São Paulo: Saraiva, 1980, p. 105), de modo que somente a força-maior ou a culpa da vítima exonerariam a Administração da obrigação reparatória." (Stoco, Rui. ob. cit. – RT 689/114)

"Responsabilidade civil do Estado. Serviço público médico-hospitalar. Conduta do agente público. Dano. Nexo de causalidade. Não comprovação. I. A jurisprudência do Supremo Tribunal Federal evoluiu no sentido de reconhecer a responsabilidade civil objetiva do Estado pelos danos causados a terceiros, tanto por atos comissivos como por atos omissivos, com base no art. 37, § 6º, da Constituição Federal. II. Inexistindo elementos de prova nos autos aptos a demonstrar o nexo de causalidade entre o tratamento dispensado pelos agentes públicos em hospital e os danos sofridos pelos pacientes, não há se falar em responsabilidade civil do Estado. III. Negou-se provimento ao recurso." (TJ-DF – Ap. cív. n. 20100110140578 – 6ª Turma Cível – Rel. José Divino de Oliveira – j: 07.10. 2015)

"Responsabilidade civil objetiva do Estado. Ação de indenização. Atendimento médico em rede pública municipal. Erro médico ensejando a morte do paciente. Indenização no valor de Rr$ 20.000,00 (vinte mil reais). Recurso da municipalidade. A Constituição da República imputou às pessoas jurídicas de direito público responsabilidade objetiva, através da teoria do risco administrativo, para os danos que seus agentes, nesta qualidade, causarem a terceiros (art. 37, § 6º, CR/88). Para que desponte o dever de indenizar do estado, basta que se comprove o fato, o dano e o nexo de causalidade. Laudo pericial que não consegue avaliar o tratamento prestado a mãe dos autores, pois o Município réu perdeu o prontuário médico da paciente. Dever do nosocômio de guardar o prontuário por 20 anos. (...)" (TJ-RJ – Ap. n. 01601192020068190001 – 14ª Câm. Cív. – Rel. Cleber Ghelfenstein – j: 15.3.2017– trechos da ementa)

"Ação de indenização por danos materiais e morais. Responsabilidade civil do Estado. Responsabilidade objetiva. Requisitos comprovados. Parto normal. Erro médico. Sequelas neurológicas. *Quantum* fixado. Razoabilidade. Danos morais e materiais. Manutenção. Sentença mantida. 1 - O Estado é responsável pelos atos danosos que os seus agentes praticarem, quando atuarem na qualidade de agente público, conforme dispõe o artigo 37, § 6º, da Constituição Federal. Para que o dano moral seja configurado é necessário haver ato ilícito, dano e nexo causal entre este e aquele. 2 - Identificando-se, à luz dos fatos narrados e dos elementos acostados aos autos, a existência de nexo causal entre a conduta médica levada a efeito pelo agente estatal e as sequelas neurológicas acometidas à Autora, resta configurada a responsabilidade objetiva do Estado, o que exsurge o dever de indenizar, a título de danos morais e materiais. 3 - O valor arbitrado a título de indenização por danos morais deve compensar e satisfazer a ofendida pelo sofrimento suportado, devendo ser razoável, justo e equitativo a ponto de reduzir e impedir futuros atos atentatórios. Os valores arbitrados na sentença mostram-se compatíveis com as peculiaridades do caso, impondo-se sua manutenção, até mesmo quanto à determinação de apuração dos danos materiais em liquidação por artigos, nos termos do art. 475-E do CPC/73. Apelação Cível e Remessa Necessária desprovidas." (TJ-DF – Ap. n. 20100110631727 0025695-35.2010.8.07.0001 5ª Turma Cível Rel. Ângelo Passareli j: 17.5.2017)

"Ação indenizatória. Erro médico. Gestante que, diante dos primeiros sinais de trabalho de parto, dirigiu-se a hospital conveniado ao Sistema Único de Saúde. Após atendimento médico, onde constatado quadro de hipertensão da paciente, esta foi deixada sob os cuidados de uma enfermeira durante cinco horas, até que médica obstetra realizasse cirurgia cesariana de emergência. Longa espera que acarretou sofrimento fetal, por ingestão de mecônio no interior do útero materno. Falecimento da criança três dias após o parto. Falha no atendimento à mãe e filha. Veredicto de parcial procedência em relação ao hospital, e extinção do feito sem resolução do mérito quanto ao Estado, por ilegitimidade passiva *ad causam*. Apelo do nosocômio réu. Pretextada ausência de ato ilícito apto a ensejar a responsabilidade civil.

Desfecho trágico que teria decorrido de malformação congênita da infante, dissociada de qualquer erro procedimental da equipe médica, ou de precariedade no atendimento à puérpera. Tese insubsistente. Acervo probatório pleno e absoluto quanto à omissão de assistência pelo galeno diretor da instituição hospitalar que, após realizar o primeiro atendimento à paciente, mesmo diante do alarmante quadro de saúde que esta apresentava, deixou o hospital e partiu em viagem particular. Médica obstetra que, chegando ao hospital várias horas após a internação da paciente, viu-se impossibilitada de realizar a intervenção cirúrgica de urgência, tendo que recrutar profissionais de outro hospital da região. Indubitável dever de indenizar. Rogo subsidiário para minoração do quantum compensatório fixado na origem. Viabilidade. Importe abrandado. Paradigmas referenciais. Recurso conhecido e parcialmente provido, mantidos os demais termos da sentença. Insurgência dos autores. Pleito para reconhecimento da legitimidade passiva do estado. Rechaço. Pressupostos da responsabilidade civil do ente federado, ato ilícito, dano e nexo de causalidade, ausentes. Custeio dos procedimentos que, per se, não atrai a obrigação indenizatória. Precedentes. "Não se deve confundir a obrigação solidária dos entes federativos em assegurar o direito à saúde e garantir o acesso universal e igualitário às ações e serviços para sua promoção, proteção e recuperação, com a responsabilidade civil do Estado pelos danos causados a terceiros. Nessa última, o interessado busca uma reparação econômica pelos prejuízos sofridos, de modo que a obrigação de indenizar sujeita-se à comprovação da conduta, do dano e do respectivo nexo de causalidade entre eles. (STJ, Min. Og Fernandes)" (TJ-SC – Ap. cív. 0004969-04.2006.8.24.0067 – 1ª Câm. de Direito Público – Rel.: Luiz Fernando Boller – j: 04.6.2019)

"Administrativo. Responsabilidade civil. Distrito Federal. Parto. Erro. Nexo de causalidade entre a conduta do agente público e os danos ocasionados à vítima. Sequelas graves e irreversíveis. Direito à indenização, em face da responsabilidade objetiva das pessoas de direito público. Inteligência da norma do § 6º, do art. 37, da Constituição Federal. Vítima que, comprovadamente, não contribuiu para a ocorrência do evento danoso. 1. Nos termos do § 6º do artigo 37 da Constituição Federal, existindo nexo de causalidade entre a ação do agente público e o evento danoso, caracterizada está a responsabilidade civil do Estado, cabendo ao ente indenizar o autor pelos prejuízos que lhe foram causados, mormente quando não comprovada culpa exclusiva ou concorrente da vítima. 2. Recurso de apelação e remessa *ex officio* conhecidos e não providos." (TJ-DFT – Ap. cív. n. 20040110884164 – 2ª Turma Cível – Rel. Des. J. J. Costa Carvalho – j: 19.1.2011, v.u.)

"(...) 01 – As pessoas jurídicas de direito público são civilmente responsáveis 'pelos danos que seus agentes, nessa qualidade, causarem a terceiros' (CR, art. 37, § 6º). Em relação a atos comissivos, a responsabilidade é objetiva, circunstância que não desonera o autor do ônus de demonstrar o 'nexo causal entre o fato lesivo (comissivo ou omissivo) e o dano, bem como o seu montante. Comprovados esses dois elementos, surge naturalmente a obrigação de indenizar. Para eximir-se dessa obrigação incumbirá à Fazenda Pública comprovar que a vítima concorreu com culpa ou dolo para o evento danoso. Enquanto não evidenciar a culpabilidade da vítima, subsiste a responsabilidade objetiva da Administração. Se total a culpa da vítima, fica excluída a responsabilidade da Fazenda Pública; se parcial, reparte-se o quantum da indenização' (Hely

Portanto, União, Distrito Federal, Estados e Municípios serão responsabilizados independentemente da existência da culpa, com exceção das causas excludentes da responsabilidade: caso fortuito, força maior e culpa da vítima[360 e 361].

Lopes Meirelles; REsp n. 38.666, Min. Garcia Vieira; REsp n. 866.450, Min. Herman Benjamin). 02 – Em demanda que a autora reclama indenização por danos materiais e morais, decorrentes da perda da visão no olho direito e de deformidade permanente e irreversível resultante de 'vazamento pós-cirurgia filtrante' em cirurgia realizada em hospital público (Hospital Celso Ramos), a responsabilidade civil do Estado de Santa Catarina é objetiva, cumprindo-lhe reparar os danos. Não havendo prova de equívoco no procedimento adotado em cirurgia de alto risco, não há como responsabilizar civilmente o médico pelos danos resultantes de lesão ocular decorrente de catarata (...)." (TJ-SC – Ap. cív. n. 2010.015086-3 – São João Batista – 1ª Câm. de Direito Público – Rel. Des. Newton Trisotto – j: 8.6.2011, v.u. – trechos do acórdão)

360 Código Civil: "Art. 393. O devedor não responde pelos prejuízos resultantes de caso fortuito ou força maior, se expressamente não houver por eles responsabilizado. Parágrafo único. O caso fortuito ou de força maior verifica-se no fato necessário, cujos efeitos não era possível evitar ou impedir".

361 "Responsabilidade civil do Estado. Doente mental internado em hospital psiquiátrico. Suicídio. Danos materiais e morais. Honorários advocatícios. 1. Portador de distúrbio psicótico não determinado, levado por sobrinha para o Hospital Psiquiátrico São Vicente de Paula – HPAP porque apresentava ansiedade excessiva e pensamentos delirantes místico-religiosos e de culpa associados a alucinações auditivas de comando que mandavam matar seus pais. Além disso, mostrava-se inquieto, desorientado e com tendências suicidas. Fato incontroverso. Divergência jurídica: responsabilidade civil objetiva (art. 37, § 6º, da CF de 1988), conforme uma corrente; ou responsabilidade civil objetiva, em razão de omissão (negligência) dos prepostos do Estado (servidores do HPAP: médico e enfermeiros), conforme outros. Adesão ao magistério de Hely Lopes Meirelles, porque o art. 37, § 6º, da Constituição Federal de 1988 não faz distinção entre ação e omissão para fins de responsabilização do Estado. Ao contrário, preconiza que este é responsável objetivamente pelos danos que seus agentes, nessa qualidade, causem a terceiros. De regra, nesses casos, o Poder Público somente não responde por fato de terceiro, por culpa exclusiva da vítima, por caso fortuito ou por força maior. Ademais, o Estado tem obrigação de adotar todas as medidas necessárias a fim de assegurar a proteção de quem estiver sob sua guarda. Não se pode esquecer que os doentes mentais internados em hospitais públicos em nada diferem das pessoas presas, dos menores carentes ou infratores internados em orfanatos ou em estabelecimentos de recuperação, dos alunos de escola pública no que tange à obrigação estatal de guarda. É dizer: se estão estas pessoas sob a guarda do Poder Público, deve este velar pela sua integridade física. 2. Danos materiais limitados ao reembolso das despesas de sepultamento da vítima (pensionamento indevido porque não provado exercesse ele atividade laborativa. 2.1 Pedido de indenização por danos morais procedente. (...)" (TJ-DFT – Ap. cív. n. 2007.01.1.028788-8 – 2ª Turma Cível – Rel. Des. Waldir Leôncio C. Lopes Júnior – j: 29.9.10, v.u. – trechos da ementa).

Em determinado julgado, a União foi condenada a indenizar pelo atraso na realização de parto em razão da ausência de anestesista, ocasionando a morte do recém-nascido [362].

Em demanda de reparação por danos morais, materiais, estéticos com pedido de pensão vitalícia ajuizada pelos pais, por si e representando criança com oito meses de idade que teve amputada parte do membro inferior em decorrência de erro médico, o Tribunal de Justiça de Santa Cataria manteve a sentença que condenou o Estado, declarou o direito do infante de ser ressarcido pelos gastos futuros para tratar as sequelas, medicamentos, próteses, tratamento psicológico e atendimento educacional especializado, além de condenar o Estado a pagar à criança indenização por danos morais e estéticos e pensão vitalícia a partir dos 14 anos, bem como a cada um dos pais pelos danos morais por estes sofridos, honorários periciais e advocatícios [363].

---

[362] "Direito civil. Processual civil. Legitimidade passiva da União. Responsabilidade civil objetiva. Erro médico. Morte de recém-nascido em razão de atraso na realização do parto. Danos morais. Indenização. (...) 1) A negligência da ré confirma-se pelo atraso na realização do parto da paciente, em razão da ausência, no local, de profissional qualificado (anestesista) para proceder à intervenção cirúrgica, ocasionando a morte do recém-nascido, por falta de oxigenação no cérebro (anoxia perinatal grave). Assim, mostra-se correta a sua condenação a prestar indenização por danos morais ao autor, que teve diversos transtornos e aborrecimentos, além de profundo sentimento de tristeza decorrente da perda de um filho. (...)" (TRF Segunda Região – Ap. cív. 1994.51.02.030364-2 – 5ª Turma Especializada – Rel. Des. Antônio Cruz Netto – j: 9.11.2005, v.u. – trechos da ementa)

[363] "Administrativo. Responsabilidade civil do Estado. Ação de reparação por danos morais, materiais, estéticos e pedido de pensão vitalícia ajuizada pelos descentes e pelo descendente vítima de erro médico. Amputação de parte do membro inferior direito de infante com 08 (oito) meses de idade decorrente de demora no diagnóstico de obstrução arterial. Sentença de parcial procedência. Responsabilidade do ente público caracterizada. Nexo causal evidenciado pelo laudo pericial. Dever de indenizar inconteste. Recurso dos autores. Irresignação no que tange ao *quantum* indenizatório fixado em favor das partes. Lesões definitivas que se prolongarão por toda a vida do descendente. Indenizações por danos morais e estética mantidas. Valores que se mostram proporcionais e aptos à repreensão do ilícito, ao desestímulo à prática negligente e à reparação do dano causado. Disparidade entre os valores arbitrados em favor da genitora e do genitor. Incabimento da distinção. Sofrimento dos genitores que não podem ser comparados. Necessidade de majoração do *quantum* fixado em favor do pai com o fito de adequar ao patamar fixado em favor da mãe. Majoração dos honorários advocatícios. Possibilidade. Verba estipendial que deve ser arbitrada em conformidade

Em outra situação o Tribunal de Justiça de São Paulo atribuiu responsabilidade civil ao Estado impondo-lhe o dever de indenizar dano moral porque, em cirurgia de transplante renal realizada em hospital de clínicas pertencente à universidade pública, incorporou-se ao organismo do enfermo um rim de doador-cadáver, portador de doença de Chagas [364].

Noutro cenário o Tribunal de Justiça de Minas Gerais responsabilizou a municipalidade condenando-a indenizar dano moral por notícia equivocada de falecimento de paciente internado [365].

---

com o disposto no § 3º do art. 20 do Código de Processo Civil. Procurador que agiu com zelo e presteza durante todo processamento da lide. Recurso do Estado de Santa Catarina. Ataque limitado à pensão vitalícia arbitrada em sentença. Tese de que a lesão não incapacita o infante para todo e qualquer tipo de labor. Descabimento. Evidente perda de capacidade laborativa, mesmo que parcial, não reparada totalmente com o fornecimento de prótese futuramente. Manutenção da pensão vitalícia fixada no valor de um salário mínimo a partir do alcance da idade de 14 (quatorze) anos. Remessa necessária. Consectários legais. Correção monetária. Temas 810 do STF e 905 do STJ. Consentimento desta Colenda Câmara de que é possível determinar a aplicação da TR, sem prejuízo de adoção - em fase de cumprimento - de índice distinto se assim for determinado pelo STF. Recurso do réu conhecido e desprovido. Recurso dos autores conhecido e provido em parte. Remessa necessária parcialmente provida, somente para promover ajustes quanto aos consectários legais." (TJ-SC – Ap. cív. n. 0002128-32.2007.8.24.0057 – 5ª Câm. de Direito Público – Rel. Des. Artur Jenichen Filho – j: 06.6.2019, v.u.)

364 "Ementa Oficial: Responsabilidade civil. Indenização. Danos materiais e morais. Ajuizamento em face da Unicamp e seu Hospital das Clínicas, em razão de transplante renal realizado pela ré, que incorporou ao organismo do autor um rim que adveio de um cadáver 'doador cadáver', que portava moléstia de Chagas. Responsabilidade objetiva do Estado (art. 37, § 6º, da CF). Danos materiais não demonstrados. Danos morais devidos, a partir do fato e prevalecendo enquanto o autor viver." (TJ-SP – Ap. n. 170.421-5/6-00 – 8ª Câm. de Direito Público – Rel. Des. Paulo Travain – j: 6.7.2005, v.u. – RT 845/226)

365 "Responsabilidade civil. Indenização. Dano moral. Hospital público municipal que noticia equivocadamente o falecimento de paciente. Responsabilidade do Poder Público caracterizada. Verba devida. Quantia arbitrada a título de reparação que não deve ser modificada, pois fixada com prudência. Juros de Mora. Indenização. Responsabilidade civil. Incidência a partir da data do evento danoso. Inteligência da Súmula 54 do STJ." (TJ-SP – Ap. cív. c/rev. n. 539.518-5/8-00 – 6ª Câm. de Direito Público – Rel. Des. Sidney Romano dos Reis – j: 7.5.2007, v.u.– RT 864/ 260)

Caso chocante, julgado pelo Tribunal de Justiça de Roraima, foi o de uma criança que, em hospital municipal, recebeu tratamento de infecção de vermes quando era caso de tumor cancerígeno [366]. O Tribunal de Justiça do Amapá condenou o Estado por negligência médica causadora da morte de criança de cinco anos de idade em simples cirurgia de fimose [367].

Esses são apenas alguns julgados, selecionados entre dezenas, em que a administração pública foi responsabilizada e condenada a reparar danos causados por seus agentes.

Há porém decisão em que o Superior Tribunal de Justiça entendeu faltar legitimidade passiva para a União responder por danos morais causados por erro médico ocorrido em hospital da rede privada custeado pelo SUS [368].

---

[366] "Ação Indenizatória. Erro médico. Hospital municipal. Morte de criança em razão de tumor cancerígeno tratado como infestação por vermes. Menor que foi examinada diversas vezes, chegando a fazer ultrassonografia. Diagnóstico tardio que impossibilitou a adoção de medidas adequadas ao tratamento. Verba devida." (TJ-RR – Ap. n. 001007009047-6 – Câm. Única – Rel. Des. Almiro Padilha – j: 19.2.2008, v.u. – DJRR 28.2.2008 – RT 872/382)

[367] "Erro médico. Responsabilidade civil objetiva do Estado. Risco administrativo. Erro de seus agentes públicos. Morte de criança de cinco (5) anos de idade. Vida suprimida de quem nem sequer praticamente chegou a viver. Negligência médica em simples cirurgia de fimose. Ausência de testes de indução alergênica no paciente e avaliações de imunoglobulina e ocorrência de excesso anestésico ou de sedativo. Dever de indenizar reconhecido. Assegurado o direito de regresso contra os responsáveis nos casos de dolo ou culpa. 1) Responde o ente estatal pelo dano causado por médico-anestesista do hospital onde se deu o evento danoso por reconhecida negligência médica, sem, contudo, dignar-se a prévia avaliação investigativa das funções cardíaca, pulmonar, renal e hepática, além de investigação laboratorial hematológica, capaz de identificar, por meio de indução, testes alérgicos, possíveis reagentes alergênicos e medicação de atalho. 2) Caracterizada a ocorrência de excesso de anestésico ou de sedativo, para tornar indolor o procedimento cirúrgico, em nível de dosagem cumulativa bem superior à compleição física e ao peso do paciente, sem nenhum monitoramento. Negligência médica consumada. Direito de regresso assegurado pela Constituição Cidadã de 1988, art. 37, § 6º. 3) Conhecido a remessa e apelo, remessa parcialmente provida e recurso voluntário prejudicado." (TJ-AP – Ap. 00038719420118030001 – Tribunal Pleno – Rel. Des. Agostino Silvério – j: 24.2.2015)

[368] "Ilegitimidade. União. Erro Médico. A União não possui legitimidade para figurar no polo passivo de ação em que se objetiva a indenização por danos morais decorrentes de erro médico ocorrido em hospital da rede privada, durante atendimento custeado

As pessoas de direito público têm assegurado o direito de voltar-se contra os agentes causadores de danos a terceiros para buscar o reembolso dos valores pagos a título de ressarcimento (direito regressivo), já que se tratam de haveres do povo (CF, art. 37 § 6º e CC, art. 43) [369].

Pelo fato da ordem constitucional vigente consagrar o direito à saúde como dever do Estado e a saúde constituir direito fundamental do ser humano, o Tribunal de Justiça do Distrito Federal impôs ao Estado o dever de arcar com os custos da rede privada à tratamento de paciente, em razão da ausência de vaga em hospital da rede pública [370].

Quando os meios oferecidos pela instituição, seja ela pública ou privada, puderem prejudicar a própria saúde ou a do paciente, o médico tem o direito de recusar o exercício profissional. Pode, ademais, ressalvadas as situações de urgência e emergência, suspender as atividades ante condições de trabalho inadequadas ou remuneração indigna e injusta [371].

---

pelo SUS. A Lei n. 8.080/1990, no art. 18, I, II, V e XI, dispõe que compete aos municípios gerir e executar serviços públicos de saúde, celebrar contratos e convênios com entidades prestadoras de serviços privados de saúde, bem como controlar e avaliar sua execução e controlar e fiscalizar procedimentos dos serviços privados de saúde. Assim, no caso, a Turma extinguiu a ação sem resolução do mérito por ilegitimidade passiva da União. Precedentes citados: REsp 513.660-RS, DJ 19.12.2003, e REsp 873.126-RS, DJ 20.10.2006." (STJ – REsp n. 717.800-RS – 1ª Turma – Rel. Min. Denise Arruda – j: 15.3.2008 – Informativo de Jurisprudência do STJ n. 0349, Período: 17 de janeiro a 28 de março de 2008)

369 A Procuradoria Regional da 3ª Região – SP/MS, tem a Ordem de Serviço s/n , de 27.9.2010, em que "Consolida a rotina para ajuizamento de ações regressivas em face de agentes públicos que, por dolo ou culpa, tenham dado causa à condenação da União ao pagamento de indenização a terceiros."

370 "Mandado de Segurança. Saúde. Direito Constitucional. Impossibilidade de realizar tratamento em hospital da rede pública. Ausência de vaga. 1 – A saúde constitui direito fundamental inerente a todo ser humano (artigos 6º e 196 da CF e 204 e 207, II, da LODF). 2 – Diante da ausência de vaga em hospital da rede pública, o Estado deve arcar com os custos do tratamento do impetrante na rede privada de saúde. 3 – Ordem concedida." (TJ-DFT – MS n. 20090020135239MSG – Conselho Especial – Rel. Des. João Mariosi – j: 12.1.2010, v.u.)

371 CEM, Capítulo II, Direitos dos Médicos: "(...) IV – Recusar-se a exercer sua profissão em instituição pública ou privada onde as condições de trabalho não sejam dignas ou possam prejudicar a própria saúde ou a do paciente, bem como a dos demais profissionais. Nesse caso, comunicará com justificativa e maior brevidade sua decisão ao diretor técnico, ao Conselho Regional de Medicina de sua jurisdição e à Comissão de

Vendo o médico a impropriedade dos meios para o bom exercício da medicina e agindo mesmo assim com risco à saúde do paciente, responderá solidariamente com a entidade pelos maus resultados que surgirem[372].

Ética da instituição, quando houver. V – Suspender suas atividades, individualmente ou coletivamente, quando a instituição pública ou privada para a qual trabalhe não oferecer condições adequadas para o exercício profissional ou não o remunerar digna e justamente, ressalvadas as situações de urgência e emergência, devendo comunicar imediatamente sua decisão ao Conselho Regional de Medicina. (...) "

372 "Apelação Cível. Responsabilidade civil. Erro médico. Parto realizado em hospital sem a devida estrutura. Sequelas cerebrais na infante. (...) Caso em que o médico demandado, mesmo tendo conhecimento da falta de estrutura do Hospital municipal para a realização de partos, fez com que a gestante – mãe da autora – aguardasse por longas horas, ocorrendo as complicações resultantes nas sequelas neurológicas graves sofridas pela suplicante (paralisia cerebral espástica). Reconhecimento do dever de indenizar que se mantém. – Responsabilidade do Município. Hospital municipal. O Município, na condição de pessoa jurídica de direito público interno, responde objetivamente pelo atendimento prestado em estabelecimento sob sua ingerência, nos termos do art. 37, § 6º, da CF. Hipótese em que demonstrado terem sido as sequelas suportadas pela demandante decorrentes das complicações enfrentadas no parto e das condições do nosocômio de responsabilidade do Município, havendo nexo causal entre a má prestação do serviço municipal e os danos descritos na exordial. Responsabilidade objetiva do ente público reconhecida. – Dano moral. Configuração. São incomensuráveis a dor e o sofrimento suportados pela autora, ante a perda de grande parte de suas funções cerebrais, em razão das complicações no seu nascimento, estando caracterizado o *danum in re ipsa*, o qual se presume, conforme as mais elementares regras da experiência comum, prescindindo de prova quanto ao prejuízo concreto.(...) " (TJ-RS – Ap. cív. n. 70033015785 – 10ª Câm. Cível – Rel. Des. Paulo Roberto Lessa Franz – j: 28.10.10, v.u. – trechos do acórdão)

23

PLANOS DE SAÚDE. RESPONSABILIDADE DAS ENTIDADES PRIVADAS DE ASSISTÊNCIA À SAÚDE.

A Constituição Federal permite à iniciativa privada atuar livremente nos serviços de assistência à saúde. Admite, inclusive, sua participação no Sistema Único de Saúde, segundo as diretrizes deste (CF, art. 199 e § 1º). O SUS tem por finalidade promover a assistência integral e igual a todos, indiscriminadamente[373].

[373] Lei n. 8.080, de 19.9.1990 – Dispõe sobre as condições para promoção, proteção e recuperação da saúde, a organização e o funcionamento dos serviços correspondentes e dá outras providências – "Art. 4º O conjunto de ações e serviços de saúde, prestados por órgãos e instituições públicas federais, estaduais e municipais, da Administração direta e indireta e das fundações mantidas pelo Poder Público, constitui o Sistema Único de Saúde (SUS). § 1º Estão incluídas no disposto neste artigo as instituições públicas federais, estaduais e municipais de controle de qualidade, pesquisa e produção de insumos, medicamentos, inclusive de sangue e hemoderivados, e de equipamentos para saúde. § 2º A iniciativa privada poderá participar do Sistema Único de Saúde (SUS), em caráter complementar."

"O *sistema único de saúde,* organizado de acordo com as diretrizes básicas, prescritas pela regra jurídica constitucional (art. 198, I a III), é acionado, diretamente, pelo Poder Público, empregando o próprio pessoal e, na forma da lei, considerada a relevância pública das ações e serviços, nesse âmbito, poderão ainda as instituições privadas, pessoas jurídicas privadas, participar, em caráter suplementar ou complementar, do

Sem poder contar com bom atendimento na rede pública, parcela significativa da população com alguma condição financeira, vê-se obrigada a recorrer à iniciativa privada (operadoras de planos privados)[374]. São os chamados planos e seguros privados de assistência à saúde ou de saúde suplementar ou complementar, em suas mais variadas modalidades, regulados e fiscalizados pela Agência Nacional de Saúde Suplementar (ANS), vinculada ao Ministério da Saúde[375].

Os planos privados de assistência podem ser individual ou familiar, coletivo empresarial e coletivo por adesão[376]. Individual ou familiar é aquele que oferece cobertura para beneficiários pessoas naturais, com ou sem grupo familiar. Coletivo empresarial é o que oferece cobertura a indivíduos vinculados à pessoa jurídica por relação empregatícia ou estatutária e, coletivo por adesão, é aquele que oferece cobertura aos que

empreendimento, seguindo, porém, as referidas diretrizes, mediante a celebração de contrato público ou convênio, tendo preferência as entidades filantrópicas e as sem fins lucrativos." (Cretella Júnior, José. Comentários à Constituição Brasileira de 1988. 1ª ed. Editora Forense Universitária, 1993, vol. III, p. 4.357)

374 "Para não serem vítimas da omissão do Estado, mais de 50 milhões de brasileiros, sob hipotética cobertura de planos e seguros, submetem-se ao trato comercial da saúde. Assim, mercantilizada, a relação médico-paciente, antes de crédito e de respeito, assumiu o estigma da insegurança e da suspeição. Nesse meio mercantil, voltado ao lucro, foram criados termos condizentes com a sua essência ou natureza, mas, impróprios aos compromissos hipocráticos. O médico passou a ser chamado de prestador de serviços, a sua área de labor reputada como mercado, o paciente foi cognominado de usuário e os contratos, das relações profissionais com intermediadores, receberam a alcunha de pacotes." (Carlos Vital Tavares Corrêa Lima - *Presidente do Conselho Federal de Medicina - in* A lógica de mercado na Medicina - Portal Médico, 29.9.2015 - *publicado no* Jornal Medicina, *ed. n. 246).*

375 Lei n. 9.656 de 03.6.1998 - Dispõe sobre os planos e seguros privados de assistência à saúde.

376 A Resolução Normativa n. 265, de 19.8.2011, da ANS, dispõe sobre a concessão de bonificação aos beneficiários de planos privados de assistência à saúde pela participação em programas para Promoção do Envelhecimento Ativo ao Longo do Curso da Vida e de premiação pela participação em programas para População-Alvo Específica e programas para Gerenciamento de Crônicos.

mantêm vínculo com pessoas jurídicas de caráter profissional, classista ou setorial[377, 378 e 379].

---

377 Resolução Normativa – RN n. 195, de 14.7.2009, da Diretoria Colegiada da Agência Nacional de Saúde Suplementar – ANS (Dispõe sobre a classificação e características dos planos privados de assistência à saúde, regulamenta a sua contratação, institui a orientação para contratação de planos privados de assistência à saúde e dá outras providências" – artigos 2º, 3º, 5º e 9º).

378 O art. 1º da RN n. 279, de 24.11.2011, da Diretoria Colegiada da ANS regulamenta o direito de manutenção da condição de beneficiário para ex-empregados demitidos ou exonerados sem justa causa e aposentados.

Súmula n. 440 do TST: "Auxílio-doença acidentário. Aposentadoria por invalidez. Suspensão do contrato de trabalho. Reconhecimento do direito à manutenção de plano de saúde ou de assistência médica oferecido pela empresa ao empregado, não obstante suspenso o contrato de trabalho em virtude de auxílio-doença acidentário ou de aposentadoria por invalidez".

"Seguro-saúde. Cancelamento pelo empregador. Empregado idoso em tratamento. Grave doença. Continuidade do contrato. Agravo regimental. Plano de saúde empresarial. Empregador que encerra as atividades e cancela o contrato de seguro saúde mantido com a ré. Empregado idoso em tratamento de grave doença cardíaca anteriormente ao fato. Acórdão que determina a continuidade do contrato mesmo após a demissão dos empregados com base em dispositivos do Código de Defesa do Consumidor. Fundamento inatacado. Súmula STF/283. I – Considerando as peculiaridades fáticas da causa, por se tratar de empregado idoso que havia se submetido a grave cirurgia no coração, determinou o Tribunal de origem fosse ele mantido como segurado da ré, mesmo após o seu antigo empregador ter encerrado suas atividades, e, por conseguinte, cancelado o plano de saúde que mantinha para os seus empregados. Assim procedeu o Colegiado estadual devido à necessidade de serem protegidos os direitos básicos do consumidor, relacionados à saúde e à vida, bem como pela exigência de que as cláusulas contratuais sejam interpretadas da maneira que lhe for mais favorável (arts. 6º, I, e 47 do Código de Defesa do Consumidor). (...)". (STJ – AgRg-AI 857.924/RJ – (2007/00190342-6) – 3ª Turma – Rel. Min. Sidnei Beneti – DJe 1.7.2008)

"Plano de saúde coletivo empresarial. Ex-empregado aposentado ou demitido sem justa causa. Assistência médica. Manutenção. Arts. 30 e 31 da lei nº 9.656/1998. Requisitos não preenchidos. Contribuição exclusiva do empregador. Vigência do contrato de trabalho. Coparticipação do usuário. Irrelevância. Fator de moderação. Salário indireto. Descaracterização. Tese para os fins do art. 1.040 do CPC/2015: nos planos de saúde coletivos custeados exclusivamente pelo empregador não há direito de permanência do ex-empregado aposentado ou demitido sem justa causa como beneficiário, salvo disposição contrária expressa prevista em contrato ou em acordo/convenção coletiva de trabalho, não caracterizando contribuição o pagamento apenas de coparticipação, tampouco se enquadrando como salário indireto. 2. No caso concreto, recurso especial provido. (STJ – REsp 1680318/SP – 2ª Seção – Rel. min. Ricardo Villas Bôas Cueva – j: 22.8.2018)

379 Resolução Normativa – RN n. 309, de 24.10.2012, da Diretoria Colegiada da Agência Nacional de Saúde Complementar (Dispõe sobre o agrupamento de contratos coletivos de planos privados de assistência à saúde para fins de cálculo e aplicação de reajuste.) "Art. 1º

Há planos ambulatorial, hospitalar, hospitalar com obstetrícia, odontológico e combinações. Podem ser contratados: atendimento médico, internações hospitalares e serviços de integrantes ou não de rede credenciada; exames laboratoriais; reembolsos integrais ou parciais de consultas e despesas, e assim por diante, mas todos devem dar as coberturas obrigatórias do plano ou seguro-referência de que trata o art. 10 da Lei n. 9.656, de 3.6.1998 [380].

Firmado o contrato, as operadoras assumem o dever de prestar,

---

Esta Resolução dispõe sobre o agrupamento de contratos de planos privados de assistência à saúde coletivos empresariais e por adesão, firmados após 1º de janeiro de 1999, ou adaptados à Lei nº 9.656, de 3 de junho de 1998, para fins de cálculo e aplicação de reajuste."

[380] Lei n. 9.656, de 3.6.1998: "Art. 10. É instituído o plano-referência de assistência à saúde, com cobertura assistencial médico-ambulatorial e hospitalar, compreendendo partos e tratamentos, realizados exclusivamente no Brasil, com padrão de enfermaria, centro de terapia intensiva, ou similar, quando necessária a internação hospitalar, das doenças listadas na Classificação Estatística Internacional de Doenças e Problemas Relacionados com a Saúde, da Organização Mundial de Saúde, respeitadas as exigências mínimas estabelecidas no art. 12 desta Lei, exceto (...). Art. 10-A. Cabe às operadoras definidas nos incisos I e II do § 1º do art. 1º desta Lei, por meio de sua rede de unidades conveniadas, prestar serviço de cirurgia plástica reconstrutiva de mama, utilizando-se de todos os meios e técnicas necessárias, para o tratamento de mutilação decorrente de utilização de técnica de tratamento de câncer. Art. 10-B. Cabe às operadoras dos produtos de que tratam o inciso I e o § 1º do art. 1º, por meio de rede própria, credenciada, contratada ou referenciada, ou mediante reembolso, fornecer bolsas de colostomia, ileostomia e urostomia, sonda vesical de demora e coletor de urina com conector, para uso hospitalar, ambulatorial ou domiciliar, vedada a limitação de prazo, valor máximo e quantidade.

Resolução Normativa ANS n. 259, de 17.6.2011, da Diretoria Colegiada da Agência Nacional de Saúde Suplementar - ANS (Dispõe sobre a garantia de atendimento dos beneficiários de plano privado de assistência à saúde e altera a instrução Normativa – IN n. 23, de 1º.12, 2009, da Diretoria de Normas e Habilitação dos Produtos - DIPRO: "Art. 2º - A operadora deverá garantir acesso do beneficiário aos serviços e procedimentos definidos no Rol de Procedimentos e Eventos em Saúde da ANS para atendimento integral das coberturas previstas nos arts. 10, 10-A e 12 da Lei n. 9.656, de 3 de junho de 1998, no município onde o beneficiário os demandar, desde que seja integrante da área geográfica de abrangência e da área de atuação do produto."

Resolução Normativa RN n. 167, de 9.1.2007, da Agência Nacional de Saúde Suplementar - ANS (Atualiza o Rol de Procedimentos e Eventos em Saúde, que constitui a referência básica para a cobertura assistencial nos planos privados de assistência à saúde, contratados a partir de 1º de janeiro de 1999, fixa as diretrizes de Atenção à Saúde e dá outras providências).

com qualidade e eficácia, os serviços para os fins contratados. Para isso é que são remuneradas por quem as contrata.

Respondem, por conseguinte, não só pelo descumprimento do contrato em si, mas, também, pelas deficiências, erros, retardamentos injustificáveis de atendimento, negligências e imperícias reveladas em todos os serviços por elas credenciados pois "quem se compromete a prestar assistência médica por meio de profissionais que indica é responsável pelos serviços que estes prestam" [381].

Resolução Normativa ANS n. 268, de 01.9.2011 - Altera a RN n. 259, de 17.6.2011, que dispõe sobre a garantia de atendimento dos beneficiários de plano privado de assistência à saúde.

[381] "Civil. Responsabilidade civil. Prestação de serviços médicos. I - Quem se compromete a prestar assistência médica por meio de profissionais que indica, é responsável pelos serviços que estes prestam. II - Recurso especial não conhecido" (STJ - REsp n. 138.059 - 3ª Turma - Rel. Min. Ari Pargendler - j: 13.3.2001, v.u. - JSTJ 146/104)

"Ação de indenização por danos morais - Defeito na prestação de serviços médico-hospitalares. Responsabilidade objetiva das instituições hospitalares e administradoras de plano de saúde. Fato do serviço presumido. Ausência de cautela na realização do procedimento anestésico. Agravamento das condições neurológicas da paciente. Ônus de demonstrar a ausência de vício na prestação de serviços impostos às requeridas. Ausência de excludentes de responsabilidade. Presentes o dano, o defeito do serviço e o nexo de causalidade entre um e outro. Configurada a responsabilidade de indenizar. Danos morais caracterizados. Fixação do *quantum debeatur* deve atender aos princípios da razoabilidade e proporcionalidade. Quantia que comporta redução. Manutenção dos consectários legais e aqueles decorrentes da sucumbência. Recursos parcialmente providos." (TJ-SP - Ap. n. 0023818-63.2004.8.26.0576 - 3ª Câmara de Direito Privado - Rel. Desa. Marcia Dalla Déa Barone - j: 02.9.2016, v.u.)

STJ Súmula 469 - Aplica-se o Código de Defesa do Consumidor aos contratos de plano de saúde.

"Recurso Especial. Processual Civil. Consumidor. Civil. Responsabilidade solidária das operadoras de plano de saúde. Erro médico. Defeito na prestação do serviço. Dano moral reconhecido. Valor da indenização. Majoração. Recurso provido. 1. Se o contrato for fundado na livre escolha pelo beneficiário/segurado de médicos e hospitais com reembolso das despesas no limite da apólice, conforme ocorre, em regra, nos chamados seguros-saúde, não se poderá falar em responsabilidade da seguradora pela má prestação do serviço, na medida em que a eleição dos médicos ou hospitais aqui é feita pelo próprio paciente ou por pessoa de sua confiança, sem indicação de profissionais credenciados ou diretamente vinculados à referida seguradora. A responsabilidade será direta do médico e/ou hospital, se for o caso. 2. Se o contrato é fundado na prestação de serviços médicos e hospitalares próprios e/ou credenciados, no qual a operadora de plano de saúde mantém hospitais e emprega médicos ou indica um rol de conveniados,

Pesa dizer as reprováveis atitudes de operadoras que lançam mão de subterfúgios, impedem, retardam, dificultam ou recusam autorizações aos usuários para que tenham acesso à assistência, tudo com a intenção de diminuir custos e aumentar lucros [382]. São condutas antiéticas, senão desumanas, incompatíveis com a solidariedade ao próximo, causadoras de ansiedades, aflições, sofrimentos e angústias a quem precisa e tem necessidade de cuidados médicos. Por isso devem ser reprimidas com severidade, na mesma altura dos males que produzem.

As empresas privadas precisam estar prevenidas: o Superior Tribunal de Justiça consolidou o entendimento de que a recusa indevida à cobertura médica é causa de danos morais, já que agrava a situação de aflição psicológica e de angústia no espírito do segurado [383].

---

não há como afastar sua responsabilidade solidária pela má prestação do serviço. 3. A operadora do plano de saúde, na condição de fornecedora de serviço, responde perante o consumidor pelos defeitos em sua prestação, seja quando os fornece por meio de hospital próprio e médicos contratados ou por meio de médicos e hospitais credenciados, nos termos dos arts. 2º, 3º, 14 e 34 do Código de Defesa do Consumidor, art. 1.521, III, do Código Civil de 1916 e art. 932, III, do Código Civil de 2002. Essa responsabilidade é objetiva e solidária em relação ao consumidor, mas, na relação interna, respondem o hospital, o médico e a operadora do plano de saúde nos limites da sua culpa. (...)" (STJ – REsp n. 866.371-RS (2006/0063448-5) – 4ª Turma – Rel. Min. Raul Araújo – j: 27.3.2012, v.u.)

"(...) Cirurgia de urgência realizada em nosocômio diverso. Cobertura negada. (...) I. A prestadora de serviços de plano de saúde é responsável, concorrentemente, pela qualidade do atendimento oferecido ao contratante em hospitais e por médicos por ela credenciados, aos quais aquele teve de obrigatoriamente se socorrer sob pena de não fruir da cobertura respectiva. (...)" (STJ – REsp n. 164.084 – 4ª Turma – Rel. Min. Aldir Passarinho – j: 17.2.2000, v.u. – DJ 17.4.2000 – trechos da ementa). No mesmo sentido: TJ-SP – AI n. 139.859-4 – 10ª Câm. de Direito Privado – Rel. Des. Ruy Camilo – j: 21.12.1999, v.u.

382 STJ Súmula 609 – "A recusa de cobertura securitária, sob a alegação de doença preexistente, é ilícita se não houve a exigência de exames médicos prévios à contratação ou a demonstração de má-fé do segurado."

383 "(...) Na esteira de diversos precedentes do STJ, verifica-se que a recusa indevida a cobertura médica pleiteada pelo segurado é causa de danos morais, já que agrava a situação de aflição psicológica e de angustia no espírito daquele. Na presente hipótese acrescente-se ainda que a conduta do plano de saúde assumiu contornos bastante abusivos que vão muito além do mero descumprimento contratual, na medida em que houve uma negativa inicial e, a seguir, uma autorização para um segundo procedimento idêntico alguns meses depois, sem que qualquer alteração nas bases fáticas ou contratuais

Verdade contundente que não se pode negar: "A travessia da dor e da morte empresta à relação médico-paciente um caráter de confiança mesclada de gratidão. Transformada em prestação anônima de serviço, essa relação está adoecendo. Quem não teve, em um hospital, ou posto de saúde, a experiência de ser atendido por um médico, depois controlada por outro, e mais tarde por um terceiro, desconhecido? Quem não sentiu, então, a vertigem do desamparo? Onde a intimidade que unia a parceria ao médico, autorizando a nudez do corpo e da alma fragilizados? Mais que um serviço, o que se poderia explicar pelas necessidades do atendimento em massa, contaminada pela lógica do mercado, a

---

tivesse se operado. Evidente, portanto - conforme reconheceu o acórdão - que a primeira negativa da seguradora se resumiu a um verdadeiro ato de discricionariedade, praticado em desfavor do segurado e completamente desconectado do mínimo de razoabilidade. (...)" (STJ - REsp n. 993.876-DF - 3ª Turma - Rel. Min. Nancy Andrighi - j: 6.12.2007, v.u.)

"Plano de saúde. Recusa injustificada de proceder internação em UTI. Coma. Descumprimento de norma contratual a gerar dano moral indenizável. recurso especial provido. 1. A recusa injustificada para a internação de associado de Plano de Saúde, em estado de coma, configura abuso de direito e descumprimento de norma contratual, capaz de gerar dano moral indenizável. 2. A angústia experimentada pelo esposo e filhos da paciente, em face do medo de óbito, o temor em não conseguir obter o numerário necessário ás despesas de sua internação, acarretando a venda de bem imóvel familiar, caracterizam situações que vão além de mero aborrecimento e desconforto. 3. As cláusulas restritivas ao direito do consumidor devem ser interpretadas da forma mais benéfica a este, não sendo razoável a seguradora se recusar a prestar a cobertura solicitada, principalmente existindo o risco de morte. 4. Recurso especial provido." (STJ - REsp. n. 907.655-ES (2006/0266107-8) - 4ª Turma - Rel. Min. Luis Felipe Salomão - j: 2.12.2010, v.u. - DJe 9.12.2010)

"Direito civil e consumidor. Recusa de clínica conveniada a plano de saúde em realizar exames radiológicos. Dano moral. Existência. Vítima menor. Irrelevância. Ofensa a direito da personalidade. A recusa indevida à cobertura médica pleiteada pelo segurado é causa de danos morais, pois agrava a situação de aflição psicológica e de angústia no espírito daquele. Precedentes. As crianças, mesmo da mais tenra idade, fazem jus à proteção irrestrita dos direitos da personalidade, entre os quais se inclui o direito à integridade mental, assegurada a indenização pelo dano moral decorrente de sua violação, nos termos dos arts. 5º, X, *in fine*, da CF e 12, *caput*, do CC/02. Mesmo quando o prejuízo impingido ao menor decorre de uma relação de consumo, o CDC, em seu art. 6º, VI, assegura a efetiva reparação do dano, sem fazer qualquer distinção quanto à condição do consumidor, notadamente sua idade. (...)" (STJ - REsp n. 1.037.759-RJ - 3ª Turma - Rel. Min. Nancy Andrighi - j: 23.2.2010, v.u. - trechos da ementa)

medicina corre o risco de se tornar um produto." (trecho do artigo de Rosiska Darcy de Oliveira, De Hipócrates à hipocrisia – Jornal O Globo, edição de 30.4.2011)

Considerando as premissas de lealdade e boa-fé que devem coexistir em toda a contratação, omissões intencionais, inexatidões ou falsas informações dadas pelo contratante à operadora ou seguradora podem desobrigá-las de cumprir o que foi contratado [384 e 385].

---

[384] Código Civil: "Art. 422. Os contratantes são obrigados a guardar, assim na conclusão do contrato, como em sua execução, os princípios da probidade e boa-fé." e "Art. 766. Se o segurado, por si ou por seu representante, fizer declarações inexatas ou omitir circunstâncias que possam influir na aceitação da proposta ou na taxa do prêmio, perderá o direito à garantia, além de ficar obrigado ao prêmio vencido. Parágrafo único. Se a inexatidão ou omissão nas declarações não resultar de má fé do segurado, o segurador terá o direito a resolver o contrato, ou a cobrar, mesmo após o sinistro, a diferença do prêmio."

[385] "(...) Doença preexistente. Negativa da seguradora. indenização indevida. 1. O contrato de seguro tem o objetivo de garantir o pagamento de indenização para a hipótese de ocorrer à condição suspensiva, consubstanciada no evento danoso previsto contratualmente, cuja obrigação do segurado é o pagamento do prêmio devido e de prestar as informações necessárias para a avaliação do risco. (...) 2. é elemento essencial deste tipo de pacto a boa-fé, caracterizado pela sinceridade e lealdade nas informações prestadas pelas partes e cumprimento das obrigações avençadas, nos termos do art. 422 da atual legislação civil. 3. Contudo, desonera-se a seguradora de satisfazer a obrigação assumida apenas na hipótese de ser comprovado o dolo ou má-fé do segurado para a implementação do risco e obtenção da referida indenização. 4. (...) caso seja agravado intencionalmente o risco estipulado, ocorrerá o desequilíbrio da relação contratual, onde a seguradora receberá um prêmio inferior à condição de perigo de dano garantida, em desconformidade com o avençado e o disposto no art. 768 da lei civil, não bastando para tanto a mera negligência ou imprudência do segurado. (...) 8. Assim, descabe o pagamento da indenização contratada, pois ausente a boa-fé objetiva quando da realização do referido pacto, o que ocasionou o agravamento do risco contratado, elementos essenciais que afastam a responsabilidade de reparar o evento garantido, nos termos dos artigos 422 e 766, ambos do Código Civil. (...)" (TJ-RS – Ap. cív. n. 70038792115 – 5ª Câm. Cível – Rel. Des. Jorge Luiz Lopes do Canto – j: 26.1.2011, v.u. – trechos da ementa)

No geral, os contratos estipulam cláusulas de carência para cobrir certos eventos. As carências variam [386]. Compatibilizam-se com a contraprestação financeira convencionada entre as partes. Em princípio não são consideradas abusivas quando aplicadas com razoabilidade, porquanto as condições dos planos foram previamente conhecidas do contratante.

Mesmo havendo períodos de carência, os casos de urgência e emergência devem ser cobertos no prazo máximo de vinte e quatro horas, entendidos como: casos de urgência os resultantes de acidentes pessoais ou de complicações no processo gestacional e de emergência, os que impliquem risco imediato de vida ou de lesões irreparáveis para o paciente, caracterizado em declaração do médico assistente [387].

---

[386] ANS – Resolução Normativa n. 438, de 03.12.de 2018 – Dispõe sobre a regulamentação da portabilidade de carências para beneficiários de planos privados de assistência à saúde, revoga a Resolução Normativa - RN n° 186, de 14 de janeiro de 2009, que dispõe sobre a regulamentação da portabilidade das carências previstas no inciso V do art. 12 da Lei n° 9.656, de 3 de junho de 1998, e sem a imposição de cobertura parcial temporária, e revoga os artigos 1°, 3°, 4° e 7° e o § 2° do artigo 9°, todos da RN n° 252, de 28 de abril de 2011, que dispõe sobre as regras de portabilidade e de portabilidade especial de carências.

[387] "Plano de saúde. Internação. Recusa da seguradora. Mesmo no período de carência não se pode limitar o período de internação para os casos de urgência ou emergência. Aplicação do artigo 12, V, "c", da Lei nº 9.656/1998, o qual estabelece que em casos de urgência ou emergência o prazo de carência é de no máximo vinte e quatro horas. Impossibilidade das cláusulas restritivas de direito representarem ônus excessivo para o consumidor. Contrato de adesão submetido aos ditames do Código de Defesa do Consumidor. Doutrina e Jurisprudência. Recusa do atendimento da autora se caracteriza como ato abusivo passível de gerar indenização por dano moral. Responsabilidade da ré reconhecida. Valor do dano moral fixado em R$ 10.000,00. Decisão reformada. Recurso provido." (TJ-SP – Ap. cív. n. 668.264-4/0 – 3ª Câm. de Direito Privado – Rel. Beretta da Silveira – j: 15.9.2009, v.u.)

"Apelação Cível. Seguro. Plano de saúde. Prazo de carência. Evento obstétrico. Descabimento. Cirurgia. Caráter de emergência. Período de carência de 24 horas. Aplicação do Código de Defesa do Consumidor e da Lei n.º 9.656/98. 1. O objeto principal do seguro é a cobertura do risco contratado, ou seja, o evento futuro e incerto que poderá gerar o dever de indenizar por parte da seguradora do plano de saúde. Outro elemento essencial desta espécie contratual é a boa-fé, na forma do art. 422 do Código Civil, caracterizada pela lealdade e clareza das informações prestadas pelas partes. 2. Há perfeita incidência normativa do Código de Defesa do Consumidor nos contratos atinentes aos planos ou seguros de saúde, como aquele avençado entre as partes,

Os tribunais têm reagido de maneira singular nas questões que envolvem a cobertura do atendimento antes de terminar o período de carência, fazendo-a inaplicável quando o contratante, surpreendido por uma doença grave ou, então, por um mal súbito, precisa de tratamento urgente. Isso porque "o valor da vida humana se sobrepuja ao relevo comercial, além do que, em tais situações, a suposição é que, quando foi aceita a submissão à carência, a parte não imaginava que poderia padecer um mal súbito." (STJ – REsp n. 466.667 – 4ª Turma – Rel. Min. Aldir Passarinho Junior – j: 27.11.2007, v.u. – DJ 17.12.2007).

Num caso de recusa de cobertura sob alegação de que o contrato ainda estava dentro do período de carência, a sentença apoiou-se no art. 12, V, c) da Lei n. 9.656/1998 para condenar a operadora ao pagamento da cirurgia e tratamento. Na sentença, o magistrado explicou que cada situação deve ser encarada em consonância com as suas peculiaridades a fim de possibilitar a preservação da função social do contrato, o qual, tendo como objeto a proteção de um dos mais relevantes bens da vida – a

---

podendo se definir como sendo um serviço a cobertura do seguro médico ofertada pela demandada, consubstanciada no pagamento dos procedimentos clínicos decorrentes de riscos futuros estipulados no contrato aos seus clientes, os quais são destinatários finais deste serviço. Súmula n. 469 do STJ. 3. Verificado o caráter emergencial do procedimento a ser realizado pela parte segurada, como amplamente demonstrado no processo, não há como prevalecer o prazo de carência pactuado. Inteligência dos artigos 12 e 35-C da Lei 9.656 de 1998. 4. Necessidade se assegurar um tratamento condigno e de acordo com as necessidades clínicas prementes da parte segurada. Negado provimento ao apelo e ao agravo retido." (TJ-RS – Ap. cív. n. 70043185727 – 5ª Câm. Cível – Rel. Des. Jorge Luiz Lopes do Canto – j: 29.6.2011, v.u.)

"(...) 1) É abusiva a cláusula contratual que exclui da cobertura do plano de saúde, ainda que durante o prazo de carência, as situações emergenciais, nas quais a vida do paciente seja colocada em risco, eis que restringe os direitos inerentes à natureza do contrato, impossibilitando a realização plena do seu objeto e frustrando as legítimas expectativas do consumidor quando da contratação do seguro de saúde. (...) Assim, devida a indenização pelos danos materiais sofridos pela parte autora recorrida que arcou com as despesas médico-hospitalares. Certo seria também a condenação por danos morais tendo em vista a dor moral suportada pela autora que teve de arcar com tais despesas, pena de ver-se em risco à sua própria saúde por desídia da parte ré/recorrente que desatendeu o dever obrigacional decorrente da lei anteriormente mencionada. (...)" (TJ-DFT – Ap. cív. do Juizado Especial n. 20100111806983ACJ – 1ª Turma Recursal dos Juizados Especiais do Distrito Federal – Rel. Juiz Luis Eduardo Yatsuda Arima – j: 22.11.2011, v.u. – trechos do acórdão)

saúde –, repercute não só no âmbito privado, mas também no interesse público premente (2ª Vara Cível de Goiânia - proc. n. 200702941381 - Ação declaratória).

É ilegal negar a prestação dos serviços contratados. Eles devem ser atendidos integralmente. Negando os serviços ou os implícitos na forma em que foram contratados, a entidade sujeita-se a várias consequências, além de ter de reparar os danos advindos da recusa [388].

---

[388] "Ação Indenizatória. Dano moral. Plano de saúde. Recusa indevida na cobertura de cirurgias. O reconhecimento, pelas instâncias ordinárias, de circunstâncias que excedem o mero descumprimento contratual, torna devida a reparação moral. Recurso Especial não conhecido." (STJ - REsp n. 714.947-RS - Rel. Min. Cesar Asfor Rocha - j: 28.3.2006, v.u. - Boletim AASP n. 2.486, p. 4.023)

"É abusiva a negativa de cobertura de procedimentos cirúrgicos de alta complexidade relacionados à doença e lesão preexistente, quando o usuário não tinha conhecimento ou não foi submetido a prévio exame médico ou perícia, salvo comprovada má-fé (Súmula 609/STJ)." (Enunciado n. 25 do CNJ - III Jornada de Direito da Saúde, 18.3.2019)

"Ação de indenização por danos morais. Ação fundada na recusa dos réus em prestar adequado atendimento à autora, evitando a ocorrência de lesões à sua integridade física. Quadro de hemorragia e posterior aborto. Recusa da prestadora de serviços e do Hospital conveniado, na rescisão do contrato entre a sua empregadora e a prestadora de serviços médicos. (...) A negativa de atendimento da prestadora de serviços médicos e do Hospital são passíveis de indenização. (...) Fundamentaram suas recusas no fato de que o contrato havia sido interrompido pela estipulante (empregadora) desobrigando-os da prestação dos serviços. Inexistência de prova de que a autora tenha sido cientificada da rescisão contratual entre a empregadora e a prestadora de serviços médicos. Em razão da omissão, a própria autora providenciou socorro médico em Hospital Público, que não impediu o aborto. A dor e a angústia da autora em aguardar providências efetivas no atendimento, com o grave quadro de hemorragia que levou ao aborto e a realização de curetagem motivam a compensação moral. (...) " (TJ-SP - Ap. n. 0011245-12.2004.8.26.0602-Sorocaba - 5ª Câm. de Direito Privado - Rel. Des. James Siano - j: 23.11.2011, v.m. - trechos da ementa)

"Civil. Relação de consumo. Plano de saúde. Negativa de cobertura. Ilegalidade. Ressarcimento devido. Dano moral. Ausência de configuração. Apelo conhecido e parcialmente provido. Recurso adesivo prejudicado. O internamento do filho do autor não ocorreu por mera investigação, mas sim para tratamento de doença. Cobertura devida. Malgrado a recusa em efetuar cobertura de contrato de plano de saúde possa gerar dano moral, tal somente se configura em caso de angústia gerada pelo retardamento do atendimento médico, hipótese ausente na espécie." (TJ-PR - Ap. cív. n. 721685-7 - Apucarana - 10ª Câm. Cível - Rel. Des. Vitor Roberto Silva - j: 16.06.2011, v.u.)

"(...) Médico credenciado. Exigência de honorários 'por fora'. Inviabilidade. Ressarcimento. (...) 2. Caso em que se afigura inviável a exigência, por profissional

Porém, a operadora pode suspender ou rescindir unilateralmente o contrato, quando houver atraso superior a 60 dias nos pagamentos, desde que o consumidor tenha sido previamente notificado [389]. Interpreta-se

---

credenciado do plano de saúde do paciente, de honorários médicos 'extras' para realização de procedimento cirúrgico que possui cobertura ampla. Determinação de reembolso dos valores. (...)" (TJ-RS – Ap. cív. n. 70055604805 – 5ª Câm. Cível – Rel. Isabel Dias Almeida – j: 13.9.2013 – trechos da ementa)

[389] Lei 9.656/98: "Art. 13. Os contratos de produtos de que tratam o inciso I e o § 1º do art. 1º desta Lei têm renovação automática a partir do vencimento do prazo inicial de vigência, não cabendo a cobrança de taxas ou qualquer outro valor no ato da renovação. Parágrafo único. Os produtos de que trata o *caput*, contratados individualmente, terão vigência mínima de um ano, sendo vedadas: I - a recontagem de carências; II - a suspensão ou a rescisão unilateral do contrato, salvo por fraude ou não-pagamento da mensalidade por período superior a sessenta dias, consecutivos ou não, nos últimos doze meses de vigência do contrato, desde que o consumidor seja comprovadamente notificado até o qüinquagésimo dia de inadimplência; e III - a suspensão ou a rescisão unilateral do contrato, em qualquer hipótese, durante a ocorrência de internação do titular." (art.1º (...) inciso I - Plano Privado de Assistência à Saúde: prestação continuada de serviços ou cobertura de custos assistenciais a preço pré ou pós estabelecido, por prazo indeterminado, com a finalidade de garantir, sem limite financeiro, a assistência à saúde, pela faculdade de acesso e atendimento por profissionais ou serviços de saúde, livremente escolhidos, integrantes ou não de rede credenciada, contratada ou referenciada, visando a assistência médica, hospitalar e odontológica, a ser paga integral ou parcialmente às expensas da operadora contratada, mediante reembolso ou pagamento direto ao prestador, por conta e ordem do consumidor; (...) § 1º Está subordinada às normas e à fiscalização da Agência Nacional de Saúde Suplementar - ANS qualquer modalidade de produto, serviço e contrato que apresente, além da garantia de cobertura financeira de riscos de assistência médica, hospitalar e odontológica, outras características que o diferencie de atividade exclusivamente financeira (...)

"Plano de saúde. Inadimplência do segurado superior a 60 (sessenta) dias. Notificação prévia. Rescisão unilateral. Possibilidade. 1. A rescisão unilateral do contrato de plano de saúde individual, nos termos do art. 13, parágrafo único, II, da Lei n. 9.656/1998 independe da propositura de ação judicial. 2. Recurso especial conhecido e provido." (STJ – REsp n. 957.900-SP (2007/0128329-7) – 4ª Turma – Rel. Min. Antonio Carlos Ferreira – j: 17.11.2011, v.u.)

No mesmo sentido: "Agravo Regimental no Recurso Especial. Seguro de vida. Rescisão unilateral do contrato, mediante notificação prévia. Abusividade da cláusula contratual. Acórdão recorrido em harmonia com o entendimento desta Corte. (...) Não é possível a rescisão unilateral do contrato de seguro de vida, mediante notificação prévia da seguradora, depois de longo período de sucessivas renovações automáticas, porque, conforme tem entendido a jurisprudência do STJ, esta previsão contratual é considerada abusiva, ressalvando-se, contudo, a possibilidade de modificação do contrato, desde que a seguradora apresente prévia de extenso cronograma, nos quais os aumentos

abusiva a recusa injustificada em negar pedido de mudança de categoria de plano, por dificuldades em arcar com as mensalidades [390 e 391].

Afronta a liberdade profissional do médico, a atitude da seguradora ou da operadora que tenta opor restrições às indicações ou que o pressiona para substituir ou limitar internações, tratamentos e/ou exames, por outros procedimentos menos custosos [392]. Não só isso: é vedado a ele permitir que interesses pecuniários do financiador da assistência à saúde, interfiram na escolha dos melhores meios de prevenção, diagnóstico ou tratamento disponíveis e cientificamente reconhecidos em proveito da saúde do doente (CEM, art. 20). Quem decide a terapia adequada é o médico, único responsável pelo tratamento e apto para saber o que é mais acertado ao paciente (CEM, Princípios Fundamentais, VIII, XVI).

São consideradas abusivas, portanto nulas, as cláusulas restritivas de obrigação fundamental inerente à natureza do contrato e que contenham disposições notoriamente desfavoráveis à parte mais fraca na relação contratual (CDC, art. 4º, I; art. 51 e § 1º, I e II). Úteis como

---

são apresentados de maneira suave e escalonada." (AgRg 2010/0160885-0– Rel. Min. Massami Uyeda - DJU. 29.06.2011)

Súmula 94 do TJ-SP – A falta de pagamento da mensalidade não opera, *per si*, a pronta rescisão unilateral do contrato de plano ou seguro de saúde, exigindo-se a prévia notificação do devedor com prazo mínimo de dez dias para purga da mora.

390 "Plano de saúde. Obrigação de fazer. Pedido de mudança de categoria do plano para o básico, por alegada dificuldade financeira de continuar arcando com as mensalidades. Negativa injustificada da seguradora. Abusividade. Violação dos preceitos do Código de Defesa do Consumidor. Sentença mantida pelos próprios fundamentos. (...)" (TJ-SP – 8ª Câm de Direito Privado – Ap. n. 0038671-09.2011.8.26.0002 – São Paulo-SP, Rel. Des. Caetano Lagrasta, j. 5/9/2012, v.u.).

391 ANS – Resolução Normativa n. 412, de 10.11.2016 – Dispõe sobre a solicitação de cancelamento do contrato do plano de saúde individual ou familiar, e de exclusão de beneficiário de contrato coletivo empresarial ou por adesão.

392 Súmula Normativa n. 16, de 12.4.2011, da Diretoria Colegiada da Agência Nacional de Saúde Complementar – "É vedado às operadoras de planos privados de assistência à saúde adotar e/ou utilizar mecanismos de regulação baseados meramente em parâmetros estatísticos de produtividade os quais impliquem inibição á solicitação de exames diagnósticos complementares pelos prestadores de serviços de saúde, sob pena de incorrerem em infração ao artigo 42 da Resolução Normativa – RN n. 124, de 30 de março de 2.006."

exemplos: a limitação de tempo para internação hospitalar e em UTI [393], a limitação de cobertura do valor do tratamento e as restrições que possam prejudicar a eficácia de tratamento [394], porque não há como prever

---

[393] Superior Tribunal de Justiça - Súmula 302 - "É abusiva a cláusula contratual de plano de saúde que limita no tempo a internação hospitalar do segurado."

"Direito Civil e do Consumidor. Plano de saúde. Limitação temporal de internação. Cláusula abusiva. Código de Defesa do Consumidor. Art. 51-IV. Uniformização Interpretativa. Prequestionamento implícito. Recurso Conhecido e Provido. I - É abusiva, nos termos da lei (CDC, art. 51-IV, a cláusula prevista em contrato de seguro-saúde que limita o tempo de internação do segurado. II - Tem-se por abusiva a cláusula, no caso, notadamente em face da impossibilidade de previsão do tempo da cura, da irrazoabilidade da suspensão do tratamento indispensável, da vedação de restringir-se em contrato direitos fundamentais e da regra de sobredireito, contida no art. 5º da Lei de Introdução ao Código Civil, segundo a qual, na aplicação da lei, o juiz deve atender aos fins sociais a que ela se dirige e às exigências do bem comum. (...)" (STJ - REsp n. 251.024-SP - 2ª Seção - Rel. Min. Sálvio de Figueiredo Teixeira - j: 27.7.2000, v.m. - trechos do acórdão)

"Recurso Especial. Plano de saúde. Cláusula limitativa do tempo de internação em UTI. Abusividade manifesta. Súmula nº 302/SJ. Comunicação de que o prazo de internação escoou. Não interrupção do tratamento médico. Dano moral inexistente. Mero dissabor. Prejuízo material não demonstrado. Recurso especial conhecido em parte e, na extensão, provido. 1 - A Segunda Seção desta Corte firmou entendimento segundo o qual são abusivas as cláusulas de contrato de plano de saúde limitativas do tempo de internação, 'notadamente em face da impossibilidade de previsão de tempo de cura, da irrazoabilidade de suspensão do tratamento indispensável, da vedação de restringir-se em contrato direitos fundamentais e da regra de sobredireito, contida no art. 5º da Lei de Introdução ao Código Civil, segundo a qual, na aplicação da lei, o juiz deve atender aos fins sociais a que ela se dirige e às exigências do bem comum'. Súmula 302/STJ" (STJ - REsp n. 361.415-RS - 4ª Turma - Rel. Min. Luis Felipe Salomão - j: 2.6.2009, v.u.)

[394] "Direito Civil. Planos de saúde. Cobertura. Limitação contratual/estatutária ao número de sessões de quimioterapia. Irretroatividade da Lei n. 9.656/98. Relação de consumo. Natureza jurídica da entidade. Desinfluência. Abusividade.da restrição. I - A relação de consumo caracteriza-se pelo objeto contratado, no caso a cobertura médico-hospitalar, sendo desinfluente a natureza jurídica da entidade que presta os serviços, ainda que se diga sem caráter lucrativo, mas que mantém plano de saúde remunerado." (REsp 469.911/SP, Rel. Ministro Aldir Passarinho Júnior, DJ de 10/3/2008). II - Reconhecida a incidência do Código de Defesa do Consumidor, impende reconhecer, também, a abusividade da cláusula contratual/estatutária que limita a quantidade de sessões anuais de rádio e de quimioterapia cobertas pelo plano. Aplicação, por analogia, da Súmula 302/STJ. Recurso Especial a que se nega provimento." (STJ - REsp n. 1.115.588-SP - 3ª Turma - Rel. Min. Sidnei Beneti - j: 25.8.2009, v.u.)

o tempo de cura do paciente e, menos ainda, comprometer com a interrupção um tratamento iniciado [395].

"Plano de Saúde. Autor portador de HAS. Hipertensão arterial sistêmica, insuficiência cardíaca, fibrilação atrial e Parkinson. Limitações constantes no contrato constitui prática abusiva, fundada no abuso do poder econômico, em detrimento da defesa e do respeito ao consumidor. Contrato de adesão submetido aos ditames do Código de Defesa do Consumidor. Cobertura devida. Doutrina e Jurisprudência. Sentença mantida. Recurso improvido." (TJ-SP – Ap. n. 990.10.236868-8 – 3ª Câm. de Direito Privado – Rel. Des. Beretta da Silveira – j: 13.7.2010, v.u.)

395 "Apelação. Direito Civil e Direito do Consumidor. Ação Civil Pública. Limitação ou restrição a procedimentos médicos, fisioterápicos e hospitalares. Cláusula abusiva. Art. 51, IV, CDC. Rol exemplificativo. Planos de saúde. Legitimidade do Ministério Público Federal. Improvido. 1. O tema controvertido, objeto deste julgamento, diz respeito à ocorrência (ou não) de abusos na clausulação de limitações ou restrições a procedimentos médicos, fisioterápicos e hospitalares prescritos por doenças cobertas pela carência, em planos contratados de assistência e seguro à saúde, celebrados antes ou após a entrada em vigor da Lei n 9.656/98 e, consequentemente, se devem as operadoras dos planos de assistência e seguro de saúde ser compelidas à abstenção da limitação e restrição quanto aos referidos procedimentos. 2. Em perfeita consonância com o disposto no art. 51, do Código de Defesa do Consumidor, foi editada a Portaria n. 3, de 19.02.1999, da Secretaria de Direito Econômico do Ministério da Justiça, que no n. 2, divulgou a cláusula que imponha, em contratos de planos de saúde firmados anteriormente à Lei n 9.656/98, limites ou restrições a procedimentos médicos (consultas, exames médicos, laboratoriais e internações hospitalares, UTI e similares) contrariando prescrição médica, como nula. 3. O teor da Portaria n 03/99, da Secretaria de Direito Econômico, não se revela inconstitucional, porquanto o rol contido no art. 51, da Lei n 8.078/90 (Código de Defesa do Consumidor), é exemplificativo, e não taxativo. 4. A referida portaria não tem o condão de inovar na ordem jurídica em vigor, mas apenas consolidar e sistematizar as orientações decorrentes da atividade interpretativa que se realizou à luz dos casos concretos relacionados aos contratos de planos de saúde firmados anteriormente ao advento da Lei n 9.656/98. (...) 7. A partir do momento em que há a cobertura de doenças ou sequelas relacionadas a certos eventos, em razão de previsão contratual, não há possibilidade de restrição ou limitação de procedimentos, inclusive no campo da fisioterapia, eis que se relaciona à integridade físico-corporal da pessoa humana. 8. Na realidade, a Lei n 9.656/98 não inovou no ordenamento jurídico brasileiro nesta parte da matéria, mas apenas deixou assentado, de modo expresso, a orientação doutrinária e jurisprudencial quanto à abusividade da cláusula que figurava nos contratos firmados antes da sua vigência. Logo, não há sentido em se cogitar de retroatividade da referida lei. (...) " (TRF2 – Ap. cív. n. 200151010037149 – 6ª Turma Especializada – Rel. Des. Federal Guilherme Calmon Nogueira da Gama – j: 21.1.2010 – trechos da ementa)

Há decisões que consideram abusiva a recusa de cobertura de serviço de assistência médica em domicilio (*home care*) [396 e 397]. Esse serviço, quando indicado pelo médico, não pode ser negado pelo plano de saúde, por se tratar da continuidade do tratamento hospitalar [398].

---

[396] *home care*, expressão inglesa em que *home* significa lar e *care* cuidados, portanto: cuidados no lar ou tratamento domiciliar.

[397] "(...) Serviço de *home care*. Cláusula contratual obstativa. Abusividade. (...) 1. Ação ordinária que visa acontinuidade e a prestação integral de serviço assistencial médico em domicílio (serviço *home care* 24 horas), a ser custeado pelo plano de saúde bem como a condenação por danos morais. (...) 3. Apesar de, na Saúde Suplementar, o tratamento médico em domicílio não ter sido incluído no rol de procedimentos mínimos ou obrigatórios que devem ser oferecidos pelos planos de saúde, é abusiva a cláusula contratual que importe em vedação da internação domiciliar como alternativa de substituição à internação hospitalar, visto que se revela incompatível com a equidade e a boa-fé, colocando o usuário (consumidor) em situação de desvantagem exagerada (art. 51, IV, da Lei nº 8.078/1990). Precedentes. 4. O serviço de saúde domiciliar não só se destaca por atenuar o atual modelo hospitalocêntrico, trazendo mais benefícios ao paciente, pois terá tratamento humanizado junto da família e no lar, aumentando as chances e o tempo de recuperação, sofrendo menores riscos de reinternações e de contrair infecções e doenças hospitalares, mas também, em muitos casos, é mais vantajoso para o plano de saúde, já que há a otimização de leitos hospitalares e a redução de custos: diminuição de gastos com pessoal, alimentação, lavanderia, hospedagem (diárias) e outros. 5. Na ausência de regras contratuais que disciplinem a utilização do serviço, a internação domiciliar pode ser obtida como conversão da internação hospitalar. Assim, para tanto, há a necessidade (i) de haver condições estruturais da residência, (ii) de real necessidade do atendimento domiciliar, com verificação do quadro clínico do paciente, (iii) da indicação do médico assistente, (iv) da solicitação da família, (v) da concordância do paciente e (vi) da não afetação do equilíbrio contratual, como nas hipóteses em que o custo do atendimento domiciliar por dia não supera o custo diário em hospital. 6. A prestação deficiente do serviço de *home care* ou a sua interrupção sem prévia aprovação ou recomendação médica, ou, ainda, sem a disponibilização da reinternação em hospital, gera dano moral, visto que submete o usuário em condições precárias de saúde à situação de grande aflição psicológica e tormento interior, que ultrapassa o mero dissabor, sendo inidônea a alegação de mera liberalidade em seu fornecimento.(...)" (STJ – REsp n. 1.537.301 – 3ª Turma – Rel. Min. Ricardo Villas Bôas Cueva – j: 18.8.2015, v.u. – trechos da ementa)

[398] TJ-SP– Súmula 90 – Havendo expressa indicação médica para a utilização dos serviços de *home care*, revela-se abusiva a cláusula de exclusão inserida na avença, que não pode prevalecer.

"Plano de saúde. Atendimento da autora em regime domiciliar (home care) para tratamento de múltiplas enfermidades. Forma especial de internação, com diversas vantagens, tanto para o paciente, em razão do menor risco de infecções, quanto para a seguradora, haja vista o menor custo de manutenção do regime. Em tese, poderia

Não eximem a responsabilidade da operadora e são tidas como ilícitas: a recusa da cobertura sob alegação de que o procedimento médico ainda está em fase experimental [399]; o questionamento do tipo de

---

permanecer a autora internada em hospital, o que não convém a nenhum dos contratantes, por motivos diversos. Exclusão contratual do *home care* que afrontaria a própria função social do contrato de saúde, impedindo o acesso do segurado ao tratamento de moléstias cobertas pelo contrato. Direito da autora de receber os serviços de *home care*, na forma pretendida na inicial. Pedido de redução das astreintes que comporta acolhida, em face das peculiaridades do caso concreto Indenização por danos morais mantida. Prejuízo de ordem extrapatrimonial configurado. Atentado ao bem-estar psicofísico do indivíduo que teve certa magnitude para ser reconhecido como dano moral. Lesão a interesses objetivos, com ofensa a direitos da personalidade. Angústia e sofrimento pelos quais passou a autora e seus pais atingem estatura suficiente para merecerem compensação por danos morais, atualizados, porém, com termo inicial na data da sentença. Recurso parcialmente provido." (TJ-SP – Ap. 10720868920138260100 SP 1072086-89.2013.8.26.0100 – 6ª Câm. de Direito Privado – Rel. Francisco Loureiro – j: 05.8.2014)

"Plano de saúde. Serviço de *home care*. Cobertura pelo plano de saúde. Dano moral. 1. Polêmica em torna da cobertura por plano de saúde do serviço de "*home care*" para paciente portador de doença pulmonar obstrutiva crônica. 2. O serviço de "*home care*" (tratamento domiciliar) constitui desdobramento do tratamento hospitalar contratualmente previsto que não pode ser limitado pela operadora do plano de saúde. 3. Na dúvida, a interpretação das cláusulas dos contratos de adesão deve ser feita da forma mais favorável ao consumidor. Inteligência do enunciado normativo do art. 47 do CDC. Doutrina e jurisprudência do STJ acerca do tema. 4. Ressalva no sentido de que, nos contratos de plano de saúde sem contratação específica, o serviço de internação domiciliar (home care) pode ser utilizado em substituição à internação hospitalar, desde que observados certos requisitos como a indicação do médico assistente, a concordância do paciente e a não afetação do equilíbrio contratual nas hipóteses em que o custo do atendimento domiciliar por dia supera o custo diário em hospital. 5. Dano moral reconhecido pelas instâncias de origem. Súmula 07/STJ. 6 - Recurso especial a que se nega provimento." (STJ– REsp 1.378.707 RJ 2013/0099511-2 – 3ª Turma – Rel. Ministro Paulo de Tarso Sanseverino –j: 26.5.2015)

[399] "(...) Civil e processo civil. Recurso especial. Ação de indenização por danos materiais e compensação por danos morais. Recusa do plano de saúde arcar com custos de cirurgia e implante de 'Stent Cypher' ao argumento de que tal aparelho seria, ainda, experimental. Alegação negada pelas provas dos autos e pela própria conduta posterior da seguradora, que nenhuma objeção impôs a idêntico pedido, em data posterior. Danos morais configurados, de acordo com pacífica jurisprudência do STJ. ..." (STJ – REsp n. 993.876-DF – 3ª Turma – Rel. Min. Nancy Andrighi – j: 6.12.2007, v.u.)

Súmula 102 do Órgão Especial do TJ-SP – "Havendo expressa indicação médica, é abusiva a negativa de cobertura de custeio de tratamento sob o argumento da sua natureza experimental ou por não estar previsto no rol de procedimentos da ANS."

tratamento [400 e 401]; a interrupção do tratamento sob alegação de faltar

---

[400] "Plano de Assistência Médica. Negativa de liberação de *stent* farmacológico. Alegação de ineficácia. Má-fé. Estando o procedimento indicado pelo médico responsável pelo tratamento do autor coberto pelo plano de assistência médica contratado, mostra-se absurda e atentatória à boa-fé objetiva a negativa do plano de liberar o procedimento sob a justificativa de que não se tem certeza de sua eficácia, pois o motivo principal da contratação de um plano de assistência médica é o de restabelecer a saúde do paciente através dos meios existentes no mercado, no exato momento de sua necessidade." (TJ-MG - Ap. cív. n. 1.0024.05.646496-9/001(1) - 10ª Câm. Cível - Rel. Des. Alberto Aluízio Pacheco de Andrade - j: 2.5.2006, v.u.)

[401] "1 - O plano de saúde não pode estabelecer que tipo de tratamento está alcançado para a cura de respectiva doença. 2 - Se a patologia está coberta, no caso, câncer, é inviável vedar a quimioterapia pelo simples fato de ser esta uma das alternativas possíveis para a cura da doença. 3 - A abusividade da cláusula reside exatamente nesse preciso aspecto, qual seja não pode o paciente, em razão de cláusula limitativa, ser impedido de receber tratamento com o método mais moderno disponível no momento em que se instale a doença coberta." (TJ-RN - Ap. cív. n. 2007002532-6-Natal-RN - 3ª Câm. cív. - Rel. Des. João Rebouças - j: 14.6.2007, v.u)

"(...) Negativa de custeio do medicamento Clexane Medicamento prescrito como complemento de tratamento quimioterápico Contrato que não exclui tratamento da doença suportada pelo paciente (câncer) - Alegação da apelante de que o procedimento não é indicado para o tratamento do apelado Descabimento Empresa prestadora de serviços de assistência médica que não pode interferir na indicação feita pelo médico Dever da apelante de cobrir as despesas decorrentes do tratamento indicado, pelo período necessário Recurso desprovido." (TJ-SP - Ap. n. 0195533 - 73.2009.8.26.0100 - 9ª Câmara de Direito Privado - Rel. Galdino Toledo Júnior - j: 12 .7. 2011, v.u. - trechos da ementa)

"Planos de saúde. (...) Negativa de fornecimento de medicação sob o fundamento de se tratar de tratamento experimental. (...) Ingerência da operadora na atividade médica. Impossibilidade. Configuração do dano moral. Concreto agravamento da aflição psicológica da beneficiária do plano de saúde que se encontrava com a saúde debilitada por neoplasia maligna. (...) 3. O propósito recursal consiste em definir se a operadora de plano de saúde está autorizada a negar tratamento prescrito por médico, sob o fundamento de que sua utilização em favor do paciente está fora das indicações descritas na bula/manual registrado na ANVISA (uso off-label). (...) 8. Quem decide se a situação concreta de enfermidade do paciente está adequada ao tratamento conforme as indicações da bula/manual da ANVISA daquele específico remédio é o profissional médico. Autorizar que a operadora negue a cobertura de tratamento sob a justificativa de que a doença do paciente não está contida nas indicações da bula representa inegável ingerência na ciência médica, em odioso e inaceitável prejuízo do paciente enfermo. (...) 10. A ingerência da operadora, além de não ter fundamento na Lei 9.656/98, consiste em ação iníqua e abusiva na relação contratual, e coloca concretamente o consumidor em desvantagem exagerada (art. 51, IV, do CDC). 11. A recorrida detectou o ressurgimento de um problema oncológico que imaginava ter superado e recebeu recomendação médica de imediato tratamento quimioterápico, com utilização do Temodal, sob pena de comprometimento de sua saúde. Esta delicada situação em que se encontrava evidencia o agravamento de sua condição de dor, de abalo psicológico e com prejuízos à saúde já debilitada, sobretudo diante de seu histórico clínico. Configurado o dano

cobertura contratual [402], a negativa de pagamento dos medicamentos,

---

moral passível de compensação. (...)" (STJ REsp 1721705/SP 3ª Turma Rel. Min. Nancy Andrighi. j: 28.8.2018 trechos da ementa)

402 "(...) O tratamento estava em andamento e na forma contratual e foi abruptamente interrompido, em face de ter sustentado a ré falta de cobertura contratual. O estado de saúde da Sra. idosa, autora, agravou-se e ao invés de manter-se o tratamento, simplesmente retirou-se a ré das despesas, abandonando a autora que tem pago a seu favor relevante valor mensal para ter a cobertura do plano de saúde. A insuficiência renal que acometeu a autora é irreversível e como tal a mãe da Sra. (....) é legítima enquanto depende inclusa no plano DAME II para ter os benefícios do mesmo e integrar o pólo passivo da presente ação. Ademais, caso fosse necessário o aditamento contratual ou a mudança de plano teve tempo a ré de propor tal solução expressamente, uma vez que a situação da autora, Sra. ...., já se tem como progressiva cientificamente e teve formalização médica de tratamento desde abril de 2003. São praticamente 4 anos e 6 meses de tratamento sem que a ré mantivesse o pólo ativo informado de limitações de cobertura, quando ao consumidor é expressamente garantido o direito à informação (...) Trata-se de uma recusa indevida da cobertura pleiteada, pois escapa a cláusula de serviços não cobertos. Posto isso, presente a verossimilhança das alegações, cabível a antecipação de tutela pretendida, para determinar à ré que custeie imediatamente o tratamento nefrológico dialítico para a segunda ré, inclusive sessões de diálise (...) Para o descumprimento da presente ordem judicial, fixo multa de R$ 3.000,00 (três mil reais) por dia de descumprimento..." (trechos extraídos da decisão proferida em 29.10.2007 pelo MM. Juiz Titular da 4ª Vara Cível de Brasília, Dr. Robson Barbosa de Azevedo, em pedido de antecipação de tutela feito no Processo 2007.01.1.129457-2)

"(...) Operadora de plano de saúde condenada a arcar com os custos da aquisição da prótese de joelho pleiteada pela autora, além do pagamento de R$ 6.000,00 (seis mil reais) a título de indenização pelo alegado dano moral. Insurgência da requerida, que afirma que não se aplicam as disposições da Lei nº 9.656/1998 aos contratos firmados anteriormente à sua vigência. Alegação de que a modalidade contratada pela cliente não prevê a cobertura de órteses e próteses, circunstância que afastaria o dever de fornecer o material requerido. Entendimento jurisprudencial consolidado no sentido de que se aplica o aludido normativo, se não for oportunizado ao consumidor a adaptação do plano para a modalidade referencial. Situação evidenciada na espécie. Afronta ao ato jurídico perfeito e ao direito adquirido não demonstrada. Disposição legal que somente exclui da cobertura a prótese que não for relacionada ao ato cirúrgico. Documento médico demonstra que o referido dispositivo seria indispensável para artroplastia total de joelho. Constatação de que, no instrumento contratual firmado pelas partes, há previsão de cobertura para tratamento ortopédico. Presunção de que todos os materiais e medicamentos prescritos pelos profissionais especialistas em ortopedia estejam implicitamente incluídos na referida cobertura. Interpretação do contrato da forma mais favorável ao consumidor. Paciente que já estava impossibilitada de deambular em razão do comprometimento da estrutura óssea do membro inferior. Ato cirúrgico que acarretaria a melhora significativa do quadro clínico da enferma. Negativa indevida de tratamento, que intensificou o sofrimento da apelada. Situação que enseja indenização por dano moral. 'Embora não seja permitida a aplicação retroativa da lei, há entendimento predominante na jurisprudência de que nos contratos de plano de saúde, se não foi oportunizada a possibilidade de migração de plano atingido pela nova lei, o contrato passa a ser regulamentado por esta, face a sua renovação anual e automática. Assim

serviços auxiliares e terapia, necessários ao tratamento [403 e 404].

As cláusulas contratuais sempre devem ser interpretadas da maneira mais favorável ao consumidor (CDC, art. 47) [405].

---

no presente caso, ao contrato de plano de saúde, do qual a autora apelada é beneficiária, são aplicáveis as normas da Lei n° 9.656/1998. É bom que se diga que a incidência da norma supracitada não ofende o ato jurídico, pois não se trata de aplicação retroativa do referido diploma legal, mas de mera adequação do contrato a esse novo regramento jurídico, que, além de possuir caráter de ordem pública, tem aplicação imediata. Logo, não há falar em violação ao princípio da irretroatividade das leis, uma vez que, tratando-se de contrato de longa duração, o qual se renova, de regra, anualmente e de forma automática, obrigação essa de trato sucessivo, também denominado de contrato cativo, devem as estipulações fixadas no curso deste atender à regulação atinente a cada novo período. (Apelação Cível n° 2008.082158-7, Relator: Des. Luiz Carlos Freyesleben, DJ de 26/05/2009) [...]' " (TJ-SC – Ap. cív. n. 2011.008812-5, de Itajaí, Rel. Des. Carlos Prudêncio, j. 13.04.2011)

"(...) São presumíveis os danos morais suportados pelo usuário de plano de saúde acometido de doença grave que, quando necessita submeter-se com urgência à realização de tratamento previsto no contrato, obtém negativa de cobertura pela cooperativa médica [...] Gabinete Des. Luiz Fernando Boller (Apelação Cível n. 2007.028724-9, da Capital, Relator: Des. Marcus Tulio Sartorato, j. 29/01/2008)." (TJ-SC – Ap. cív. n. 2011.023651-3-Blumenau – 4ª Câm. de Direito Civil – Rel. Des. Luiz Fernando Boller – j: 24.11.2011, v.u.)

"Civil e Processual. Recurso Especial. Contrato. Plano de saúde. AIDS. Exclusão de cobertura. Cláusula potestativa. Precedentes. Provimento. I. É abusiva a cláusula contratual inserta em plano de assistência à saúde que afasta a cobertura de tratamento da síndrome de imonudeficiência adquirida (AIDS/SIDA). II. As limitações às empresas de prestação de serviços de planos e seguros privados de saúde em benefício do consumidor advindas com a Lei 9.656/98 se aplicam, em princípio, aos fatos ocorridos a partir de sua vigência, embora o contrato tenha sido celebrado anteriormente, porquanto cuida-se de ajuste de trato sucessivo. Precedente. III. Recurso especial provido." (REsp n. 650.400-SP – 4ª Turma – Rel. Min. Aldir Passarinho Junior – j: 22.6.2010, v.u.)

403 "Seguro-Saúde. Custos de medicamento. Alegação da seguradora de se tratar de remédio de caráter experimental, fora de previsão contratual. Inadmissibilidade. Medicação que, tendo registro na Anvisa, é passível de uso no País. Cobertura que se impõe." (TJ-SP – Ap. cív. c/rev. n. 441.454-4/2-00 – 10ª Câm. de Direito Privado – Rel. Octavio Helene – j: 5.7.2006, v.u. – RT 856/194)

404 "Seguro-Saúde. Reparação de danos. Negativa de pagamento de medicamentos necessários para a realização de sessão de quimioterapia. Ilicitude da recusa. Prestação de serviços subordinada ao Código de Defesa do Consumidor. Direito absoluto à vida e à saúde, que se sobrepõe ao direito obrigacional." (TJ-SP – Ap. cív. n. 482.875-4/3 – 9ª Câm. Direito Privado-São Paulo – Rel. Des. Carlos Stroppa – j: 20.6.2007 – RT 865/186)

405 "Plano de Saúde. Negativa em custear a realização da cirurgia de obesidade mórbida. Aplicação do Código de Defesa do Consumidor. Contrato de Adesão. Cláusulas restritivas do direito do consumidor devem ser redigidas em destaque. Não verificada no caso concreto. Aplicação dos arts. 46 e 47 do CDC. Cobertura devida. Sentença

No Código Civil existe dispositivo no sentido de que no contrato de adesão, as cláusulas ambíguas ou contraditórias serão interpretadas na forma que for mais favorável ao aderente (art. 423).

Os seguintes comentários são valiosos por contemplarem a importância da clareza das cláusulas contratuais e das informações que devem ser transmitidas ao usuário no ato da contratação: "Note-se, ainda, que o Superior Tribunal de Justiça, superou as discussões dogmáticas sobre a natureza do contrato, como seguro ou plano, e tem decidido impor a este importante tipo contratual de consumo de massa uma boa-fé extremamente qualificada, exigindo de todos os fornecedores (operadoras, seguradoras e outros), o cumprimento do dever de informação, cooperação e cuidado. Ensina o STJ: "O objetivo do contrato de seguro de assistência médico-hospitalar é o de garantir a saúde do segurado contra evento futuro e incerto(...) a seguradora se obriga a indenizar o segurado pelos custos com o tratamento adequado desde que sobrevenha doença, sendo esta a finalidade fundamental do seguro-saúde" (REsp

---

reformada, Recurso provido (TJ-SP – Ap. cív. n. 0093795-66.2000.8.26.000 – 8ª Câm. de Direito Privado – Rel. Des. Caetano Lagrasta – j: 13.10.2011, v.u)

"Apelação Cível. Seguro. Plano de saúde. Exame de PET-CT com FDG. Ausência de cláusula de exclusão de cobertura. Aplicação do Código de Defesa do Consumidor. Dever de informar. 1. O contrato de seguro ou plano de saúde tem por objeto a cobertura do risco contratado, ou seja, o evento futuro e incerto que poderá gerar o dever de indenizar por parte da seguradora. Outro elemento essencial desta espécie contratual é a boa-fé, na forma do art. 422 do Código Civil, caracterizada pela lealdade e clareza das informações prestadas pelas partes. 2. Há perfeita incidência normativa do Código de Defesa do Consumidor nos contratos atinentes aos planos ou seguros de saúde, como aquele avençado entre as partes, podendo se definir como sendo um serviço a cobertura do seguro médico ofertada pela demandada, consubstanciada no pagamento dos procedimentos clínicos decorrentes de riscos futuros estipulados no contrato aos seus clientes, os quais são destinatários finais deste serviço. Inteligência do art. 35 da Lei 9.656/98. 3. Não há qualquer referência expressa no contrato entabulado entre as partes de exclusão de cobertura do exame de PET-CT com FDG, serviço que originou a presente ação. 4. Restrições de direito devem estar expressas, legíveis e claras no contrato, o que não ocorreu no caso em tela, em afronta ao dever de informar consagrado na legislação consumerista. Ressalte-se que a vedação de cobertura não consta taxativamente no contrato, e cláusulas restritivas de direito não dão margem a interpretações extensivas. 5. A omissão no contrato quanto à exclusão de cobertura deve ser interpretada de forma favorável ao consumidor, uma vez que a negativa do apelante não se pautou em determinação contratual. Inteligência do art. 47 do Código de Defesa do Consumidor. Negado provimento ao apelo." (TJ-RS – Ap. cív. n. 70039392204 – 5ª Câm. Cível – Rel. Des. Jorge Luiz Lopes do Canto – j: 26.1.2011, v.u.)

1053.810-SP, rel. Min. Nancy Andrighi, j.17.12.2009. DJ 15.03.2010). A exigência de boa-fé qualificada, em face da massificação deste contrato que atinge milhões de consumidores, reflete-se em uma interpretação conforme a boa-fé e sempre a favor do consumidor, *ex vi* do art. 47 do CDC ... A lição do STJ tem sido seguida pelos tribunais estaduais, segundo os quais a obrigação de bem explicar o plano é do profissional (*caveat emptor*), e não é ônus imposto ao consumidor leigo e especialmente vulnerável, se estiver doente, afirmando que a "ausência de explicação conceitual, ao nível do *homo medius* " não deve ser tolerada pelo Judiciário nos planos antigos e novos. (...)" (Marques, Claudia Lima. Contratos no Código de Defesa do Consumidor: o novo regime das relações contratuais – 8. ed. rev. Atual. e ampl. – São Paulo: Editora Revista dos Tribunais, 2016, pp. 546/547) [406].

---

[406] "Consumidor. Plano de saúde. Rede conveniada. Alteração. Dever de informação adequada. Comunicação individual de cada associado. Necessidade. 1. Os arts. 6º, III, e 46 do CDC instituem o dever de informação e consagram o princípio da transparência, que alcança o negócio em sua essência, na medida em que a informação repassada ao consumidor integra o próprio conteúdo do contrato. Trata-se de dever intrínseco ao negócio e que deve estar presente não apenas na formação do contrato, mas também durante toda a sua execução. 2. O direito à informação visa a assegurar ao consumidor uma escolha consciente, permitindo que suas expectativas em relação ao produto ou serviço sejam de fato atingidas, manifestando o que vem sendo denominado de consentimento informado ou vontade qualificada. Diante disso, o comando do art. 6º, III, do CDC, somente estará sendo efetivamente cumprido quando a informação for prestada ao consumidor de forma adequada, assim entendida como aquela que se apresenta simultaneamente completa, gratuita e útil, vedada, neste último caso, a diluição da comunicação efetivamente relevante pelo uso de informações soltas, redundantes ou destituídas de qualquer serventia para o consumidor. 3. A rede conveniada constitui informação primordial na relação do associado frente à operadora do plano de saúde, mostrando-se determinante na decisão quanto à contratação e futura manutenção do vínculo contratual. 4. Tendo em vista a importância que a rede conveniada assume para a continuidade do contrato, a operadora somente cumprirá o dever de informação se comunicar individualmente cada associado sobre o descredenciamento de médicos e hospitais. 5. Recurso especial provido. (STJ – REsp n. 1.144.840-SP – 3ª Turma – Rel. Min. Nancy Andrighi – j: 20.3.2012, v.u.)

Nos contratos em que o contratante tem liberdade de escolher o profissional e/ou hospital, a contratada não responde pelos erros e falhas dos serviços, porquanto a decisão da escolha e seus riscos foram assumidos espontaneamente pelo usuário [407].

---

[407] "Responsabilidade civil. Erro médico. Plano de Saúde. IPERGS. Ilegitimidade passiva. 1. Trata-se de ação de indenização por alegado erro médico direcionada contra o IPERGS – Instituto de Previdência do Rio Grande do Sul. 2. Se não há relação de subordinação ou preposição entre o IPERGS e os médicos a ele vinculados, e se coube à autora a escolha dos profissionais que lhe atenderam, restando à autarquia tão-somente o custeio dos tratamentos, é evidente que o IPERGS não é parte legítima para figurar no pólo passivo de demanda que discute erro médico." (TJ-RS – Ap. cív. n. 70015423072 – 9ª Câm. Cível – Rel. Desa. Iris Helena Medeiros Nogueira – j: 26.7.2006, v.m.)

24

DE QUEM É A OBRIGAÇÃO DE PROVAR O ERRO MÉDICO. O CÓDIGO DE DEFESA DO CONSUMIDOR.

Na sistemática brasileira, o juiz julga a ação segundo a livre convicção. Apoiado nas provas produzidas no processo, o magistrado encontrará os elementos de convencimento para decidir a favor ou a desfavor da vítima e indicar quem deverá ressarcir o dano.

Prova é o conjunto dos meios utilizados para demonstrar a existência ou inexistência de um fato. Qualquer acontecimento que traz repercussão jurídica (fato jurídico), pode ser provado de várias formas: confissão, documento, testemunha, presunção, perícia; são essas as provas indicadas na lei civil (CC, art. 212). A Constituição Federal veda a utilização de provas obtidas por meios ilícitos (CF, art. 5º, LVI). Assim, qualquer prova obtida licitamente pode ser utilizada[408 e 409]. Nosso sistema

[408] "(...) para a lei processual, os meios legais de prova e os moralmente legítimos são empregados no processo "para provar a verdade dos fatos em que se funda o pedido ou a defesa e influir eficazmente na convicção do juiz" (NCPC, art. 369). São pois, os fatos litigiosos o objeto da prova" (Theodoro Junior, Humberto. Curso de Direito Processual Civil – 59 ª ed. rev., atual. e ampl. –Rio de Janeiro: Forense – 2018 – p. 899

[409] Código Processo Civil: "Art. 369. As partes têm o direito de empregar todos os meios legais, bem como os moralmente legítimos, ainda que não especificados neste Código, para provar a verdade dos fatos em que se funda o pedido ou a defesa e influir eficazmente na convicção do juiz"

processual é norteado pelo princípio do livre convencimento motivado do juiz, ou seja, permite ao julgador formar a convicção com base nos elementos de prova disponíveis nos autos, bastando-lhe indicar na decisão os motivos que formaram seu convencimento (CPC, art. 371)[410].

É regra de direito que os fatos afirmados em juízo devem ser provados por quem alega (ônus da prova). O ônus (obrigação, dever) de provar a existência do acontecimento em que o autor da ação baseia seu direito de ressarcimento compete a ele, vítima direta ou indireta do dano (Código Processo Civil, art. 373, I). Pode acontecer um erro médico sem causar mal algum. Sem dano material, moral ou estético, não há o que reclamar. A indenização sempre pressupõe a existência

---

[410] "Agravo em recurso especial. Processual civil (CPC/1973). Responsabilidade civil. Erro médico. (...) Valoração da prova. Princípio do livre convencimento do juiz (...) A valoração objetiva dos elementos probatórios é ato consciente e reflexivo do juiz, sobrepondo-se, obviamente, à convicção dos litigantes (...) o ordenamento jurídico brasileiro adota o princípio do livre convencimento motivado, que possibilita ao juiz a apreciação livre das provas colacionadas aos autos. Ou seja, o julgador não está adstrito à prova que a parte entende lhe seja mais favorável, mas pode formar a sua convicção a partir de outros elementos ou fatos constantes dos autos. (...) A jurisprudência desta Corte é pacífica no sentido de que a preferência do magistrado por esta ou por aquela prova está inserida no âmbito do seu livre convencimento motivado. Isso, porque vigora no direito processual pátrio o sistema de persuasão racional adotado no Código de Processo Civil, cabendo ao magistrado autorizar a produção desta ou daquela prova, se por outros meios não estiver convencido da verdade dos fatos, tendo em vista que é ao juiz que cabe a análise da conveniência e necessidade da sua produção. (STJ – AREsp 676600 SC 2015/0050747-9 – Rel. Ministro Paulo de Tarso Sanseverino – j: 06/12/2016 – trechos da ementa e da decisão monocrática)

"Direito civil. Responsabilidade civil. Erro médico. Princípio do livre convencimento motivado. Art. 131 (atual art. 371) do Código de Processo Civil. 1. O sistema processual civil abraça o princípio do livre convencimento motivado, que, inclusive está positivado no art. 131 (atual art. 371) do Código de Processo Civil, impondo ao julgador a indicação dos motivos de suas conclusões. Na hipótese em que a ação proposta tem sustentação na existência de erro médico, uma vez que realizada perícia, deve o julgador indicar os motivos pelos quais resolve concluir pela obrigação de indenizar, tomando posição oposta às conclusões do perito, mormente quando outras provas não existem nos autos. 2. A responsabilidade do médico pressupõe o estabelecimento do nexo causal entre causa e efeito da alegada falta médica, tendo em vista que, embora se trate de responsabilidade contratual – cuja obrigação gerada é de meio –, é subjetiva, devendo ser comprovada ainda a culpa do profissional. 3. Recurso especial provido." (STJ – REsp n. 1.078.057/MG (2008/0168389-1) – 4ª Turma – Rel. Min. João Otávio de Noronha – DJE 26.2.2009)

de um dano ou prejuízo. Havendo lesão, ela estará indissociavelmente ligada à reparação civil.

Ao imputado causador do dano (réu), incumbe demonstrar a inexistência do direito invocado pelo demandante ou a existência de acontecimento impeditivo do exercício daquele direito (Código Processo Civil, art. 373, II). No caso de erro médico, cabe ao paciente ou a quem o representa, provar o fato e a conduta que o vitimou.

Apesar de considerar objetiva a responsabilidade dos fornecedores de serviços, o Código de Defesa do Consumidor afastou dessa abrangência os profissionais liberais. Estes respondem subjetivamente perante o paciente, apenas quando a culpa estiver cabalmente evidenciada (CDC, art. 14, § 4º)[411 e 412].

---

[411] "Profissional liberal é o não-empregado, aquele que trabalha por conta própria, seja em profissão de nível universitário ou não, exercendo atividade científica ou artística. É geralmente autônomo, exercendo sua atividade por livre opção e havendo facultatividade na sua escolha pelo cliente. Para que o profissional seja considerado liberal, não deve exercer sua atividade mediante vínculo empregatício, com subordinação hierárquica. Não são profissionais liberais as empresas ou pessoas jurídicas em geral, ainda que explorem serviços de procuração judicial, medicina, engenharia etc., como hospitais, casas de saúde, empreiteiras, construtoras, escolas etc. A relação de consumo é celebrada com profissional liberal, para os efeitos do CDC 14 § 4º, se o for *intuitu personae*. Na hipótese de o consumidor procurar a empresa onde presta serviços o profissional liberal, ou, ainda, procurar os serviços de qualquer profissional liberal, não o contratando pela sua própria pessoa, a responsabilidade pelos danos causados ao consumidor é objetiva." (Nelson Nery Junior , Rosa Maria de Andrade Nery. Leis civis comentadas e anotadas – 5. ed. rev., atual. e ampl. – São Paulo: Thomson Reuters Brasil, 2019, Nota 6 ao art. 14, p. 428)

[412] "O Código de Defesa do Consumidor regula todas as relações contratuais entre a pessoa que adquire um produto e um serviço como destinatário final (art. 2º) e um fornecedor, que é todo aquele que fornece um produto ou um serviço mediante remuneração. Ora entre o cirurgião e paciente se estabelece um contrato tácito em que o cirurgião se propõe a realizar uma cirurgia na pessoa do paciente mediante remuneração, e se obriga a usar toda a sua habilidade para alcançar o resultado almejado. Trata-se de um contrato de prestação de serviço, pois esse contrato, na linguagem daquele código é toda atividade fornecida no mercado mediante remuneração (art. 3º par. 2º). Aliás, o Código do Consumidor contempla a espécie de serviço fornecido pelos profissionais, tais como médicos, dentistas, etc. ao declarar no par. 4º do art. 14 que "a responsabilidade pessoal dos profissionais liberais será apurada mediante a verificação da culpa." (Rodrigues, Silvio. Direito Civil, v. 4, Responsabilidade Civil, 20ª. ed. rev. e atual. de acordo com o novo Código Civil (Lei n. 10.406, de 10.1.2002) São Paulo: Saraiva, 2007, 4ª tiragem, p. 254)

Hoje em dia, poucos médicos trabalham por conta própria. Constituem clínicas (pessoas jurídicas) às vezes com profissionais de áreas diferentes desobrigados, por conseguinte, de observarem o CEM[413]. Essas sociedades são tratadas como fornecedoras normais de serviços[414 e 415].

---

413 "Melhor seria que houvesse proibição à presença de sócios não habilitados ao exercício da profissão, como ocorre em relação à sociedade de advogados, porquanto, aí, a sociedade de médicos estaria restrita a proporcionar a seus sócios meios para exercerem seu ofício em atuação conjunta ou integrada sem qualquer conotação mercantilista. Não é isso que ocorre em muitas situações. A possibilidade de um, mais de um ou todos os sócios não possuírem habilitação profissional na área da saúde transforma a sociedade em veículo para exploração econômica da medicina, sem que os sócios leigos tenham qualquer obrigação de observar as normas do Código de Ética Médica. Talvez a chave para a solução desse problema esteja em o CFM baixar normas criando restrições ao registro nos CRMs de sociedades cujos sócios não sejam habilitados ao exercício da medicina e conscientizar a classe para que não se sujeite à prática da medicina em sociedades que não estejam nele registradas." (GONÇALVES NETO, Alfredo de Assis. Sociedade de médicos. São Paulo: Lex Editora, 2010, p. 22)

414 "Também me parece que as pessoas jurídicas formadas por médicos ou outros profissionais perdem este privilégio (profissionais liberais), devendo ser tratadas como fornecedores normais, elas mesmas não são profissionais liberais. Aqui privilegiado não é o tipo de serviço, mas a pessoa (física) do profissional liberal. Difícil o caso das cadeias de profissionais liberais, como grupos médicos ou cirúrgicos que não abram mão de sua característica de profissionais liberais, mas atuem em grupo, talvez com pessoas que não sejam profissionais liberais." (MARQUES, Cláudia Lima, Antônio Herman V. Benjamin, Bruno Miragem. Comentários ao Código de Defesa do Consumidor – 6ª ed. rev. atual. e ampl. – São Paulo: Thompson Reuters Brasil, 2019, p. 569)

415 "Responsabilidade civil. Cirurgia. Indenizatória proposta pela Apelada, submetida a uma cirurgia de varizes no estabelecimento da Recorrente, objetivando ser compensada pelos danos que lhe foram impingidos em função da negligência, erro e descaso do médico que a atendera. Responsabilidade objetiva da Apelante. A Apelante afirma uma mera relação locativa com o médico que atendeu a Apelada, contudo, verifica-se que o profissional atuava em nome da Apelante, inclusive utilizando-se de receituário dela. Aos olhos do consumidor, o profissional era ligado a Clínica. O procedimento cirúrgico encetado na Apelada lhe trouxe sequelas, consistente em cicatrizes na perna, incomuns quando o procedimento é regular. Embora a perícia não tenha afirmado categoricamente a existência de erro médico, fica claro que o agente causador do fato foi o profissional. Foi a ação do médico que trouxe as sequelas. Se houve erro ou não, é matéria que se situa na esfera da culpa e, portanto, dispensada a apreciação porque a responsabilidade é objetiva, só excluída por fato exclusivo da vítima ou de terceiro, o que não ocorre. Valor da indenização fixado corretamente. Recurso desprovido, nos termos desta decisão." (TJ-RJ – Ap. cív. n. 0001792-06.2004.8.19.0208 – 15ª Câm. Cível – Rel. Des. Ricardo Rodrigues Cardozo – j: 26.10.10, v.u.)

Nesses casos há que distinguir a responsabilidade objetiva empresarial médica da responsabilidade subjetiva, emanada do serviço pessoal e técnico restrito ao médico[416].

O Código de Ética Médica preconiza que a atividade médica individual não caracteriza relação de consumo dada a natureza personalíssima da atuação do médico e, sendo subjetiva, a responsabilidade não pode ser presumida, ou seja, a imperícia, a imprudência ou a negligência têm de ser provadas (CEM, Princípios Fundamentais, XIX, XX e Parágrafo único do art. 1º).

Nas demandas indenizatórias baseadas no erro de conduta médica, a realização de perícia a pedido das partes ou por iniciativa do juiz (de ofício) pode ser importante, pois tem a finalidade de investigar se o dano e seus efeitos decorreram de algum evento culposo. É feita por um perito conhecedor da matéria nomeado pelo juiz, que funciona com auxiliar da justiça[417 e 418]. Interessando às partes, cada uma poderá ser

---

416 "(...) Nas hipóteses de dano decorrente de falha técnica restrita ao profissional médico, mormente quando este não tem nenhum vínculo com a clínica - seja de emprego, seja de mera preposição, não cabe atribuir ao hospital a obrigação de indenizar." (STJ - REsp n. 1.019.404 - 4ª Turma - Rel. Min. João Otávio de Noronha - j: 22.3.2011, v.u. - trecho da ementa)

417 CPC art. 156 " O juiz será assistido por perito quando a prova do fato depender de conhecimento técnico ou científico"

"O médico-perito não produz prova, mas dá ao juiz diretrizes adequadas para a análise de dados específicos. O médico-perito aclara para o juiz o que tecnicamente parece obscuro. O médico-perito oferece, sob compromisso, os concursos de seus conhecimentos especializados ao magistrado, para que este possa analisar com a segurança a realidade de certos fatos e atos fundamentais para uma decisão judicial justa, na forma da lei. O médico-perito tem a função de verificação, isto é, de trazer para o juiz a verdade do que é discutido no processo. A relevância da revelação da verdade nos autos implica a necessidade de o médico-perito nomeado ser probo, confiável, insuspeito e de não haver qualquer dúvida sobre sua imparcialidade." (FARAH, Elias - ob. cit., p. 373).

418 Conselho Nacional de Justiça - Recomendação n. 31, de 30.3.2010 - Recomenda aos Tribunais a adoção de medidas visando subsidiar os magistrados e demais operadores do direito, para assegurar maior eficiência na solução das demandas judiciais envolvendo a assistência à saúde.

Conselho Nacional de Justiça - Recomendação n. 36 de 12.7.2011 - Recomenda aos Tribunais a adoção de medidas visando a melhor subsidiar os magistrados e demais operadores do direito, com vistas a assegurar maior eficiência na solução das demandas judiciais envolvendo a assistência à saúde suplementar.

auxiliada por assistentes técnicos, profissionais de sua confiança, cuja atribuição consistirá em acompanhar a perícia, detectar falhas nos trabalhos, contribuir e aperfeiçoar as informações apresentadas [419]. Se o perito agir com suspeição ou parcialidade, prestar informações inverídicas ou falsas, será responsabilizado civil, ética e criminalmente (CPC, art. 158, CEM, arts. 92 e 98 e CP, art. 342) [420]. Atente-se que o acobertamento de erro ou de conduta antiética do médico, é vedado pelo CEM (art. 50).

Em relação ao ônus da prova, Miguel Kfouri Neto observa: "Este é, sem dúvida, o ponto nodal do debate judiciário sobre a responsabilidade médica: quem deve provar o que? A situação é delicada, pois as duas partes não estão em pé de igualdade: o paciente nada sabe de medicina", e alerta: "No que pertine à prova nas demandas indenizatórias embasadas na responsabilidade civil do médico, este, por *senhor da ciência* - como expressado pelo Des. Antonio Janyr Dall'Agnol Junior - encontra-se em melhor situação para provar que agiu corretamente, sem culpa." (Culpa Médica e Ônus da Prova – Ed. Revista dos Tribunais, 2002, pp. 51/52).

Seguindo igual linha de pensamento, diz Antonio Jeová Santos:

Para subsidiar os magistrados em ações judiciais na área de saúde o Conselho Nacional de Justiça emitiu a Resolução 238, de 6.9.2016, dispondo sobre a criação e manutenção, pelos Tribunais de Justiça e Regionais Federais de Comitês Estaduais da Saúde, bem como a especialização de vara em comarcas com mais de uma vara de fazenda Pública. – "Art. 1º § 1º. O Comitê Estadual da Saúde terá entre as suas atribuições auxiliar os tribunais na criação de Núcleos de Apoio Técnico do Judiciário (NAT-JUS), constituído de profissionais da Saúde, para elaborar pareceres acerca da medicina baseada em evidências, observando-se na sua criação o disposto no parágrafo segundo do art. 156 do Código de Processo Civil Brasileiro".

[419] Código de Processo Civil, art. 465, § 1º, II e art. 466.

[420] "Processo civil. Ação de indenização. Laudo pericial. Perito suspeito. Erro médico. Imprescindibilidade da perícia. Anulação do Processo. 1. Nos termos do art. 400, II (atual art. 443, II) do CPC, não é possível produzir prova exclusivamente testemunhal a respeito de fatos que 'só por documento ou por exame pericial podem ser provados'. A existência de erro médico cometido em cirurgia de hérnia inguinal em recém-nascido, por suas peculiaridades técnicas, é questão que só pode ser aferida mediante perícia. 2. A reconhecida suspeição do perito que trabalhou no processo, por sua íntima relação com o hospital-réu declarada no processo, obriga a repetição da perícia. Não é possível considerar inexistente a obrigação de indenizar com base na prova testemunhal, a despeito da suspeição. 3. Recurso especial conhecido e provido para o fim de anular a sentença prolatada, determinando-se a repetição do laudo pericial." (STJ – REsp n. 1.135.150 – 3ª Turma – Rel. Min. Nancy Andrighi – j: 5.4.2011, v.u.)

"Na responsabilidade civil engendrada por algum ilícito cometido pelo profissional da Medicina, por exemplo, a prova que deveria recair sobre o usuário encontra-se em poder do médico, do hospital e de outros membros que compõem a equipe de Medicina. Estes é que tudo devem fazer para não sonegar a prova dos fatos que o autor alega mas que é difícil, se não impossível, efetuar prova direta." (Santos, Antonio Jeová. ob. cit. p. 529).

24.1. A inversão do ônus da prova nas ações de erro médico e a teoria da carga dinâmica do ônus da prova

O CDC coloca entre os direitos básicos do consumidor a facilitação da defesa de seus direitos, nas situações em que for difícil a ele conseguir provas. Para tanto, concedeu ao juiz a possibilidade de inverter o ônus da prova, com o intuito de assegurar o equilíbrio processual [421].

A regra é clara: a inversão não é obrigatória e sempre deve estar fundamentada. O juiz decide livremente e pode determiná-la quando,

---

[421] Código de Defesa do Consumidor: "Art. 6º São direitos básicos do consumidor: (...) VIII – a facilitação da defesa de seus direitos, inclusive com a inversão do ônus da prova, a seu favor, no processo civil, quando a critério do juiz, for verossímil a alegação ou quando for ele hipossuficiente, segundo as regras ordinárias de experiências (...)"

"A chamada inversão do ônus da prova, no Código de Defesa do Consumidor, está no contexto de facilitação da defesa dos direitos do consumidor, ficando subordinada 'ao critério do juiz, quando for verossímil a alegação ou quando for ele hipossuficiente, segundo as regras ordinárias de experiências' (art. 6º, VIII). Isso quer dizer que não é automática a inversão do ônus da prova. Ela depende de circunstâncias concretas que serão apuradas pelo juiz no contexto da "facilitação da defesa" dos direitos do consumidor (...)" (STJ, trecho do REsp n. 122.505 – 3ª Turma – Rel. Min. Carlos Alberto Menezes Direito – j: 4.6.1998 – RSTJ 115/271)

"(...) Relação de consumo. Necessidade de harmonização dos interesses resguardando o equilíbrio e a boa-fé. Inversão do ônus da prova. Incompatibilidade com o enriquecimento sem causa. Princípios contratuais que se extraem do CDC. Instrumentário hábil a solucionar a lide. 1. O Código de Defesa do Consumidor contempla a reciprocidade, equidade e moderação, devendo sempre ser buscada a harmonização dos interesses em conflito, mantendo a higidez das relações de consumo. 2. A inversão do ônus da prova é instrumento para a obtenção do equilíbrio processual entre as partes, não tendo por fim causar indevida vantagem, a ponto de conduzir o consumidor ao enriquecimento sem causa, vedado pelo artigo 884 do Código Civil. (...)" (STJ – REsp n. 1.256.703-SP (2011/0079715-6) – 4ª Turma – Rel. Min. Luis Felipe Salomão – j: 06.09.2011, v.u – DJe 27.9.2011 – trechos da ementa)

desde logo, lhe parecerem verdadeiros os fatos apresentados pelo prejudicado ou este for hipossuficiente (art. 6º, VIII do CDC)[422 e 423].

Hipossuficiência não se prende somente à situação econômica, nível cultural ou social da pessoa, mas também à dificuldade técnica em produzir e obter provas frente a alguém mais favorecido pelos conhecimentos que possui[424 e 425].

Embora subjetiva a responsabilidade, sendo o médico o detentor do saber científico necessário ao tratamento do enfermo, por conseguinte em melhor situação técnica para abonar o acerto da conduta profissional, a regra do ônus da prova pode ser invertida, de modo que o prejudicado apenas precisará revelar o resultado danoso causado pela

---

[422] "Responsabilidade civil. Dano Moral. Inversão. Ônus. Prova. Para que haja a inversão do ônus da prova (art. 6º, VIII, do CDC) é necessário que o juiz analise as peculiaridades do caso concreto e, no contexto, facilite a atuação da defesa do consumidor. A inversão não é automática, devendo o juiz justificar devidamente se presentes os pressupostos da referida norma, para, aí sim, deferir a inversão da prova. Precedentes citados: REsp 437.425-RJ, DJ 5.5.2003; REsp 471.624-SP, DJ 25.8.2003; REsp 122.505-SP, DJ 24.8.1998, e REsp 332.869-RJ, DJ 2.9.2002." (STJ – REsp n. 284.995-SE – Rel. Min. Fernando Gonçalves – j: 26.10.2004 – Informativo de Jurisprudência do STJ n. 0226)

[423] "Agravo de instrumento. Ação de indenização. Erro médico. Relação de consumo configurada. Responsabilidade objetiva do hospital. Inversão do ônus da prova. Possibilidade. Requisitos do art. 6º, VIII, do CDC preenchidos. Recurso desprovido. Os hospitais, em face do disposto no Código de Defesa do Consumidor, estão sujeitos à responsabilidade objetiva que prescinde de demonstração da culpa por ser o paciente a parte hipossuficiente da relação." (TJ-SC – AI n. 2004.015582-4 – Rel. Juiz Sérgio Izidoro Heil – j: 8.5.2005)

[424] "A hipossuficiência respeita tanto à dificuldade econômica quanto à técnica do consumidor em poder desincumbir-se do ônus de provar os fatos constitutivos de seu direito." (Nelson Nery Junior, Rosa Maria de Andrade Nery. Leis civis comentadas e anotadas – 5. ed. rev., atual. e ampl. – São Paulo: Thomson Reuters Brasil, 2019, Nota 25 ao art. 6º, p. 403)

[425] "A hipossuficiência é pressuposto mais técnico do que econômico, muito embora, algumas vezes, essas duas fragilidades se encontrem no mesmo caso. Nesse sentido, a hipossuficiência do consumidor pode ser considerada como um *plus* à vulnerabilidade. É o algo mais que o legislador atribui ao consumidor para equipará-lo ao fornecedor em juízo." (Dienstmann, Soeli Teresinha Schilling. A responsabilidade civil nas relações de consumo. São Paulo: Lex Editora, 2011, p. 59; com apoio do Instituto dos Advogados de São Paulo – IASP)

atividade médica a que se submeteu[426]. Para se livrar da responsabilidade, caberá ao profissional provar não ter sido o culpado pelo dano,

---

[426] "Agravo. Erro médico. Inversão do ônus da prova. Admissibilidade. Comprovados os requisitos do art. 6º, inciso VIII, da Lei n. 8.078/1990, nada impede a inversão do ônus da prova, mesmo quando se trata de responsabilidade subjetiva, posto que esta é regra material que não se condiciona ao tratamento processual da prova." (TA-MG - AI n. 0293929-3 - 3ª Câm. Cível - Rel. Juiz Edilson Fernandes - j: 10.11.1999, v.u.)

"Responsabilidade civil. Erro médico. Natureza da obrigação. Relação de consumo. Procedimentos incorretos. Dever de indenizar. É de meio e não de resultado a natureza da obrigação decorrente do atendimento médico ao seu paciente cuidando-se, no entanto, também de relação de consumo, incumbe ao profissional o ônus da prova de ter prestado os seus serviços dentro dos padrões de cuidado, atenção e sincera dedicação na busca da cura, sob pena de arcar com os danos causados em decorrência da adoção de equivocados procedimentos. A inversão do ônus da prova diz respeito, tão-somente, ao fato do qual se originou a obrigação de reparar não assim os danos efetivamente causados, caso em que prevalece a regra comum, prevista no art. 333, do CPC." (TJ-DFT - Ap. cív. n. 5320899 - 4ª Turma Cível - Rel. Des. Sérgio Bittencourt - j: 7.8.2000, v.u. - DJDF 28.3.2001, p. 38)

"Apelação Cível. Agravo retido. Ação de indenização. Danos materiais e morais. Responsabilidade civil. Médico anestesista. Erro médico. Incidência do CDC. - 1. (...) 2. A incidência do CDC permite a inversão do ônus da prova, ante a manifesta hipossuficiência da autora/paciente com relação ao réu/médico. Verificados os danos alegados pela autora, aliado a elementos probatórios constantes dos autos, deverá o réu arcar com a obrigação indenizatória. 3. Apelo provido." (TJ-DF - Ap. cív. n. 1999011043651 - 4ª Turma Cível - Rel. Desª. Vera Andrighi - j: 13.8.2001, v.u. - DJDF 10.10.2001, p. 69)

"Responsabilidade civil. Médico e hospital. Inversão do ônus da prova. Responsabilidade dos profissionais liberais. Matéria de fato e Jurisprudência do STJ (REsp. n. 122.505-SP). 1. No sistema do Código de Defesa do Consumidor a responsabilidade pessoal dos profissionais liberais será apurada mediante a verificação de culpa (art. 14, § 4º). 2. A chamada inversão do ônus da prova, no Código de Defesa do Consumidor, está no contexto da facilitação da defesa dos direitos do consumidor, ficando subordinada ao critério do juiz, quando for verossímil a alegação ou quando for ele hipossuficiente, segundo as regras ordinárias de experiências (art. 6º, VIII). Isso quer dizer que não é automática a inversão do ônus da prova. Ela depende de circunstâncias concretas que serão apuradas pelo juiz no contexto da facilitação da defesa dos direitos do consumidor. E essas circunstâncias concretas, nesse caso, não foram consideradas presentes pelas instâncias ordinárias. 3 Recurso especial não conhecido." (STJ - REsp n. 171.988-RS - 3ª Turma - Rel. Min. Waldemar Zveiter - DJ: 28.6.1999)

"(...) 2. A responsabilidade subjetiva do médico (CDC, art. 14, § 4º) não exclui a possibilidade de inversão do ônus da prova, se presentes os requisitos do art. 6º, VIII, do CDC, devendo o profissional demonstrar ter agido com respeito às orientações técnicas aplicáveis. Precedentes deste Tribunal (...)." (STJ - AgRg no AI n. 969.015-SC (2007/0244421-0) - 4ª Turma - Rel. Min. Maria Isabel Gallotti - j: 7.4.2011, v.u. - trecho do acórdão) demonstrando que prestou os serviços adequadamente com os meios ao seu alcance; que aplicou corretamente os conhecimentos e técnicas disponíveis; que não descuidou do paciente, etc.[427 e 428].

Contudo, continua sendo objeto de divergência a questão de admitir ou não a inversão da prova quando se tratar de ato praticado por profissionais liberais, entre os quais está o médico.

Prestigiados autores e julgados entendem-na equivocada devido o art. 951 do CC dizer que no exercício da atividade profissional, a indenização será devida quando ocorrer negligência, imprudência ou imperícia. Tal disposição, sustentam, afasta a possibilidade do magistrado determinar a inversão. Além do mais, o objeto do contrato de prestação do serviço do médico envolve obrigação pessoal de meio, por conseguinte responsabilidade de natureza subjetiva a qual estaria, via indireta, sendo transformada em objetiva, caso invertido o ônus[429].

---

[427] "(...) no caso específico do médico, não se vê qualquer óbice no fato destes dois regramentos serem utilizados conjuntamente (art. 14, § 4º e art. 6º, VIII). Um profissional liberal somente será responsabilizado se for verificada a existência de culpa. Porém, o magistrado poderá inverter o ônus da prova, fazendo com que o profissional demonstre ter agido com respeito às mais indicadas orientações técnicas." (TJ-SC – AI n. 2004.015582-4 – 1ª Câm. de Direito Civil – Rel. Des. Sérgio Izidoro Heil – j: 8.3.2005, v.u.)

[428] "O ônus da prova da regularidade e correção na prestação do serviço deve ser, de ordinário, carreado ao profissional liberal. A ele compete provar que agiu corretamente, dentro da técnica de sua profissão e que não causou dano ao consumidor. Incide, na hipótese, o CDC 6º VIII." (Nelson Nery Junior , Rosa Maria de Andrade Nery. Leis civis comentadas e anotadas – 5. ed. ver., atual. e ampl. – São Paulo: Thomson Reuters Brasil, 2019, Nota 7 ao art. 14, p. 428)

[429] "Processo. Ônus da prova. Inversão. Erro Médico. Art. 6º, inciso VIII, do Código de Proteção do Consumidor. Irrelevância da natureza da responsabilidade, se objetiva ou se subjetiva. Recurso desprovido. Não há confundir responsabilidade civil, de direito material, com ônus processual de provar os fatos alegados em juízo, que pertine ao campo do direito processual. Assim, sujeitar o profissional liberal ao regime da responsabilidade subjetiva não corresponde a uma automática abolição do regime processual da inversão do ônus da prova quanto a esse fornecedor de serviços por não haver a menor possibilidade de inconciliabilidade entre os dois regimes. Incumbe, por consequência, ao profissional liberal, quando decretada a inversão do ônus da prova, provar que não laborou em equívoco, nem agiu com imprudência ou negligência no desempenho de sua atividade." (TJ-SP – AI n. 236.892.4/0 – 9ª Câm. de Direito Privado – Rel. Des. Ruiter Oliva – j: 23.4.2002, v.u.)

A objeção pode fazer sentido, no entanto prejudica o menos favorecido na relação processual que terá, sem dúvida, diminuída a capacidade comprobatória dada a ausência ou dificuldade de obter elementos ou informações capazes de balizar a avaliação do serviço médico prestado: "O Juiz é investido (art. 130 do CPC) do poder de discricionariedade legítima para definir um critério que aproxime a jurisdição do resultado efetivo (de qualidade), e por isso lhe incumbe encontrar, ainda que abandonando critérios formalísticos, a solução adequada para a função prática do direito, "caso por caso, problema por problema." (ZULIANI, Ênio Santarelli, ob. cit., p. 61)[430].

Há julgados que entendem deva preponderar a regra comum, qual seja a de que o ônus de provar o fato cabe, sem distinção, ao autor da ação quanto ao fato constitutivo do seu direito[431].

---

[430] "Prova. Ônus. Inversão em razão de erro médico. Admissibilidade. Presença dos requisitos da verossimilhança das alegações e hipossuficiência técnica da autora. Relação de consumo caracterizada. Arts 6º, inc. VIII e 14, § 4º do Código de Defesa do Consumidor. Possibilidade de inversão mesmo no caso de profissional liberal. Recurso desprovido." (TJ-SP – AI n. 567.866-4/1-00 – 9ª Câm. de Direito Privado – Rel. Grava Brazil – j: 20.5.2008, v.u.)

[431] "Responsabilidade médica. Apuração da culpa. Nexo de causalidade não demonstrado. Improcedência. O ônus da prova da negligência médica é do paciente. De acordo com o art. 927 do CC, somente aquele que produziu o dano (art. 186 e 187) fica obrigado a repará-lo. Uma vez não demonstrado que o médico foi negligente, ou que tenha atuado com qualquer tipo de culpa e não demonstrado o nexo causal entre a sua atuação e o agravamento das lesões do paciente, afastada fica a sua obrigação de indenizar a vítima de acidente doméstico que lhe imputa o agravamento das lesões. A responsabilidade subjetiva do médico é ainda prevista no Art. 951 do novo Código Civil. Tendo o fato ocorrido antes da vigência do novo Código Civil, aplica-se o art. 1.545 do Código de 1916, que encontra, ademais, guarida no § 4º do art. 14 do Codecon." (TJ-MG – Ap. cív. n. 1.0672.01.048087-5/001 – Comarca de Sete Lagoas – Rel. Desª. Vanessa Verdolim Hudson Andrade – j: 12.2.2008, v.u.)

"(...) Em decorrendo a responsabilidade de profissional liberal, como o são os médicos, de culpa, esta há que ser demonstrada pelo autor, mesmo se tratando de relação de consumo. Princípio que decorre do disposto no art. 14, § 4º, do Código do Consumidor. (...)" (TJ-RS – AI n. 596114165 – 6ª Câm. Cível – Rel. Des. Osvaldo Stefanello – j: 22.10.1996 – trechos da ementa)

"Responsabilidade civil do médico e do hospital. Serviço do SUS. Perda de membro inferior. Infecção pós-traumática. Culpa. Prova. Ônus. Não se pode olvidar que, no direito pátrio, a responsabilidade civil dos médicos esteja ligada ao conceito de culpa, cujo ônus da prova pertence ao autor da demanda (art. 333, I, do CPC). Determinada a

O CPC permite ao juiz atribuir, em decisão fundamentada, o ônus da prova de modo diverso quando diante das peculiaridades da causa notar impossibilidade ou excessiva dificuldade da parte desincumbir-se do ônus da prova ou quando verificar que a outra parte tem mais facilidade de obtê-la [432 e 433]. Acolheu, portanto, a teoria da distribuição dinâmica (dinamização ou flexibilização) do ônus da prova [434] .

---

perícia, meio probatório apropriado para a verificação da conduta do profissional demandado (...)" (TJ-RS – Ap. cív. n. 70002419349 – 10ª Câm. Cível – Rel. Des. Luiz Ary Vessini de Lima – j: 14.3.2002 – trechos da ementa)

432 CPC: "Art. 373. § 1º Nos casos previstos em lei ou diante de peculiaridades da causa relacionadas à impossibilidade ou à excessiva dificuldade de cumprir o encargo nos termos do caput ou à maior facilidade de obtenção da prova do fato contrário, poderá o juiz atribuir o ônus da prova de modo diverso, desde que o faça por decisão fundamentada, caso em que deverá dar à parte a oportunidade de se desincumbir do ônus que lhe foi atribuído."

433 "Ao invés de aplicar – como visto erroneamente – a inversão do ônus da prova no âmbito da responsabilidade médica, ao órgão julgador é dado valer-se da técnica denominada *cargas probatórias dinâmicas*, sobretudo para obviar o inconveniente do imobilismo probatório. Censurável, a todas as luzes, a postura estática de qualquer dos litigantes, na atividade probatória, tendo em vista a atribuição taxativa do *'onus probandi'* pelo art. 333, do CPC. E o rigor legal, por vezes, enseja a adoção dessa atitude passiva, com maior frequência pelo réu. Para evitar que isso aconteça, o juiz, em busca da verdade real, poderá atribuir a produção de determinada prova àquela das partes que se encontre em melhores condições de fazê-lo. (...)" (Kfouri Neto, Miguel *in* Responsabilidade Civil dos Hospitais: Código Civil e Código de Defesa do Consumidor. São Paulo: Revista dos Tribunais, 2010, p. 80)

434 "A regra geral do sistema probatório brasileiro, é a distribuição legal do ônus da prova entre o autor (fatos constitutivos de seu direito) e o réu (fatos impeditivos, modificativos e extintivos do direito do autor), consoante determinam o CPC 373 I e II). O texto normativo indicou, timidamente, tendência em adotar a inversão do ônus da prova pela técnica do ônus dinâmico da prova: terá o ônus de provar aquele que estiver, no processo, em melhor condição de fazê-lo, conforme inversão determinada por decisão judicial fundamentada." (...) "A inversão do ônus da prova dá-se *ope iudicis* isto é, por obra do juiz, e não *ope legis* como ocorre na distribuição do ônus da prova pelo CPC 373.)" (Código de processo civil comentado/Nelson Nery Junior, Rosa Maria Andrade Nery –16 ed. rev., atual. e ampl. – São Paulo: Editora Revista dos Tribunais, 2016 – nota 18 e nota 21 ao art. 373 – p. 10)

"Ação de indenização por danos morais. Produção de prova pericial médica. Interesse da parte demandada. Inversão *ope legis* da carga probatória. Hipossuficiência técnica da autora. (...) 3. Em se tratando de ação de indenização em virtude de erro médico, revela-se admissível a inversão do ônus da prova, com base na regra de distribuição dinâmica prevista no art. 373, § 1º, do CPC. 4. Considerando a hipossuficiência

A esse respeito Cassio Scarpinella Bueno, traz este comentário: "É bem-vinda a introdução no sistema, da flexibilização do ônus da prova, que se harmoniza com as tendências atuais do processo civil cuja finalidade precípua é a tutela de direitos e acesso à plenitude da ordem jurídica. Contudo deve o juiz agir com critério e serenidade, uma vez que, na generalidade dos casos, deve aplicar as regras gerais do ônus da

---

técnica da autora em produzir provas referentes ao direito que postula, no tocante ao acerto ou desacerto do procedimento médico empregado, bem como a maior facilidade do réu no acesso ao prontuário médico, a inversão do ônus da prova determinada pelo Juízo a quo não comporta qualquer censura. 5. Assim, constatado que o réu detém melhores condições de desincumbir-se do ônus da prova, revela-se escorreita a decisão interlocutória que determinou que os custos inerentes à prova pericial deverão ser suportados por ele. (...)" (TJ-DF AI 07170301120188070000 DF 0717030-11.2018.8.07.0000 – 2ª Turma Cível – Rel. João Egmont – j: 12.12.2018 – DJe 18/12/2018)

"Insiste a parte autora na vinda de documentos aos autos que só o réu pode trazer. De fato, numa relação de trabalho ou prestação de serviço, a vulnerabilidade se dá não apenas no âmbito do direito material, mas, também, processual, na medida em que o contratante ou empregador é quem dispõe de melhores condições técnicas e informacionais referentes ao labor desenvolvido. Dessa forma, nota-se que nem sempre o empregado ou prestador do serviço detém a mesma aptidão que o contratante ou empregador (seja de ordem técnica, material ou informacional) durante a instrução do processo, acarretando-lhe prejuízos na prova dos fatos alegados e na busca pela verdade real. Aqui entra a aplicação da teoria da carga dinâmica do ônus da prova, adotado pelo novo CPC em seu art. 373, §§1º e 2º, onde diante de peculiaridades da causa relacionadas à impossibilidade ou à excessiva dificuldade de cumprir o ônus da prova ou à maior facilidade de obtenção da prova do fato contrário, poderá o juiz atribuir o encargo de modo diverso, desde que o faça por decisão fundamentada, caso em que deverá dar à parte a oportunidade de se desincumbir do ônus que lhe foi atribuído e desde que não acarrete situação em que a desincumbência da carga probatória pela parte seja impossível ou excessivamente difícil. Ou seja, o que se permite é criar uma situação de equilíbrio entre as partes no processo, quando necessário, ao retirar de uma parte hipossuficiente ou vulnerável o fardo probatório em situações nas quais seria impossível que o mesmo dispusesse de determinadas informações ou documentos. Trata-se de propiciar um contexto de isonomia processual, e não de proteção sem fundamento à uma das partes, além de impor às partes um dever de cooperação e solidariedade na produção de provas no processo. Portanto, porque é possível e não difícil trazer aos autos as cópias de livros de cirurgia, prontuários de pacientes operados e outros documentos similares, do período de agosto de 2010 a janeiro de 2011, atribuo ao réu o ônus dessa prova (art. 373, § 1º, do NCPC). Intime-se o réu para lhe possibilitar tal desincumbência, no prazo de 30 dias (art. 373, § 2º, do NCPC)" (TJ-RJ- decisão do MM. Juiz Antonio Marreiros da Silva Melo Neto da 6ª Vara Cível da Comarca de São Gonçalo em 26.6.2019, em ação de indenização trabalhista – Proc. 0022604-84.2013.8.19)

prova, mantidas no *caput* do art. 373 do NCPC, e só excepcionalmente, quando presentes as circunstâncias previstas no § 1º, fazer incidir a flexibilização." (*in* Comentários ao código de processo civil, vol.2 (arts. 318 a 538 – São Paulo: Saraiva, 2017 – pp. 257, 258)

O momento mais apropriado para o pronunciamento da inversão será na decisão de saneamento do processo (CPC, art. 357, III), antes, portanto, do encerramento da instrução processual, ocasião, sem dúvida, de maior utilidade para o futuro desfecho da ação[435 e 436].

---

[435] "(...) Ônus da prova. Inversão '*ope judicis*' (art. 6º, VIII, do CDC). Momento da inversão. Preferencialmente na fase de saneamento do processo. I. A inversão do ônus da prova pode decorrer da lei ('*ope legis*'), como na responsabilidade pelo fato do produto ou do serviço (arts. 12 e 14 do CDC), ou por determinação judicial ('*ope judicis*') (...) A distribuição do ônus da prova, além de constituir regra de julgamento dirigida ao juiz (aspecto objetivo), apresenta-se também como norma de conduta para as partes, pautando, conforme o ônus atribuído a cada uma delas, o seu comportamento processual (aspecto subjetivo). Doutrina. IV. Se o modo como distribuído o ônus da prova influi no comportamento processual das partes (aspecto subjetivo), não pode a inversão '*ope judicis*' ocorrer quando do julgamento da causa pelo juiz (sentença) ou pelo tribunal (acórdão). V. Previsão nesse sentido do art. 262, § 1º, do Projeto de Código de Processo Civil. VI. A inversão '*ope judicis*' do ônus probatório deve ocorrer preferencialmente na fase de saneamento do processo ou, pelo menos, assegurando-se à parte a quem não incumbia inicialmente o encargo, a reabertura de oportunidade para apresentação de provas. (...)" (STJ – REsp n. 802.832-MG (2005/0203865-3) – 2ª Seção – Rel. Min. Paulo de Tarso Sanseverino – j: 13.4.2011, v.m. – trechos da ementa – DJe 21.9.2011).

"(...) Inversão do ônus da prova. Momento oportuno. (...) - A inversão do ônus da prova, prevista no artigo 6º, inciso VIII, do Código de Defesa do Consumidor, como exceção à regra do artigo 333 (atual art. 373) do Código de Processo Civil, sempre deve vir acompanhada de decisão devidamente fundamentada, e o momento apropriado para tal reconhecimento se dá antes do término da instrução processual, inadmitida a aplicação da regra só quando da sentença proferida. – O recurso deve ser parcialmente acolhido, anulando-se o processo desde o julgado de primeiro grau, a fim de que retornem os autos à origem, para retomada da fase probatória, com o magistrado, se reconhecer que é o caso de inversão do ônus, avalie a necessidade de novas provas e, se for o caso, defira as provas requeridas pelas partes. (...) " (STJ – REsp n. 881.651-BA (2006/0194606-6) – 4ª Turma – Rel. Min. Hélio Quaglia Barbosa – j: 10.4.2007, v.u. – trechos da ementa – DJ 21.5.2007).

[436] "Diversamente do que ocorre com a inversão do ônus da prova prevista no CDC – discute-se se ela deve ocorrer após a fase postulatória ou na sentença –, no modelo adotado pelo novo Código, a dinamização, ou seja, a atribuição do encargo de modo diverso deve ser definida ao ensejo do saneamento do processo (art. 353, III)." (Bueno, Cassio Scarpinella, ob. sit., p. 259.

25

LUGAR ONDE A AÇÃO DE INDENIZAÇÃO PODE SER PROPOSTA

Antes de saber em que lugar a vítima do erro médico proporá a ação de responsabilidade civil, convém recordar alguns conceitos básicos de cunho jurídico.

Competência é o poder que o Estado concede ao juiz para conhecer e julgar uma demanda. Jurisdição é a área territorial em cujos limites esse poder será exercido.

Foro competente é o lugar em que o juiz exerce as funções jurisdicionais e as causas devem ser propostas. Juiz competente é o que tem a atribuição de receber e decidir a causa.

No geral, a ação de reparação de dano tem de ser proposta no foro do lugar onde o fato ocorreu ou em que o ato foi praticado (Código de Processo Civil, art. 53, IV, a). O Código de Defesa do Consumidor, entretanto, permite propor a ação contra o causador do ato lesivo no foro do domicílio da vítima, a fim de facilitar defesa do seu direito (CDC, art. 101, I).

Na terminologia legal domicílio, casa, moradia, significam o lugar em que a pessoa estabelece residência com ânimo definitivo. Consequentemente, são elementos característicos do domicílio: a habitação e o caráter não eventual da permanência. Se a pessoa tiver diversas residências e nelas viver alternadamente, considera-se domicílio qualquer delas (CF, art. 5º, XI e Código Civil, arts. 70 e 71).

Destarte, tratando de falha em serviços médicos, hospitalares, laboratoriais, a ação ressarcitória poderá ser ajuizada tanto no foro do domicílio como no foro do lugar em que o dano aconteceu, conforme for mais conveniente ao prejudicado, conforme entendimento adotado pelos tribunais[437 e 438] .

---

437 "Código de Defesa do Consumidor. Competência. Responsabilidade do fornecedor de serviços. Médico. A ação de responsabilidade por dano decorrente da prestação de serviço médico pode ser proposta no foro do domicílio do autor (art. 101, I, do CODECON), ainda que a responsabilidade do profissional liberal dependa da prova de sua culpa (art. 14, § 4º, do CODECON). Recurso não conhecido." (STJ – REsp n. 80.276 – 4ª Turma – Rel. Min. Ruy Rosado de Aguiar – DJ 25.3.1996, v.u. – p. 8.586)

TJ-SP – Sumula 77 – "A ação fundada em relação de consumo pode ser ajuizada no foro do domicílio do consumidor (art. 101, inciso I, CDC) ou no do domicílio do réu (art. 94 -atual art. 46- do CPC), de sorte que não se admite declinação de competência de ofício em qualquer dos casos.".

"(...) Erro médico. Competência do juízo do local do fato ou do domicílio do autor (...) A ação de reparação de danos decorrentes de erro médico, por fundar-se em uma relação de prestação de serviço, pode ser proposta no foro de domicílio do Autor, a critério deste, segundo faculta o art. 101-I do Código de Defesa do Consumidor. (...)" (TJ-MT – AI 00036328620028110000 3632/2002 – 2ª Câm. Cível – Rel. Elinaldo Veloso Gomes – j: 07.5.2002- trechos da ementa)

"(...) A relação jurídica estabelecida entre o paciente e o seu médico configura evidente relação de consumo, haja vista os conceitos legais de consumidor e de fornecedor - inteligência dos artigos 2º e 3º do CDC. Sendo o CDC um conjunto de normas especiais que visa proteger o consumidor, este prevalece sobre as normas gerais estabelecidas no Código de Processo Civil, proporcionando ao consumidor a escolha do foro do seu domicílio para a propositura da ação de reparação de danos, exatamente nos termos do art. 101, inciso I do CDC.-(...)" (TJ-MT- AI 01294128920098110000 129412/2009 – 5ª Câm. Cível –Rel. Des. Sebastião de Moraes Filho – j: 24.3.2010 – trechos da ementa)

"(...)1. A ação de indenização por danos morais em razão de suposto erro médico pode ser proposta no foro de domicílio do consumidor, nos termos do art. 101, I do CDC, "ainda que a responsabilidade do profissional liberal dependa da prova de sua culpa (art. 14, parágrafo 4 do CODECON)."(...)" (TJ-BA – AI: 00133490220168050000 – 2ª Câmara Cível – Rel. Maurício Kertzman Szporer – j: 25.10.2016 – trechos da ementa)

"(...) Ação de obrigação de fazer cumulada com indenizatória. Propositura da demanda no foro do domicílio da parte ré (...) Regime legal protetivo que garante ao consumidor escolher entre o foro do seu próprio domicílio (art. 101, I, do CDC) ou o foro do domicílio da parte ré (art. 46, § 1º, do CPC)." (TJ-RJ – Conflito de competência 00707543220188190001 – 12ª Câm. Cível – Rel. Des Mario Guimarães Neto – j: 30.4.2019 – trechos da ementa)

438 STJ – Súmula 563 – O Código de Defesa do Consumidor é aplicável às entidades abertas de previdência complementar, não incidindo nos contratos previdenciários celebrados com entidades fechadas.

A competência para apreciar e julgar as infrações de natureza ética cometidas por médicos e aplicar penalidades administrativas, pertence ao Conselho Regional de Medicina onde o profissional estiver inscrito ao tempo do fato punível ou ao do lugar da ocorrência ou, ainda, onde estiver exercendo a medicina, mesmo que temporariamente. O processo administrativo não exclui nem substitui procedimentos cíveis submetidos à justiça comum. Estes têm outra finalidade: obter a reparação dos danos derivados de conduta ilícita[439].

(...) 2. É competente o foro do lugar em que se encontra a sede das entidades fechadas de previdência complementar para processar e julgar a lide que as envolve, eis que a relação entabulada com os seus participantes/assistidos não é de consumo. (...)" (TJ-PR - AI 1506517-5 - 6ª Câm. Cível Curitiba - Rel. Anderson Ricardo Fogaça - j: 24.5.2016, v.u. - trechos da ementa)

[439] POLICASTRO, Décio. Código de Processo Ético-Profissional Médico e sua Aplicação. 3ª ed. Belo Horizonte, Del Rey editora, 2018, p. 5.

26

PRAZO PARA PROPOR A AÇÃO DE INDENIZAÇÃO. PRESCRIÇÃO

Na terminologia médica a palavra prescrição significa as medidas ordenadas pelo médico para o tratamento do doente (medicamentos, dietas, orientações, cuidados a serem observados, etc.); na jurídica, o vocábulo tem sentido bem diferente.

É certo que a todo o direito corresponde uma ação que o assegura. Mas a reclamação a ofensa de um direito (pretensão) precisa ser apresentada em certo prazo. O causador do dano não pode permanecer indefinidamente à mercê da inércia da vítima[440]. Violado o direito, nasce para o titular a pretensão, a qual se extingue pela prescrição nos prazos estipulados (CC, art. 189 a art. 207). Ultrapassados, a pretensão perece[441].

---

440 "*dormientibus non sucurrit jus*" - expressão latina que significa "o direito não socorre aos que dormem".

441 "A lei, ao mesmo tempo em que o reconhece, estabelece que a *pretensão* deve ser exigida em determinado prazo, sob pena de perecer. Pela prescrição, extingue-se a pretensão, nos prazos que a lei estabelece (art. 189 do Código de 2002)." (Pereira, Caio Mário da Silva. Instituições de Direito Civil, vol. I, Rio de Janeiro: Forense, 2006, p. 682.

A prescrição extintiva, também chamada liberatória, livra o transgressor do dever de indenizar. Não tem seguimento quando a pessoa for absolutamente incapaz ou não puder praticar os atos da vida civil: menores de 16 anos (CC, art. 3º e 198, I); *pessoas* sem condições de exprimir a própria vontade e *deficientes* privados de entendimento *para a prática dos atos da vida civil* (Convenção sobre os Direitos das Pessoas com Deficiência - art. 4, item 4)[442].

Toda contagem de prazo tem início (termo *a quo*) e fim (termo *ad quem*)[443]. O espaço de tempo entre um e outro denomina-se prazo prescricional ou prazo da prescrição. A contagem começa na ocasião em que o prejudicado puder apresentar a pretensão em juízo, ou seja, desde quando for possível exercitar o direito de ver-se ressarcido.

No âmbito da responsabilidade civil derivada de erro médico, toma-se por marco inicial o momento do conhecimento do dano e do seu autor. A partir daí o titular do direito poderá reclamar contra a situação injurídica de que foi vítima. É o princípio da *actio nata, assim chamado* pela doutrina, *segundo o qual* o prazo prescricional nasce ou tem início quando o prejudicado vem saber do acontecimento nefasto até então desconhecido, cujas consequências ignorava ou que somente surgiram posteriormente[444].

---

442 Decreto 6.949 de 25.8.2009 - Promulga a Convenção Internacional sobre os Direitos das Pessoas com Deficiência.

443 "No caso da prescrição, o termo *a quo* é aquele em que nasce a pretensão e o final é aquele em que se completa o lapso temporal assinalado pela lei para o exercício da ação destinada a fazer atuar em juízo a pretensão. Há um prazo geral e vários prazos especiais, segundo o critério da lei, o que faz com que o termo final seja mais próximo ou mais longínquo para as diferentes pretensões." (THEODORO JUNIOR, Humberto, *in* Comentários ao Novo Código Civil, vol. III, t. II - Rio de Janeiro: Forense, 2005, p. 175)

444 "(...) Ação de reparação de danos decorrentes de erro médico. Causa do dano identificada tempos após o ato cirúrgico questionado. Prescrição (...) 1."O termo *a quo* do prazo prescricional inicia-se a partir do momento em que é possível ao titular do direito reclamar contra a situação injurídica" (REsp n. 666.520).(...)".(TJ-SC - AI: 449216 SC 2009.044921-6 - 2ª Câm. de Direito Público - Rel. Newton Janke j: 18. 3. 2010 - trechos da ementa)

"Recurso Especial. Responsabilidade civil. Erro médico. Conhecimento da lesão posteriormente ao fato lesivo. Prescrição. Termo *a quo*. Data da ciência. 1. Ignorando a parte que em seu corpo foram deixados instrumentos utilizados em procedimento cirúrgico,

O Código Civil estabelece que a pretensão à reparação civil prescreve, genericamente, em três anos[445 e 446]. No entanto, o Código de Defesa do Consumidor fixou-a em cinco anos para a reparação de danos causados por fato do produto ou de serviço [447 e 448]. É nessa linha de proteção especial ao consumidor que os Tribunais estão decidindo[449].

---

a lesão ao direito subjetivo é desconhecida e não há como a pretensão ser demandada em juízo. 2. O termo *a quo* do prazo prescricional é a data em que o lesado tomou conhecimento da existência do corpo estranho deixado no seu abdome. 3. Recurso especial conhecido em parte e provido." (STJ – REsp. n. 1.020.801-SP – 4ª Turma – Rel. Min. João Otávio de Noronha – j: 26.4.2011, v.u.)

"(...) Ação de indenização por danos morais e materiais decorrentes de erro médico. Responsabilidade civil. Prescrição. Termo inicial. Ciência inequívoca da vítima do dano irreversível. Princípio da *actio nata*. (...) 1. esta Corte Superior entende que o *dies a quo* do prazo prescricional para o ajuizamento de ação de indenização é contado a partir do momento em que for constatada a efetiva lesão material e a extensão de seus efeitos (...)" (STJ – Ag Int. no REsp 1349277 PR 2012/0216096-2 – 1ª Turma – Rel. Min. Napoleão Nunes Maia Filho – j: 27.2. 2018 – trechos da ementa)

445 Código Civil, art. 206: "Prescreve (...) § 3º Em três anos: (...) V – a pretensão de reparação civil."

446 "O prazo prescricional de três anos para a pretensão de reparação civil aplica-se tanto à responsabilidade contratual quanto à responsabilidade extracontratual." – Enunciado 418 – Art. 206, § 3º do CC – aprovado pelo CNJ na V Jornada de Direito Civil.

447 Código de Defesa do Consumidor: "Art. 27. Prescreve em cinco anos a pretensão à reparação pelos danos causados por fato do produto ou do serviço prevista na Seção II deste Capítulo, iniciando-se a contagem do prazo a partir do conhecimento do dano e de sua autoria."

448 "Para a vítima exigir *indenização* civil, pela má prestação de serviço (erro médico), o prazo continua sendo de *5 anos*, com base no art. 27 do CDC. Esse prazo conta da *ciência do dano* (fato) e sua *autoria*. Não obstante o art. 206, § 3º, inciso V, do CC/2002, estabelecer prazo de 3 anos para *reparação civil*, entendemos, com apoio no § 2º da Lei de Introdução do Código Civil, que essa regra *geral* não altera a *especial* de prestação de serviços ao *consumidor* (art. 27 do CDC). (...)" (Sebastião, Jurandir. Responsabilidade médica civil, criminal e ética. Belo Horizonte: Del Rey, 2003, pp. 84-85)

449 "Recurso especial. Erro médico. Cirurgião plástico. Profissional liberal. Aplicação do Código de Defesa do Consumidor. Precedentes. Prescrição consumerista. I – Conforme precedentes firmados pelas turmas que compõem a Segunda Sessão, é de se aplicar o Código de Defesa do Consumidor aos serviços prestados pelos profissionais liberais, com as ressalvas do § 4º do art. 14. II – O fato de se exigir comprovação da culpa para poder responsabilizar o profissional liberal pelos serviços prestados de forma inadequada, não é motivo suficiente para afastar a regra de prescrição estabelecida no art. 27 da legislação consumerista, que é especial em relação às normas contidas no Código

A Fazenda Pública possui tratamento diferenciado para a prescrição: cinco anos para demandas de qualquer natureza[450].

Civil. Recurso especial não conhecido." (STJ – REsp n. 731.078 – 3ª Turma – Rel. Min. Castro Filho – v.u., DJ: 13.2.2006)

"Agravo de Instrumento. Ação de indenização por danos materiais, morais e estéticos. Preliminares de inépcia da inicial, de inexistência de pedido certo e determinado com relação ao dano material e de prescrição da demanda, corretamente afastadas. (...) Relação de consumo. Aplicação do art. 27 do Código de Defesa do Consumidor. Recurso improvido. Voto: (...) Melhor sorte não socorre o agravante quanto a alegada prescrição da demanda. Pretende o agravante o reconhecimento da prescrição com fundamento no art. 206, § 3º, IV, do Código Civil que estabelece a prescrição em três anos para as ações de reparação civil. A pretensão exordial objetiva a condenação do agravante ao pagamento de todos os valores decorrentes do tratamento estético da agravada, desde setembro de 1998. A pretensão de reparação de danos por fato do serviço prescreve em cinco anos, contados do conhecimento do dano, nos termos do art. 27 do Código de Defesa do Consumidor, que é aplicável à hipótese posta. Esse prazo foi observado, por isso o direito da pretensão não está prescrito (...)" (TJ-SP – AI n. 328.193-4/6-00 – Rel. Des. Carlos Stroppa – j: 16.2.2004, v.u.)

"(...) Erro médico. Prescrição quinquenal. Artigo 27 do CDC. (...) A orientação desta Corte é no sentido de que aplica-se o Código de Defesa do Consumidor aos serviços médicos, inclusive no que tange ao prazo prescricional quinquenal previsto no artigo 27 do CDC. (...)"(STJ - AgRg no Ag n. 1.229.919 – 3ª Turma –Rel. Min. Sidnei Beneti –j: 15.4.2010 –trechos da ementa)

"Erro médico - Reconhecimento da prescrição quinquenal prevista no artigo 27 do Código de Defesa do Consumidor - Termo inicial que se inicia na data em que o paciente toma conhecimento da lesão e não a data em que o profissional supostamente comete o ilícito (...) " (TJ-SP – Ap. 00483142520108260002 – 10ª Câm. de Direito Privado – Rel. Elcio Trujillo – j: 18.11.2014 – trechos da ementa)

"(...) Tratando-se de responsabilidade contratual por erro médico regida pelo CDC, aplica-se a prescrição quinquenal, cujo marco inicial é contado a partir da data em que a autora teve ciência do dano (sequela da cirurgia) o que não se confunde com os sintomas pós-cirúrgicos. (...)" (TJ-RS – Ap. 70078922812 – Rel. Eugênio Facchini Neto – j: 28.11.2018 – 9ª Câm. Cível – trechos da ementa)

"(...) 2. A ação de reparação civil decorrente de erro médico tem o prazo prescricional de cinco anos, conforme Código de Defesa do Consumidor, contados da data ciência inequívoca do dano ocorrido. (...) Nos termos do artigo 206, § 3º, do Código Civil, é trienal o prazo prescricional da pretensão de reparação civil por suposto erro médico, contado da data da ciência da lesão.(...) (TJ-MG – AI: 10433150157173001 – Rel. Maurílio Gabriel j: 01.04. 2019 – trechos da ementa)

450 Decreto n. 20.910 de 6.1.1932 – Regula a prescrição quinquenal – art.1º; Decreto Lei n. 4.597 de 19.8.1942 – Dispõe sobre a prescrição contra a Fazenda Pública e dá outras providências; Lei n. 9.494, de 10.9.1997 – Disciplina a aplicação da tutela antecipada contra a Fazenda Pública, altera a Lei 7.347 de 24 de julho de 1.985 e dá outras providências – art. 1, letra C.

26.1. Como contar o prazo na vigência do antigo Código Civil (Lei n. 3.071, de 1º de janeiro de 1916)

O prazo para a ação de reparação civil que no Código Civil anterior era de vinte anos[451], no Código atual (Lei n. 10.406, de 10.1.2002), passou para três anos (art. 206, § 3º, inciso V).

O Código vigente, criou uma regra de transição: estabeleceu que os prazos do Código antigo continuariam valendo quando reduzidos pelo novo regramento se, na data da sua entrada em vigor – 11.1.2003 –, tivesse transcorrido mais da metade do tempo estabelecido na lei revogada[452].

"Responsabilidade civil do Estado. Indenização. Erro médico. Prescrição. Termo inicial. Ciência da irreversibilidade do dano. (...) Prazo prescricional qüinqüenal. Decreto n. 20.910/32. (...) 1. O termo inicial para contagem do prazo prescricional em casos de erro médico se inicia quando a vítima toma ciência da irreversibilidade do dano. (...) 3. Conforme orientação consolidada no julgamento do REsp 1.251.993/PR, submetido ao rito dos repetitivos, a prescrição contra a Fazenda Pública, mesmo em ações indenizatórias, é regida pelo Decreto 20.910/32. (...)" (STJ – REsp: 1211537 RJ 2010/0157246-4, -- 2ª Turma – Rel. Ministra Eliana Calmon j: 14.5.2013 – 2ª Turma – trechos da ementa)

"(...) Demandas ajuizadas contra a Fazenda Pública. Aplicação do prazo de prescrição quinquenal previsto no decreto 20.910/1932. (...) o atual e consolidado entendimento deste Tribunal Superior sobre o tema é no sentido da aplicação do prazo prescricional quinquenal - previsto do decreto 20.910/32 - nas ações indenizatórias ajuizadas contra a Fazenda Pública, em detrimento do prazo trienal contido do Código Civil de 2002. 4. O principal fundamento que autoriza tal afirmação decorre da natureza especial do decreto 20.910/32, que regula a prescrição, seja qual for a sua natureza, das pretensões formuladas contra a Fazenda Pública, ao contrário da disposição prevista no Código Civil, norma geral que regula o tema de maneira genérica, a qual não altera o caráter especial da legislação, muito menos é capaz de determinar a sua revogação. (...)" (STJ – REsp 1565029 SP 2015/0268246-1, Rel. Min. Napoleão Nunes Maia Filho – DJ 09.5.2017– trechos da ementa)

[451] Código Civil de 1916: "Art. 177. As ações pessoais prescrevem ordinariamente em vinte anos, as reais em dez entre presentes e, entre ausentes, em quinze, contados da data em que poderiam ter sido propostas."

[452] Código Civil de 2002: "Art. 2.028. Serão os da lei anterior os prazos, quando reduzidos por este Código, e se, na data de sua entrada em vigor, já houver transcorrido mais da metade do tempo estabelecido na lei revogada."

Por conseguinte, para as demandas de reparação civil decorrentes de erros médicos que tivessem completado dez anos em 11 de janeiro de 2003, o prazo da prescrição seguiria contado por inteiro até completar os vinte anos. Para os eventos acontecidos depois de 11 de janeiro de 2003, incidiria a nova regra de três anos sem, contudo, deixar de considerar as regras do Código de Defesa do Consumidor (art. 27 - ver item anterior).

Resumindo: a pretensão à reparação civil de dano provocado por ato médico falho praticado após 11 de janeiro de 2003, deveria ser ajuizada em até três anos, contados da data do conhecimento do dano e do seu autor; as pretensões à reparação civil que, em 11 de janeiro de 2003, não tivessem atingido menos de dez anos - metade do tempo previsto no Código anterior –, continuariam com o prazo fluindo por inteiro até completar vinte anos[453].

[453] Enunciado 50 do CEJ (Centro de Estudos Judiciários do Conselho da Justiça Federal): "A partir da vigência do novo Código Civil, o prazo prescricional das ações de reparação de danos que não houver atingido a metade do tempo previsto no Código Civil de 1916 fluirá por inteiro, nos termos da nova lei (art. 206)."

BIBLIOGRAFIA

AGUIAR DIAS, José de. *Da Responsabilidade Civil.* 11ª ed. revista, atualizada de acordo com o Código Civil de 2002, e aumentada por Rui Berford Dias. Rio de Janeiro: Renovar, 2006.

AGUIAR JR., Ruy Rosado de. *Responsabilidade civil do médico.* RT 718/33.

ASSEMBLÉIA LEGISLATIVA DO ESTADO DE SÃO PAULO – *Relatório Final da Comissão Parlamentar de Inquérito sobre Erro Médico.* Fevereiro de 2010, DOE – Parlamento, 02.3.2010.

ANDRADE DA SILVA, Reynaldo. *Responsabilidade civil do médico.* RT 674/57.

BARROS, Marco Antônio de. *Sigilo Profissional. Reflexos da Violação no âmbito das provas ilícitas.* RT 733/423.

BENJAMIM, Antônio Herman de Vasconcelos e. *Comentários ao Código de Proteção do Consumidor*, obra coletiva. São Paulo: Saraiva, 1991.

BEVILAQUA Clovis, *Código Civil Comentado.* 12ª ed. Livraria Francisco Alves, Editora Paulo de Azevedo, 1959.

BUENO, Cassio Scarpinella (coordenador). *Comentários ao código de processo civil* – São Paulo: Saraiva, 2017.

CAHALI, Yussef Said. *Responsabilidade Civil.* São Paulo: Saraiva, 1984.

__________. *Dano moral.* 2ª ed. revista, ampliada e atualizada. São Paulo: Revista dos Tribunais, 1998.

CAMBLER, Everaldo Augusto [et al.]; coordenadores: Arruda Alvim e Thereza Alvim. *Comentários ao Código Civil Brasileiro*, parte geral, v. 1. Rio de Janeiro: Forense, 2005.

CASTRO, João Monteiro de. *Responsabilidade civil do médico.* São Paulo: Método, 2005.

CAVALIERI FILHO, Sérgio. *Programa de Responsabilidade Civil.* 9ªed., São Paulo, Ed. Atlas, 2010.

CONSELHO NACIONAL DE JUSTIÇA. *Enunciados da I, II e III Jornadas de Direito da Saúde.*

CONSELHO REGIONAL DE MEDICINA DO ESTADO DE SÃO PAULO. *O Controle da Infecção Hospitalar no Estado de São Paulo.* – Vários colaboradores –, 2010.

COSTA JÚNIOR, João Baptista de Oliveira e. *Aspectos Médico-legais da Anestesia: Responsabilidade Penal e Civil* – Monografia para concurso à cátedra de Medicina Legal da Faculdade de Direito da Universidade de São Paulo, 1962, São Paulo, Composição e impressão: Sociedade Beneficente São Camilo.

COUTINHO, Léo Meyer. *Código de Ética Médica Comentado.* 2ª ed. São Paulo: Saraiva, 1994.

CRETELLA JÚNIOR, José. *Comentários à Constituição Brasileira de 1988.* 1ª ed. vol. III. Editora Forense Universitária, 1993.

CUNHA GONÇALVES, Luiz da. *Princípios de Direito Civil Luso-Brasileiro.* vol. II. São Paulo: Max Limonad, 1951.

DIAS, Jorge Figueiredo e Monteiro Jorge Sinde. *Responsabilidade Médica em Portugal.* RF 289/53.

FÁVERO, Flamínio. *Medicina Legal: deontologia médica e medicina profissional.* 7ª ed. 3º vol. São Paulo: Martins, 1962.

FRANÇA, Genival Veloso de. *Direito Médico.* 3ª ed. Editorial Bok-Procienx, 1982.

GODOY, Roberto. *A responsabilidade civil no atendimento médico e hospitalar*. RT 777/87.

GONÇALVES NETO, Alfredo de Assis. *Sociedade de médicos* . São Paulo: Lex Editora, 2010.

GONÇALVES, Carlos Roberto. *Responsabilidade Civil.* 6ª ed. São Paulo: Saraiva, 1999.

GRECO, Rogério. Código Penal Comentado. Rio de Janeiro. Impetus, 2008.

HOUAISS, Antônio e Mauro de Salles Villar. *Dicionário da língua portuguesa.* Rio de Janeiro: Objetiva, 2001.

HUNGRIA, Nelson. *Comentários ao Código Penal.* 4ª ed. vol. V. Rio de Janeiro: Forense.

JESUS, Damásio E. de. *Direito Penal.* 6ª ed. vol. 2. São Paulo: Saraiva, 1984.

JOÃO PAULO II. *O Valor e a Inviolabilidade da Vida Humana,* Encíclica *"Evangelium Vitae"*, 25.03.1995. http://www.vatican.va.

KFOURI NETO, Miguel. *Culpa Médica e Ônus da Prova.* São Paulo: Revista dos Tribunais, 2002.

__________. *Responsabilidade Civil do Médico.* 6ª ed. São Paulo: Revista dos Tribunais, 2007.

__________. *Responsabilidade Civil dos Hospitais: código civil e código de defesa do consumidor.* São Paulo: Revista dos Tribunais, 2010

LOPEZ, Teresa Ancona. *O dano estético : responsabilidade civil.* 2ª ed. rev. atual. e ampl. – São Paulo : Editora Revista dos Tribunais, 1999

LOPEZ DE MAGALHÃES, Teresa Ancona. *Responsabilidade Civil dos Médicos – in Responsabilidade civil: doutrina e jurisprudência*

– Coordenador Yussef Said Cahali. – 2ª ed. atualizada. São Paulo: Saraiva, 1988.

LOPES MEIRELLES, Hely. *Direito Administrativo Brasileiro.* 21ª ed. Malheiros Editores, 1996.

MAGRINI, Rosana Jane. *Médico – Cirurgia Plástica Reparadora e Estética: Obrigação de Meio ou de Resultado para o Cirurgião.* RT 809/137.

MALDONADO DE CARVALHO, José Carlos. *Iatrogenia e Erro Médico sob o Enfoque da Responsabilidade Civil.* Rio de Janeiro: Lumen Juris, 2005.

MARQUES, Claudia Lima. *Contratos no Código de Defesa do Consumidor : o novo regime das relações contratuais.* – 8ª ed. rev., atual. e ampl. – São Paulo: Editora Revista dos Tribunais, 2016.

MARQUES, Cláudia Lima, Antônio Herman V. Benjamin, Bruno Miragem. *Comentários ao Código de Defesa do Consumidor* – 6. ed. rev., atual. e ampl. – São Paulo: Thomson Reuters Brasil, 2019.

MATIELO, Fabrício Zamprogna. *Responsabilidade Civil do Médico.* 2ª ed. São Paulo: Sagra Luzzato, 2001.

MELO DA SILVA, Wilson. *O Dano Moral e sua Reparação.* 2ª ed. Rio de Janeiro-São Paulo: Forense.

MILLER, Otto e colaboradores. *Diagnóstico e Terapêutica em Medicina Interna.* 14ª ed. Livraria Atheneu – Rio de Janeiro. São Paulo, 1987.

MORAES, Alexandre de. *Constituição do Brasil interpretada e legislação constitucional.* 6ª ed. atualizada até a EC nº 52/06, São Paulo: Atlas, 2006.

NERY JUNIOR, Nelson, Rosa Maria de Andrade Nery. *Leis Civis Comentadas e Anotadas.* 5. ed. rev., atual. e ampl., São Paulo: Thomson Reuters Brasil, 2019.

__________ . *Código Civil comentado.* 13ª ed. rev., atual. e amp. até 03.06. 2019. São Paulo: Thomson Reuters Brasil, 2019.

OLIVEIRA, Reinaldo Ayer (Coord.). *Cuidado Paliativo.* CREMESP, 2008.

PANASCO, Wanderby Lacerda. *A Responsabilidade Civil, Penal e Ética dos Médicos.* 1ª ed. Rio de Janeiro: Forense, 1979.

PEREIRA, Caio Mário da Silva. *Responsabilidade Civil.* 6ª ed. Rio de Janeiro: Forense, 1995.

__________. *Instituições de Direito Civil.* Rio de Janeiro: Forense, 2006.

PESSINI Leocir, BARCHIFONTAINE Christian de Paul de. *Problemas atuais de Bioética.* 8.ed. rev. e ampl. São Paulo: Centro Universitário São Camilo: Edições Loyola, 2008.

PIMENTEL, Celso José. *A prescrição da reparação civil, o prazo do novo Código de 2002, a regra transitória e a aritmética* - www.stac.sp.gov.br

PINA, J. A. Esperança. *A responsabilidade dos médicos.* Lisboa: Lidel, 3ª ed., pp. 18-20, 2003.

PIRES DOS SANTOS, Ulderico. *A Responsabilidade Civil na Doutrina e na Jurisprudência.* Rio de Janeiro: Forense, 1984.

POLICASTRO, Décio. *Código de Processo Ético-Profissional Médico e sua Aplicação.* 3ª edição Atualizada com a Resolução CFM n. 2.145, de 17 de maio de 2016. Belo Horizonte: Del Rey, 2018.

POLICASTRO, Silvana. *Orientação de enfermagem: uma estratégia para minimizar a ansiedade e eventuais intercorrências imediatas à alta hospitalar de pacientes mastectomizadas.* Dissertação (mestrado) - Escola de Enfermagem da Universidade de São Paulo: São Paulo, 2002.

REGO FREITAS DABUS MALUF, Adriana Caldas do. *Curso de Bioética e Biodireito.* São Paulo: Editora Atlas, 2010.

RODRIGUES, Silvio. *Direito Civil* ,v.4, Responsabilidade Civil, 20. ed. rev. e atual. de acordo com o novo Código Civil (Lei n.10.406, de 10.1.2002) São Paulo: Saraiva, 2007, 4ª tiragem.

SANTOS, J. M. de Carvalho. *Código Civil Brasileiro Interpretado*. 7ª ed. v. XXI. Rio de Janeiro-São Paulo: Freitas Bastos, 1958.

SEBASTIÃO, Jurandir. *Responsabilidade Médica Civil, Criminal e Ética*. 3ª ed. Belo Horizonte: Del Rey, 2003.

SEVERO, Sérgio. *Os danos extrapatrimoniais*. São Paulo: Saraiva, 1996.

SILVA, Artur Marques da. *Responsabilidade civil dos médicos nas transfusões de sangue – in* Responsabilidade Civil Médica, Odontológica e Hospitalar – Coordenador Carlos Alberto Bittar. Saraiva, 1991.

SILVA, José Afonso da. *Curso de Direito Constitucional Positivo*. 25ª ed. São Paulo: Malheiros, 2005.

SANTOS, Antonio Jeová. *Dano moral indenizável*. 4ª ed., revista, ampliada e atualizada de acordo com o novo Código Civil. São Paulo: Revista dos Tribunais, 2003.

STOCO, Rui. *Tratado de Responsabilidade Civil*. 7ª ed., revista, atualizada e ampliada São Paulo: Revista dos Tribunais, 2007.

__________. *Responsabilidade Civil e sua interpretação jurisprudencial*. 4ª ed. São Paulo: Revista dos Tribunais, 1999.

THEODORO JÚNIOR, Humberto. *Aspectos Processuais da ação de responsabilidade por erro médico*, RT 760/40.

__________. *Curso de Direito Processual Civil* – 59 ª ed. rev., atual. e ampl. – Rio de Janeiro: Forense – 2018.

__________. *Comentários ao Novo Código Civil*. 3ª ed. vol. III. T. II. Forense.

THEOTONIO NEGRÃO, José Roberto F. Gouvêa, Luis Guilherme A. Bondioli, João Francisco N. da Fonseca – *Código de Processo Civil e legislação processual em vigor* – 50. ed – São Paulo : Saraiva Educação, 2019.

VENOSA, Sílvio de Salvo. *Direito civil: responsabilidade civil*. Coleção direito civil. v. 4, 5ª ed. São Paulo: Atlas, 2005.

ZENO VELOSO. *Comentários ao Código Civil: parte especial: direito das sucessões, vol. 21 (arts. 1.857 a 2.027)*; coord. Antonio Junqueira de Azevedo. São Paulo: Saraiva, 2003.

ZATZ, Isaias. *Transfusão de Sangue.* 3ª ed. São Paulo: Livraria Editora Artes Médicas Ltda., 1969.

ZULIANI, Ênio Santarelli. *Inversão do ônus da prova na ação de responsabilidade civil fundada em erro médico.* RT 811/43.

ANEXOS

ALGUMAS RESOLUÇÕES DO CONSELHO FEDERAL DE MEDICINA DE INTERESSE GERAL

> " *É vedado ao médico:*
> *(...)*
>
> *Art. 18. Desobedecer aos acórdãos e às resoluções dos Conselhos Federal e Regionais de Medicina ou desrespeitá-los."*
>
> (Código de Ética Médica)

RESOLUÇÃO CFM N. 1.989/2012

(Anencefalia – Diagnóstico para antecipação terapêutica do parto)

Dispõe sobre o diagnóstico de anencefalia para a antecipação terapêutica do parto e dá outras providências.

O Conselho Federal de Medicina, no uso das atribuições conferidas pela Lei nº 3.268, de 30 de setembro de 1957, alterada pela Lei nº 11.000, de 15 de dezembro de 2004, regulamentada pelo Decreto nº 44.045, de 19 de julho de 1958, e

Considerando o Código de Ética Médica (Resolução CFM nº 1.931/09, publicada no D.O.U. de 24 de setembro de 2009, Seção I, p. 90, republicada no D.O.U. de 13 de outubro de 2009, Seção I, p.173);

Considerando que o Supremo Tribunal Federal julgou procedente a Arguição de Descumprimento de Preceito Fundamental nº 54, de 17 de junho de 2004 (ADPF-54), e declarou a constitucionalidade da antecipação terapêutica do parto nos casos de gestação de feto anencéfalo, o que não caracteriza o aborto tipificado nos artigos 124, 126 e 128 (incisos I e II) do Código Penal, nem se confunde com ele;

Considerando que o pressuposto fático desse julgamento é o diagnóstico médico inequívoco de anencefalia;

Considerando que compete ao Conselho Federal de Medicina definir os critérios para o diagnóstico de anencefalia;

Considerando que o diagnóstico de anencefalia é realizado por meio de exame ultrassonográfico;

Considerando que é da exclusiva competência do médico a execução e a interpretação do exame ultrassonográfico em seres humanos, bem como a emissão do respectivo laudo, nos termos da Resolução CFM nº 1.361/92, de 9 de dezembro de 1992 (Publicada no D.O.U. de 14 de dezembro de 1992, Seção I, p. 17.186);

Considerando que os Conselhos de Medicina são, ao mesmo tempo, julgadores e disciplinadores da classe médica, cabendo a eles zelar e trabalhar, com todos os meios a seu alcance, pelo prestígio e bom conceito da profissão e pelo perfeito desempenho ético dos profissionais que exercem a Medicina legalmente;

Considerando que a meta de toda a atenção do médico é a saúde do ser humano, em benefício do qual deverá agir com o máximo de zelo e com o melhor de sua capacidade profissional;

Considerando o artigo 1º, inciso III da Constituição Federal, que elegeu o princípio da dignidade da pessoa humana como um dos fundamentos da República Federativa do Brasil;

Considerando o artigo 5º, inciso III da Constituição Federal, segundo o qual ninguém será submetido a tortura nem a tratamento desumano ou degradante;

Considerando que cabe ao médico zelar pelo bem-estar dos pacientes;

Considerando o teor da exposição de motivos que acompanha esta resolução;

Considerando, finalmente, o decidido na sessão plenária do Conselho Federal de Medicina realizada em 10 de maio de 2012, resolve:

Art. 1º Na ocorrência do diagnóstico inequívoco de anencefalia o médico pode, a pedido da gestante, independente de autorização do Estado, interromper a gravidez.

Art. 2º O diagnóstico de anencefalia é feito por exame ultrassonográfico realizado a partir da 12ª (décima segunda) semana de gestação e deve conter:

I – duas fotografias, identificadas e datadas: uma com a face do feto em posição sagital; a outra, com a visualização do polo cefálico no corte transversal, demonstrando a ausência da calota craniana e de parênquima cerebral identificável;

II – laudo assinado por dois médicos, capacitados para tal diagnóstico.

Art. 3º Concluído o diagnóstico de anencefalia, o médico deve prestar à gestante todos os esclarecimentos que lhe forem solicitados, garantindo a ela o direito de decidir livremente sobre a conduta a ser adotada, sem impor sua autoridade para induzi-la a tomar qualquer decisão ou para limitá-la naquilo que decidir:

§ 1º É direito da gestante solicitar a realização de junta médica ou buscar outra opinião sobre o diagnóstico.

§ 2º Ante o diagnóstico de anencefalia, a gestante tem o direito de:

I – manter a gravidez;

II – interromper imediatamente a gravidez, independente do tempo de gestação, ou adiar essa decisão para outro momento.

§ 3º Qualquer que seja a decisão da gestante, o médico deve informá-la das consequências, incluindo os riscos decorrentes ou associados de cada uma.

§ 4º Se a gestante optar pela manutenção da gravidez, ser-lhe-á assegurada assistência médica pré-natal compatível com o diagnóstico.

§ 5º Tanto a gestante que optar pela manutenção da gravidez quanto a que optar por sua interrupção receberão, se assim o desejarem, assistência de equipe multiprofissional nos locais onde houver disponibilidade.

§ 6º A antecipação terapêutica do parto pode ser realizada apenas em hospital que disponha de estrutura adequada ao tratamento de complicações eventuais, inerentes aos respectivos procedimentos.

Art. 4º Será lavrada ata da antecipação terapêutica do parto, na qual deve constar o consentimento da gestante e/ou, se for o caso, de seu representante legal.

Parágrafo único. A ata, as fotografias e o laudo do exame referido no artigo 2º desta resolução integrarão o prontuário da paciente.

Art. 5º Realizada a antecipação terapêutica do parto, o médico deve informar à paciente os riscos de recorrência da anencefalia e referenciá-la para programas de planejamento familiar com assistência à contracepção, enquanto essa for necessária, e à preconcepção, quando for livremente desejada, garantindo-se, sempre, o direito de opção da mulher.

Parágrafo único. A paciente deve ser informada expressamente que a assistência preconcepcional tem por objetivo reduzir a recorrência da anencefalia.

Art. 6º Esta resolução entra em vigor na data de sua publicação.

Brasília-DF, 10 de maio de 2012

CARLOS VITAL TAVARES CORRÊA LIMA
Presidente em exercício

HENRIQUE BATISTA E SILVA
Secretário-geral

RESOLUÇÃO CFM N. 1.811/2006

(Anticoncepção de emergência – Normas éticas)

Estabelece normas éticas para a utilização, pelos médicos, da Anticoncepção de Emergência, devido a mesma não ferir os dispositivos legais vigentes no País.

O Conselho Federal de Medicina, no uso das atribuições conferidas pela Lei n. 3.268, de 30 de setembro de 1957, alterada pela Lei n. 11.000, de 15 de dezembro de 2004, regulamentada pelo Decreto n. 44.045, de 19 de julho de 1958, e

Considerando que o direito reprodutivo funda-se nos princípios da dignidade da pessoa humana e propicia o exercício da paternidade responsável;

Considerando que compete ao Estado propiciar recursos educacionais, científicos e materiais para o exercício desse direito, sendo vedada qualquer ação coercitiva por parte de entidades públicas ou privadas;

Considerando que no Brasil há um número significante de mulheres expostas à gravidez indesejada, seja pelo não uso ou uso inadequado de métodos anticoncepcionais;

Considerando que as faixas mais atingidas são as de adolescentes e de adultas jovens, que, frequentemente, iniciam a atividade sexual antes da anticoncepção;

Considerando que a prevenção da gravidez indesejada constitui bom exemplo de sexualidade responsável, e que tal gravidez pode conduzir a custos psíquicos e sociais por vezes irreversíveis;

Considerando que a prática da dupla proteção – recomendada pela Organização Mundial da Saúde, Ministério da Saúde, Federação Brasileira das Sociedades de Ginecologia e Obstetrícia e Sociedade Brasileira de Pediatria –, busca incutir a utilização da camisinha masculina ou feminina, concomitante a um outro método anticoncepcional, incluindo-se a Anticoncepção de Emergência;

Considerando que a Anticoncepção de Emergência pode ser utilizada em qualquer etapa da vida reprodutiva e fase do ciclo menstrual na prevenção da gravidez e que, em caso de ocorrência de fecundação, não haverá interrupção do processo gestacional;

Considerando que o objetivo da Anticoncepção de Emergência é evitar a gravidez e que mesmo nos raros casos de falha do método não provoca danos à evolução da gestação;

Considerando que a Anticoncepção de Emergência poderá contribuir para a diminuição da gravidez indesejada e do aborto provocado;

Considerando, finalmente, o decidido na sessão plenária realizada em 14 de dezembro de 2006, resolve:

Art. 1º Aceitar a Anticoncepção de Emergência como método alternativo para a prevenção da gravidez, por não provocar danos nem interrupção da mesma.

Art. 2º Cabe ao médico a responsabilidade pela prescrição da Anticoncepção de Emergência como medida de prevenção, visando interferir no impacto negativo da gravidez não planejada e suas consequências na Saúde Pública, particularmente na saúde reprodutiva.

Art. 3º Para a prática da Anticoncepção de Emergência poderão ser utilizados os métodos atualmente em uso ou que porventura sejam desenvolvidos, aceitos pela comunidade científica e que obedeçam à legislação brasileira, ou seja, que não sejam abortivos.

Art. 4º A Anticoncepção de Emergência pode ser utilizada em todas as etapas da vida reprodutiva.

Art. 5º Revogam-se todas as disposições em contrário.

Art. 6º Esta resolução entra em vigor a partir da data de sua publicação.

Brasília-DF, 14 de dezembro de 2006.

EDSON DE OLIVEIRA ANDRADE
Presidente do Conselho

LÍVIA BARROS GARÇÃO
Secretária-Geral

RESOLUÇÃO CFM N. 1.658/2002

(Atestados médicos – Emissão e normas)

Normatiza a emissão de atestados médicos e dá outras providências.

O Conselho Federal de Medicina, no uso das atribuições conferidas pela Lei n. 3.268, de 30 de setembro de 1957, regulamentada pelo Decreto n. 44.045, de 19 de julho de 1958, e

Considerando a necessidade de regulamentação de aspectos relacionados ao atestado médico;

Considerando que o ser humano deve ser o principal alvo da atenção médica;

Considerando o que preceitua a Lei n. 605, de 5 de janeiro de 1949, no § 2º de seu art. 6º, referindo-se à comprovação de doença;

Considerando o que determina a Lei n. 8.112, de 11 de dezembro de 1990, acerca de licença – para tratamento de saúde, licença à gestante, licença-paternidade, licença por acidente em serviço e licença por motivo de doença em pessoa da família;

Considerando o definido no Decreto n. 3.048/1999, alterado pelos Decretos ns. 3.112/1999 e 3.265/1999, que aprova o Regulamento da Previdência Social e dá outras providências;

Considerando os arts. 38, 44, 45 e 142 do Código de Ética Médica;

Considerando que o art. 8º do Código de Ética Médica determina que o médico não pode submeter-se a restrições ou imposições que possam prejudicar a eficácia e a correção de seu trabalho;

Considerando que é vedado ao médico atestar falsamente sanidade ou atestar sem o exame direto do paciente;

Considerando que o profissional que faltar com a verdade nos atos médicos atestados, causando prejuízos às empresas, ao governo ou a terceiros, está sujeito às penas da lei;

Considerando que as informações oriundas da relação médico-paciente pertencem ao paciente, sendo o médico apenas o seu fiel depositário;

Considerando que o ordenamento jurídico nacional prevê situações excludentes do segredo profissional;

Considerando que somente os médicos e odontólogos têm a prerrogativa de diagnosticar enfermidades e emitir os correspondentes atestados;

Considerando ser indispensável ao médico identificar o paciente ao qual assiste;

Considerando as Resoluções CFM ns. 982/1979, 1.484/1997 e 1.548/1999 e resoluções dos Conselhos Regionais de Medicina dos estados de Goiás, Amazonas, Alagoas, Rio de Janeiro, São Paulo, Rio Grande do Norte, Minas Gerais, Bahia e Distrito Federal;

Considerando, finalmente, o decidido na Sessão Plenária de 13.12.2002, resolve:

Art. 1º O atestado médico é parte integrante do ato médico, sendo seu fornecimento direito inalienável do paciente, não podendo importar em qualquer majoração de honorários.

Art. 2º Ao fornecer o atestado, deverá o médico registrar em ficha própria e/ou prontuário médico os dados dos exames e tratamentos realizados, de maneira que possa atender às pesquisas de informações dos médicos peritos das empresas ou dos órgãos públicos da Previdência Social e da Justiça.

Art. 3º Na elaboração do atestado médico, o médico assistente observará os seguintes procedimentos:

a) especificar o tempo concedido de dispensa à atividade, necessário para a completa recuperação do paciente;

b) estabelecer o diagnóstico, quando expressamente autorizado pelo paciente;

c) registrar os dados de maneira legível;

d) identificar-se como emissor, mediante assinatura e carimbo ou número de registro no Conselho Regional de Medicina.

Art. 4º É obrigatória, aos médicos, a exigência de prova de identidade aos interessados na obtenção de atestados de qualquer natureza envolvendo assuntos de saúde ou doença.

§ 1º Em caso de menor ou interdito, a prova de identidade deverá ser exigida de seu responsável legal.

§ 2º Os principais dados da prova de identidade deverão obrigatoriamente constar dos referidos atestados.

Art. 5º Os médicos somente podem fornecer atestados com o diagnóstico codificado ou não quando por justa causa, exercício de dever legal, solicitação do próprio paciente ou de seu representante legal.

Parágrafo único No caso da solicitação de colocação de diagnóstico, codificado ou não, ser feita pelo próprio paciente ou seu representante legal, esta concordância deverá estar expressa no atestado.

Art. 6º Somente aos médicos e aos odontólogos, estes no estrito âmbito de sua profissão, é facultada a prerrogativa do fornecimento de atestado de afastamento do trabalho.

§ 1º Os médicos somente devem aceitar atestados para avaliação de afastamento de atividades quando emitidos por médicos habilitados e inscritos no Conselho Regional de Medicina, ou de odontólogos, nos termos do caput do artigo.

§ 2º O médico poderá valer-se, se julgar necessário, de opiniões de outros profissionais afetos à questão para exarar o seu atestado.

§ 3º O atestado médico goza da presunção de veracidade, devendo ser acatado por quem de direito, salvo se houver divergência de entendimento por médico da instituição ou perito.

§ 4º Em caso de indício de falsidade no atestado, detectado por médico em função pericial, este se obriga a representar ao Conselho Regional de Medicina de sua jurisdição.

Art. 7º O determinado por esta resolução vale, no que couber, para o fornecimento de atestados de sanidade em suas diversas finalidades.

Art. 8º Revogam-se as Resoluções CFM ns. 982/1979, 1.484/1997 e 1.548/1999, e as demais disposições em contrário.

Art. 9º Esta resolução entra em vigor na data de sua publicação.

Brasília, 13 de dezembro de 2002.

EDSON DE OLIVEIRA ANDRADE
Presidente

RUBENS DOS SANTOS SILVA
Secretário-Geral

RESOLUÇÃO CFM N. 1.958/2010

(Consulta médica)

Define e regulamenta o ato da consulta médica, a possibilidade de sua complementação e reconhece que deve ser do médico assistente a identificação das hipóteses tipificadas nesta resolução.

O Conselho Federal de Medicina, no uso das atribuições conferidas pela Lei nº 3.268, de 30 de setembro de 1957, alterada pela Lei n. 11.000, de 15 de dezembro de 2004, regulamentada pelo Decreto n. 44.045, de 19 de julho de 1958, e

Considerando que a medicina é uma profissão a serviço da saúde do ser humano e da coletividade e deve ser exercida sem discriminação de qualquer natureza;

Considerando que para exercer a medicina com honra e dignidade o médico deve ter boas condições de trabalho e ser remunerado de forma justa;

Considerando interpretações conflitantes quanto à remuneração de consultas médicas e casos de retorno dentro do mesmo ato;

Considerando que a complexidade das reações orgânicas frente aos agravos à saúde necessita do conhecimento específico da medicina e que só o médico é capaz de identificar modificações do quadro ou nova doença instalada;

Considerando o inciso XVI dos Princípios Fundamentais dispostos no Código de Ética Médica, no qual se lê que "nenhuma disposição estatutária ou regimental de hospital ou de instituição, pública ou privada, limitará a escolha, pelo médico, dos meios cientificamente reconhecidos a serem praticados para o estabelecimento do diagnóstico e da execução do tratamento, salvo quando em benefício do paciente";

Considerando a necessidade de disciplinar essa importante e básica atividade médica;

Considerando , finalmente, o decidido em sessão plenária de 15 de dezembro de 2010, resolve

Art. 1º Definir que a consulta médica compreende a anamnese, o exame físico e a elaboração de hipóteses ou conclusões diagnósticas, solicitação de exames complementares, quando necessários, e prescrição terapêutica como ato médico completo e que pode ser concluído ou não em um único momento.

§ 1º Quando houver necessidade de exames complementares que não possam ser apreciados nesta mesma consulta, o ato terá continuidade para sua finalização, com tempo determinado a critério do médico, não gerando cobrança de honorário.

§ 2º Mesmo dentro da hipótese prevista no parágrafo 1º, existe a possibilidade do atendimento de distinta doença no mesmo paciente, o que caracteriza novo ato profissional passível de cobrança de novos honorários médicos.

Art. 2º No caso de alterações de sinais e/ou sintomas que venham a requerer nova anamnese, exame físico, hipóteses ou conclusão diagnóstica e prescrição terapêutica o procedimento deverá ser considerado como nova consulta e dessa forma ser remunerado.

Art. 3º Nas doenças que requeiram tratamentos prolongados com reavaliações e até modificações terapêuticas, as respectivas consultas poderão, a critério do médico assistente, ser cobradas.

Art. 4º A identificação das hipóteses tipificadas nesta resolução cabe somente ao médico assistente, quando do atendimento.

Art. 5º Instituições de assistência hospitalar ou ambulatorial, empresas que atuam na saúde suplementar e operadoras de planos de saúde não podem estabelecer prazos específicos que interfiram na autonomia do médico e na relação médico-paciente, nem estabelecer prazo de intervalo entre consultas.

Parágrafo único. Os diretores técnicos das entidades referidas no caput deste artigo serão eticamente responsabilizados pela desobediência a esta resolução.

Art. 6º Revogam-se todas as disposições em contrário.

Art. 7º Esta resolução entra em vigor na data de sua publicação.

Brasília-DF, 15 de dezembro de 2010

ROBERTO LUIZ D´AVILA
Presidente

HENRIQUE BATISTA E SILVA
Secretário-geral

RESOLUÇÃO CFM N. 2.178, DE 14.12.2017

(Consulta médica em domicílio - internet, aplicativos móveis ou similares)

Regulamenta o funcionamento de aplicativos que oferecem consulta médica em domicílio.

O Conselho Federal de Medicina, no uso das atribuições conferidas pela Lei nº 3.268, de 30 de setembro de 1957, alterada pela Lei nº 11.000, de 15 de dezembro de 2004, regulamentada pelo Decreto nº 44.045, de 19 de julho de 1958, alterado pelo Decreto nº 6.821, de 14 de abril de 2009, pelo Decreto-Lei nº 4.113, de 14 de fevereiro de 1942, em seu artigo 1º § 2º; e pela Lei nº 12.842, de 10 de julho de 2013;

Considerando o artigo 28 do Decreto-Lei nº 20.931/1932 que determina a exigência de um Diretor-Técnico habilitado para exercício de medicina para que qualquer estabelecimento de assistência médica funcione em território brasileiro;

Considerando a função fiscalizadora dos Conselhos Regionais de Medicina, conferida pela Lei Federal nº 3.268/1957 e pela Resolução CFM nº 2.056, de 12 de novembro de 2013, que disciplina departamentos de fiscalização nos Conselhos Regionais de Medicina, que estabelecem critérios para a autorização de funcionamento dos serviços médicos de quaisquer naturezas, bem como critérios mínimos para seu funcionamento, vedando a atividade daqueles que não estejam de acordo com os mesmos;

Considerando que o avanço tecnológico impõe contínua necessidade de ajustes nas regras para garantir o exercício seguro da medicina;

Considerando que toda empresa médica, ou que utilize a medicina mesmo que indiretamente, obriga-se a se inscrever nos Conselhos de Medicina para poder funcionar;

Considerando que os médicos cadastrados para prestar assistência domiciliar precisam manter os dados relativos à assistência disponíveis caso haja exigência legal ou ética;

Considerando que esses dispositivos se submetem a regras de publicidade previstas no Código de Ética Médica e nas Resoluções nº 1.974/2011 e nº 2.126/2015;

Considerando finalmente o decidido na sessão plenária de 14 de dezembro de 2017, resolve:

Art. 1º - Considerar éticas as plataformas de assistência médica domiciliar cuja prestação de serviços seja contratada através de aplicativos móveis ou similares.

§ 1º - Toda empresa que oferecer a regulação de atendimento médico em domicílio por qualquer meio utilizando a internet, aplicativos móveis ou similares deverá estar obrigatoriamente inscrita no Conselho Regional de Medicina (CRM) da jurisdição onde pretenda atuar, indicando o Diretor-Técnico Médico.

§ 2º - Fica vedado aos médicos firmar contrato com empresas que não estejam de acordo com essa resolução.

Art. 2º - Ao Diretor-Técnico Médico compete:

a) Garantir que todo médico anunciado pela plataforma tenha registo no CRM na base territorial onde o serviço esteja sendo oferecido.

b) Garantir do mesmo modo que, ao se anunciar especialista, tenha seu Registro de Qualificação de Especialidade (RQE) disponibilizado no material de divulgação.

c) Zelar para que o material propagandístico esteja de acordo com as Resoluções CFM nº 1.974/2011 e nº 2.126/2015.

d) Garantir a remuneração dos médicos cadastrados nos termos dos contratos firmados previamente entre médico(a) e empresa detentora dos direitos da plataforma do aplicativo.

e) Garantir que os valores das consultas ou outras intervenções estejam dispostos apenas no perfil do(a) médico(a) para que o interessado na contratação, ao abrir sua ficha, veja e dê sua anuência antes do atendimento, em conformidade com o que prevê o Código de Ética Médica.

f) Firmar, obrigatoriamente, contrato por escrito com os médicos que se habilitarem ao atendimento domiciliar, contendo termos para a prestação de serviço, inclusive deixando claro valores definidos, como dos serviços da empresa.

g) Vedar a divulgação pelos serviços de aplicativo da avaliação ou ranqueamento dos médicos prestadores de serviço.

h) Garantir que o serviço de aplicativos não seja utilizado para substituir serviços de home care, normatizados na Resolução CFM nº 1.668/2003.

Art. 3º - O médico cadastrado fica obrigado a:

a) Ter registro no CRM onde pretende exercer atividade médica.

b) Ter Registro de Qualificação de Especialista quando se anunciar especialista.

c) Manter registro em ficha clínica de atendimento, evoluções, prescrições e alta, e conservá-lo em meio físico ou digital, de modo que seja recuperável em caso de requerimento de autoridades legais ou dos Conselhos Regionais de Medicina.

d) Exigir que a definição dos valores dos serviços conste com clareza no contrato firmado entre médico(a) e empresa.

Art. 4º - Fica vedada à empresa a divulgação de valores de consultas ou procedimentos médicos em anúncios promocionais, por se caracterizar forma de angariar clientela ou concorrência desleal.

Art. 5º - Esta Resolução entra em vigor na data de sua publicação.

MAURO LUIZ DE BRITTO RIBEIRO
Presidente do Conselho em exercício

HENRIQUE BATISTA E SILVA
Secretário-Geral

RESOLUÇÃO CFM N. 1.779/2005

(Declaração de Óbito – Responsabilidade médica no preenchimento – Fornecimento)

Regulamenta a responsabilidade médica no fornecimento da Declaração de Óbito.

Revoga a Resolução CFM n. 1.601/2000.

O Conselho Federal de Medicina, no uso das atribuições conferidas pela Lei n. 3.268, de 30 de setembro de 1957, regulamentada pelo Decreto n. 44.045, de 19 de julho de 1958, e

Considerando o que consta nos artigos do Código de Ética Médica:

"Art. 14. O médico deve empenhar-se para melhorar as condições de saúde e os padrões dos serviços médicos e assumir sua parcela de responsabilidade em relação à saúde pública, à educação sanitária e à legislação referente à saúde. *(Princípios Fundamentais XIV do CEM atual)*

É vedado ao médico:

Art. 39. Receitar ou atestar de forma secreta ou ilegível, assim como assinar em branco folhas de receituários, laudos, atestados ou quaisquer outros documentos médicos. *(art. 11 do CEM atual)*

Art. 44. Deixar de colaborar com as autoridades sanitárias ou infringir a legislação vigente. *(art. 21 do CEM atual)*

Art. 110. Fornecer atestado sem ter praticado o ato profissional que o justifique, ou que não corresponda a verdade. *(art. 80 do CEM atual)*

Art. 112. Deixar de atestar atos executados no exercício profissional, quando solicitado pelo paciente ou seu responsável legal. *(art. 91 do CEM atual)*

Art. 114. Atestar óbito quando não o tenha verificado pessoalmente, ou quando não tenha prestado assistência ao paciente, salvo, no último caso, se o fizer como plantonista, médico substituto, ou em caso de necropsia e verificação médico-legal. *(art. 83 do CEM atual)*

Art. 115. Deixar de atestar óbito de paciente ao qual vinha prestando assistência, exceto quando houver indícios de morte violenta"; *(art. 84 do CEM atual)*

Considerando que Declaração de Óbito é parte integrante da assistência médica;

Considerando a Declaração de Óbito como fonte imprescindível de dados epidemiológicos;

Considerando que a morte natural tem como causa a doença ou lesão que iniciou a sucessão de eventos mórbidos que diretamente causaram o óbito;

Considerando que a morte não-natural é aquela que sobrevém em decorrência de causas externas violentas;

Considerando a necessidade de regulamentar a responsabilidade médica no fornecimento da Declaração de Óbito;

Considerando, finalmente, o decidido em sessão plenária realizada em 11 de novembro de 2005, resolve:

Art. 1º O preenchimento dos dados constantes na Declaração de Óbito é da responsabilidade do médico que atestou a morte.

Art. 2º Os médicos, quando do preenchimento da Declaração de Óbito, obedecerão as seguintes normas:

1) Morte natural:

I – Morte sem assistência médica:

a) Nas localidades com Serviço de Verificação de Óbitos (SVO):

A Declaração de Óbito deverá ser fornecida pelos médicos do SVO;

b) Nas localidades sem SVO:

A Declaração de Óbito deverá ser fornecida pelos médicos do serviço público de saúde mais próximo do local onde ocorreu o evento; na sua ausência, por qualquer médico da localidade.

II – Morte com assistência médica:

a) A Declaração de Óbito deverá ser fornecida, sempre que possível, pelo médico que vinha prestando assistência ao paciente.

b) A Declaração de Óbito do paciente internado sob regime hospitalar deverá ser fornecida pelo médico assistente e, na sua falta por médico substituto pertencente à instituição.

c) A declaração de óbito do paciente em tratamento sob regime ambulatorial deverá ser fornecida por médico designado pela instituição que prestava assistência, ou pelo SVO;

d) A Declaração de Óbito do paciente em tratamento sob regime domiciliar (Programa Saúde da Família, internação domiciliar e outros) deverá ser fornecida pelo médico pertencente ao programa ao qual o paciente estava cadastrado, ou pelo SVO, caso o médico não consiga correlacionar o óbito com o quadro clínico concernente ao acompanhamento do paciente.

2) Morte fetal:

Em caso de morte fetal, os médicos que prestaram assistência à mãe ficam obrigados a fornecer a Declaração de Óbito quando a gestação tiver duração igual ou superior a 20 semanas ou o feto tiver peso corporal igual ou superior a 500 (quinhentos) gramas e/ou estatura igual ou superior a 25 cm.

3) Mortes violentas ou não naturais:

A Declaração de Óbito deverá, obrigatoriamente, ser fornecida pelos serviços médico-legais.

Parágrafo único. Nas localidades onde existir apenas 1 (um) médico, este é o responsável pelo fornecimento da Declaração de Óbito.

Art. 3º Esta resolução entra em vigor na data de sua publicação e revoga a Resolução CFM n. 1.601/2000.

Brasília-DF, 11 de novembro de 2005

EDSON DE OLIVEIRA ANDRADE
Presidente

LIVIA BARROS GARÇÃO
Secretária-Geral

RESOLUÇÃO CFM N. 1.805/2006

(Doente em fase terminal de enfermidade grave e incurável – Suspensão de procedimentos e tratamentos)

Na fase terminal de enfermidades graves e incuráveis é permitido ao médico limitar ou suspender procedimentos e tratamentos que prolonguem a vida do doente, garantindo-lhe os cuidados necessários para aliviar os sintomas que levam ao sofrimento, na perspectiva de uma assistência integral, respeitada a vontade do paciente ou de seu representante legal.

O Conselho Federal de Medicina, no uso das atribuições conferidas pela Lei n. 3.268, de 30 de setembro de 1957, alterada pela Lei n. 11.000, de 15 de dezembro de 2004, regulamentada pelo Decreto n. 44.045, de 19 de julho de 1958, e

Considerando que os Conselhos de Medicina são ao mesmo tempo julgadores e disciplinadores da classe médica, cabendo-lhes zelar e trabalhar, por todos os meios ao seu alcance, pelo perfeito desempenho ético da Medicina e pelo prestígio e bom conceito da profissão e dos que a exerçam legalmente;

Considerando o art. 1º, inciso III, da Constituição Federal, que elegeu o princípio da dignidade da pessoa humana como um dos fundamentos da República Federativa do Brasil;

Considerando o art. 5º, inciso III, da Constituição Federal, que estabelece que "ninguém será submetido a tortura nem a tratamento desumano ou degradante";

Considerando que cabe ao médico zelar pelo bem-estar dos pacientes;

Considerando que o art. 1° da Resolução CFM n. 1.493, de 20.5.1998, determina ao diretor clínico adotar as providências cabíveis para que todo paciente hospitalizado tenha o seu médico assistente responsável, desde a internação até a alta;

Considerando que incumbe ao médico diagnosticar o doente como portador de enfermidade em fase terminal;

Considerando, finalmente, o decidido em reunião plenária de 9.11.2006, resolve:

Art. 1º É permitido ao médico limitar ou suspender procedimentos e tratamentos que prolonguem a vida do doente em fase terminal, de enfermidade grave e incurável, respeitada a vontade da pessoa ou de seu representante legal.

§ 1º O médico tem a obrigação de esclarecer ao doente ou a seu representante legal as modalidades terapêuticas adequadas para cada situação.

§ 2º A decisão referida no *caput* deve ser fundamentada e registrada no prontuário.

§ 3º É assegurado ao doente ou a seu representante legal o direito de solicitar uma segunda opinião médica.

Art. 2º O doente continuará a receber todos os cuidados necessários para aliviar os sintomas que levam ao sofrimento, assegurada a assistência integral, o conforto físico, psíquico, social e espiritual, inclusive assegurando-lhe o direito da alta hospitalar.

Art. 3º Esta resolução entra em vigor na data de sua publicação, revogando-se as disposições em contrário.

Brasília, 9 de novembro de 2006

EDSON DE OLIVEIRA ANDRADE
Presidente

LÍVIA BARROS GARÇÃO
Secretária-Geral

RESOLUÇÃO CFM N. 1.490/98

(Equipe cirúrgica - Composição - Responsabilidade do cirurgião titular)

O Conselho Federal de Medicina, no uso das atribuições conferidas pela Lei nº 3.268, de 30 de setembro de 1957, regulamentada pelo Decreto nº 44.045, de 19 de julho de 1958 e,

Considerando que o alvo da atenção do médico é a saúde do ser humano, em benefício da qual deverá agir com o máximo de zelo e o melhor de sua capacidade profissional;

Considerando que é vedado ao médico delegar a outros profissionais atos ou atribuições exclusivos da profissão médica;

Considerando que é vedado ao médico permitir a inclusão de nomes de profissionais que não participaram do ato médico, para efeito de cobrança de honorários;

Considerando que é vedado ao médico assumir responsabilidade por ato médico que não praticou, ou do qual não participou efetivamente;

Considerando a responsabilidade do Diretor Técnico de zelar pelo provimento de condições dignas de trabalho e meios indispensáveis à prática médica, conforme item "b" do artigo 2º da Resolução CFM n. 1.342/91;

Considerando que o médico deve acatar as normas e respeitar Acórdãos e Resoluções do Conselho Federal de Medicina, conforme determina o artigo 142 do Código de Ética Médica (*art. 18 do CEM atual*),

Considerando, finalmente, o decidido na Sessão Plenária de 13 de fevereiro de 1998. Resolve:

Art. 1º – A composição da equipe cirúrgica é da responsabilidade direta do cirurgião titular e deve ser composta exclusivamente por profissionais de saúde devidamente qualificados.

Art. 2º – É imprescindível que o cirurgião titular disponha de recursos humanos e técnicos mínimos satisfatórios para a segurança e eficácia do ato.

Art. 3º – É lícito o concurso de acadêmico de medicina na qualidade de auxiliar e de instrumentador cirúrgico em unidades devidamente credenciadas pelo seu aparelho formador e de profissional de enfermagem regularmente inscrito no Conselho de origem, na condição de instrumentador, podendo esse concurso ser estendido também aos estudantes de enfermagem.

Art. 4º – Deve ser observada a qualificação de um auxiliar médico, pelo cirurgião titular, visando ao eventual impedimento do titular durante o ato cirúrgico.

Art. 5º – O impedimento casual do titular não faz cessar sua responsabilidade pela escolha da equipe cirúrgica.

Art. 6º – Esta Resolução entrará em vigor na data de sua publicação.

Brasília-DF, 13 de fevereiro de 1998.

WALDIR PAIVA MESQUITA
Presidente

ANTÔNIO HENRIQUE PEDROSA NETO
Secretário-Geral

RESOLUÇÃO CFM N. 2.221/2018

(Especialidades médicas e áreas de atuação médicas reconhecidas)

(...)

RELAÇÃO DAS ESPECIALIDADES RECONHECIDAS

1. Acupuntura
2. Alergia e imunologia
3. Anestesiologia
4. Angiologia
5. Cardiologia
6. Cirurgia cardiovascular

7. Cirurgia da mão
8. Cirurgia de cabeça e pescoço
9. Cirurgia do aparelho digestivo
10. Cirurgia geral
11. Cirurgia oncológica
12. Cirurgia pediátrica
13. Cirurgia plástica
14. Cirurgia torácica
15. Cirurgia vascular
16. Clínica médica
17. Coloproctologia
18. Dermatologia
19. Endocrinologia e metabologia
20. Endoscopia
21. Gastroenterologia
22. Genética médica
23. Geriatria
24. Ginecologia e obstetrícia
25. Hematologia e hemoterapia
26. Homeopatia
27. Infectologia
28. Mastologia
29. Medicina de emergência
30. Medicina de família e comunidade
31. Medicina do trabalho
32. Medicina de tráfego
33. Medicina esportiva
34. Medicina física e reabilitação
35. Medicina intensiva

36. Medicina legal e perícia médica
37. Medicina nuclear
38. Medicina preventiva e social
39. Nefrologia
40. Neurocirurgia
41. Neurologia
42. Nutrologia
43. Oftalmologia
44. Oncologia clínica
45. Ortopedia e traumatologia
46. Otorrinolaringologia
47. Patologia
48. Patologia clínica/medicina laboratorial
49. Pediatria
50. Pneumologia
51. Psiquiatria
52. Radiologia e diagnóstico por imagem
53. Radioterapia
54. Reumatologia
55. Urologia

RELAÇÃO DAS ÁREAS DE ATUAÇÃO MÉDICAS RECONHECIDAS

1. Administração em Saúde
2. Alergia e imunologia pediátrica
3. Angiorradiologia e cirurgia endovascular
4. Atendimento ao queimado
5. Cardiologia pediátrica
6. Cirurgia bariátrica

7. Cirurgia crânio-maxilo-facial
8. Cirurgia do trauma
9. Cirurgia videolaparoscópica
10. Citopatologia
11. Densitometria óssea
12. Dor
13. Ecocardiografia
14. Ecografia vascular com doppler
15. Eletrofisiologia clínica invasiva
16. Emergência pedriática
17. Endocrinologia pediátrica
18. Endoscopia digestiva
19. Endoscopia ginecológica
20. Endoscopia Respiratória
21. Ergometria
22. Estimulação cardíaca eletrônica implantável
23. Foniatria
24. Gastroenterologia pediátrica
25. Hansenologia
26. Hematologia e hemoterapia pediátrica
27. Hemodinâmica e cardiologia intervencionista
28. Hepatologia
29. Infectologia hospitalar
30. Infectologia Pediátrica
31. Mamografia
32. Medicina aeroespacial
33. Medicina do adolescente
34. Medicina do sono
35. Medicina fetal

36. Medicina intensiva pediátrica
37. Medicina paliativa
38. Medicina tropical
39. Nefrologia pediátrica
40. Neonatologia
41. Neurofisiologia clínica
42. Neurologia pediátrica
43. Neurorradiologia
44. Nutrição parenteral e enteral
45. Nutrição parenteral e enteral pediátrica
46. Nutrologia pediátrica
47. Oncologia pediátrica
48. Pneumologia pediátrica
49. Psicogeriatria
50. Psicoterapia
51. Psiquiatria da infância e adolescência
52. Psiquiatria forense
53. Radiologia intervencionista e angiorradiologia
54. Reprodução assistida
55. Reumatologia pediátrica
56. Sexologia
57. Toxicologia médica
58. Transplante de medula óssea
59. Ultrassonografia em ginecologia e obstetrícia

(...)

RESOLUÇÃO CFM N. 1.990/2012

(exercício da Medicina – interdição por doença incapacitante)

Regulamenta a apuração do procedimento administrativo quanto à existência de doença incapacitante, parcial ou total, para o exercício da Medicina. Revoga a Resolução CFM n. 1.646/2002

O Conselho Federal de Medicina, no uso das atribuições conferidas pela Lei n. 3.268, de 30 de setembro de 1957, regulamentada pelo Decreto n. 44.045, de 19 de julho de 1958, respectiva e posteriormente alterado pela Lei n. 11.000, de 15 de dezembro de 2004, e pelo Decreto n. 6.821, de 14 de abril de 2009, e

Considerando o disposto no inciso I das Disposições Gerais do Código de Ética Médica (CEM) aprovado pela Resolução CFM nº 1.931, publicada em 24 de setembro de 2009;

Considerando a necessidade de regulamentar o procedimento administrativo previsto no inciso I das Disposições Gerais, Capítulo XIV, da Resolução CFM n. 1.931/09, para os casos de indício de doença incapacitante para o exercício da Medicina;

Considerando a possibilidade de interdição cautelar nos termos da Resolução CFM n. 1.987/12;

Considerando, finalmente, o decidido em sessão plenária de 10 de maio de 2012,

Resolve:

Art. 1°. Cabe ao Conselho Regional de Medicina, mediante denúncia formal ou de ofício, apurar em procedimento administrativo, com perícia médica, a existência de doença incapacitante, parcial ou total, para o exercício da Medicina.

Parágrafo único. O procedimento ocorrerá em absoluto sigilo processual.

Art. 2°. Protocolada a denúncia, ou tendo o Conselho Regional de Medicina tomado conhecimento de indícios de doença incapacitante, o presidente do Conselho designará um conselheiro relator para conduzir o procedimento administrativo.

Art. 3º. Os conselhos regionais de Medicina poderão interditar cautelarmente o médico submetido a procedimento administrativo para doença incapacitante desde que os atos decorrentes do seu exercício profissional estejam notoriamente prejudicando a população, ou na iminência de fazê-lo.

§ 1º Nestes casos será observado o rito previsto na Resolução CFM n. 1.987/12, sem prejuízo do procedimento administrativo para apuração de doença incapacitante.

§ 2º Cessará a qualquer tempo a interdição cautelar, prevista na Resolução CFM n. 1.987/12, transitada em julgado, com a conclusão do processo administrativo.

Art. 4º. Na apuração administrativa de doença incapacitante o médico indiciado deverá ser intimado, mediante ofício, a manifestar-se no prazo de 30 (trinta) dias contados da juntada do aviso de recebimento (AR).

Art. 5º. O conselheiro presidente designará perícia médica para avaliar o médico, fixando de imediato o prazo para a apresentação do laudo;

§ 1º O presidente do Conselho formulará os quesitos que entender necessários ao pleno esclarecimento dos fatos.

§ 2º Incumbe ao médico periciado, no prazo de 10 (dez) dias úteis contados a partir da intimação da nomeação da perícia médica, apresentar quesitos e indicar assistente técnico.

§ 3º Na ausência sem causa justificada do médico periciado, ou caso haja recusa do mesmo em submeter-se ao exame ordenado, o julgamento será realizado com os elementos de prova já colhidos.

Art. 6º. Finda a avaliação, o conselheiro relator decidirá sobre as provas requeridas e determinará as diligências necessárias para a completa averiguação da verdade.

Art. 7º. Encerrada a avaliação pela perícia médica constituída, o médico periciado deverá ser intimado a apresentar manifestações sobre todo o procedimento adotado e as provas produzidas, no prazo de 10 (dez) dias.

Art. 8º. Protocolizadas as manifestações, o relator terá o prazo de 30 (trinta) dias para concluir seu relatório, que pode ser prorrogado por igual período, sempre em despacho fundamentado.

§ 1º Concluído o prazo de que trata o caput deste artigo, o conselheiro relator remeterá os autos ao presidente do Conselho, que determinará sua inclusão na pauta da primeira plenária subsequente.

§ 2º O médico periciado e seu representante legal serão intimados da data da avaliação com a antecedência mínima de 10 (dez) dias.

Art. 9º. O plenário do CRM, em sessão sigilosa, apreciará o relatório do conselheiro relator para somente então decidir pelo arquivamento, suspensão parcial ou total do exercício profissional.

Art. 10. Decidindo pela suspensão do exercício profissional por doença incapacitante, o Conselho Regional de Medicina deverá fixar o prazo de sua duração e os mecanismos de controle da incapacidade quando se tratar de suspensão por tempo determinado.

§ 1º Concluindo pela incapacidade parcial, o Conselho Regional de Medicina poderá determinar a suspensão do exercício em determinadas áreas da Medicina.

§ 2º A suspensão do exercício da Medicina, na hipótese do parágrafo primeiro deste artigo, ficará sujeita à supervisão do Conselho Regional de Medicina, devendo o interditado submeter-se a exames periódicos.

§ 3º Se a doença não for incapacitante, total ou parcialmente, no momento do julgamento, mas puder vir a sê-lo, o Conselho Regional de Medicina, examinando o caso concreto, poderá determinar exames periódicos.

Art. 11. Os casos de incapacidade total e permanente dependem de homologação pelo Pleno do Conselho Federal de Medicina.

Art. 12. Da decisão do plenário do Conselho Regional caberá recurso ao Conselho Federal de Medicina, no prazo de 30 (trinta) dias, sem efeito suspensivo, a contar da data da intimação da decisão.

Art. 13. Recebido o recurso, o presidente do CFM designará um conselheiro relator para, no prazo de 30 (trinta) dias, apresentar seu relatório.

Parágrafo único. Se necessário, o conselheiro relator designado poderá baixar os autos em diligência, devendo, neste caso, solicitar prorrogação do prazo previsto no caput deste artigo.

Art. 14. A sessão de julgamento no Pleno do CFM seguirá roteiro previsto no CPEP.

Art. 15. As omissões existentes na presente resolução serão sanadas pelo plenário do Conselho Federal de Medicina.

Art. 16. Esta resolução entra em vigor na data de sua publicação, revogadas as disposições em contrário, especialmente a Resolução CFM n. 1.646/02.

Brasília-DF, 10 de maio de 2012.

ROBERTO LUIZ D'AVILA
Presidente

HENRIQUE BATISTA E SILVA
Secretário-Geral

RESOLUÇÃO CFM N. 1.826/2007

(Morte encefálica de não doador – Suspensão dos procedimentos de suportes terapêutico – Legalidade e caráter ético)

Dispõe sobre a legalidade e o caráter ético da suspensão dos procedimentos de suportes terapêuticos quando da determinação de morte encefálica de indivíduo não-doador.

O Conselho Federal de Medicina, no uso das atribuições conferidas pela Lei nº 3.268, de 30 de setembro de 1957, alterada pela Lei nº 11.000, de 15 de dezembro de 2004, regulamentada pelo Decreto nº 44.045, de 19 de julho de 1958, e

Considerando que os Conselhos de Medicina são ao mesmo tempo julgadores e disciplinadores da classe médica, cabendo-lhes zelar e trabalhar, por todos os meios ao seu alcance, pelo perfeito desempenho ético da medicina e pelo prestígio e bom conceito da profissão e dos que a exerçam legalmente;

Considerando o art. 1º, inciso III, da Constituição Federal, que elegeu o princípio da dignidade da pessoa humana como um dos fundamentos da República Federativa do Brasil;

Considerando a Lei nº 9.434, de 4 de fevereiro de 1997, que dispõe sobre a retirada de órgãos, tecidos e partes do corpo humano para fins de transplante de órgãos e determina, em seu artigo 3º, que compete ao CFM definir os critérios para a determinação de morte encefálica;

Considerando a Resolução CFM n. 1.480, de 21 de agosto de 1997, que normatiza a determinação de morte encefálica;

Considerando, finalmente, o decidido em reunião plenária de 24 de outubro de 2007, resolve:

Art. 1º É legal e ética a suspensão dos procedimentos de suportes terapêuticos quando determinada a morte encefálica em não-doador de órgãos, tecidos e partes do corpo humano para fins de transplante, nos termos do disposto na Resolução CFM n. 1.480, de 21 de agosto de 1997, na forma da Lei n. 9.434, de 4 de fevereiro de 1997.

§ 1º O cumprimento da decisão mencionada no *caput* deve ser precedida de comunicação e esclarecimento sobre a morte encefálica aos familiares do paciente ou seu representante legal, fundamentada e registrada no prontuário.

§ 2º Cabe ao médico assistente ou seu substituto o cumprimento do *caput* deste artigo e seu parágrafo 1º.

Art. 2º A data e hora registradas na Declaração de Óbito serão as mesmas da determinação de morte encefálica.

Art. 3º Esta resolução entra em vigor na data de sua publicação, revogando-se as disposições em contrário.

Brasília-DF, 24 de outubro de 2007.

EDSON DE OLIVEIRA ANDRADE
Presidente

LÍVIA BARROS GARÇÃO
Secretária-Geral

RESOLUÇÃO CFM N. 1.605/2000

(Prontuários médicos e fichas médicas – Requisições de autoridades judiciais, policiais e do Ministério Público)

O Conselho Federal de Medicina, no uso das atribuições conferidas pela Lei n. 3.268, de 30 de setembro de 1957, regulamentada pelo Decreto n. 44.045, de 19 de julho de 1958, e

Considerando o disposto no art. 154 do Código Penal Brasileiro e no art. 66 da Lei das Contravenções Penais;

Considerando a força de lei que possuem os arts. 11 e 102 do Código de Ética Médica, que vedam ao médico a *(Princípios Fundamentais XI e art. 73 do atual CEM)* revelação de fato de que venha a ter conhecimento em virtude da profissão, salvo justa causa, dever legal ou autorização expressa do paciente;

Considerando que o sigilo médico é instituído em favor do paciente, o que encontra, suporte na garantia insculpida no art. 5º, inciso X, da Constituição Federal;

Considerando que o "dever legal" se restringe à ocorrência de doenças de comunicação obrigatória, de acordo com o disposto no art. 269 do Código Penal, ou à ocorrência de crime de ação penal pública incondicionada, cuja comunicação não exponha o paciente a procedimento criminal conforme os incisos I e II do art. 66 da Lei de Contravenções Penais;

Considerando que a lei penal só obriga a "comunicação", o que não implica a remessa da ficha ou

Considerando que a ficha ou prontuário médico não inclui apenas o atendimento específico, mas toda a situação médica do paciente, cuja revelação poderia fazer com que o mesmo sonegasse informações, prejudicando seu tratamento;

Considerando a frequente ocorrência de requisições de autoridades judiciais, policiais e do Ministério Público relativamente a prontuários médicos e fichas médicas;

Considerando que é ilegal a requisição judicial de documentos médicos quando há outros meios de obtenção da informação necessária como prova;

Considerando o parecer CFM n. 22/2000;

Considerando o decidido em Sessão Plenária de 15.9.2000, resolve:

Art. 1º O médico não pode, sem o consentimento do paciente, revelar o conteúdo do prontuário ou ficha médica.

Art. 2º Nos casos do art. 269 do Código Penal, onde a comunicação de doença é compulsória, o dever do médico restringe-se exclusivamente a comunicar tal fato à autoridade competente, sendo proibida a remessa do prontuário médico do paciente.

Art. 3º Na investigação da hipótese de cometimento de crime o médico está impedido de revelar segredo que possa expor o paciente a processo criminal.

Art. 4º Se na instrução de processo criminal for requisitada, por autoridade judiciária competente, a apresentação do conteúdo do prontuário ou da ficha médica, o médico disponibilizará os documentos ao perito nomeado pelo juiz, para que neles seja realizada perícia restrita aos fatos em questionamento.

Art. 5º Se houver autorização expressa do paciente, tanto na solicitação como em documento diverso, o médico poderá encaminhar a ficha ou prontuário médico diretamente à autoridade requisitante.

Art. 6º O médico deverá fornecer cópia da ficha ou do prontuário médico desde que solicitado pelo paciente ou requisitado pelos Conselhos Federal ou Regional de Medicina.

Art. 7º Para sua defesa judicial, o médico poderá apresentar a ficha ou prontuário médico à autoridade competente, solicitando que a matéria seja mantida em segredo de justiça.

Art. 8º Nos casos não previstos nesta resolução e sempre que houver conflito no tocante à remessa ou não dos documentos à autoridade requisitante, o médico deverá consultar o Conselho de Medicina, onde mantém sua inscrição, quanto ao procedimento a ser adotado.

Art. 9º Ficam revogadas as disposições em contrário, em especial a Resolução CFM n. 999/1980.

Brasília-DF, 15 de setembro de 2000.

EDSON DE OLIVEIRA ANDRADE
Presidente

RUBENS DOS SANTOS SILVA
Secretário-Geral

RESOLUÇÃO CFM N. 1.974/2011*

(Propaganda em Medicina)

Estabelece os critérios norteadores da propaganda em Medicina, conceituando os anúncios, a divulgação de assuntos médicos, o sensacionalismo, a autopromoção e as proibições referentes à matéria.

O Conselho Federal de Medicina, no uso das atribuições conferidas pela Lei nº 3.268, de 30 de setembro de 1957, regulamentada pelo Decreto nº 44.045, de 19 de julho de 1958, e pela Lei nº 11.000, de 15 de dezembro de 2004, e,

Considerando que cabe ao Conselho Federal de Medicina trabalhar por todos os meios ao seu alcance e zelar pelo perfeito desempenho ético da Medicina e pelo prestígio e bom conceito da profissão e dos que a exercem legalmente;

Considerando a necessidade de uniformizar e atualizar os procedimentos para a divulgação de assuntos médicos em todo o território nacional;

Considerando a necessidade de solucionar os problemas que envolvem a divulgação de assuntos médicos, com vistas ao esclarecimento da opinião pública;

Considerando que os anúncios médicos deverão obedecer à legislação vigente;

Considerando o Decreto-lei n. 20.931/32, o Decreto-lei nº 4.113/42, o disposto no Código de Ética Médica e, notadamente, o art. 20 da Lei n. 3.268/57, que determina: "Todo aquele que mediante anúncios, placas, cartões ou outros meios quaisquer se propuser ao exercício da medicina, em qualquer dos ramos ou especialidades, fica sujeito às penalidades aplicáveis ao exercício ilegal da profissão, se não estiver devidamente registrado".

Considerando que a publicidade médica deve obedecer exclusivamente a princípios éticos de orientação educativa, não sendo comparável à publicidade de produtos e práticas meramente comerciais (Capítulo XIII, artigos 111 a 118 do Código de Ética Médica) *(Capítulo XIII, artigos 111 a 117 do CEM atual)* ;

Considerando que o atendimento a esses princípios é inquestionável pré-requisito para o estabelecimento de regras éticas de concorrência entre médicos, serviços, clínicas, hospitais e demais empresas registradas nos Conselhos Regionais de Medicina;

Considerando ainda que os entes sindicais e associativos médicos estão sujeitos a este mesmo regramento quando da veiculação de publicidade ou propaganda;

Considerando as diversas resoluções sobre o tema editadas por todos os Conselhos Regionais de Medicina;

Considerando, finalmente, o decidido na sessão plenária de 14 de julho de 2011, resolve:

Art. 1º Entender-se-á por anúncio, publicidade ou propaganda a comunicação ao público, por qualquer meio de divulgação, de atividade profissional de iniciativa, participação e/ou anuência do médico.

Art. 2º Os anúncios médicos deverão conter, obrigatoriamente, os seguintes dados:

a) Nome do profissional;

b) Especialidade e/ou área de atuação, quando registrada no Conselho Regional de Medicina;

c) Número da inscrição no Conselho Regional de Medicina;

d) Número de registro de qualificação de especialista (RQE), se o for.

Parágrafo único. As demais indicações dos anúncios deverão se limitar ao preceituado na legislação em vigor.

Art. 3º É vedado ao médico:

a) Anunciar, quando não especialista, que trata de sistemas orgânicos, órgãos ou doenças específicas, por induzir a confusão com divulgação de especialidade;

b) Anunciar aparelhagem de forma a lhe atribuir capacidade privilegiada;

c) Participar de anúncios de empresas comerciais ou de seus produtos, qualquer que seja sua natureza, dispositivo este que alcança, inclusive, as entidades médicas sindicais ou associativas;

d) Permitir que seu nome seja incluído em propaganda enganosa de qualquer natureza;

e) Permitir que seu nome circule em qualquer mídia, inclusive na internet, em matérias desprovidas de rigor científico;

f) Fazer propaganda de método ou técnica não reconhecida pelo Conselho Federal de Medicina como válido para a prática médica;

g) Expor a figura de seu paciente como forma de divulgar técnica, método ou resultado de tratamento, ainda que com autorização expressa do mesmo, ressalvado o disposto no art. 10 desta resolução;

h) Anunciar a utilização de técnicas exclusivas;

i) Oferecer seus serviços por meio de consórcio e similares;

j) Oferecer consultoria a pacientes e familiares como substituição da consulta médica presencial;

k) Garantir, prometer ou insinuar bons resultados do tratamento.

l) Fica expressamente vetado o anúncio de pós-graduação realizada para a capacitação pedagógica em especialidades médicas e suas áreas de atuação, mesmo que em instituições oficiais ou por estas credenciadas, exceto quando estiver relacionado à especialidade e área de atuação registrada no Conselho de Medicina.

Art. 4º Sempre que em dúvida, o médico deverá consultar a Comissão de Divulgação de Assuntos Médicos (Codame) dos Conselhos Regionais de Medicina, visando enquadrar o anúncio aos dispositivos legais e éticos.

Parágrafo único. Pode também anunciar os cursos e atualizações realizados, desde que relacionados à sua especialidade ou área de atuação devidamente registrada no Conselho Regional de Medicina.

Art. 5º Nos anúncios de clínicas, hospitais, casas de saúde, entidades de prestação de assistência médica e outras instituições de saúde deverão constar, sempre, o nome do diretor técnico médico e sua correspondente inscrição no Conselho Regional em cuja jurisdição se localize o estabelecimento de saúde.

§ 1º Pelos anúncios dos estabelecimentos de hospitalização e assistência médica, planos de saúde, seguradoras e afins respondem, perante o Conselho Regional de Medicina, os seus diretores técnicos médicos.

§ 2º Os diretores técnicos médicos, os chefes de clínica e os médicos em geral estão obrigados a adotar, para cumprir o mandamento do caput, as regras contidas no Manual da Codame, anexo.

Art. 6º Nas placas internas ou externas, as indicações deverão se limitar ao previsto no art. 2º e seu parágrafo único.

Art. 7º Caso o médico não concorde com o teor das declarações a si atribuídas em matéria jornalística, as quais firam os ditames desta resolução, deve encaminhar ofício retificador ao órgão de imprensa que a divulgou e ao Conselho Regional de Medicina, sem prejuízo de futuras apurações de responsabilidade.

Art. 8º O médico pode, utilizando qualquer meio de divulgação leiga, prestar informações, dar entrevistas e publicar artigos versando sobre assuntos médicos de fins estritamente educativos.

Art. 9º Por ocasião das entrevistas, comunicações, publicações de artigos e informações ao público, o médico deve evitar sua autopromoção e sensacionalismo, preservando, sempre, o decoro da profissão.

§ 1º Entende-se por autopromoção a utilização de entrevistas, informações ao público e publicações de artigos com forma ou intenção de:

a) Angariar clientela;

b) Fazer concorrência desleal;

c) Pleitear exclusividade de métodos diagnósticos e terapêuticos;

d) Auferir lucros de qualquer espécie;

e) Permitir a divulgação de endereço e telefone de consultório, clínica ou serviço.

§ 2º Entende-se por sensacionalismo:

a) A divulgação publicitária, mesmo de procedimentos consagrados, feita de maneira exagerada e fugindo de conceitos técnicos, para individualizar e priorizar sua atuação ou a instituição onde atua ou tem interesse pessoal;

b) Utilização da mídia, pelo médico, para divulgar métodos e meios que não tenham reconhecimento científico;

c) A adulteração de dados estatísticos visando beneficiar-se individualmente ou à instituição que representa, integra ou o financia;

d) A apresentação, em público, de técnicas e métodos científicos que devem limitar-se ao ambiente médico;

e) A veiculação pública de informações que possam causar intranquilidade, pânico ou medo à sociedade;

f) Usar de forma abusiva, enganosa ou sedutora representações visuais e informações que possam induzir a promessas de resultados.

Art. 10 Nos trabalhos e eventos científicos em que a exposição de figura de paciente for imprescindível, o médico deverá obter prévia autorização expressa do mesmo ou de seu representante legal.

Art. 11 Quando da emissão de documentos médicos, os mesmos devem ser elaborados de modo sóbrio, impessoal e verídico, preservando o segredo médico.

§ 1º Os documentos médicos poderão ser divulgados por intermédio do Conselho Regional de Medicina, quando o médico assim achar conveniente.

§ 2º Os documentos médicos, nos casos de pacientes internados em estabelecimentos de saúde, deverão, sempre, ser assinados pelo médico assistente e subscritos pelo diretor técnico médico da instituição ou, em sua falta, por seu substituto.

Art. 12 O médico não deve permitir que seu nome seja incluído em concursos ou similares, cuja finalidade seja escolher o "médico do ano", "destaque", "melhor médico" ou outras denominações que visam ao objetivo promocional ou de propaganda, individual ou coletivo.

Art. 13 As mídias sociais dos médicos e dos estabelecimentos assistenciais em Medicina deverão obedecer à lei, às resoluções normativas e ao Manual da Comissão de Divulgação de Assuntos Médicos (Codame).

§ 1º Para efeitos de aplicação desta Resolução, são consideradas mídias sociais: *sites, blogs, Facebook, Twiter, Instagram, YouTube, WhatsApp* e similares.

§ 2º É vedada a publicação nas mídias sociais de autorretrato (*selfie*), imagens e/ou áudios que caracterizem sensacionalismo, autopromoção ou concorrência desleal.

§ 3º É vedado ao médico e aos estabelecimentos de assistência médica a publicação de imagens do "antes e depois" de procedimentos, conforme previsto na alínea "g" do artigo 3º da Resolução CFM n. 1.974/11.

§4º A publicação por pacientes ou terceiros, de modo reiterado e/ou sistemático, de imagens mostrando o "antes e depois" ou de elogios a técnicas e resultados de procedimentos nas mídias sociais deve ser investigada pelos Conselhos Regionais de Medicina.

Art. 14 Os Conselhos Regionais de Medicina manterão, conforme os seus Regimentos Internos, uma Comissão de Divulgação de Assuntos Médicos (Codame) composta, minimamente, por três membros.

Art. 15 A Comissão de Divulgação de Assuntos Médicos terá como finalidade:

a) Responder a consultas ao Conselho Regional de Medicina a respeito de publicidade de assuntos médicos;

b) Convocar os médicos e pessoas jurídicas para esclarecimentos quando tomar conhecimento de descumprimento das normas éticas regulamentadoras, anexas, sobre a matéria, devendo orientar a imediata suspensão do anúncio;

c) Propor instauração de sindicância nos casos de inequívoco potencial de infração ao Código de Ética Médica;

d) Rastrear anúncios divulgados em qualquer mídia, inclusive na internet, adotando as medidas cabíveis sempre que houver desobediência a esta resolução;

e) Providenciar para que a matéria relativa a assunto médico, divulgado pela imprensa leiga, não ultrapasse, em sua tramitação na comissão, o prazo de 60 (sessenta) dias.

Art. 16 A presente resolução e o Manual da Codame entrarão em vigor no prazo de 180 dias, a partir de sua publicação, quando será revogada a Resolução CFM nº 1.701/03, publicada no DOU nº 187, seção I, páginas 171-172, em 26 de setembro de 2003 e demais disposições em contrário.

Brasília-DF, 14 de julho de 2011

ROBERTO LUIZ D'AVILA

Presidente

HENRIQUE BATISTA E SILVA

Secretário Geral

* Com as alterações da Resolução CFM 2.133/2015.

RESOLUÇÃO CFM N. 2.183 /2018

(Trabalhador – Médicos do trabalho)

Dispõe de normas específicas para médicos que atendem o trabalhador.

O Conselho Federal de Medicina, no uso das atribuições conferidas pela Lei n. 3.268, de 30 de setembro de 1957, regulamentada pelo Decreto n. 44.045, de 19 de julho de 1958 e,

Considerando o estabelecido no artigo 1º, inciso IV, artigo 6º e artigo 7º, inciso XXII da Constituição Federal; capítulo V - Da Segurança e da Medicina do Trabalho - da Consolidação das Leis do Trabalho, bem como as normas do Código de Ética Médica (Resolução CFM n. 1.931/2009);

Considerando o disposto nas Convenções 155 e 161 da Organização Internacional do Trabalho (OIT);

Considerando as deliberações da Organização Mundial de Saúde (OMS) que versam sobre segurança e saúde dos trabalhadores;

Considerando a Lei n. 11.430/2006 e o Decreto n. 6.042/2007;

Considerando que o trabalho é um meio de prover a subsistência e a dignidade humana, não devendo gerar mal-estar, doenças e mortes;

Considerando que promoção, prevenção, recuperação da saúde e preservação da capacidade de trabalho são direitos garantidos pela Constituição Federal;

Considerando que as condições de vida e trabalho são determinantes sociais de saúde;

Considerando o trabalho como fator adjuvante no tratamento de determinadas doenças, e que o médico do trabalho é o especialista que detém o conhecimento técnico e científico para promover os ajustes no contexto do trabalho;

Considerando que o médico do trabalho é um dos principais responsáveis pela promoção, prevenção e recuperação da saúde integral dos trabalhadores, seja no setor público ou privado;

Considerando os diversos campos de atuação do médico do trabalho, seja na saúde do trabalhador em empresas ou no Sistema Único de Saúde (SUS), nas perícias judiciais ou previdenciárias;

Considerando a necessidade de normatizar a atividade dos médicos do trabalho e dos demais médicos que atendam o trabalhador;

Considerando a necessidade de normatizar os critérios para estabelecer o nexo causal entre o exercício da atividade laboral e os agravos à saúde;

Considerando que todo médico, ao atender seu paciente, deve avaliar a possibilidade de que a causa de determinada doença, alteração clínica ou laboratorial possa estar relacionada ao trabalho;

Considerando a constante necessidade de avaliar os impactos das mudanças tecnológicas, da organização do trabalho e da legislação;

Considerando que médico perito é aquele designado pela autoridade competente, assistindo-a no que a lei determina;

Considerando que assistente técnico é o médico que assiste a uma das partes em litígio no processo judicial; e

Considerando, finalmente, o decidido na Sessão Plenária realizada em 21 de junho de 2018,

Resolve:

Art. 1º Aos médicos do trabalho e demais médicos que atendem o trabalhador, independentemente do local em que atuem, cabe:

I – assistir ao trabalhador, elaborar seu prontuário médico e fazer todos os encaminhamentos devidos;

II – fornecer atestados e pareceres para o trabalhador sempre que necessário, considerando que o repouso, o acesso a terapias ou o afastamento da exposição nociva faz parte do tratamento;

III – fornecer laudos, pareceres e relatórios de exame médico e dar encaminhamento, sempre que necessário, dentro dos preceitos éticos;

IV – promover, com a ciência do trabalhador, a discussão clínica com o especialista assistente do trabalhador sempre que julgar necessário e propor mudanças no contexto do trabalho, quando indicadas, com vistas ao melhor resultado do tratamento.

§ 1º Quando requerido pelo paciente, deve o médico pôr à sua disposição ou à de seu representante legal tudo o que se refira ao seu atendimento, em especial cópia dos exames e do prontuário médico.

§ 2º Na elaboração do atestado médico, deve o médico assistente observar o contido na Resolução CFM n. 1.658/2002, alterada pela Resolução CFM n. 1.851/2008.

§ 3º O médico do trabalho pode discordar dos termos de atestado médico emitido por outro médico, desde que justifique a discordância, após o devido exame clínico do trabalhador, assumindo a responsabilidade pelas consequências do seu ato.

§ 4º O médico do trabalho, ao ser solicitado pelo médico assistente do trabalhador, deverá produzir relatório com descrição dos riscos ocupacionais e da organização do trabalho e entregá-lo ao trabalhador ou ao seu responsável legal, em envelope lacrado endereçado ao médico solicitante, de forma confidencial.

§ 5º O médico assistente ou especialista, ao ser solicitado pelo médico do trabalho, deverá produzir relatório ou parecer com descrição dos achados clínicos, prognóstico, tratamento e exames complementares realizados que possam estar relacionados às queixas do trabalhador e entregar a ele ou ao seu responsável legal, em envelope lacrado endereçado ao médico solicitante, de forma confidencial.

Art. 2º Para o estabelecimento do nexo causal entre os transtornos de saúde e as atividades do trabalhador, além da anamnese, do exame clínico (físico e mental), de relatórios e dos exames complementares, é dever do médico considerar:

I – a história clínica e ocupacional atual e pregressa, decisiva em qualquer diagnóstico e/ou investigação de nexo causal;

II – o estudo do local de trabalho;

III - o estudo da organização do trabalho;

IV – os dados epidemiológicos;

V – a literatura científica;

VI – a ocorrência de quadro clínico ou subclínico em trabalhadores expostos a riscos semelhantes;

VII – a identificação de riscos físicos, químicos, biológicos, mecânicos, estressantes e outros;

VIII – o depoimento e a experiência dos trabalhadores;

IX – os conhecimentos e as práticas de outras disciplinas e de seus profissionais, sejam ou não da área da saúde.

Parágrafo único. Ao médico assistente é vedado determinar nexo causal entre doença e trabalho sem observar o contido neste artigo e seus incisos.

Art. 3º Os médicos do trabalho e os demais médicos que atendem os trabalhadores de empresas e instituições, que admitem trabalhadores independentemente de sua especialidade, devem:

I – atuar visando essencialmente a promoção da saúde e a prevenção da doença, conhecendo, para tanto, os processos produtivos e o ambiente de trabalho da empresa.

II – promover o esclarecimento e prestar as orientações necessárias sobre a condição dos trabalhadores com deficiência, idosos e/ou com doenças crônico-degenerativas e gestantes; a inclusão desses no trabalho, participando do processo de adaptação do trabalho ao trabalhador, quando necessário.

III – dar conhecimento formalmente aos empregadores, aos trabalhadores e às comissões internas de prevenção de acidentes sobre os riscos existentes no ambiente de trabalho, informações da vigilância epidemiológica e outros informes técnicos, desde que resguardado o sigilo profissional.

IV – Notificar, formalmente, o empregador quando da ocorrência ou de sua suspeita de acidente ou doença do trabalho para que a empresa proceda a emissão de Comunicação de Acidente do Trabalho, devendo deixar registrado no prontuário do trabalhador.

V – Notificar formalmente os agravos de notificação compulsória ao órgão competente do Ministério da Saúde quando suspeitar ou comprovar a existência de agravos relacionados ao trabalho, bem como notificar formalmente ao empregador a adoção dos procedimentos cabíveis, independentemente da necessidade de afastar o empregado do trabalho, devendo registrar tudo em prontuário.

Art. 4º Compete ao médico do trabalho avaliar as condições de saúde do trabalhador para determinadas funções e/ou ambientes, propondo sua alocação para trabalhos compatíveis com seu atual estado de saúde, orientando-o e, ao empregador ou chefia imediata, se necessário, em relação ao processo de adaptação do trabalho.

Art. 5º Os médicos do trabalho, como tais reconhecidos por lei, especialmente investido na função de Coordenador do Programa de Controle Médico de Saúde Ocupacional (PCMSO), estará obrigado a fazer-se presente, com a regularidade que for necessária, nas empresas e em suas filiais para coordenar o referido programa, estando devidamente inscrito nos conselhos regionais de medicina dos estados em que estiver atuando.

§ 1º Os médicos que executam os exames ocupacionais devem observar o contido nos programas instituídos para proteção integral à saúde do trabalhador, devendo ter conhecimento sobre as condições e riscos do trabalho.

§ 2º Ao médico do trabalho da empresa contratante é facultado exigir exames específicos da atividade a ser realizada pelo trabalhador por exposição a risco não contemplado no PCMSO de origem.

Art. 6º É vedado ao médico que presta assistência ao trabalhador:

I – Assinar Atestado de Saúde Ocupacional (ASO) em branco.

II – Emitir ASO sem que tenha realizado o exame médico do trabalhador.

III – Emitir ASO sem que esteja familiarizado com os princípios da patologia ocupacional e suas causas, bem como com o ambiente, as condições de trabalho e os riscos a que está ou será exposto cada trabalhador.

IV – Deixar de registrar no prontuário médico do trabalhador todas as informações referentes aos atos médicos praticados.

V – Informar resultados dos exames no ASO.

Art. 7º Conforme as Resoluções do CFM n. 2.007/2013 e n. 2.147/2016, o ambulatório de assistência à saúde do trabalhador deverá ter médico do trabalho com Registro de Qualificação da Especialidade (RQE) como diretor técnico responsável pelo estabelecimento de saúde perante os conselhos regionais de medicina, autoridades sanitárias, ministério público, judiciário e demais autoridades.

Art. 8º Os atestados, relatórios e demais documentos apresentados emitidos por médicos e odontólogos, regularmente inscritos nos seus respectivos conselhos, podem ser considerados pelo médico do trabalho, perito ou junta médica para subsidiar a decisão sobre capacidade laborativa, sendo indispensável proceder a avaliação clínica.

Art. 9º Na contestação de nexo estabelecido pela perícia médica previdenciária, se o médico do trabalho detém elementos de convicção de que não há relação entre o trabalho e o diagnóstico da doença, deverá fazê-lo com critérios técnicos e científicos.

§ 1º Em sua peça de contestação de nexo ao perito médico da Previdência, o médico do trabalho poderá enviar documentação probatória demonstrando que os agravos não possuem nexo com o trabalho exercido pelo trabalhador, tais como:

I – Programa de Prevenção de Riscos Ambientais - PPRA;

II – Programa de Controle Médico de Saúde Ocupacional - PCMSO;

III – Perfil Profissiográfico Previdenciário - PPP;

IV – Comunicação de Acidente de Trabalho - CAT

V – Laudo Técnico de Condições Ambientais de Trabalho - LTCAT;

VI – Programa de Gerenciamento de Riscos - PGR;

VII – Programa de Condições e Meio Ambiente de Trabalho na Indústria da Construção - PCMAT;

VIII – Análise ergonômica do posto de trabalho, ficha de produtos químicos e outros documentos relacionados às condições de trabalho e pertinentes à contestação poderão ser utilizados, quando necessários; e

IX – relatórios e documentos médico-ocupacionais, inclusive dados do prontuário que poderá ser usado nos casos em que a contestação depender daquelas informações e enviá-las em caráter confidencial ao perito previdenciário.

§ 2º A hierarquização de informações para que, no caso de contestação de nexo de causa realizado pelo médico que atende trabalhadores, seja priorizado o uso de informações não confidenciais, que comprovem as medidas de proteção e promoção à saúde dos trabalhadores.

§ 3º Por ocasião do encaminhamento do trabalhador à perícia previdenciária inicial, deve o médico do trabalho entregar relatório médico ao trabalhador com a descrição das condições em que se deu o acidente ou agravo.

Art. 10. Em ações judiciais, a cópia do prontuário médico, de exames complementares ou outros documentos poderão ser liberados por autorização do paciente ou dever legal.

Art. 11. O médico de empresa, o médico responsável por qualquer programa de controle de saúde ocupacional de empresa e o médico participante do Serviço Especializado em Engenharia de Segurança e Medicina do Trabalho podem atuar como assistente técnico nos casos envolvendo a empresa contratante e/ou seus assistidos desde que observem os preceitos éticos.

§ 1º No desempenho dessa função no Tribunal, o médico deverá agir de acordo com sua livre consciência, nos exatos termos dos princípios, direitos e vedações previstas no Código de Ética Médica.

§ 2º Existindo relação médico - paciente, permanecerá a vedação estabelecida no Código de Ética Médica vigente, sem prejuízo do contido no § 1º.

Art. 12. Ao médico do trabalho responsável pelo PCMSO da empresa e ao médico participante do Serviço Especializado em Segurança e Medicina do Trabalho (SESMT) é vedado atuar como peritos judiciais, securitários ou previdenciários nos casos que envolvam a firma contratante e/ou seus assistidos, atuais ou passados.

Art. 13. São atribuições e deveres do médico perito judicial e assistentes técnicos:

I – examinar clinicamente o trabalhador e solicitar os exames complementares, se necessários;

II – o médico perito judicial e assistentes técnicos, ao vistoriarem o local de trabalho, devem fazer-se acompanhar, se possível, pelo próprio trabalhador que está sendo objeto da perícia, para melhor conhecimento do seu ambiente de trabalho e função;

III – estabelecer o nexo causal, considerando o exposto no artigo 2º e incisos (redação aprovada pela Resolução CFM n. 1.940/2010) e tal como determina a Lei n. 12.842/2013, ato privativo do médico.

Art. 14. A perícia com fins de determinação de nexo causal, avaliação de capacidade laborativa/aptidão, avaliação de sequela/valoração do dano corporal, requer atestação de saúde, definição do prognóstico referente ao diagnóstico nosológico, o que é, legalmente, ato privativo do médico.

Parágrafo único. É vedado ao médico perito permitir a presença de assistente técnico não médico durante o ato médico pericial.

Art. 15. Em ações judiciais, o médico perito poderá peticionar ao Juízo que oficie o estabelecimento de saúde ou o médico assistente para anexar cópia do prontuário do periciado, em envelope lacrado e em caráter confidencial.

Art. 16. Esta Resolução não se aplica aos médicos peritos previdenciários cuja atuação possui legislação própria, ressalvando-se as questões éticas do exercício profissional.

Art. 17. Revoga-se a Resolução CFM n. 1.488 publicada no Diário Oficial da União em 6 de março de 1998, Seção I, página 150, e as disposições em contrário.

Art. 18. Esta Resolução entrará em vigor na data de sua publicação.

CARLOS VITAL TAVARES CORRÊA LIMA
Presidente do Conselho

HENRIQUE BATISTA E SILVA
Secretário-Geral

RESOLUÇÃO CFM N. 1.021/1980

(Transfusão de sangue – Recusa – Motivos religiosos – Preservação da responsabilidade médica – Testemunhas de Jeová)

O Conselho Federal de Medicina, usando da atribuição que lhe confere a Lei nº 3.268, de 30 de setembro de 1957, regulamentada pelo Decreto nº 44.045, de 19 de julho de 1958, e

Considerando o disposto no artigo 153, parágrafo 2º da Constituição Federal; no artigo 146 e seu parágrafo 3º, inciso I e II do Código Penal; e nos artigos 1º, 30 e 19 do Código de Ética Médica (respectivamente: *Princípios Fundamentais I, II e art. 31 do CEM atual)*;

Considerando o caso de paciente que, por motivos diversos, inclusive os de ordem religiosa, recusam a transfusão de sangue;

Considerando finalmente o decidido em sessão plenária deste Conselho realizada no dia 26 de setembro de 1980,

Resolve:

Adotar os fundamentos do anexo Parecer, como interpretação autêntica dos dispositivos deontológicos referentes a recusa em permitir a transfusão de sangue, em casos de iminente perigo de vida.

Rio de Janeiro, 26 de setembro de 1980.

GUARACIABA QUARESMA GAMA
Presidente em Exercício

JOSÉ LUIZ GUIMARÃES SANTOS
Secretário-Geral

PARECER

Proc. CFM n. 21/80

O problema criado, para o médico, pela recusa dos adeptos das Testemunhas de Jeová em permitir a transfusão sanguínea, deverá ser encarada sob duas circunstâncias:

1 – A transfusão de sangue teria precisa indicação e seria a terapêutica mais rápida e segura para a melhora ou cura do paciente.

Não haveria, contudo, qualquer perigo imediato para a vida do paciente se ela deixasse de ser praticada.

Nessas condições, deveria o médico atender o pedido de seu paciente, abstendo-se de realizar a transfusão de sangue.

Não poderá o médico proceder de modo contrário, pois tal lhe é vedado pelo disposto no artigo 32, letra "f" do Código de Ética Médica *(Princípios Fundamentais XXI do CEM atual)*:

"Não é permitido ao médico:

f) exercer sua autoridade de maneira a limitar o direito do paciente resolver sobre sua pessoa e seu bem-estar".

2 – O paciente se encontra em iminente perigo de vida e a transfusão de sangue é a terapêutica indispensável para salvá-lo.

Em tais condições, não deverá o médico deixar de praticá-la apesar da oposição do paciente ou de seus responsáveis em permiti-la.

O médico deverá sempre orientar sua conduta profissional pelas determinações de seu Código.

No caso, o Código de Ética Médica assim prescreve:

"Artigo 1º – A medicina é uma profissão que tem por fim cuidar da saúde do homem, sem preocupações de ordem religiosa..."

"Artigo 30 – O alvo de toda a atenção do médico é o doente, em benefício do qual deverá agir com o máximo de zelo e melhor de sua capacidade profissional".

"Artigo 19 – O médico, salvo o caso de 'iminente perigo de vida', não praticará intervenção cirúrgica sem o prévio consentimento tácito ou explícito do paciente e, tratando-se de menor incapaz, de seu representante legal".

Por outro lado, ao praticar a transfusão de sangue, na circunstância em causa, não estará o médico violando o direito do paciente.

Realmente, a Constituição Federal determina em seu artigo 153, Parágrafo 2º que "ninguém será obrigado a fazer ou deixar de fazer alguma coisa senão em virtude da lei".

Aquele que violar esse direito cairá nas sanções do Código Penal quando este trata dos crimes contra a liberdade pessoal e em seu artigo 146 preconiza:

"Constranger alguém, mediante violência ou grave ameaça, ou depois de lhe haver reduzido, por qualquer meio, a capacidade de resistência, a não fazer o que a lei permite, ou a fazer o que ela não manda".

Contudo, o próprio Código Penal no parágrafo 3º desse mesmo artigo 146, declara:

"Não se compreendem na disposição deste artigo:

I – a intervenção médica ou cirúrgica sem o consentimento do paciente ou de seu representante legal, se justificada por iminente perigo de vida".

A recusa do paciente em receber a transfusão sanguínea, salvadora de sua vida, poderia, ainda, ser encarada como suicídio. Nesse caso, o médico, ao aplicar a transfusão, não estaria violando a liberdade pessoal, pois o mesmo parágrafo 3º do artigo 146, agora no inciso II, dispõe que não se compreende, também, nas determinações deste artigo: "a coação exercida para impedir o suicídio".

Conclusão

Em caso de haver recusa em permitir a transfusão de sangue, o médico, obedecendo a seu Código de Ética Médica, deverá observar a seguinte conduta:

1º – Se não houver iminente perigo de vida, o médico respeitará a vontade do paciente ou de seus responsáveis.

2º – Se houver iminente perigo de vida, o médico praticará a transfusão de sangue, independentemente de consentimento do paciente ou de seus responsáveis.

Dr. TELMO REIS FERREIRA
Relator

RESOLUÇÃO CFM N. 1.955/2010

(Transgenitalismo)

Dispõe sobre a cirurgia de transgenitalismo e revoga a Resolução CFM nº 1.652/02

O Conselho Federal de Medicina, no uso das atribuições conferidas pela Lei nº 3.268, de 30 de setembro de 1957, regulamentada pelo Decreto nº 44.045, de 19 de julho de 1958, e

Considerando a competência normativa conferida pelo artigo 2º da Resolução CFM nº 1.246/88, publicada no DOU de 26 de janeiro de 1988, combinado ao artigo 2º da Lei nº 3.268/57, que tratam, respectivamente, da expedição de resoluções que complementem o Código de Ética Médica e do zelo pertinente à fiscalização e disciplina do ato médico; (onde se lê "Resolução CFM nº 1.246/88, publicada no D.O.U. de 26 de janeiro de 1988", leia-se "Resolução CFM nº 1.931/2009, publicada no D.O.U. de 24 de janeiro de 2009, Seção I, p. 90.")

Considerando ser o paciente transexual portador de desvio psicológico permanente de identidade sexual, com rejeição do fenótipo e tendência à automutilação e/ou autoextermínio;

Considerando que a cirurgia de transformação plástico-reconstrutiva da genitália externa, interna e caracteres sexuais secundários não constitui crime de mutilação previsto no artigo 129 do Código Penal brasileiro, haja vista que tem o propósito terapêutico específico de adequar a genitália ao sexo psíquico;

Considerando a viabilidade técnica para as cirurgias de neocolpovulvoplastia e/ou neofaloplastia;

Considerando o que dispõe o parágrafo 4º do artigo 199 da Constituição Federal, que trata da remoção de órgãos, tecidos e substâncias humanas para fins de transplante, pesquisa e tratamento, bem como o fato de que a transformação da genitália constitui a etapa mais importante no tratamento de pacientes com transexualismo;

Considerando que o artigo 14 do Código de Ética Médica veda os procedimentos médicos proibidos em lei, e o fato de não haver lei que defina a transformação terapêutica da genitália in anima nobili como crime;

Considerando que o espírito de licitude ética pretendido visa fomentar o aperfeiçoamento de novas técnicas, bem como estimular a pesquisa cirúrgica de transformação da genitália e aprimorar os critérios de seleção;

Considerando o que dispõe a Resolução CNS nº 196/96, publicada no DOU de 16 de outubro de 1996;

Considerando o estágio atual dos procedimentos de seleção e tratamento dos casos de transexualismo, com evolução decorrente dos critérios estabelecidos na Resolução CFM nº 1.652/02 e do trabalho das instituições ali previstas;

Considerando o bom resultado cirúrgico, tanto do ponto de vista estético como funcional, das neocolpovulvoplastias nos casos com indicação precisa de transformação do fenótipo masculino para feminino;

Considerando as dificuldades técnicas ainda presentes para a obtenção de bom resultado tanto no aspecto estético como funcional das neofaloplastias, mesmo nos casos com boa indicação de transformação do fenótipo feminino para masculino;

Considerando que o diagnóstico, a indicação, as terapêuticas prévias, as cirurgias e o prolongado acompanhamento pós-operatório são atos médicos em sua essência;

Considerando o Parecer CFM nº 20/10, aprovado em 12 de agosto de 2010;

Considerando , finalmente, o decidido na sessão plenária de 12 de agosto de 2010, resolve:

Art. 1º Autorizar a cirurgia de transgenitalização do tipo neocolpovulvoplastia e/ou procedimentos complementares sobre gônadas e caracteres sexuais secundários como tratamento dos casos de transexualismo.

Art. 2º Autorizar, ainda a título experimental, a realização de cirurgia do tipo neofaloplastia.

Art. 3º Que a definição de transexualismo obedecerá, no mínimo, aos critérios abaixo enumerados:

1) Desconforto com o sexo anatômico natural;

2) Desejo expresso de eliminar os genitais, perder as características primárias e secundárias do próprio sexo e ganhar as do sexo oposto;

3) Permanência desses distúrbios de forma contínua e consistente por, no mínimo, dois anos;

4) Ausência de outros transtornos mentais.(Onde se lê "Ausência de outros transtornos mentais", leia-se "Ausência de transtornos mentais")

Art. 4º Que a seleção dos pacientes para cirurgia de transgenitalismo obedecerá a avaliação de equipe multidisciplinar constituída por médico psiquiatra, cirurgião, endocrinologista, psicólogo e assistente social, obedecendo os critérios a seguir definidos, após, no mínimo, dois anos de acompanhamento conjunto:

1) Diagnóstico médico de transgenitalismo;

2) Maior de 21 (vinte e um) anos;

3) Ausência de características físicas inapropriadas para a cirurgia.

Art. 5º O tratamento do transgenitalismo deve ser realizado apenas em estabelecimentos que contemplem integralmente os pré-requisitos estabelecidos nesta resolução, bem como a equipe multidisciplinar estabelecida no artigo 4º.

§ 1º O corpo clínico destes hospitais, devidamente registrado no Conselho Regional de Medicina, deve ter em sua constituição os profissionais previstos na equipe citada no artigo 4º, aos quais caberá o diagnóstico e a indicação terapêutica.

§ 2º As equipes devem ser previstas no regimento interno dos hospitais, inclusive contando com chefe, obedecendo aos critérios regimentais para a ocupação do cargo.

§ 3º Em qualquer ocasião, a falta de um dos membros da equipe ensejará a paralisação de permissão para a execução dos tratamentos.

§ 4º Os hospitais deverão ter comissão ética constituída e funcionando dentro do previsto na legislação pertinente.

Art. 6º Deve ser praticado o consentimento livre e esclarecido.

Art. 7º Esta resolução entra em vigor na data de sua publicação, revogando-se a Resolução CFM nº 1.652/02.

Brasília-DF, 12 de agosto de 2010

ROBERTO LUIZ D'AVILA
Presidente

HENRIQUE BATISTA E SILVA
Secretário-geral

RESOLUÇÃO CFM N. 1901/2009

(Vasectomia – Esterilização cirúrgica masculina)

Estabelece normas éticas para a esterilização cirúrgica masculina.

O Conselho Federal de Medicina, no uso das atribuições conferidas pela Lei nº 3.268, de 30 de setembro de 1957, alterada pela Lei nº 11.000, de 15 de dezembro de 2004, regulamentada pelo Decreto nº 44.045, de 19 de julho de 1958, e

Considerando o regulamentado pela Lei nº 9.263 de 12 de Janeiro de 1996, que trata do planejamento familiar, estabelece penalidades e dá outras providências;

Considerando que o direito reprodutivo fundamenta-se nos princípios da dignidade da pessoa humana e propicia o exercício da paternidade responsável;

Considerando que a vasectomia, nome técnico que designa a ligadura do canal deferente não é apenas um método de esterilização mas possui outras indicações, inclusive quando realizada a ligadura unilateralmente;

Considerando que nos casos de esterilização masculina cirúrgica por vasectomia bilateral há necessidade de procedimentos e seguimentos especiais;

Considerando que existe um contingente expressivo de homens que, arrependidos de ter feito a esterilização cirúrgica, procuram auxilio para reverter a situação;

Considerando, finalmente, o decidido na Sessão Plenária realizada em 9 de julho de 2009, resolve:

Art. 1o A esterilização masculina é um conjunto de ações complexas das quais o ato médico-cirúrgico de ligadura bilateral dos canais deferentes é apenas uma das etapas.

Art. 2º O procedimento cirúrgico de esterilização masculina pode ser realizado apenas em pacientes com capacidade civil plena, de acordo com o previsto na Lei nº 9.263/96 de 12 de Janeiro de 1996 e somente 60 (sessenta) dias depois da manifestação de vontade.

Art. 3º A manifestação de vontade, bem como o procedimento realizado, devem estar devidamente registrados em prontuários.

Art. 4º O médico que se propõe a realizar um procedimento de esterilização masculina, deve estar habilitado para proceder a sua reversão.

Art. 5º Esta resolução entra em vigor a partir da data de sua publicação.

Brasília-DF, 9 de julho de 2009.

EDSON DE OLIVEIRA
Presidente

LÍVIA BARROS GARÇÃO ANDRADE
Secretária Geral

ATO MÉDICO

LEI N. 12.842, DE 10 DE JULHO DE 2.013

Dispõe sobre o exercício da Medicina

Art. 1º. O exercício da Medicina é regido pelas disposições desta Lei.

Art. 2º. O objeto da atuação do médico é a saúde do ser humano e das coletividades humanas, em benefício da qual deverá agir com o máximo de zelo, com o melhor de sua capacidade profissional e sem discriminação de qualquer natureza.

Parágrafo único. O médico desenvolverá suas ações profissionais no campo da atenção à saúde para:

I. a promoção, a proteção e a recuperação da saúde;

II. a prevenção, o diagnóstico e o tratamento das doenças;

III. a reabilitação dos enfermos e portadores de deficiências.

Art. 3º. O médico integrante da equipe de saúde que assiste o indivíduo ou a coletividade atuará em mútua colaboração com os demais profissionais de saúde que a compõem.

Art. 4º. São atividades privativas do médico:

I. (VETADO);

II. indicação e execução da intervenção cirúrgica e prescrição dos cuidados médicos pré e pós-operatórios;

III. indicação da execução e execução de procedimentos invasivos, sejam diagnósticos, terapêuticos ou estéticos, incluindo os acessos vasculares profundos, as biópsias e as endoscopias;

IV. intubação traqueal;

V. coordenação da estratégia ventilatória inicial para a ventilação mecânica invasiva, bem como das mudanças necessárias diante das intercorrências clínicas, e do programa de interrupção da ventilação mecânica invasiva, incluindo a desintubação traqueal;

VI. execução de sedação profunda, bloqueios anestésicos e anestesia geral;

VII. emissão de laudo dos exames endoscópicos e de imagem, dos procedimentos diagnósticos invasivos e dos exames anatomopatológicos;

VIII. (VETADO);

IX. (VETADO);

X. determinação do prognóstico relativo ao diagnóstico nosológico;

XI. indicação de internação e alta médica nos serviços de atenção à saúde;

XII, realização de perícia médica e exames médico-legais, excetuados os exames laboratoriais de análises clínicas, toxicológicas, genéticas e de biologia molecular;

XIII. atestação médica de condições de saúde, doenças e possíveis sequelas;

XIV. atestação do óbito, exceto em casos de morte natural em localidade em que não haja médico.

§ 1º Diagnóstico nosológico é a determinação da doença que acomete o ser humano, aqui definida como interrupção, cessação ou distúrbio da função do corpo, sistema ou órgão, caracterizada por, no mínimo, 2 (dois) dos seguintes critérios:

I. agente etiológico reconhecido;

II. grupo identificável de sinais ou sintomas;

III. alterações anatômicas ou psicopatológicas.

§ 2º (VETADO).

§ 3º As doenças, para os efeitos desta Lei, encontram-se referenciadas na versão atualizada da Classificação Estatística Internacional de Doenças e Problemas Relacionados à Saúde.

§ 4º Procedimentos invasivos, para os efeitos desta Lei, são os caracterizados por quaisquer das seguintes situações:

I. (VETADO);

II. (VETADO);

III. invasão dos orifícios naturais do corpo, atingindo órgãos internos.

§ 5º Excetuam-se do rol de atividades privativas do médico:

I. (VETADO);

II. (VETADO);

III. aspiração nasofaringeana ou orotraqueal;

IV. (VETADO);

V. realização de curativo com desbridamento até o limite do tecido subcutâneo, sem a necessidade de tratamento cirúrgico;

VI. atendimento à pessoa sob risco de morte iminente;

VII. realização de exames citopatológicos e seus respectivos laudos;

VIII. coleta de material biológico para realização de análises clínico-laboratoriais;

IX. procedimentos realizados através de orifícios naturais em estruturas anatômicas visando à recuperação físico-funcional e não comprometendo a estrutura celular e tecidual.

§ 6º O disposto neste artigo não se aplica ao exercício da Odontologia, no âmbito de sua área de atuação.

§ 7º O disposto neste artigo será aplicado de forma que sejam resguardadas as competências próprias das profissões de assistente social, biólogo, biomédico, enfermeiro, farmacêutico, fisioterapeuta, fonoaudiólogo, nutricionista, profissional de educação física, psicólogo, terapeuta ocupacional e técnico e tecnólogo de radiologia.

Art. 5º. São privativos de médico:

I. (VETADO);

II. perícia e auditoria médicas; coordenação e supervisão vinculadas, de forma imediata e direta, às atividades privativas de médico;

III. ensino de disciplinas especificamente médicas;

IV. coordenação dos cursos de graduação em Medicina, dos programas de residência médica e dos cursos de pós-graduação específicos para médicos.

Parágrafo único. A direção administrativa de serviços de saúde não constitui função privativa de médico.

Art. 6º. A denominação 'médico' é privativa do graduado em curso superior de Medicina reconhecido e deverá constar obrigatoriamente dos diplomas emitidos por instituições de educação superior credenciadas na forma do art. 46 da Lei nº 9.394, de 20 de dezembro de 1996 (Lei de Diretrizes e Bases da Educação Nacional), vedada a denominação 'bacharel em Medicina'. (Redação dada pela Lei nº 134.270, de 2016)

Art. 7º. Compreende-se entre as competências do Conselho Federal de Medicina editar normas para definir o caráter experimental de procedimentos em Medicina, autorizando ou vedando a sua prática pelos médicos.

Parágrafo único. A competência fiscalizadora dos Conselhos Regionais de Medicina abrange a fiscalização e o controle dos procedimentos especificados no caput, bem como a aplicação das sanções pertinentes em caso de inobservância das normas determinadas pelo Conselho Federal.

Art. 8º. Esta Lei entra em vigor 60 (sessenta) dias após a data de sua publicação.*

Brasília, 10 de julho de 2013; 192º da Independência e 125º da República.

DILMA ROUSSEFF
Guido Mantega
Manoel Dias
Alexandre Rocha Santos Padilha
Miriam Belchior
Gilberto Carvalho

---

* DOU de 11 de julho de 2013

TESTAMENTO VITAL

Modelo

Diretivas antecipadas de vontade*

Nome Completo:	
Estado Civil:	Data do nascimento:
Lugar do Nascimento:	Documento de Identidade:
Endereço Residencial:	
CEP:	Cidade:
Estado:	País:

Aos meus familiares, médicos e pessoas que tomarem conhecimento deste documento:

Manifesto estas diretivas antecipadas de vontade em meu perfeito juízo e claro entendimento, livre e espontaneamente, sem qualquer induzimento, sugestão, constrangimento de quem quer que seja, para o caso de me encontrar em condição física ou mental de perda temporária ou definitiva da capacidade de expressar a minha vontade.

1. É meu desejo que: estando em situação de irrecuperabilidade da saúde ou de irreversível terminalidade da vida causada por doença fora de possibilidade terapêutica ou acontecimento de qualquer natureza impedindo-me de decidir, permitir ou recusar tratamentos médicos que somente adiariam a morte prolongando minha existência sem nenhum benefício, sejam cancelados, suspensos ou interrompidos todos os esforços médicos e tratamentos artificiais ou procedimentos invasivos.

2. Encontrando-me em qualquer daquelas situações desejo apenas ser submetido a tratamentos paliativos para abrandamento da dor, sofrimentos, inquietações, medo dos momentos finais e outros sintomas

* Testamento Vital

angustiantes, permitindo-me receber a morte em paz, com serenidade, dignidade e apoio espiritual, na companhia de entes queridos.

3. Ocorrido o falecimento, peço que meu funeral seja realizado de maneira discreta e modesta[1] e, se possível, que o meu corpo seja velado em ....[2]

4. Deixo aos meus familiares [3] a decisão da destinação do meu corpo ou de qualquer de suas partes, tecidos e órgãos, à doação caritativa ou à ciência[4].

5. Deixo, também, aos meus familiares decidirem a respeito do sepultamento, preservação ou cremação dos meus despojos, bem como o destino das minhas cinzas[5 e 6].

6. Rogo à minha família, aos médicos que me assistem ou assistirem[7], acatarem, respeitarem e fazerem valer estas minhas vontades,

---

1 Se preferir acrescentar: sem ostentação, sem enfeites, sem flores, etc. Caso desejar, esclarecer se com cerimônias de honras fúnebres, ritual de exéquias, etc.

2 Mencionar o local que escolher: necrotério do hospital em que falecer, cemitério, capela, entidade, casa de velório ou funeral home, etc.

3 Se quiser, indicar o nome de um familiar.

4 Se quiser, acrescentar: desejando que meu corpo seja preparado e conservado até a incineração ou o sepultamento.

5 Como preferir: enterradas, colocadas em urna cinerária, depositadas em columbário, espalhadas no lugar que indicar (jardim, mar, etc.) ou entregues a certo familiar, pessoa determinada ou representante legal.

6 "Criogenia. Destinação de restos mortais. Disposição de ultima vontade.(...) Prova documental robusta, que demonstra que o de cujus desejava ver o seu corpo submetido ao procedimento da criogenia. 1. A criogenia ou criopreservação consiste na preservação de cadáveres humanos em baixas temperaturas para eventual e futura reanimação e se insere dentre os avanços científicos que deram nova roupagem à ciência, rompendo com antigos paradigmas sociais, religiosos e morais.(...) 3. Disposição de última vontade quanto à destinação de seu cadáver (...) 7. Ausência de previsão legal acerca do tema - criogenia - que, na forma do art. 4º da LICC, autoriza a aplicação analógica das disposições existentes acerca da cremação, para a qual a Lei de Registros Públicos não estabeleceu forma especial para a manifestação de vontade.(...)" (TJ-RJ – Ap. Cív. n. 0057606-61.2012.8.19.0001 – 20ª Câm. Cível – Rel. Flávia Romano de Rezende – j: 13.6.2012, v.m. – Acórdão confirmado unanimemente no REsp 1.693.718-RJ relatado pelo Min. Marco Aurélio Bellizze – j: 26.3.2019)

7 Se desejar, indicar o nome do médico ou médicos que lhe assistem.

isentando-os de qualquer responsabilidade ética, civil e penal que possa surgir do atendimento destas diretivas [8].

(local, data e assinatura do declarante)

Testemunhas e assinaturas [9]

1 –

2 –

---

[8] Para o caso de não ter familiares: Nomeio para observar estas diretivas, (nome da pessoa e qualificação) autorizando-o consultar documentos médicos, aceitar diagnósticos, decidir, permitir ou recusar tratamentos, ficando os médicos desobrigados de guardar sigilo ao nomeado.

[9] Nome legível, estado civil, profissão, documento de identidade e número, endereço residencial, cidade, país.

TESTEMUNHAS DE JEOVÁ

Modelo

Diretrizes sobre Tratamento de Saúde
e Isenção para Equipe Médica*

Eu, ____________________________ abaixo assinado (a), nascido (a) em ______ de _______________ de _______, sou Testemunha de Jeová, e, à base de minhas firmes convicções religiosas, de forma absoluta e inequívoca, decidi obedecer à ordem bíblica de 'persistir em abster-se de sangue'. (Atos 15:28, 29). Diante disso, por meio deste instrumento, declaro com antecedência minha vontade, traçando diretrizes quanto aos tratamentos médicos que me são aceitáveis:

1. ACEITO e solicito tratamento médico alternativo sem sangue para fortalecer e conservar meu próprio sangue, para evitar ou minimizar a perda de sangue, para repor o volume circulatório perdido ou para estancar a hemorragia. Por exemplo, aceito os expansores do volume do plasma, tais como o dextran, a solução salina ou de Ringer, ou a hetastarch (hidroxietila de amido). Outras opções de tratamento:

____

2. RECUSO **qualquer transfusão de sangue** (total, glóbulos vermelhos, glóbulos brancos, plaquetas ou plasma sanguíneo), ainda que os médicos julguem isso necessário para preservar minha vida ou saúde. Além da minha convicção religiosa, estou ciente de que há vários perigos associados às transfusões de sangue.

3. Estas minhas DIRETRIZES: a) são validas permanentemente, inclusive enquanto estiver incapacitado para expressar a minha vontade;

* Extraído do estudo de Tereza Rodrigues Vieira "Aspectos éticos e jurídicos da recusa do paciente Testemunha de Jeová em receber transfusão de sangue", Revista de Ciências Jurídicas e Sociais da Unipar, v. 6, n. 2, p. 228, jul./dez. 2003.

b) especificam que este consentimento e qualquer outro posterior que eu possa dar EXCLUEM **a transfusão de sangue ou hemoderivados**: c) são absolutas, irretratáveis e irrevogáveis, não podendo ser substituídas em NENHUMA circunstância pelo consentimento intencionado de um parente ou de outra pessoa; d) são um exercício de meu direito de escolha de tratamento médico, incluindo o de optar por tratamentos médicos alternativos, isentos de sangue, de acordo com os profundos valores e convicções religiosas, morais e éticas que sustento, respaldados pelas garantias constitucionais de liberdade religiosa, autonomia e inviolabilidade de minha privacidade, conforme dispostas no artigo 5º, **caput** e incisos II, VI e X, da Constituição Federal.

4. Acolhidas estas diretrizes, **ISENTO** de responsabilidade civil a médicos, anestesiologistas, hospitais e equipes médicas por quaisquer resultados advindos do tratamento médico alternativo isento de sangue.

5. Por este instrumento também **OUTORGO PODERES** às pessoas nominadas no verso para atuar como meus procuradores e para tomar decisões sobre tratamento de saúde em meu nome, a fim de que minha vontade, conforme expressa neste documento, seja respeitada.

TRANSPLANTES

LEI N. 9.434, DE 4 DE FEVEREIRO DE 1997

Dispõe sobre a remoção de órgãos, tecidos e partes do corpo humano para fins de transplante e tratamento e dá outras providências.

O Presidente da República.

Faço saber que o Congresso Nacional decreta e eu sanciono a seguinte Lei:

CAPÍTULO I
DAS DISPOSIÇÕES GERAIS

Art. 1º A disposição gratuita de tecidos, órgãos e partes do corpo humano, em vida ou post mortem, para fins de transplante e tratamento, é permitida na forma desta Lei.

Parágrafo único. Para os efeitos desta Lei, não estão compreendidos entre os tecidos a que se refere este artigo o sangue, o esperma e o óvulo.

Art. 2º A realização de transplante ou enxertos de tecidos, órgãos ou partes do corpo humano só poderá ser realizada por estabelecimento de saúde, público ou privado, e por equipes médico-cirúrgicas de remoção e transplante previamente autorizados pelo órgão de gestão nacional do Sistema Único de Saúde.

Parágrafo único. A realização de transplantes ou enxertos de tecidos, órgãos e partes do corpo humano só poderá ser autorizada após a realização, no doador, de todos os testes de triagem para diagnóstico de infecção e infestação exigidos em normas regulamentares expedidas pelo Ministério da Saúde.

CAPÍTULO II
DA DISPOSIÇÃO POST MORTEM DE TECIDOS, ÓRGÃOS E PARTES DO CORPO HUMANO PARA FINS DE TRANSPLANTE

Art. 3º A retirada *post mortem* de tecidos, órgãos ou partes do corpo humano destinados a transplante ou tratamento deverá ser precedida de diagnóstico de morte encefálica, constatada e registrada por dois médicos não participantes das equipes de remoção e transplante, mediante a utilização de critérios clínicos e tecnológicos definidos por resolução do Conselho Federal de Medicina.

§ 1º Os prontuários médicos, contendo os resultados ou os laudos dos exames referentes aos diagnósticos de morte encefálica e cópias dos documentos de que tratam os arts. 2º, parágrafo único; 4º e seus §§; 5º; 7º; 9º, §§ 2º, 4º, 6º e 8º, e 10, quando couber, e detalhando os atos cirúrgicos relativos aos transplantes e enxertos, serão mantidos nos arquivos das instituições referidas no art. 2º por um período mínimo de cinco anos.

§ 2º Às instituições referidas no art. 2º enviarão anualmente um relatório contendo os nomes dos pacientes receptores ao órgão gestor estadual do Sistema Único de Saúde.

§ 3º Será admitida a presença de médico de confiança da família do falecido no ato da comprovação e atestação da morte encefálica.

Art. 4º A retirada de tecidos, órgãos e partes do corpo de pessoas falecidas para transplantes ou outra finalidade terapêutica, dependerá da autorização do cônjuge ou parente, maior de idade, obedecida a linha sucessória, reta ou colateral, até o segundo grau inclusive, firmada em documento subscrito por duas testemunhas presentes à verificação da morte.

Parágrafo único. (Vetado).

Art. 5º A remoção *post mortem* de tecidos, órgãos ou partes do corpo de pessoa juridicamente incapaz poderá ser feita desde que permitida expressamente por ambos os pais, ou por seus responsáveis legais.

Art. 6º É vedada a remoção *post mortem* de tecidos, órgãos ou partes do corpo de pessoas não identificadas.

Art. 7º (Vetado).

Parágrafo único. No caso de morte sem assistência médica, de óbito em decorrência de causa mal definida ou de outras situações nas quais houver indicação de verificação da causa médica da morte, a remoção de tecidos, órgãos ou partes de cadáver para fins de transplante ou terapêutica somente poderá ser realizada após a autorização do patologista do serviço de verificação de óbito responsável pela investigação e citada em relatório de necrópsia.

Art. 8º Após a retirada de tecidos, órgãos e partes, o cadáver será imediatamente necropsiado, se verificada a hipótese do parágrafo único do art. 7º, e, em qualquer caso, condignamente recomposto para ser entregue, em seguida, aos parentes do morto ou seus responsáveis legais para sepultamento.

CAPÍTULO III
DA DISPOSIÇÃO DE TECIDOS, ÓRGÃOS E PARTES DO CORPO HUMANO VIVO PARA FINS DE TRANSPLANTE OU TRATAMENTO

Art. 9º É permitida à pessoa juridicamente capaz dispor gratuitamente de tecidos, órgãos e partes do próprio corpo vivo, para fins terapêuticos ou para transplantes em cônjuge ou parentes consanguíneos até o quarto grau, inclusive, na forma do § 4º deste artigo, ou em qualquer outra pessoa, mediante autorização judicial, dispensada esta em relação à medula óssea.

§ 1º (Vetado).

§ 2º (Vetado).

§ 3º Só é permitida a doação referida neste artigo quando se tratar de órgãos duplos, de partes de órgãos, tecidos ou partes do corpo cuja retirada não impeça o organismo do doador de continuar vivendo sem risco para a sua integridade e não represente grave comprometimento de suas aptidões vitais e saúde mental e não cause mutilação ou deformação inaceitável, e corresponda a uma necessidade terapêutica comprovadamente indispensável à pessoa receptora.

§ 4º O doador deverá autorizar, preferencialmente por escrito e diante de testemunhas, especificamente o tecido, órgão ou parte do corpo objeto da retirada.

§ 5º A doação poderá ser revogada pelo doador ou pelos responsáveis legais a qualquer momento antes de sua concretização.

§ 6º O indivíduo juridicamente incapaz, com compatibilidade imunológica comprovada, poderá fazer doação nos casos de transplante de medula óssea, desde que haja consentimento de ambos os pais ou seus responsáveis legais e autorização judicial e o ato não oferecer risco para a sua saúde.

§ 7º É vedado à gestante dispor de tecidos, órgãos ou partes de seu corpo vivo, exceto quando se tratar de doação de tecido para ser utilizado em transplante de medula óssea e o ato não oferecer risco à sua saúde ou ao feto.

§ 8º O auto-transplante depende apenas do consentimento do próprio indivíduo, registrado em seu prontuário médico ou, se ele for juridicamente incapaz, de um de seus pais ou responsáveis legais.

Art. 9º- A É garantido a toda mulher o acesso a informações sobre as possibilidades e os benefícios da doação voluntária de sangue do cordão umbilical e placentário durante o período de consultas pré-natais e no momento da realização do parto.

CAPITULO IV
DAS DISPOSIÇÕES COMPLEMENTARES

Art. 10. O transplante ou enxerto só se fará com o consentimento expresso do receptor, assim inscrito em lista única de espera, após aconselhamento sobre a excepcionalidade e os riscos do procedimento.

§ 1º Nos casos em que o receptor seja juridicamente incapaz ou cujas condições de saúde impeçam ou comprometam a manifestação válida da sua vontade, o consentimento de que trata este artigo será dado por um de seus pais ou responsáveis legais.

§ 2º A inscrição em lista única de espera não confere ao pretenso receptor ou à sua família direito subjetivo a indenização, se o transplante não se realizar em decorrência de alteração do estado de órgãos, tecidos e partes, que lhe seriam destinados, provocado por acidente ou incidente em seu transporte.

Parágrafo único. Nos casos em que o receptor seja juridicamente incapaz ou cujas condições de saúde impeçam ou comprometam a manifestação válida de sua vontade, o consentimento de que trata este artigo será dado por um de seus pais ou responsáveis legais.

Art. 11. É proibida a veiculação, através de qualquer meio de comunicação social de anúncio que configure:

a) publicidade de estabelecimentos autorizados a realizar transplantes e enxertos, relativa a estas atividades;

b) apelo público no sentido da doação de tecido, órgão ou parte do corpo humano para pessoa determinada identificada ou não, ressalvado o disposto no parágrafo único;

c) apelo público para a arrecadação de fundos para o financiamento de transplante ou enxerto em benefício de particulares.

Parágrafo único. Os órgãos de gestão nacional, regional e local do Sistema Único de Saúde realizarão periodicamente, através dos meios adequados de comunicação social, campanhas de esclarecimento público dos benefícios esperados a partir da vigência desta Lei e de estímulo à doação de órgãos.

Art. 12. (Vetado).

Art. 13. É obrigatório, para todos os estabelecimentos de saúde notificar, às centrais de notificação, captação e distribuição de órgãos da unidade federada onde ocorrer, o diagnóstico de morte encefálica feito em pacientes por eles atendidos.

Parágrafo único. Após a notificação prevista no caput deste artigo, os estabelecimentos de saúde não autorizados a retirar tecidos, órgãos ou partes do corpo humano destinados a transplante ou tratamento deverão permitir a imediata remoção do paciente ou franquear suas instalações e fornecer o apoio operacional necessário às equipes médico-cirúrgicas de remoção e transplante, hipótese em que serão ressarcidos na forma da lei.

CAPÍTULO V
DAS SANÇÕES PENAIS E ADMINISTRATIVAS
Seção I
Dos Crimes

Art. 14. Remover tecidos, órgãos ou partes do corpo de pessoa ou cadáver, em desacordo com as disposições desta Lei:

Pena – reclusão, de dois a seis anos, e multa, de 100 a 360 dias-multa.

§ 1º Se o crime é cometido mediante paga ou promessa de recompensa ou por outro motivo torpe:

Pena – reclusão, de três a oito anos, e multa, de 100 a 150 dias-multa.

§ 2º Se o crime é praticado em pessoa viva, e resulta para o ofendido:

I – incapacidade para as ocupações habituais, por mais de trinta dias;

II – perigo de vida;

III – debilidade permanente de membro, sentido ou função;

IV – aceleração de parto:

Pena – reclusão, de três a dez anos, e multa, de 100 a 200 dias-multa

§ 3º Se o crime é praticado em pessoa viva e resulta para o ofendido:

I – incapacidade para o trabalho;

II – enfermidade incurável:

III – perda ou inutilização de membro, sentido ou função;

IV – deformidade permanente;

V – aborto:

Pena – reclusão, de quatro a doze anos, e multa, de 150 a 300 dias-multa.

§ 4º Se o crime é praticado em pessoa viva e resulta morte:

Pena – reclusão, de oito a vinte anos, e multa de 200 a 360 dias-multa.

Art. 15. Comprar ou vender tecidos, órgãos ou partes do corpo humano:

Pena – reclusão, de três a oito anos, e multa, de 200 a 360 dias-multa.

Parágrafo único. Incorre na mesma pena quem promove, intermedeia, facilita ou aufere qualquer vantagem com a transação.

Art. 16. Realizar transplante ou enxerto utilizando tecidos, órgãos ou partes do corpo humano de que se tem ciência terem sido obtidos em desacordo com os dispositivos desta Lei:

Pena – reclusão, de um a seis anos, e multa, de 150 a 300 dias-multa.

Art. 17. Recolher, transportar, guardar ou distribuir partes do corpo humano de que se tem ciência terem sido obtidos em desacordo com os dispositivos desta Lei:

Pena – reclusão, de seis meses a dois anos, e multa, de 100 a 250 dias-multa.

Art. 18. Realizar transplante ou enxerto em desacordo com o disposto no art. 10 desta Lei e seu parágrafo único:

Pena – detenção, de seis meses a dois anos.

Art. 19. Deixar de recompor cadáver, devolvendo-lhe aspecto condigno, para sepultamento ou deixar de entregar ou retardar sua entrega aos familiares ou interessados:

Pena – detenção, de seis meses a dois anos.

Art. 20. Publicar anúncio ou apelo público em desacordo com o disposto no art. 11:

Pena – multa, de 100 a 200 dias-multa.

Seção II

Das Sanções Administrativas

Art. 21. No caso dos crimes previstos nos arts. 14, 15, 16 e 17, o estabelecimento de saúde e as equipes médico-cirúrgicas envolvidas poderão ser desautorizadas temporária ou permanentemente pelas autoridades competentes.

§ 1º Se a instituição é particular, a autoridade competente poderá multá-la em 200 a 360 dias-multa e, em caso de reincidência, poderá ter suas atividades suspensas temporária ou definitivamente, sem direito a qualquer indenização ou compensação por investimentos realizados.

§ 2º Se a instituição é particular, é proibida de estabelecer contratos ou convênios com entidades públicas, bem como se beneficiar de créditos oriundos de instituições governamentais ou daquelas em que o Estado é acionista, pelo prazo de cinco anos.

Art. 22. As instituições que deixarem de manter em arquivo relatórios dos transplantes realizados, conforme o disposto no art. 3º, § 1º, ou que não enviarem os relatórios mencionados no art. 3º, § 2º ao órgão de gestão estadual do Sistema único de Saúde, estão sujeitas a multa, de 100 a 200 dias-multa.

§ 1º Incorre na mesma pena o estabelecimento de saúde que deixar de fazer as notificações previstas no art. 13 desta Lei ou proibir, dificultar ou atrasar as hipóteses definidas em seu parágrafo único.

§ 2º Em caso de reincidência, além de multa, o órgão de gestão estadual do Sistema Único de Saúde poderá determinar a desautorização temporária ou permanente da instituição.

Art. 23. Sujeita-se às penas do art. 59 da Lei n. 4.117, de 27 de agosto de 1962, a empresa de comunicação social que veicular anúncio em desacordo com o disposto no art. 11.

CAPÍTULO VI
DAS DISPOSIÇÕES FINAIS

Art. 24. (Vetado)

Art. 25. Revogam-se as disposições em contrário, particularmente a Lei n. 8.489, de 18 de novembro de 1992, e Decreto n. 879, de 22 de julho de 1993.

Brasília, 4 de fevereiro de 1997; 176º da Independência e 109º da República.

FERNANDO HENRIQUE CARDOSO

Nelson A. Jobim

Carlos César de Albuquerque

DECRETO N. 9.175, DE 18 DE OUTUBRO DE 2017

Regulamenta a Lei nº 9.434, de 4 de fevereiro de 1997, para tratar da disposição de órgãos, tecidos, células e partes do corpo humano para fins de transplante e tratamento.

O PRESIDENTE DA REPÚBLICA , no uso da atribuição que lhe confere o art. 84, caput, inciso IV, da Constituição, e tendo em vista o disposto na Lei nº 9.434, de 4 de fevereiro de 1997,

DECRETA:

Art. 1º A disposição gratuita e anônima de órgãos, tecidos, células e partes do corpo humano para utilização em transplantes, enxertos ou outra finalidade terapêutica, nos termos da Lei nº 9.434, de 4 de fevereiro de 1997, observará o disposto neste Decreto.

Parágrafo único. O sangue, o esperma e o óvulo não estão compreendidos entre os tecidos e as células a que se refere este Decreto.

CAPÍTULO I
DO SISTEMA NACIONAL DE TRANSPLANTES
Seção I
Da Estrutura

Art. 2º Fica instituído o Sistema Nacional de Transplantes - SNT, no qual se desenvolverá o processo de

Art. 3º Integram o SNT:

I - o Ministério da Saúde; II - as Secretarias de Saúde dos Estados e do Distrito Federal;

III - as Secretarias de Saúde dos Municípios;

IV - as Centrais Estaduais de Transplantes - CET;

V - a Central Nacional de Transplantes - CNT;

VI - as estruturas especializadas integrantes da rede de procura e doação de órgãos, tecidos, células e partes do corpo humano para transplantes;

VII - as estruturas especializadas no processamento para preservação ex situ de órgãos, tecidos, células e partes do corpo humano para transplantes;

VIII - os estabelecimentos de saúde transplantadores e as equipes especializadas; e

IX - a rede de serviços auxiliares específicos para a realização de transplantes.

Seção II

Das Atribuições

Art. 4º O SNT tem como âmbito de intervenção:

I - as atividades de doação e transplante de órgãos, tecidos, células e partes do corpo humano, a partir de doadores vivos ou falecidos;

II - o conhecimento dos casos de morte encefálica; e

III - a determinação do destino de órgãos, tecidos, células e partes do corpo humano retirados para transplante em qualquer ponto do território nacional.

Art. 5º O Ministério da Saúde, por intermédio de unidade própria prevista em sua estrutura regimental, exercerá as funções de órgão central do SNT, e lhe caberá:

I - coordenar as atividades de que trata este Decreto;

II - expedir normas e regulamentos técnicos para disciplinar os procedimentos estabelecidos neste Decreto, o funcionamento ordenado e harmônico do SNT e o controle, inclusive social, das atividades desenvolvidas pelo Sistema;

III - autorizar o funcionamento de CET;

IV - autorizar estabelecimentos de saúde, bancos de tecidos ou células, laboratórios de histocompatibilidade e equipes especializadas a promover retiradas, transplantes, enxertos, processamento ou armazenamento de órgãos, tecidos, células e partes do corpo humano, nos termos estabelecidos no Capítulo II;

V - cancelar ou suspender a autorização de estabelecimentos de saúde ou de equipes e profissionais que não respeitem as regras estabelecidas neste Decreto, sem prejuízo das sanções penais e administrativas previstas no Capítulo V da Lei nº 9.434, de 1997, mediante decisão fundamentada e observados os princípios do contraditório e da ampla defesa;

VI - articular-se com os integrantes do SNT para viabilizar seu funcionamento;

VII - prover e manter o funcionamento da CNT;

VIII - gerenciar a lista única de espera de receptores, de forma a garantir a disponibilidade das informações necessárias à busca de órgãos, tecidos, células e partes do corpo humano para transplantes; e

IX - avaliar o desempenho do SNT, mediante planejamento e análise de metas e relatórios do Ministério da Saúde e dos órgãos estaduais, distrital e municipais que o integram.

§ 1º Somente poderão exercer atividades de transplantes os entes federativos que dispuserem da CET de que trata a Seção IV deste Capítulo, implantada e em funcionamento.

§ 2º Para fins do disposto no inciso VIII do caput , a lista única de espera de receptores será constituída pelo conjunto das seguintes listas:

I - lista regional, nos casos que se aplique;

II - lista estadual;

III - lista macrorregional; e

IV - lista nacional.

§ 3º A composição das listas de que trata o § 2º ocorrerá a partir do cadastro técnico dos candidatos a receptores, de acordo com os critérios a serem definidos em ato do Ministro de Estado da Saúde.

Seção III

Dos Órgãos Estaduais

Art. 6º Para integrar o SNT, as Secretarias de Saúde dos Estados e do Distrito Federal deverão instituir, em suas estruturas organizacionais, unidade com o perfil e as funções indicadas na Seção IV deste Capítulo.

§ 1º Instituída a unidade referida no *caput* , a Secretaria de Saúde estadual solicitará ao órgão central a autorização para integrar o SNT que, uma vez concedida, implicará a assunção dos encargos que lhe são próprios.

§ 2º A autorização a que se refere o § 1º estará sujeita a cancelamento na hipótese de descumprimento das regras definidas pelo órgão central do SNT.

§ 3º Os Estados, o Distrito Federal e os Municípios poderão estabelecer mecanismos de cooperação para o desenvolvimento das atividades de que trata este Decreto.

§ 4º Os Estados, o Distrito Federal e os Municípios realizarão a difusão de informações e iniciativas relacionadas ao processo de doações e transplantes.

Seção IV

Das Centrais Estaduais de Transplantes

Art. 7º As Centrais Estaduais de Transplantes - CET serão as unidades executivas das atividades do SNT nos Estados e no Distrito Federal, de natureza pública, conforme estabelecido neste Decreto.

Art. 8º Compete às CET:

I - organizar, coordenar e regular as atividades de doação e transplante em seu âmbito de atuação;

II - gerenciar os cadastros técnicos dos candidatos a receptores de tecidos, células, órgãos e partes do corpo humano, inscritos pelas equipes médicas locais, para compor a lista única de espera nos casos em que se aplique;

III - receber as notificações de morte que enseje a retirada de órgãos, tecidos, células e partes do corpo humano para transplantes, ocorridas em seu âmbito de atuação;

IV - gerenciar as informações referentes aos doadores e mantê-las atualizadas;

V - determinar o encaminhamento e providenciar o transporte de órgãos, tecidos, células e partes do corpo humano ao estabelecimento de saúde autorizado para o transplante ou o enxerto onde se encontrar o receptor, observadas as instruções ou as normas complementares expedidas na forma do art. 46;

VI - notificar a CNT quanto a não utilização de órgãos, tecidos, células e partes do corpo humano pelos receptores inscritos em seus registros, para fins de disponibilização para o receptor subsequente, entre aqueles relacionados na lista única de espera;

VII - encaminhar relatórios anuais ao órgão central do SNT sobre o desenvolvimento das atividades de transplante em seu âmbito de atuação;

VIII - controlar, avaliar e fiscalizar as atividades de que trata este Decreto em seu âmbito de atuação;

IX - definir, em conjunto com o órgão central do SNT, parâmetros e indicadores de qualidade para avaliação dos serviços transplantadores, laboratórios de histocompatibilidade, bancos de tecidos e organismos integrantes da rede de procura e doação de órgãos, tecidos, células e partes do corpo humano;

X - elaborar o Plano Estadual de Doação e Transplantes, de que trata o Capítulo VII;

XI - aplicar as penalidades administrativas nas hipóteses de infração às disposições da Lei nº 9.434, de 1997, observado o devido processo legal e assegurado ao infrator o direito de ampla defesa;

XII - suspender cautelarmente, pelo prazo máximo de sessenta dias, o estabelecimento e/ou a equipe especializada para apurar infração administrativa ou ato ilícito praticado no processo de doação, alocação ou transplante de órgãos, tecidos, células e partes do corpo humano;

XIII - comunicar a aplicação de penalidade ao órgão central do SNT, que a registrará para consulta quanto às restrições estabelecidas no § 2º do art. 21 da Lei nº 9.434, de 1997 , e, caso necessário, procederá ao cancelamento da autorização concedida;

XIV - requerer ao órgão central do SNT a suspensão ou o cancelamento da autorização da equipe ou do profissional que desrespeitar a ordem da lista única de espera de receptores; e

XV - acionar o Ministério Público e outras instituições públicas competentes para informar a prática de ilícitos cuja apuração não esteja compreendida no âmbito de sua competência.

§ 1º O gerenciamento dos cadastros técnicos dos candidatos a receptores de que trata o inciso II do caput será realizado mediante o fornecimento e a manutenção dos dados necessários à localização do candidato a receptor, a indicação do procedimento, os consentimentos necessários e as características do receptor determinantes para a verificação da compatibilidade do seu organismo com o enxerto ofertado, de modo a permitir a sua rápida alocação.

§ 2º O Município considerado polo de região administrativa poderá solicitar à CET a instituição de Central de Transplante Regional, que ficará vinculada e subordinada à referida CET, nos termos definidos em ato do Ministério da Saúde.

Seção V

Da Central Nacional de Transplantes

Art. 9º Para a execução das atividades de coordenação logística e distribuição de tecidos, células e partes do corpo humano no processo de doação e transplante em âmbito nacional, o órgão central do SNT manterá a Central Nacional de Transplantes - CNT, a qual terá as seguintes atribuições:

I - receber as notificações de não utilização de órgãos, tecidos, células e partes do corpo humano pelos receptores inscritos no âmbito dos Estados ou do Distrito Federal, de forma a disponibilizá-los aos receptores subsequentes entre aqueles relacionados na lista única de espera de receptores;

II - apoiar o gerenciamento da retirada de órgãos e tecidos, prestando suporte técnico e logístico à sua busca, no território nacional, nas hipóteses em que as condições clínicas do doador, o tempo decorrido desde a cirurgia de retirada do órgão e as condições de acessibilidade o permitam;

III - alocar os órgãos e os tecidos retirados em conformidade com a lista única de espera de receptores, de forma a otimizar as condições técnicas de preservação, transporte e distribuição, considerados os critérios estabelecidos nas normas em vigor e com vistas a garantir o seu melhor aproveitamento e a equidade na sua destinação;

IV - articular a relação entre as CET durante o processo de alocação dos órgãos entre as unidades da federação;

V - manter registros de suas atividades;

VI - receber e difundir as notificações de eventos inesperados pertinentes à segurança dos receptores, nos transplantes de órgãos e outros enxertos por ela alocados;

VII - apoiar a atividade de regulação do acesso dos pacientes com indicação de transplante;

VIII - articular, regular e operacionalizar as inscrições interestaduais para modalidades de transplantes não existentes nos Estados ou no Distrito Federal; e

IX - providenciar, em caráter complementar, a logística de transportes dos órgãos, tecidos, células e partes do corpo humano disponibilizados para a lista única de espera de receptores.

Seção VI

Da Procura e da Doação de Órgãos, Tecidos, Células e Partes do Corpo Humano para Transplantes

Art. 10. A CET organizará o funcionamento de estruturas especializadas para a procura e a doação de órgãos, tecidos, células e partes do corpo humano para transplante que, juntamente com as equipes assistenciais dos hospitais, constituirão a rede de procura e doação de órgãos, tecidos, células e partes do corpo humano, responsável por assegurar a notificação de morte, a avaliação e o acompanhamento de doadores e de suas famílias.

Parágrafo único. A CET deverá organizar a sua rede de procura e doação de acordo com as características de sua rede assistencial e em conformidade com as normas complementares expedidas pelo órgão central do SNT.

CAPÍTULO II

DA AUTORIZAÇÃO

Seção I

Da Autorização de Estabelecimentos de Saúde e Equipes Especializadas

Art. 11. O transplante, o enxerto ou a retirada de órgãos, tecidos, células e partes do corpo humano somente poderão ser realizados em estabelecimentos de saúde, públicos ou privados, por equipes especializadas, prévia e expressamente autorizados pelo órgão central do SNT.

§ 1º O pedido de autorização formalmente apresentado pela CET poderá ser formulado para cada atividade de que trata este Decreto.

§ 2º A autorização para fins de transplantes, enxerto ou retirada de órgãos, tecidos, células e partes do corpo humano deverá ser concedida conjunta ou separadamente para estabelecimentos de saúde e para equipes especializadas de transplante, enxerto ou retirada.

§ 3º A retirada de órgãos, tecidos, células e partes do corpo humano poderá ocorrer em quaisquer estabelecimentos de saúde, desde que realizada por equipes especializadas autorizadas e com a anuência formal da CET.

§ 4º Em qualquer caso, no pedido de autorização, os estabelecimentos de saúde e as equipes especializadas firmarão compromisso no qual se sujeitarão à fiscalização e ao controle do Poder Público, facilitando o acesso às instalações, aos equipamentos e aos prontuários, observada sempre a habilitação dos agentes credenciados para tal, tendo em vista o caráter sigiloso desses documentos.

§ 5º As autorizações serão válidas pelo prazo de até quatro anos, renováveis por períodos iguais e sucessivos, verificada a observância dos requisitos estabelecidos neste Decreto e em normas complementares do Ministério da Saúde.

§ 6º A renovação a que se refere o § 5º deverá ser requerida pelas equipes especializadas e pelos estabelecimentos de saúde ao órgão central do SNT no prazo de até noventa dias antes do término da vigência da autorização anterior.

§ 7º Os pedidos de renovação apresentados após o prazo estabelecido no § 6º serão considerados como pedidos de nova autorização, situação que implica a cessação dos efeitos da autorização anterior após o término de sua vigência.

Art. 12. Os estabelecimentos de saúde deverão contar com os serviços e as instalações adequados à execução de retirada, transplante ou enxerto de órgãos, tecidos, células e partes do corpo humano, atendidas as exigências contidas em normas complementares do Ministério da Saúde e comprovadas no requerimento de autorização.

§ 1º A transferência da propriedade, a modificação da razão social e a alteração das equipes especializadas pela incorporação de outros profissionais, igualmente autorizados, quando comunicadas no prazo de até noventa dias da sua ocorrência, não prejudicarão a validade da autorização concedida.

§ 2º O estabelecimento de saúde autorizado na forma deste artigo somente poderá realizar transplante se observar, em caráter permanente, ao disposto no § 2º do art. 13.

Art. 13. A composição das equipes especializadas será determinada em função da modalidade de transplante, enxerto ou retirada de órgãos, tecidos, células e partes do corpo humano para a qual solicitou autorização, mediante integração de profissionais também autorizados na forma desta Seção.

§ 1º Os critérios técnicos para concessão de autorização e de renovação da autorização de equipes especializadas e de estabelecimentos de saúde serão definidos em normas complementares do órgão central do SNT.

§ 2º Será exigível, no caso de transplante, a definição, em número e habilitação, de profissionais necessários à realização do procedimento.

§ 3º A autorização será concedida para cada modalidade de transplante, enxerto ou retirada de órgãos, tecidos, células e partes do corpo humano e o pedido deverá ser formalizado para o conjunto dos seus membros, indicando o estabelecimento ou os estabelecimentos de saúde de atuação.

Art. 14. Além da habilitação profissional, as equipes especializadas deverão instruir o pedido de autorização ou de renovação de autorização de acordo com as normas expedidas pelo órgão central do SNT.

Seção II

Das Disposições Complementares

Art. 15. O pedido de autorização de estabelecimentos de saúde, de equipes especializadas, de laboratórios de histocompatibilidade e de bancos de tecidos será apresentado às Secretarias de Saúde do Estado ou do Distrito Federal pelo gestor local do Sistema Único de Saúde - SUS, que o instruirá com relatório circunstanciado e conclusivo quanto à necessidade do novo serviço e à satisfação das exigências estabelecidas neste Decreto e em normas complementares, no âmbito de sua área de competência, definida pela Lei nº 8.080, de 19 de setembro de 1990.

§ 1º Os estabelecimentos de saúde e as demais instâncias cujo funcionamento esteja condicionado à autorização pelo órgão central do SNT deverão respeitar o Plano Estadual de Doação e Transplantes estabelecido no Capítulo VII, no âmbito da gestão local de saúde, inclusive quanto à necessidade de sua criação e implementação.

§ 2º A Secretaria de Saúde do Estado ou do Distrito Federal diligenciará junto ao requerente para verificar o cumprimento das exigências a seu cargo.

§ 3º A Secretaria de Saúde do Estado ou do Distrito Federal remeterá o pedido de autorização ao órgão central do SNT para expedição da autorização caso haja manifestação favorável quanto à presença de todos os requisitos estabelecidos neste Decreto e em normas complementares.

Art. 16. O Ministério da Saúde poderá estabelecer outras exigências que se tornem indispensáveis à prevenção de irregularidades nas atividades de que trata este Decreto.

CAPÍTULO III
DA DISPOSIÇÃO POST MORTEM
Seção I

Da Disposição Post mortem de Órgãos, Tecidos, Células e Partes do Corpo Humano para Fins de Transplante ou Enxerto

Art. 17. A retirada de órgãos, tecidos, células e partes do corpo humano poderá ser efetuada após a morte encefálica, com o consentimento expresso da família, conforme estabelecido na Seção II deste Capítulo.

§ 1º O diagnóstico de morte encefálica será confirmado com base nos critérios neurológicos definidos em resolução específica do Conselho Federal de Medicina - CFM.

§ 2º São dispensáveis os procedimentos previstos para o diagnóstico de morte encefálica quando ela decorrer de parada cardíaca irreversível, diagnosticada por critérios circulatórios.

§ 3º Os médicos participantes do processo de diagnóstico da morte encefálica deverão estar especificamente capacitados e não poderão ser integrantes das equipes de retirada e transplante.

§ 4º Os familiares que estiverem em companhia do paciente ou que tenham oferecido meios de contato serão obrigatoriamente informados do início do procedimento para diagnóstico da morte encefálica.

§ 5º Caso a família do paciente solicite, será admitida a presença de médico de sua confiança no ato de diagnóstico da morte encefálica.

Art. 18. Os hospitais deverão notificar a morte encefálica diagnosticada em suas dependências à CET da unidade federativa a que estiver vinculada, em caráter urgente e obrigatório.

Parágrafo único. Por ocasião da investigação da morte encefálica, na hipótese de o hospital necessitar de apoio para o diagnóstico, a CET deverá prover os profissionais ou os serviços necessários para efetuar os procedimentos, observado o disposto no art. 13.

Art. 19. Após a declaração da morte encefálica, a família do falecido deverá ser consultada sobre a possibilidade de doação de órgãos, tecidos, células e partes do corpo humano para transplante, atendido o disposto na Seção II do Capítulo III.

Parágrafo único. Nos casos em que a doação não for viável, por quaisquer motivos, o suporte terapêutico artificial ao funcionamento dos órgãos será descontinuado, hipótese em que o corpo será entregue aos familiares ou à instituição responsável pela necropsia, nos casos em que se aplique.

Seção II

Do Consentimento Familiar

Art. 20. A retirada de órgãos, tecidos, células e partes do corpo humano, após a morte, somente poderá ser realizada com o consentimento livre e esclarecido da família do falecido, consignado de forma expressa em termo específico de autorização.

§ 1º A autorização deverá ser do cônjuge, do companheiro ou de parente consanguíneo, de maior idade e juridicamente capaz, na linha reta ou colateral, até o segundo grau, e firmada em documento subscrito por duas testemunhas presentes à verificação da morte.

§ 2º Caso seja utilizada autorização de parente de segundo grau, deverão estar circunstanciadas, no termo de autorização, as razões de impedimento dos familiares de primeiro grau.

§ 3º A retirada de órgãos, tecidos, células e partes do corpo humano de falecidos incapazes, nos termos da lei civil, dependerá de autorização expressa de ambos os pais, se vivos, ou de quem lhes detinha, ao tempo da morte, o poder familiar exclusivo, a tutela ou a curatela.

§ 4º Os casos que não se enquadrem nas hipóteses previstas no § 1º ao §3º dependerão de prévia autorização judicial.

Art. 21. Fica proibida a doação de órgãos, tecidos, células e partes do corpo humano em casos de não identificação do potencial doador falecido.

Parágrafo único. Não supre as exigências do caput o simples reconhecimento de familiares se nenhum dos documentos de identificação do falecido for encontrado, exceto nas hipóteses em que autoridade oficial que detenha fé pública certifique a identidade.

Seção III

Da Preservação de Órgãos, Tecidos, Células e Partes do Corpo Humano

Art. 22. Constatada a morte e a ausência de contraindicações clínicas conhecidas, caberá às equipes assistenciais do hospital onde se encontra o falecido prover o suporte terapêutico artificial, de forma a oferecer a melhor preservação in situ possível dos órgãos, tecidos, células e partes do corpo humano até que a família decida sobre sua doação.

Parágrafo único. As CET e a sua rede de procura e doação de órgãos, tecidos, células e partes do corpo humano para transplante, no âmbito de suas competências, deverão acompanhar o trabalho das equipes assistenciais dos hospitais, subsidiando-as técnica e logisticamente na avaliação e na manutenção homeostática do potencial doador.

Art. 23. Cabe à rede de procura e doação de órgãos, tecidos, células e partes do corpo humano para transplante, sob a coordenação da CET, e em consonância com as equipes assistenciais e transplantadoras, proceder ao planejamento, ao contingenciamento e à provisão dos recursos físicos e humanos, do transporte e dos demais insumos necessários à realização da cirurgia de retirada dos órgãos e dos demais enxertos.

Parágrafo único. A CNT participará da coordenação das atividades a que se refere o caput sempre que houver intercâmbio de órgãos, enxertos ou equipes cirúrgicas entre as unidades federativas.

Art. 24. Quando indicada a preservação *ex situ* de órgãos, tecidos, células e partes do corpo humano, esses serão processados obrigatoriamente em estabelecimentos previamente autorizados pelo órgão central do SNT, em conformidade com o disposto neste Decreto e nas normas complementares.

§ 1º A preservação de tecidos ou células deverá ser realizada em bancos de tecidos humanos.

§ 2º A preservação de órgãos deverá ser realizada em centros específicos para essa finalidade.

Seção IV

Da Necropsia

Art. 25. A necropsia será realizada obrigatoriamente no caso de morte por causas externas ou em outras situações nas quais houver indicação de verificação médica da causa da morte.

§ 1º A retirada de órgãos, tecidos, células e partes do corpo humano poderá ser efetuada desde que não prejudique a análise e a identificação das circunstâncias da morte.

§ 2º A retirada de que trata o § 1º será realizada com o conhecimento prévio do serviço médico-legal ou do serviço de verificação de óbito responsável pela investigação, e os dados pertinentes serão circunstanciados no relatório de encaminhamento do corpo para necropsia.

§ 3º O corpo será acompanhado do relatório com a descrição da cirurgia de retirada e dos eventuais procedimentos realizados e a documentação será anexada ao prontuário legal do doador, com cópia destinada à instituição responsável pela realização da necropsia.

§ 4º Ao doador de órgãos, tecidos, células e partes do corpo humano será dada a precedência para a realização da necropsia, imediatamente após a cirurgia de retirada, sem prejuízo aos procedimentos descritos nos § 2º e § 3º.

Seção V

Da Recomposição do Cadáver

Art. 26. Efetuada a retirada de órgãos, tecidos, células e partes do corpo humano e a necropsia, na hipótese em que seja necessária, o cadáver será condignamente recomposto, de modo a recuperar tanto quanto possível a sua aparência anterior.

CAPÍTULO IV
DA DOAÇÃO EM VIDA

Seção I

Da Disposição do Corpo Vivo

Art. 27. Qualquer pessoa capaz, nos termos da lei civil, poderá dispor de órgãos, tecidos, células e partes de seu corpo para serem retirados, em vida, para fins de transplantes ou enxerto em receptores cônjuges, companheiros ou parentes até o quarto grau, na linha reta ou colateral.

Art. 28. As doações entre indivíduos vivos não relacionados dependerão de autorização judicial, que será dispensada no caso de medula óssea.

Parágrafo único. É considerada como doação de medula óssea a doação de outros progenitores hematopoiéticos.

Art. 29. Somente será permitida a doação referida nesta Seção quando se tratar de órgãos duplos, de partes de órgãos, tecidos, células e partes do corpo cuja retirada não impeça o organismo do doador de continuar vivendo sem risco para a sua integridade e não represente grave comprometimento de suas aptidões vitais e de sua saúde mental e não cause mutilação ou deformação inaceitável.

§ 1º A retirada nas condições estabelecidas neste artigo somente será permitida se corresponder a uma necessidade terapêutica, comprovadamente indispensável para a pessoa receptora.

§ 2º O doador vivo será prévia e obrigatoriamente esclarecido sobre as consequências e os riscos decorrentes da retirada do órgão, tecido, células ou parte do seu corpo para a doação.

§ 3º Os esclarecimentos de que trata o § 2º serão consignados em documento lavrado e lido na presença do doador e de duas testemunhas.

§ 4º O doador especificará, em documento escrito, firmado por duas testemunhas:

I - o tecido, o órgão, a célula ou a parte do seu corpo que doará para transplante ou enxerto;

II - o nome da pessoa beneficiada; e

III - a qualificação e o endereço dos envolvidos.

§ 5º O Comitê de Bioética ou a Comissão de Ética do hospital onde se realizará a retirada e o transplante ou o enxerto emitirá parecer sobre os casos de doação entre não consanguíneos, exceto cônjuges e companheiros, reconhecidos nos termos da lei civil.

§ 6º A doação de medula óssea de pessoa juridicamente incapaz somente poderá ocorrer entre consanguíneos, desde que observadas as seguintes condições:

I - se houver autorização expressa de ambos os pais ou de seus representantes legais, após serem esclarecidos sobre os riscos do ato;

II - se houver autorização judicial; e

III - se o transplante não oferecer risco para a saúde do doador.

§ 7º Antes de iniciado o procedimento, a doação poderá ser revogada pelo doador a qualquer momento.

§ 8º A gestante não poderá doar órgãos, tecidos e partes de seu corpo, exceto medula óssea, desde que não haja risco para a sua saúde e a do embrião ou do feto.

§ 9º A gestante será a responsável pela autorização, previamente ao parto, de doação de células progenitoras do sangue do cordão umbilical e placentário do nascituro.

Art. 30. O autotransplante dependerá somente da autorização do próprio receptor ou de seus representantes legais.

Art. 31. Os doadores voluntários de medula óssea serão cadastrados pelo órgão central do SNT, que manterá as informações sobre a identidade civil e imunológica desses doadores em registro próprio, cuja consulta estará disponível sempre que não houver doador compatível disponível na família.

Parágrafo único. O órgão central do SNT poderá delegar a competência prevista no caput para outro órgão do Ministério da Saúde ou para entidade pública vinculada a esse Ministério.

CAPITULO V
DO TRANSPLANTE OU DO ENXERTO
Seção I
Do Consentimento do Receptor

Art. 32. O transplante ou o enxerto somente será feito com o consentimento expresso do receptor, após devidamente aconselhado sobre a excepcionalidade e os riscos do procedimento, por meio da autorização a que se refere o § 2º.

§ 1º Na hipótese de o receptor ser juridicamente incapaz ou estar privado de meio de comunicação oral ou escrita, o consentimento para a realização do transplante será dado pelo cônjuge, pelo companheiro ou por parente consanguíneo ou afim, de maior idade e juridicamente capaz, na linha reta ou colateral, até o quarto grau, inclusive, firmada em documento subscrito por duas testemunhas presentes na assinatura do termo.

§ 2º A autorização será aposta em documento que conterá as informações sobre o procedimento e as perspectivas de êxito, insucesso e as possíveis sequelas e que serão transmitidas ao receptor ou, se for o caso, às pessoas indicadas no § 1º.

§ 3º Os riscos considerados aceitáveis pela equipe de transplante ou enxerto, em razão dos testes aplicados ao doador, serão esclarecidos ao receptor ou às pessoas indicadas no § 1º, que poderão assumi-los, mediante expressa concordância, aposta no documento referido no § 2º.

Seção II

Do Procedimento de Transplante ou Enxerto

Art. 33. Os transplantes somente poderão ser realizados em pacientes com doença progressiva ou incapacitante e irreversível por outras técnicas terapêuticas.

Art. 34. A realização de transplantes ou enxertos de órgãos, tecidos, células e partes do corpo humano somente será autorizada após a realização, no doador, dos testes estabelecidos pelas normas do SNT, com vistas à segurança do receptor, especialmente quanto às infecções, às afecções transmissíveis e às condições funcionais, segundo as normas complementares do Ministério da Saúde.

§ 1º As equipes de transplantes ou enxertos somente poderão realizá-los na hipótese de os exames previstos neste artigo apresentarem resultados que indiquem relação de risco e benefício favorável ao receptor, de acordo com o previsto na Seção I deste Capítulo.

§ 2º Não serão transplantados nem enxertados órgãos, tecidos, células e partes do corpo humano de portadores de doenças indicadas como critérios de exclusão absolutos em normas complementares do SNT.

§ 3º Nos casos em que se aplique, o transplante dependerá, ainda, dos exames necessários à verificação de compatibilidades sanguínea, imunogenética ou antropométrica com o organismo de receptor inscrito na lista única de espera ou de outras situações definidas pelo SNT.

§ 4º A CET, ou a CNT nos casos em que se aplique, diante das informações relativas ao doador, indicará a destinação dos órgãos, dos tecidos, das células e das partes do corpo humano removidos, em estrita observância aos critérios de alocação estabelecidos em normas complementares do Ministério da Saúde.

Art. 35. A alocação de órgãos, tecidos, células e partes do corpo humano prevista no § 4º do art. 34 observará os critérios de gravidade, compatibilidade, ordem de inscrição, distância, condições de transporte, tempo estimado de deslocamento das equipes de retirada e do receptor selecionado e as situações de urgência máxima.

Parágrafo único. Antes de iniciado o procedimento de transplante ou de enxerto, será exigido termo de declaração, subscrito pelo médico responsável e pelo receptor ou por seu representante legal, em que conste, de forma expressa, a inexistência de ônus financeiro para o receptor referente à doação do órgão, do tecido, das células ou da parte do corpo humano, exceto aqueles referentes ao processamento, nos casos em que se aplique.

Art. 36. Os pacientes que necessitarem de alotransplante de medula óssea e que não tenham doador identificado na família serão mantidos em cadastro próprio, no qual os dados imunológicos serão periodicamente comparados com o cadastro de doadores, em busca de doador compatível.

Art. 37. A seleção de um receptor em lista de espera não confere a ele ou a sua família direito subjetivo à indenização caso o transplante não se realize devido a prejuízo nas condições dos órgãos, dos tecidos, das células ou das partes que lhe seriam destinados provocado por acidente ou incidente em seu transporte.

Seção III
Dos Prontuários

Art. 38. Além das informações usuais e sem prejuízo do disposto no § 1º do art. 3º da Lei nº 9.434, de 1997, os prontuários conterão:

I - quando relacionados ao doador falecido, os laudos dos exames utilizados para a comprovação da morte encefálica e para a verificação da viabilidade da utilização dos órgãos, dos tecidos, das células ou das partes do corpo humano e o original ou a cópia autenticada dos documentos utilizados para a sua identificação;

II - quando relacionados ao doador vivo, o resultado dos exames realizados para avaliar as possibilidades de retirada e transplante de órgãos, tecidos, células ou partes do corpo humano e a autorização do Poder Judiciário para a doação, quando for o caso, de acordo com o disposto no art. 28; e

III - quando relacionados ao receptor, a prova de seu consentimento, na forma do art. 32, e a cópia dos laudos dos exames previstos nos incisos I e II do caput .

Art. 39. Os prontuários com os dados especificados no art. 38 serão mantidos conforme previsão legal.

CAPITULO VI
DOS DOADORES E DOS RECEPTORES ESTRANGEIROS

Art. 40. Os estrangeiros que vierem a falecer em solo brasileiro poderão ser doadores de órgãos, tecidos, células e partes do corpo humano.

Parágrafo único. Aos potenciais doadores estrangeiros falecidos aplicam-se as mesmas exigências referentes aos potenciais doadores brasileiros, especificadas no Capítulo III.

Art. 41. O estrangeiro poderá dispor de órgãos, tecidos, células e partes de seu corpo para serem retirados em vida, para fins de transplantes ou enxerto em receptores cônjuges, companheiros ou parentes até o quarto grau, na linha reta ou colateral, sejam estes brasileiros ou estrangeiros.

Parágrafo único. Aos potenciais doadores vivos estrangeiros aplicam-se as mesmas exigências referentes aos potenciais doadores brasileiros, especificadas no Capítulo IV.

Art. 42. É vedada a realização de procedimento de transplante ou enxerto em potencial receptor estrangeiro não residente no País, exceto nos casos de doação entre indivíduos vivos em que o doador seja comprovadamente cônjuge, companheiro ou parente consanguíneo do receptor até o quarto grau, em linha reta ou colateral.

§ 1º É vedada a inclusão de potenciais receptores estrangeiros não residentes no País na lista de espera para transplante ou enxerto de órgãos, tecidos, células e partes do corpo humano a seu favor, provenientes de doadores falecidos, exceto se houver tratado internacional com promessa de reciprocidade.

§ 2º Na hipótese de indicação aguda de transplante com risco de morte iminente em um potencial receptor estrangeiro em que se verifique que a remoção para o seu país seja comprovadamente impossível, o SNT poderá autorizar, em caráter excepcional, a sua inscrição em lista de espera para transplante ou enxerto.

§ 3º Fica vedado o financiamento do procedimento de transplante em estrangeiros não residentes com recursos do SUS, exceto se houver tratado internacional com promessa de reciprocidade ou na hipótese a que se refere o § 2º, sob autorização do órgão central do SNT.

CAPÍTULO VII
DO PLANO ESTADUAL DE DOAÇÃO E TRANSPLANTES

Art. 43. A CET deverá elaborar e aprovar o Plano Estadual de Doação e Transplantes, que será submetido à homologação da Comissão Intergestores Bipartite - CIB.

Parágrafo único. O órgão central do SNT indicará, em normas complementares, os critérios para elaboração do Plano referido no caput .

Art. 44. O Plano Estadual de Doação e Transplantes, após a homologação da CIB, será submetido à aprovação do Ministério da Saúde, que emitirá parecer técnico conclusivo.

Art. 45. As alterações no Plano Estadual de Doação e Transplantes deverão ser submetidas à mesma sistemática de homologação e aprovação previstas nos art. 43 e art. 44.

CAPITULO VIII
DISPOSIÇÕES FINAIS

Art. 46. O Ministério da Saúde fica autorizado a expedir instruções e regulamentos necessários à aplicação do disposto neste Decreto.

Art. 47. É vedado o transplante de órgãos, tecidos, células e partes do corpo humano em receptor não inscrito nos cadastros técnicos das CET.

Art. 48. É vedada a inscrição de receptor de órgãos, tecidos, células e partes do corpo humano em mais de uma CET para o mesmo órgão, tecido, célula ou parte do corpo humano.

Art. 49. Caberá aos estabelecimentos de saúde e às equipes especializadas autorizados a execução dos procedimentos médicos previstos neste Decreto que, no âmbito do SUS, serão remunerados segundo os valores fixados em tabela aprovada pelo Ministério da Saúde.

Art. 50. É vedada a cobrança à família do potencial doador e ao receptor e sua família de quaisquer dos procedimentos referentes à doação, observado o disposto no parágrafo único do art. 35.

Art. 51. É vedada a remuneração de serviços prestados, no âmbito do SUS, de procedimentos relacionados a transplantes de órgãos, tecidos, células e partes do corpo humano doados, manipulados ou não, cuja comprovação de eficácia clínica não seja reconhecida pelo Ministério da Saúde.

Art. 52. Na hipótese de doação post mortem , será resguardada a identidade dos doadores em relação aos seus receptores e dos receptores em relação à família dos doadores.

Art. 53. É vedada a realização e a veiculação de publicidade nas seguintes situações:

I - para obter doador ou doadores de órgãos, tecidos, células e partes do corpo humano, vivos ou falecidos, com vistas ao benefício de um receptor específico;

II - para divulgar estabelecimentos autorizados a realizar transplantes e enxertos; eIII - para a arrecadação de fundos para o financiamento de transplante ou enxerto em benefício de particulares.

Art. 54. Os órgãos de gestão nacional, regional e local do SUS deverão adotar estratégias de comunicação social, esclarecimento público e educação permanentes da população destinadas ao estímulo à doação de órgãos.

Art. 55. O Ministério da Saúde poderá requisitar, em forma complementar ao estabelecido no inciso V do caput do art. 8º, apoio à Força Aérea Brasileira para o transporte de órgãos, tecidos e partes do corpo humano até o local em que será feito o transplante.

§ 1º Para atender às requisições do Ministério da Saúde previstas no caput , a Força Aérea Brasileira manterá permanentemente disponível, no mínimo, uma aeronave que servirá exclusivamente a esse propósito.

§ 2º Em caso de necessidade, o Ministério da Saúde poderá requisitar aeronaves adicionais para fins do disposto no caput e o atendimento a essas requisições fica condicionado à possibilidade operacional da Força Aérea Brasileira.

§ 3º O disposto no caput não se aplica às situações passíveis de serem atendidas nos termos do inciso V do caput do art. 8º ou da cooperação que as empresas de aviação civil, de forma voluntária e gratuita, mantenham com o SNT para o transporte de órgãos, tecidos, células e partes do corpo humano.

Art. 56. Fica revogado o Decreto nº 2.268, de 30 de junho de 1997.

Art. 57. Este Decreto entra em vigor na data de sua publicação.

Brasília, 18 de outubro de 2017; 196º da Independência e 129º da República.

MICHEL TEMER

Antonio Carlos Figueiredo Nardis

CÓDIGO DE ÉTICA MÉDICA*

PREÂMBULO

I - O presente Código de Ética Médica contém as normas que devem ser seguidas pelos médicos no exercício de sua profissão, inclusive nas atividades relativas a ensino, pesquisa e administração de serviços de saúde, bem como em quaisquer outras que utilizem o conhecimento advindo do estudo da medicina.

II - As organizações de prestação de serviços médicos estão sujeitas às normas deste Código.

III - Para o exercício da medicina, impõe-se a inscrição no Conselho Regional do respectivo estado, território ou Distrito Federal.

IV - A fim de garantir o acatamento e a cabal execução deste Código, o médico comunicará ao Conselho Regional de Medicina, com discrição e fundamento, fatos de que tenha conhecimento e que caracterizem possível infração do presente Código e das demais normas que regulam o exercício da medicina.

V - A fiscalização do cumprimento das normas estabelecidas neste Código é atribuição dos Conselhos de Medicina, das comissões de ética e dos médicos em geral.

VI - Este Código de Ética Médica é composto de 26 princípios fundamentais do exercício da medicina, 11 normas diceológicas**, 117 normas deontológicas*** e quatro disposições gerais. A transgressão das normas deontológicas sujeitará os infratores às penas disciplinares previstas em lei.

---

* Resolução CFM n. 2.217/2018, de 27 de setembro de 2018 – Aprova o Código de Ética Médica (publicada no DOU de 01 de novembro de 2018, Seção I, p.179), com as modificações da Resolução CFM n. 2.222/2018 e da Resolução CFM n. 2.226/2019.

** Normas de direitos dos médicos.

*** Normas de deveres do médico.

CAPÍTULO I
PRINCÍPIOS FUNDAMENTAIS

I - A medicina é uma profissão a serviço da saúde do ser humano e da coletividade e será exercida sem discriminação de nenhuma natureza.

II - O alvo de toda a atenção do médico é a saúde do ser humano, em benefício da qual deverá agir com o máximo de zelo e o melhor de sua capacidade profissional.

III - Para exercer a medicina com honra e dignidade, o médico necessita ter boas condições de trabalho e ser remunerado de forma justa.

IV - Ao médico cabe zelar e trabalhar pelo perfeito desempenho ético da medicina, bem como pelo prestígio e bom conceito da profissão.

V - Compete ao médico aprimorar continuamente seus conhecimentos e usar o melhor do progresso científico em benefício do paciente e da sociedade.

VI - O médico guardará absoluto respeito pelo ser humano e atuará sempre em seu benefício, mesmo depois da morte. Jamais utilizará seus conhecimentos para causar sofrimento físico ou moral, para o extermínio do ser humano ou para permitir e acobertar tentativas contra sua dignidade e integridade.

VII - O médico exercerá sua profissão com autonomia, não sendo obrigado a prestar serviços que contrariem os ditames de sua consciência ou a quem não deseje, excetuadas as situações de ausência de outro médico, em caso de urgência ou emergência, ou quando sua recusa possa trazer danos à saúde do paciente.

VIII - O médico não pode, em nenhuma circunstância ou sob nenhum pretexto, renunciar à sua liberdade profissional, nem permitir quaisquer restrições ou imposições que possam prejudicar a eficiência e a correção de seu trabalho.

IX - A medicina não pode, em nenhuma circunstância ou forma, ser exercida como comércio.

X - O trabalho do médico não pode ser explorado por terceiros com objetivos de lucro, finalidade política ou religiosa.

XI - O médico guardará sigilo a respeito das informações de que detenha conhecimento no desempenho de suas funções, com exceção dos casos previstos em lei.

XII - O médico empenhar-se-á pela melhor adequação do trabalho ao ser humano, pela eliminação e pelo controle dos riscos à saúde inerentes às atividades laborais.

XIII - O médico comunicará às autoridades competentes quaisquer formas de deterioração do ecossistema, prejudiciais à saúde e à vida.

XIV - O médico empenhar-se-á em melhorar os padrões dos serviços médicos e em assumir sua responsabilidade em relação à saúde pública, à educação sanitária e à legislação referente à saúde.

XV - O médico será solidário com os movimentos de defesa da dignidade profissional, seja por remuneração digna e justa, seja por condições de trabalho compatíveis com o exercício ético-profissional da medicina e seu aprimoramento técnico-científico.

XVI - Nenhuma disposição estatutária ou regimental de hospital ou de instituição, pública ou privada, limitará a escolha, pelo médico, dos meios cientificamente reconhecidos a serem praticados para o estabelecimento do diagnóstico e da execução do tratamento, salvo quando em benefício do paciente.

XVII - As relações do médico com os demais profissionais devem basear-se no respeito mútuo, na liberdade e na independência de cada um, buscando sempre o interesse e o bem-estar do paciente.

XVIII - O médico terá, para com os colegas, respeito, consideração e solidariedade, sem se eximir de denunciar atos que contrariem os postulados éticos.

XIX - O médico se responsabilizará, em caráter pessoal e nunca presumido, pelos seus atos profissionais, resultantes de relação particular de confiança e executados com diligência, competência e prudência.

XX - A natureza personalíssima da atuação profissional do médico não caracteriza relação de consumo.

XXI - No processo de tomada de decisões profissionais, de acordo com seus ditames de consciência e as previsões legais, o médico aceitará as escolhas de seus pacientes relativas aos procedimentos diagnósticos e terapêuticos por eles expressos, desde que adequadas ao caso e cientificamente reconhecidas.

XXII - Nas situações clínicas irreversíveis e terminais, o médico evitará a realização de procedimentos diagnósticos e terapêuticos desnecessários e propiciará aos pacientes sob sua atenção todos os cuidados paliativos apropriados.

XXIII - Quando envolvido na produção de conhecimento científico, o médico agirá com isenção, independência, veracidade e honestidade, com vista ao maior benefício para os pacientes e para a sociedade.

XXIV - Sempre que participar de pesquisas envolvendo seres humanos ou qualquer animal, o médico respeitará as normas éticas nacionais, bem como protegerá a vulnerabilidade dos sujeitos da pesquisa.

XXV - Na aplicação dos conhecimentos criados pelas novas tecnologias, considerando-se suas repercussões tanto nas gerações presentes quanto nas futuras, o médico zelará para que as pessoas não sejam discriminadas por nenhuma razão vinculada a herança genética, protegendo-as em sua dignidade, identidade e integridade.

XXVI - A medicina será exercida com a utilização dos meios técnicos e científicos disponíveis que visem aos melhores resultados.

CAPÍTULO II
DIREITOS DOS MÉDICOS

É direito do médico:

I - Exercer a medicina sem ser discriminado por questões de religião, etnia, cor, sexo, orientação sexual, nacionalidade, idade, condição social, opinião política, deficiência ou de qualquer outra natureza.

II - Indicar o procedimento adequado ao paciente, observadas as práticas cientificamente reconhecidas e respeitada a legislação vigente.

III - Apontar falhas em normas, contratos e práticas internas das instituições em que trabalhe quando as julgar indignas do exercício da profissão ou prejudiciais a si mesmo, ao paciente ou a terceiros, devendo comunicá-las ao Conselho Regional de Medicina de sua jurisdição e à Comissão de Ética da instituição, quando houver.

IV - Recusar-se a exercer sua profissão em instituição pública ou privada onde as condições de trabalho não sejam dignas ou possam prejudicar a própria saúde ou a do paciente, bem como a dos demais profissionais. Nesse caso, comunicará com justificativa e maior brevidade sua decisão ao diretor técnico, ao Conselho Regional de Medicina de sua jurisdição e à Comissão de Ética da instituição, quando houver.

V - Suspender suas atividades, individualmente ou coletivamente, quando a instituição pública ou privada para a qual trabalhe não oferecer condições adequadas para o exercício profissional ou não o remunerar digna e justamente, ressalvadas as situações de urgência e emergência, devendo comunicar imediatamente sua decisão ao Conselho Regional de Medicina.

VI - Internar e assistir seus pacientes em hospitais privados e públicos com caráter filantrópico ou não, ainda que não faça parte do seu corpo clínico, respeitadas as normas técnicas aprovadas pelo Conselho Regional de Medicina da pertinente jurisdição.

VII - Requerer desagravo público ao Conselho Regional de Medicina quando atingido no exercício de sua profissão.

VIII - Decidir, em qualquer circunstância, levando em consideração sua experiência e capacidade profissional, o tempo a ser dedicado ao paciente sem permitir que o acúmulo de encargos ou de consultas venha prejudicar seu trabalho.

IX - Recusar-se a realizar atos médicos que, embora permitidos por lei, sejam contrários aos ditames de sua consciência.

X- Estabelecer seus honorários de forma justa e digna.

XI - É direito do médico com deficiência ou com doença, nos limites de suas capacidades e da segurança dos pacientes, exercer a profissão sem ser discriminado.

CAPÍTULO III
RESPONSABILIDADE PROFISSIONAL

É vedado ao médico:

Art. 1º Causar dano ao paciente, por ação ou omissão, caracterizável como imperícia, imprudência ou negligência.

Parágrafo único. A responsabilidade médica é sempre pessoal e não pode ser presumida.

Art. 2º Delegar a outros profissionais atos ou atribuições exclusivas da profissão médica.

Art. 3º Deixar de assumir responsabilidade sobre procedimento médico que indicou ou do qual participou, mesmo quando vários médicos tenham assistido o paciente.

Art. 4º Deixar de assumir a responsabilidade de qualquer ato profissional que tenha praticado ou indicado, ainda que solicitado ou consentido pelo paciente ou por seu representante legal.

Art. 5º Assumir responsabilidade por ato médico que não praticou ou do qual não participou.

Art. 6º Atribuir seus insucessos a terceiros e a circunstâncias ocasionais, exceto nos casos em que isso possa ser devidamente comprovado.

Art. 7º Deixar de atender em setores de urgência e emergência, quando for de sua obrigação fazê-lo, mesmo respaldado por decisão majoritária da categoria.

Art. 8º Afastar-se de suas atividades profissionais, mesmo temporariamente, sem deixar outro médico encarregado do atendimento de seus pacientes internados ou em estado grave.

Art. 9º Deixar de comparecer a plantão em horário preestabelecido ou abandoná-lo sem a presença de substituto, salvo por justo impedimento.

Parágrafo único. Na ausência de médico plantonista substituto, a direção técnica do estabelecimento de saúde deve providenciar a substituição.

Art. 10 Acumpliciar-se com os que exercem ilegalmente a medicina ou com profissionais ou instituições médicas nas quais se pratiquem atos ilícitos.

Art. 11 Receitar, atestar ou emitir laudos de forma secreta ou ilegível, sem a devida identificação de seu número de registro no Conselho Regional de Medicina da sua jurisdição, bem como assinar em branco folhas de receituários, atestados, laudos ou quaisquer outros documentos médicos.

Art. 12 Deixar de esclarecer o trabalhador sobre as condições de trabalho que ponham em risco sua saúde, devendo comunicar o fato aos empregadores responsáveis.

Parágrafo único. Se o fato persistir, é dever do médico comunicar o ocorrido às autoridades competentes e ao Conselho Regional de Medicina.

Art. 13 Deixar de esclarecer o paciente sobre as determinantes sociais, ambientais ou profissionais de sua doença.

Art. 14 Praticar ou indicar atos médicos desnecessários ou proibidos pela legislação vigente no País.

Art. 15 Descumprir legislação específica nos casos de transplantes de órgãos ou de tecidos, esterilização, fecundação artificial, abortamento, manipulação ou terapia genética.

§ 1º No caso de procriação medicamente assistida, a fertilização não deve conduzir sistematicamente à ocorrência de embriões supranumerários.

§ 2º O médico não deve realizar a procriação medicamente assistida com nenhum dos seguintes objetivos:

I - criar seres humanos geneticamente modificados;

II - criar embriões para investigação;

III - criar embriões com finalidades de escolha de sexo, eugenia ou para originar híbridos ou quimeras.

§ 3º Praticar procedimento de procriação medicamente assistida sem que os participantes estejam de inteiro acordo e devidamente esclarecidos sobre o método.

Art. 16 Intervir sobre o genoma humano com vista à sua modificação, exceto na terapia gênica, excluindo-se qualquer ação em células germinativas que resulte na modificação genética da descendência.

Art. 17 Deixar de cumprir, salvo por motivo justo, as normas emanadas dos Conselhos Federal e Regionais de Medicina e de atender às suas requisições administrativas, intimações ou notificações no prazo determinado.

Art. 18 Desobedecer aos acórdãos e às resoluções dos Conselhos Federal e Regionais de Medicina ou desrespeitá-los.

Art. 19 Deixar de assegurar, quando investido em cargo ou função de direção, os direitos dos médicos e as demais condições adequadas para o desempenho ético-profissional da medicina.

Art. 20 Permitir que interesses pecuniários, políticos, religiosos ou de quaisquer outras ordens, do seu empregador ou superior hierárquico ou do financiador público ou privado da assistência à saúde, interfiram na escolha dos melhores meios de prevenção, diagnóstico ou tratamento disponíveis e cientificamente reconhecidos no interesse da saúde do paciente ou da sociedade.

Art. 21 Deixar de colaborar com as autoridades sanitárias ou infringir a legislação pertinente.

CAPÍTULO IV
DIREITOS HUMANOS

É vedado ao médico:

Art. 22 Deixar de obter consentimento do paciente ou de seu representante legal após esclarecê-lo sobre o procedimento a ser realizado, salvo em caso de risco iminente de morte.

Art. 23 Tratar o ser humano sem civilidade ou consideração, desrespeitar sua dignidade ou discriminá-lo de qualquer forma ou sob qualquer pretexto.

Parágrafo único. O médico deve ter para com seus colegas respeito, consideração e solidariedade.

Art. 24 Deixar de garantir ao paciente o exercício do direito de decidir livremente sobre sua pessoa ou seu bem-estar, bem como exercer sua autoridade para limitá-lo.

Art. 25 Deixar de denunciar prática de tortura ou de procedimentos degradantes, desumanos ou cruéis, praticá-las, bem como ser conivente com quem as realize ou fornecer meios, instrumentos, substâncias ou conhecimentos que as facilitem.

Art. 26 Deixar de respeitar a vontade de qualquer pessoa, considerada capaz física e mentalmente, em greve de fome, ou alimentá-la compulsoriamente, devendo cientificá-la das prováveis complicações do jejum prolongado e, na hipótese de risco iminente de morte, tratá-la.

Art. 27 Desrespeitar a integridade física e mental do paciente ou utilizar-se de meio que possa alterar sua personalidade ou sua consciência em investigação policial ou de qualquer outra natureza.

Art. 28 Desrespeitar o interesse e a integridade do paciente em qualquer instituição na qual esteja recolhido, independentemente da própria vontade.

Parágrafo único. Caso ocorram quaisquer atos lesivos à personalidade e à saúde física ou mental dos pacientes confiados ao médico, este estará obrigado a denunciar o fato à autoridade competente e ao Conselho Regional de Medicina.

Art. 29 Participar, direta ou indiretamente, da execução de pena de morte.

Art. 30 Usar da profissão para corromper costumes, cometer ou favorecer crime.

CAPÍTULO V

RELAÇÃO COM PACIENTES E FAMILIARES

É vedado ao médico:

Art. 31 Desrespeitar o direito do paciente ou de seu representante legal de decidir livremente sobre a execução de práticas diagnósticas ou terapêuticas, salvo em caso de iminente risco de morte.

Art. 32 Deixar de usar todos os meios disponíveis de promoção de saúde e de prevenção, diagnóstico e tratamento de doenças, cientificamente reconhecidos e a seu alcance, em favor do paciente.

Art. 33 Deixar de atender paciente que procure seus cuidados profissionais em casos de urgência ou emergência quando não houver outro médico ou serviço médico em condições de fazê-lo.

Art. 34 Deixar de informar ao paciente o diagnóstico, o prognóstico, os riscos e os objetivos do tratamento, salvo quando a comunicação direta possa lhe provocar dano, devendo, nesse caso, fazer a comunicação a seu representante legal.

Art. 35 Exagerar a gravidade do diagnóstico ou do prognóstico, complicar a terapêutica ou exceder-se no número de visitas, consultas ou quaisquer outros procedimentos médicos.

Art. 36 Abandonar paciente sob seus cuidados.

§ 1° Ocorrendo fatos que, a seu critério, prejudiquem o bom relacionamento com o paciente ou o pleno desempenho profissional, o médico tem o direito de renunciar ao atendimento, desde que comunique previamente ao paciente ou a seu representante legal, assegurando-se da continuidade dos cuidados e fornecendo todas as informações necessárias ao médico que o suceder.

§ 2° Salvo por motivo justo, comunicado ao paciente ou à sua família, o médico não o abandonará por este ter doença crônica ou incurável e continuará a assisti-lo e a propiciar-lhe os cuidados necessários, inclusive os paliativos.

Art. 37 Prescrever tratamento e outros procedimentos sem exame direto do paciente, salvo em casos de urgência ou emergência e impossibilidade comprovada de realizá-lo, devendo, nesse caso, fazê-lo imediatamente depois de cessado o impedimento, assim como consultar, diagnosticar ou prescrever por qualquer meio de comunicação de massa.

§ 1º O atendimento médico a distância, nos moldes da telemedicina ou de outro método, dar-se-á sob regulamentação do Conselho Federal de Medicina.

§ 2º Ao utilizar mídias sociais e instrumentos correlatos, o médico deve respeitar as normas elaboradas pelo Conselho Federal de Medicina.

Art. 38 Desrespeitar o pudor de qualquer pessoa sob seus cuidados profissionais.

Art. 39 Opor-se à realização de junta médica ou segunda opinião solicitada pelo paciente ou por seu representante legal.

Art. 40 Aproveitar-se de situações decorrentes da relação médico-paciente para obter vantagem física, emocional, financeira ou de qualquer outra natureza.

Art. 41 Abreviar a vida do paciente, ainda que a pedido deste ou de seu representante legal.

Parágrafo único. Nos casos de doença incurável e terminal, deve o médico oferecer todos os cuidados paliativos disponíveis sem empreender ações diagnósticas ou terapêuticas inúteis ou obstinadas, levando sempre em consideração a vontade expressa do paciente ou, na sua impossibilidade, a de seu representante legal.

Art. 42 Desrespeitar o direito do paciente de decidir livremente sobre método contraceptivo, devendo sempre esclarecê-lo sobre indicação, segurança, reversibilidade e risco de cada método.

CAPÍTULO VI
DOAÇÃO E TRANSPLANTE DE ÓRGÃOS E TECIDOS

É vedado ao médico:

Art. 43 Participar do processo de diagnóstico da morte ou da decisão de suspender meios artificiais para prolongar a vida do possível doador, quando pertencente à equipe de transplante.

Art. 44 Deixar de esclarecer o doador, o receptor ou seus representantes legais sobre os riscos decorrentes de exames, intervenções cirúrgicas e outros procedimentos nos casos de transplante de órgãos.

Art. 45 Retirar órgão de doador vivo quando este for juridicamente incapaz, mesmo se houver autorização de seu representante legal, exceto nos casos permitidos e regulamentados em lei.

Art. 46 Participar direta ou indiretamente da comercialização de órgãos ou de tecidos humanos.

CAPÍTULO VII
RELAÇÃO ENTRE MÉDICOS

É vedado ao médico:

Art. 47 Usar de sua posição hierárquica para impedir, por motivo de crença religiosa, convicção filosófica, política, interesse econômico ou qualquer outro que não técnico-científico ou ético, que as instalações e os demais recursos da instituição sob sua direção sejam utilizados por outros médicos no exercício da profissão, particularmente se forem os únicos existentes no local.

Art. 48 Assumir emprego, cargo ou função para suceder médico demitido ou afastado em represália à atitude de defesa de movimentos legítimos da categoria ou da aplicação deste Código.

Art. 49 Assumir condutas contrárias a movimentos legítimos da categoria médica com a finalidade de obter vantagens.

Art. 50 Acobertar erro ou conduta antiética de médico.

Art. 51 Praticar concorrência desleal com outro médico.

Art. 52 Desrespeitar a prescrição ou o tratamento de paciente, determinados por outro médico, mesmo quando em função de chefia ou de auditoria, salvo em situação de indiscutível benefício para o paciente, devendo comunicar imediatamente o fato ao médico responsável.

Art. 53 Deixar de encaminhar o paciente que lhe foi enviado para procedimento especializado de volta ao médico assistente e, na ocasião, fornecer-lhe as devidas informações sobre o ocorrido no período em que por ele se responsabilizou.

Art. 54 Deixar de fornecer a outro médico informações sobre o quadro clínico de paciente, desde que autorizado por este ou por seu representante legal.

Art. 55 Deixar de informar ao substituto o quadro clínico dos pacientes sob sua responsabilidade ao ser substituído ao fim do seu turno de trabalho.

Art. 56 Utilizar-se de sua posição hierárquica para impedir que seus subordinados atuem dentro dos princípios éticos.

Art. 57 Deixar de denunciar atos que contrariem os postulados éticos à comissão de ética da instituição em que exerce seu trabalho profissional e, se necessário, ao Conselho Regional de Medicina.

CAPÍTULO VIII
REMUNERAÇÃO PROFISSIONAL

É vedado ao médico:

Art. 58 O exercício mercantilista da medicina.

Art. 59 Oferecer ou aceitar remuneração ou vantagens por paciente encaminhado ou recebido, bem como por atendimentos não prestados.

Art. 60 Permitir a inclusão de nomes de profissionais que não participaram do ato médico para efeito de cobrança de honorários.

Art. 61 Deixar de ajustar previamente com o paciente o custo estimado dos procedimentos.

Art. 62 Subordinar os honorários ao resultado do tratamento ou à cura do paciente.

Art. 63 Explorar o trabalho de outro médico, isoladamente ou em equipe, na condição de proprietário, sócio, dirigente ou gestor de empresas ou instituições prestadoras de serviços médicos.

Art. 64 Agenciar, aliciar ou desviar, por qualquer meio, para clínica particular ou instituições de qualquer natureza, paciente atendido pelo sistema público de saúde ou dele utilizar-se para a execução de procedimentos médicos em sua clínica privada como forma de obter vantagens pessoais.

Art. 65 Cobrar honorários de paciente assistido em instituição que se destina à prestação de serviços públicos, ou receber remuneração de paciente como complemento de salário ou de honorários.

Art. 66 Praticar dupla cobrança por ato médico realizado.

Parágrafo único. A complementação de honorários em serviço privado pode ser cobrada quando prevista em contrato.

Art. 67 Deixar de manter a integralidade do pagamento e permitir descontos ou retenção de honorários, salvo os previstos em lei, quando em função de direção ou de chefia.

Art. 68 Exercer a profissão com interação ou dependência de farmácia, indústria farmacêutica, óptica ou qualquer organização destinada à fabricação, manipulação, promoção ou comercialização de produtos de prescrição médica, qualquer que seja sua natureza.

Art. 69 Exercer simultaneamente a medicina e a farmácia ou obter vantagem pelo encaminhamento de procedimentos, pela prescrição e/ou comercialização de medicamentos, órteses, próteses ou implantes de qualquer natureza, cuja compra decorra de influência direta em virtude de sua atividade profissional.

Art. 70 Deixar de apresentar separadamente seus honorários quando outros profissionais participarem do atendimento ao paciente.

Art. 71 Oferecer seus serviços profissionais como prêmio, qualquer que seja sua natureza.

Art. 72 Estabelecer vínculo de qualquer natureza com empresas que anunciam ou comercializam planos de financiamento ou consórcios para procedimentos médicos.

CAPÍTULO IX
SIGILO PROFISSIONAL

É vedado ao médico:

Art. 73 Revelar fato de que tenha conhecimento em virtude do exercício de sua profissão, salvo por motivo justo, dever legal ou consentimento, por escrito, do paciente.

Parágrafo único. Permanece essa proibição: a) mesmo que o fato seja de conhecimento público ou o paciente tenha falecido; b) quando de seu depoimento como testemunha (nessa hipótese, o médico comparecerá perante a autoridade e declarará seu impedimento); c) na investigação de suspeita de crime, o médico estará impedido de revelar segredo que possa expor o paciente a processo penal.

Art. 74 Revelar sigilo profissional relacionado a paciente criança ou adolescente, desde que estes tenham capacidade de discernimento, inclusive a seus pais ou representantes legais, salvo quando a não revelação possa acarretar dano ao paciente.

Art. 75 Fazer referência a casos clínicos identificáveis, exibir pacientes ou imagens que os tornem reconhecíveis em anúncios profissionais ou na divulgação de assuntos médicos em meios de comunicação em geral, mesmo com autorização do paciente.

Art. 76 Revelar informações confidenciais obtidas quando do exame médico de trabalhadores, inclusive por exigência dos dirigentes de empresas ou de instituições, salvo se o silêncio puser em risco a saúde dos empregados ou da comunidade.

Art. 77 Prestar informações a empresas seguradoras sobre as circunstâncias da morte do paciente sob seus cuidados, além das contidas na declaração de óbito, salvo por expresso consentimento do seu representante legal.

Art. 78 Deixar de orientar seus auxiliares e alunos a respeitar o sigilo profissional e zelar para que seja por eles mantido.

Art. 79 Deixar de guardar o sigilo profissional na cobrança de honorários por meio judicial ou extrajudicial.

CAPÍTULO X
DOCUMENTOS MÉDICOS

É vedado ao médico:

Art. 80 Expedir documento médico sem ter praticado ato profissional que o justifique, que seja tendencioso ou que não corresponda à verdade.

Art. 81 Atestar como forma de obter vantagem.

Art. 82 Usar formulários institucionais para atestar, prescrever e solicitar exames ou procedimentos fora da instituição a que pertençam tais formulários.

Art. 83 Atestar óbito quando não o tenha verificado pessoalmente, ou quando não tenha prestado assistência ao paciente, salvo, no último caso, se o fizer como plantonista, médico substituto ou em caso de necropsia e verificação médico-legal.

Art. 84 Deixar de atestar óbito de paciente ao qual vinha prestando assistência, exceto quando houver indícios de morte violenta.

Art. 85 Permitir o manuseio e o conhecimento dos prontuários por pessoas não obrigadas ao sigilo profissional quando sob sua responsabilidade.

Art. 86 Deixar de fornecer laudo médico ao paciente ou a seu representante legal quando aquele for encaminhado ou transferido para continuação do tratamento ou em caso de solicitação de alta.

Art. 87 Deixar de elaborar prontuário legível para cada paciente.

§ 1º O prontuário deve conter os dados clínicos necessários para a boa condução do caso, sendo preenchido, em cada avaliação, em ordem cronológica com data, hora, assinatura e número de registro do médico no Conselho Regional de Medicina.

§ 2º O prontuário estará sob a guarda do médico ou da instituição que assiste o paciente.

§ 3º Cabe ao médico assistente ou a seu substituto elaborar e entregar o sumário de alta ao paciente ou, na sua impossibilidade, ao seu representante legal.

Art. 88 Negar ao paciente ou, na sua impossibilidade, a seu representante legal, acesso a seu prontuário, deixar de lhe fornecer cópia quando solicitada, bem como deixar de lhe dar explicações necessárias à sua compreensão, salvo quando ocasionarem riscos ao próprio paciente ou a terceiros.

Art. 89 Liberar cópias do prontuário sob sua guarda exceto para atender a ordem judicial ou para sua própria defesa, assim como quando autorizado por escrito pelo paciente.

§ 1º Quando requisitado judicialmente, o prontuário será encaminhado ao juízo requisitante.

§ 2º Quando o prontuário for apresentado em sua própria defesa, o médico deverá solicitar que seja observado o sigilo profissional.

Art. 90 Deixar de fornecer cópia do prontuário médico de seu paciente quando de sua requisição pelos Conselhos Regionais de Medicina.

Art. 91 Deixar de atestar atos executados no exercício profissional, quando solicitado pelo paciente ou por seu representante legal.

CAPÍTULO XI
AUDITORIA E PERÍCIA MÉDICA

É vedado ao médico:

Art. 92 Assinar laudos periciais, auditoriais ou de verificação médico-legal caso não tenha realizado pessoalmente o exame.

Art. 93 Ser perito ou auditor do próprio paciente, de pessoa de sua família ou de qualquer outra com a qual tenha relações capazes de influir em seu trabalho ou de empresa em que atue ou tenha atuado.

Art. 94 Intervir, quando em função de auditor, assistente técnico ou perito, nos atos profissionais de outro médico, ou fazer qualquer apreciação em presença do examinado, reservando suas observações para o relatório.

Art. 95 Realizar exames médico-periciais de corpo de delito em seres humanos no interior de prédios ou de dependências de delegacias de polícia, unidades militares, casas de detenção e presídios.

Art. 96 Receber remuneração ou gratificação por valores vinculados à glosa ou ao sucesso da causa, quando na função de perito ou de auditor.

Art. 97 Autorizar, vetar, bem como modificar, quando na função de auditor ou de perito, procedimentos propedêuticos ou terapêuticos instituídos, salvo, no último caso, em situações de urgência, emergência ou iminente perigo de morte do paciente, comunicando, por escrito, o fato ao médico assistente.

Art. 98 Deixar de atuar com absoluta isenção quando designado para servir como perito ou como auditor, bem como ultrapassar os limites de suas atribuições e de sua competência.

Parágrafo único. O médico tem direito a justa remuneração pela realização do exame pericial.

CAPÍTULO XII
ENSINO E PESQUISA MÉDICA

É vedado ao médico:

Art. 99 Participar de qualquer tipo de experiência envolvendo seres humanos com fins bélicos, políticos, étnicos, eugênicos ou outros que atentem contra a dignidade humana.

Art. 100 Deixar de obter aprovação de protocolo para a realização de pesquisa em seres humanos, de acordo com a legislação vigente.

Art. 101 Deixar de obter do paciente ou de seu representante legal o termo de consentimento livre e esclarecido para a realização de pesquisa envolvendo seres humanos, após as devidas explicações sobre a natureza e as consequências da pesquisa.

§ 1º No caso de o paciente participante de pesquisa ser criança, adolescente, pessoa com transtorno ou doença mental, em situação de diminuição de sua capacidade de discernir, além do consentimento de seu representante legal, é necessário seu assentimento livre e esclarecido na medida de sua compreensão.

§ 2º O acesso aos prontuários será permitido aos médicos, em estudos retrospectivos com questões metodológicas justificáveis e autorizados pelo Comitê de Ética em Pesquisa (CEP) ou pela Comissão Nacional de Ética em Pesquisa (Conep).

Art. 102 Deixar de utilizar a terapêutica correta quando seu uso estiver liberado no País.

Parágrafo único. A utilização de terapêutica experimental é permitida quando aceita pelos órgãos competentes e com o consentimento do paciente ou de seu representante legal, adequadamente esclarecidos da situação e das possíveis consequências.

Art. 103 Realizar pesquisa em uma comunidade sem antes informá-la e esclarecê-la sobre a natureza da investigação e deixar de atender ao objetivo de proteção à saúde pública, respeitadas as características locais e a legislação pertinente.

Art. 104 Deixar de manter independência profissional e científica em relação a financiadores de pesquisa médica, satisfazendo interesse comercial ou obtendo vantagens pessoais.

Art. 105 Realizar pesquisa médica em sujeitos que sejam direta ou indiretamente dependentes ou subordinados ao pesquisador.

Art. 106 Manter vínculo de qualquer natureza com pesquisas médicas em seres humanos que usem placebo de maneira isolada em experimentos, quando houver método profilático ou terapêutico eficaz.

Art. 107 Publicar em seu nome trabalho científico do qual não tenha participado; atribuir a si mesmo autoria exclusiva de trabalho realizado por seus subordinados ou outros profissionais, mesmo quando executados sob sua orientação, bem como omitir do artigo científico o nome de quem dele tenha participado.

Art. 108 Utilizar dados, informações ou opiniões ainda não publicadas, sem referência ao seu autor ou sem sua autorização por escrito.

Art. 109 Deixar de zelar, quando docente ou autor de publicações científicas, pela veracidade, clareza e imparcialidade das informações apresentadas, bem como deixar de declarar relações com a indústria de medicamentos, órteses, próteses, equipamentos, implantes de qualquer natureza e outras que possam configurar conflitos de interesse, ainda que em potencial.

Art. 110 Praticar a medicina, no exercício da docência, sem o consentimento do paciente ou de seu representante legal, sem zelar por sua dignidade e privacidade ou discriminando aqueles que negarem o consentimento solicitado.

CAPÍTULO XIII
PUBLICIDADE MÉDICA

É vedado ao médico:

Art. 111 Permitir que sua participação na divulgação de assuntos médicos, em qualquer meio de comunicação de massa, deixe de ter caráter exclusivamente de esclarecimento e educação da sociedade.

Art. 112 Divulgar informação sobre assunto médico de forma sensacionalista, promocional ou de conteúdo inverídico.

Art. 113 Divulgar, fora do meio científico, processo de tratamento ou descoberta cujo valor ainda não esteja expressamente reconhecido cientificamente por órgão competente.

Art. 114 Anunciar títulos científicos que não possa comprovar e especialidade ou área de atuação para a qual não esteja qualificado e registrado no Conselho Regional de Medicina.

Art. 115 Participar de anúncios de empresas comerciais, qualquer que seja sua natureza, valendo-se de sua profissão.

Art. 116 Apresentar como originais quaisquer ideias, descobertas ou ilustrações que na realidade não o sejam.

Art. 117 Deixar de incluir, em anúncios profissionais de qualquer ordem, seu nome, seu número no Conselho Regional de Medicina, com o estado da Federação no qual foi inscrito e Registro de Qualificação de Especialista (RQE) quando anunciar a especialidade.

Parágrafo único. Nos anúncios de estabelecimentos de saúde, devem constar o nome e o número de registro, no Conselho Regional de Medicina, do diretor técnico.

CAPÍTULO XIV
DISPOSIÇÕES GERAIS

I - O médico portador de doença incapacitante para o exercício profissional, apurada pelo Conselho Regional de Medicina em procedimento administrativo com perícia médica, terá seu registro suspenso enquanto perdurar sua incapacidade.

II - Os médicos que cometerem faltas graves previstas neste Código e cuja continuidade do exercício profissional constitua risco de danos irreparáveis ao paciente ou à sociedade poderão ter o exercício profissional suspenso mediante procedimento administrativo específico.

III - O Conselho Federal de Medicina, ouvidos os Conselhos Regionais de Medicina e a categoria médica, promoverá a revisão e atualização do presente Código quando necessárias.

IV - As omissões deste Código serão sanadas pelo Conselho Federal de Medicina.

CÓDIGO DE PROCESSO ÉTICO – PROFISSIONAL*

CAPÍTULO I
DO PROCESSO EM GERAL
Seção I
Das Disposições Gerais

Art. 1º A sindicância e o processo ético-profissional (PEP) nos Conselhos Regionais de Medicina (CRM) e no Conselho Federal de Medicina (CFM) serão regidos por este Código de Processo Ético-Profissional (CPEP) e tramitarão em sigilo processual.

Parágrafo **único.** As sanções confidenciais, previstas no art. 22, letras "a" e "b" da Lei nº 3.268/1957, não poderão ser tornadas públicas, mesmo após a conclusão definitiva do PEP.

Art. 2º A competência para apreciar e julgar infrações éticas é do CRM em que o médico esteja inscrito ao tempo da ocorrência do fato punível.

Parágrafo único. A competência para instaurar sindicância, analisar seu relatório e, se for o caso, instaurar o PEP e sua instrução é do CRM onde o fato punível ocorreu, ainda que o médico não possua inscrição na respectiva circunscrição; ou, tendo sido inscrito, já tenha sido transferido para a circunscrição de outro CRM.

Art. 3º A apreciação de sindicância ou o julgamento do PEP poderá ser desaforada por decisão fundamentada da plenária ou da câmara respectiva, com a remessa dos autos ao Conselho Federal de Medicina.

---

* Resolução CFM n. 2.145, de 17.5.2016 – Aprova o Código de Processo Ético-Profissional (CPEP) no âmbito do Conselho Federal de Medicina (CFM) e Conselhos Regionais de Medicina (CRMs) (DOU de 27 de outubro de 2016, seção I, p. 329).

Com a alteração da Resolução CFM n. 2.158, de 14.01.2017 que excluiu a expressão "quanto ao conteúdo" depois da palavra tramitação (DOU de 27 de janeiro de 2017, seção I, p. 201).

Art. 4º A sindicância e o PEP terão forma de autos judiciais, com as peças anexadas por termo e os despachos, pareceres, notas técnicas, petições e decisões ou acórdãos juntados em ordem cronológica, sendo vedada a juntada de qualquer peça ou documento no verso de folhas já constantes nos autos.

Art. 5º O processo e julgamento das infrações às disposições previstas no Código de Ética Médica (CEM) são independentes, não estando em regra, vinculado ao processo e julgamento da questão criminal ou cível sobre os mesmos fatos.

§ 1º A responsabilidade ético-profissional é independente da criminal.

§ 2º A sentença penal absolutória somente influirá na apuração da infração ética quando tiver por fundamento o art. 386, incisos I (estar provada a inexistência do fato) e IV (estar provado que o réu não concorreu para a infração penal) do Decreto-L e i nº 3.689/1941 (CPP).

Art. 6º A apreciação de sindicância e a instrução e o julgamento do PEP que envolva conselheiro obedecerá às seguintes regras:

I – a sindicância será instruída pelo CRM onde o fato ocorreu e sua apreciação, por decisão fundamentada da plenária, poderá ser desaforada, com a remessa dos autos ao CFM;

II – decidida a instauração do PEP, a instrução ocorrerá no CRM onde o fato ocorreu, que o remeterá ao CFM para desaforamento do julgamento.

Art. 7º O presidente dos Conselhos Federal e Regionais de Medicina poderão delegar aos corregedores a designação do conselheiro sindicante, instrutor, relator e revisor.

Art. 8º A sindicância será analisada em câmara específica.

Art. 9º O PEP será julgado diretamente pelo pleno nos CRMs que não possuírem, regimentalmente, câmaras de julgamento.

Art. 10. Os servidores dos CRMs, obrigados ao sigilo processual, poderão receber delegação para a prática de atos de administração de mero expediente sem caráter decisório;

Art. 11. O CRM poderá suspender o curso do prazo processual nos dias compreendidos entre 20 de dezembro e 20 de janeiro, inclusive.

Seção II

Da Sindicância

Art. 12. A sindicância será instaurada:

I – de ofício pelo próprio CRM;

II – mediante denúncia escrita ou verbal, com identificação completa do denunciante, na qual conste o relato circunstanciado dos fatos, e quando possível, a qualificação completa do médico denunciado, com a indicação das provas documentais.

§ 1º A denúncia verbal deverá ser tomada a termo por servidor designado.

§ 2º A denúncia deverá ser dirigida ao CRM, devidamente assinada pelo denunciante, seu representante legal ou por procurador devidamente constituído.

§ 3º Caso a denúncia esteja deficiente a ponto de comprometer sua exata compreensão em relação aos fatos e provas, o corregedor poderá conceder ao denunciante prazo de 15 dias para sua complementação.

§ 4º Se o denunciante não cumprir o disposto no parágrafo antecedente, o corregedor levará a denúncia para apreciação da câmara de sindicância, onde poderá ser arquivada ou determinada a instauração de sindicância de ofício, para apurar os fatos nela contidos.

§ 5º A sindicância poderá ser arquivada por desistência da parte denunciante a critério de decisão da Câmara do CRM e, somente será admitida nos casos em que não envolvam lesão corporal de natureza grave (art. 129, §§ 1º a 3º do Código Penal), assédio sexual ou óbito do paciente.

§ 6º A denúncia anônima não será aceita.

Art. 13. Determinada a instauração de sindicância, o corregedor nomeará conselheiro sindicante para apresentar relatório conclusivo que deverá conter obrigatoriamente:

I – identificação completa das partes, quando possível;

II – descrição dos fatos e circunstâncias em que ocorreram;

III – indicação da correlação entre os fatos apurados e a eventual infração ao Código de Ética Médica;

IV – conclusão indicando a existência ou inexistência de indícios de infração ao Código de Ética Médica;

§ 1º Na parte conclusiva, o relatório deve apontar os indícios da materialidade e da autoria dos fatos apurados, de modo específico a cada artigo do CEM supostamente infringido.

§ 2º A sindicância tramitará no CRM do local da ocorrência do fato por até 180 dias, podendo, por motivo justificado, esse prazo ser excedido.

Art. 14. Se com a denúncia forem oferecidos elementos fáticos e documentais suficientes, o corregedor determinará a abertura de sindicância. Neste caso, o sindicante elaborará imediato relatório que será levado à câmara de sindicância para apreciação.

Art. 15. A comissão de ética médica dos estabelecimentos de saúde deverá encaminhar ao CRM as denúncias e/ou condutas antiéticas que tiver ciência, nos termos da resolução específica.

Parágrafo único. Na inexistência da comissão de ética médica nos estabelecimentos de saúde, caberá ao diretor clínico fazer a comunicação prevista no caput.

Art. 16. A pessoa jurídica, pública ou privada, poderá exercer o direito de denúncia, devendo ser representadas por quem a lei ou os respectivos estatutos indicarem, ou no silêncio destes, pelos seus diretores ou sócios-gerentes.

Art. 17. O relatório conclusivo da sindicância, devidamente fundamentado, será levado à apreciação da câmara de sindicância, com o seguinte encaminhamento:

I – propor conciliação, quando pertinente;

II – propor termo de ajustamento de conduta (TAC), quando pertinente;

III –arquivamento: se indicar a inexistência de indícios de infração ao Código de Ética Médica;

IV – instauração de PEP: se indicar a existência de indícios de infração ao Código de Ética Médica, cumulada ou não de proposta de interdição cautelar. Neste caso, os autos serão encaminhados ao corregedor a quem competirá assinar portaria de abertura de PEP; bem como nomear conselheiro instrutor;

V – instauração de procedimento administrativo para apurar doença incapacitante, nos termos de resolução específica.

§ 1º Havendo necessidade de qualquer diligência, os autos serão remetidos ao conselheiro sindicante para que a cumpra na forma em que for deliberada pela câmara, no prazo de 30 (trinta) dias.

§ 2º Qualquer membro da câmara, não se sentindo apto a se manifestar, poderá pedir vistas dos autos pelo prazo de 30 (trinta) dias.

§ 3º O relatório conclusivo da sindicância que determinar a instauração de PEP, na forma do art. 17, inciso IV, acompanhará o mandado de citação do denunciado.

§ 4º Em caso de divergência ao relatório do sindicante, o voto divergente deverá ser formalizado e juntado aos autos.

§ 5º A instauração de PEP, quando cumulada com interdição cautelar, é da competência exclusiva do pleno do CRM.

§ 6º O processo administrativo para apurar doença incapacitante tramitará em autos próprios, com a suspensão do PEP por até 90 (noventa) dias prorrogáveis uma única vez por igual período.

Seção III

Da Conciliação

Art. 18. A conciliação entre as partes somente será admitida nos casos em que não envolvam lesão corporal de natureza grave (art. 129, §§ 1º a 3º do Código Penal), assédio sexual ou óbito do paciente, e dependerá de proposta do conselheiro sindicante ou de outro membro da Câmara, com aprovação da câmara de sindicância.

§ 1º Após a aprovação do relatório conclusivo da sindicância, não será mais cabível a proposta de conciliação.

§ 2º É vedado qualquer acerto pecuniário no âmbito da conciliação.

§ 3º Proposta e aceita a conciliação pelas partes, após sua homologação pela câmara de sindicância, não caberá qualquer recurso.

§ 4º No caso de a conciliação não obter êxito, a sindicância prosseguirá em seus termos.

Seção IV

Do Termo de Ajustamento de Conduta (TAC)

Art. 19. O Termo de Ajustamento de Conduta (TAC) é o ato jurídico pelo qual a pessoa, física ou jurídica, em regra, reconhecendo implicitamente que sua conduta ofende ou pode ofender interesse ético individual ou coletivo, assume, perante órgão público legitimado, o compromisso de eliminar a ofensa ou o risco, através da adequação de seu comportamento às exigências legais e éticas, mediante formalização de termo.

§ 1º O TAC depende de proposta do conselheiro sindicante ou de outro membro da câmara, após a apresentação de seu relatório conclusivo, e será firmado após aprovação pela câmara de sindicância.

§ 2º O TAC será admitido nos casos em que não envolvam lesão corporal de natureza grave (art. 129, §§ 1º a 3º do Código Penal), assédio sexual ou óbito do paciente.

Art. 20. O TAC é sigiloso e será assinado por membro da câmara de sindicância que o aprovar ou o corregedor e o médico interessado, tendo como embasamento legal a Lei nº 7.347/1985 e inciso II do art. 17 deste CPEP.

§ 1º O CRM figurará no TAC como compromitente e o médico interessado como compromissário.

Art. 21. São cláusulas obrigatórias do TAC, dentre outras:

I – objeto: descreve o(s) fato(s) imputado(s) ao médico;

II – cláusula de comportamento: impõe ao médico portar-se de acordo com o determinado no TAC;

III – cláusula de suspensão da sindicância: fixa o prazo de suspensão da sindicância, com atenção aos prazos prescricionais estabelecidos no CPEP;

IV – cláusula de fiscalização: define como será feita a fiscalização do TAC e como deverá o médico compromissário demonstrar o cumprimento das metas e obrigações assumidas;

Art. 22. O TAC não pode ser firmado nos autos da sindicância que tenha no polo ativo a figura do denunciante.

§ 1º A fiscalização do cumprimento dos termos contidos no TAC caberá à corregedoria do CRM respectivo.

Art. 23. O descumprimento dos termos e condições contidas no TAC implicará a abertura de PEP.

Art. 24. O médico que aderir a um TAC ficará impedido de firmar novo TAC, sobre qualquer assunto, pelo período de 5 (cinco) anos.

Seção V

Da Interdição Cautelar do Exercício da Medicina

Art. 25. O pleno do CRM, por maioria simples de votos e respeitando o quórum mínimo, poderá interditar cautelarmente o exercício profissional de médico cuja ação ou omissão, decorrentes do exercício de sua profissão, esteja notoriamente prejudicando seu paciente ou à população, ou na iminência de fazê-lo.

§ 1º A interdição cautelar poderá ser aplicada quando da instauração do PEP, ou no curso da instrução, na sessão de julgamento ou na fase recursal;

§ 2º Os casos de interdição cautelar serão imediatamente informados ao CFM pelo CRM de origem.

Art. 26. A interdição cautelar ocorrerá desde que existam nos autos elementos de prova que evidenciem a probabilidade da autoria e da materialidade da prática do procedimento danoso pelo médico, a indicar a verossimilhança da acusação, e haja fundado receio de dano irreparável ou de difícil reparação ao paciente, à população e ao prestígio e bom conceito da profissão, caso ele continue a exercer a medicina.

§ 1º Na decisão que determinar a interdição cautelar, o CRM indicará, de modo claro e preciso, as razões de seu convencimento.

§ 2º A decisão de interdição cautelar terá efeito imediato e implicará o impedimento, total ou parcial, do exercício da medicina até o julgamento final do PEP, que deverá ser obrigatoriamente instaurado.

§ 3º A interdição cautelar poderá ser modificada ou revogada a qualquer tempo pela plenária do CRM ou, em grau de recurso, pela plenária do CFM, em decisão fundamentada.

Art. 27. O médico interditado cautelarmente do exercício total ou parcial da medicina será notificado da decisão, sendo contado o prazo recursal de 30 (trinta) dias a partir da juntada aos autos do recebimento da ordem de interdição, sem efeito suspensivo.

Art. 28. Recebido o recurso no CFM, o corregedor o remeterá à Coordenação Jurídica (COJUR) para exame de admissibilidade e emissão de Nota Técnica (NT) no prazo de 15 dias, caso seja arguida alguma preliminar processual.

Parágrafo único. Com ou sem NT, o recurso será imediatamente distribuído a um conselheiro-relator que terá 30 (trinta) dias para elaborar seu relatório e voto, devendo ser pautado para julgamento na sessão plenária subsequente.

Art. 29. A decisão de interdição cautelar terá abrangência nacional e será publicada no Diário Oficial e no sítio eletrônico dos Conselhos de Medicina, com a identificação das partes.

Art. 30. A decisão de interdição cautelar deverá ser comunicada aos estabelecimentos aonde o médico exerce suas atividades.

Art. 31. O PEP no bojo do qual tiver sido decretada a interdição cautelar do exercício da medicina do médico denunciado, deverá ser julgado no prazo de 6 (seis) meses, prorrogável por igual período uma única vez.

Parágrafo único. O prazo do caput deste artigo não será considerado quando o atraso da prática de qualquer ato processual for causado, sem motivo justo, pelo médico interditado.

CAPÍTULO II

DO PROCESSO EM ESPÉCIE

Seção I

Da Instrução do Processo Ético-Profissional

Art. 32. Aprovado o relatório da sindicância, na forma do art. 17, inciso IV, deste CPEP, o conselheiro instrutor conduzirá o processo dentro dos parâmetros de razoabilidade, atentando-se para os prazos prescricionais.

Parágrafo único. O conselheiro sindicante não poderá ser designado como instrutor de PEP por ele proposto.

Art. 33. O PEP não poderá ser extinto por desistência da parte denunciante. Nesta hipótese, ele seguirá de ofício.

§ 1º Comprovado o falecimento do médico denunciado, mediante a juntada da certidão de óbito nos autos, será extinta a punibilidade em relação a ele, mediante despacho do corregedor.

§ 2º Comprovado o falecimento do denunciante, mediante a juntada da certidão de óbito nos autos, o PEP seguirá de ofício, mediante despacho do corregedor.

§ 3º Havendo requerimento do cônjuge ou companheiro(a), pais, filhos ou irmãos do denunciante falecido, nessa ordem, ele poderá ser admitido como parte denunciante, assumindo o processo no estado em que se encontra.

§ 4º O procedimento administrativo, para apurar doença incapacitante, observará resolução específica. Quando também estiver sendo apurada infração ética, sua conclusão deverá ocorrer antes do julgamento do PEP.

Da Modificação ou Adição ao Relatório Conclusivo da Sindicância

Art. 34. Encerrada a instrução probatória ou no curso desta, surgindo novas evidências, fatos novos ou detectado algum erro material constante do relatório conclusivo da sindicância o conselheiro instrutor poderá modificá-lo ou aditá-lo para, de forma fundamentada, corrigi-lo, inserir outros fatos e artigos, bem como incluir outros denunciados.

Parágrafo único. A modificação ou aditamento deverá ser aprovado pela câmara de julgamento ou pleno do CRM, assegurando-se ao denunciado a ampla defesa e o contraditório.

Da Citação do Denunciado

Art. 35. Citação é o ato pelo qual o médico denunciado é convocado para integrar a relação processual, dando-lhe ciência da instauração de PEP e imputando-lhe a prática de infração ética, bem como lhe oferecendo a oportunidade para se defender.

Art. 36. O mandado de citação deverá conter obrigatoriamente:

I – o nome completo do denunciado;

II – o endereço residencial ou profissional do denunciado;

III – a finalidade da citação, bem como a menção do prazo e local para apresentação da defesa prévia, sob pena de revelia.

Parágrafo único. Cópia do relatório conclusivo da sindicância e do voto divergente, se houver, deverá acompanhar o mandado de citação.

Art. 37. A citação inicial, na forma do art. 35, poderá ser feita em qualquer lugar em que se encontre o denunciado e será realizada:

I – pelos Correios, com Aviso de Recebimento, ou outro meio de comprovação oficial de recebimento fornecido pelos Correios;

II – por servidor ou conselheiro do CRM devidamente habilitado ou pelos Correios, via Aviso de Recebimento por Mãos Próprias (ARMP);

III – por Carta Precatória, quando frustradas as hipóteses previstas nos incisos I e II deste artigo;

IV – por edital, quando frustradas as hipóteses anteriores.

§ 1º Nas clínicas, nos consultórios e nos hospitais será válida a entrega do mandado de citação à secretária ou outro funcionário da recepção ou da portaria responsável pelo recebimento de correspondência.

§ 2º Nos condomínios edilícios ou nos loteamentos com controle de acesso, será válida a entrega do mandado de citação a funcionário da portaria responsável pelo recebimento de correspondência.

Da Citação por Edital

Art. 38. São requisitos da citação por edital:

I – a certidão do servidor do CRM informando acerca da frustração das tentativas de citação pessoal do denunciado;

II – a publicação do edital, no Diário Oficial e no sítio eletrônico do respectivo CRM, que deve ser certificada nos autos;

III – a determinação, pelo corregedor ou conselheiro instrutor, do prazo para apresentação de defesa prévia, que será 30 (trinta) dias, fluindo da data da publicação;

IV – a advertência de que será nomeado defensor dativo em caso de revelia.

Defesa Prévia

Art. 39. Na defesa prévia, o denunciado poderá arguir preliminares processuais e alegar tudo o que interesse a sua defesa, oferecer documentos e justificações, especificar as provas pretendidas e arrolar até 5 (cinco) testemunhas, que deverão ser qualificadas com nome, profissão e endereço completo.

§ 1º O prazo para apresentação da defesa prévia será de 30 (trinta) dias, contados a partir da juntada aos autos do comprovante da efetivação da citação.

§ 2º Ao denunciado ou a seu defensor será garantido o direito de vista dos autos na Secretaria do CRM, bem como a extração de cópias, físicas ou digitais, mediante recolhimento da taxa correspondente.

§ 3º A defesa prévia deve vir aos autos acompanhada de procuração, quando subscrita por advogado, que conterá obrigatoriamente seu telefone fixo e/ou móvel, bem como os seus endereços eletrônico e não eletrônico para fins de futuras intimações.

Art. 40. O denunciante poderá, no prazo de 30 (trinta) dias, contados da juntada aos autos do aviso de recebimento da intimação da decisão de abertura do PEP, oferecer documentos e justificações, especificar as provas pretendidas e arrolar até 5 (cinco) testemunhas, que deverão ser qualificadas com nome, profissão e endereço completo.

Das Intimações

Art. 41. Nas intimações do denunciado, do denunciante, da testemunha e demais pessoas que devam tomar conhecimento de qualquer ato, será observado, no que for aplicável, o disposto no art. 37 e incisos e art. 38 e incisos deste CPEP.

§ 1º As notificações e intimações serão feitas às testemunhas, às partes ou aos seus advogados.

§ 2º A intimação do defensor dativo, do advogado do denunciado ou do denunciante, poderá ser feita para o endereço indicado na forma do art. 39, § 3º ou por qualquer outro meio idôneo.

Art. 42. Constitui dever das partes e interessados, declinar, no primeiro momento que lhes couber falar nos autos, o endereço residencial ou profissional, por onde receberão intimações.

Parágrafo único. Presumem-se válidas as intimações dirigidas ao endereço constante dos autos, ainda que não recebidas pessoalmente pelo destinatário.

Art. 43. A intimação poderá ser feita por servidor habilitado, ou conselheiro, quando frustrada a realização pelo correio.

§ 1º A certidão de intimação deve conter:

I – a indicação do lugar e a descrição da pessoa intimada, mencionando, quando possível, o número de seu documento de identidade e o órgão que o expediu;

II – a declaração de entrega do objeto da intimação;

III – a nota de ciente ou a certidão de que o interessado não a apôs no mandado.

§ 2º Caso necessário, a critério do instrutor, a intimação poderá ser efetuada por edital.

Revelia

Art. 44. Considera-se revel o médico denunciado que, regularmente citado, deixar de apresentar defesa prévia no prazo legal, nem constituir defensor.

Parágrafo único. Caso o denunciado ou seu defensor manifeste nos autos que não deseja fazer sua defesa prévia, não será considerado revel.

Art. 45. Ao médico denunciado declarado revel será nomeado um defensor dativo para apresentação de defesa prévia no prazo do art. 39, § 1º e a prática dos demais atos processuais que visem a sua defesa, incluindo eventual recurso.

§ 1º No CRM e no CFM, o defensor dativo será um advogado, que receberá sua devida remuneração pelo desempenho de sua função, cujo valor deverá ser fixado mediante edição de resolução própria ou realização de convênio com instituições públicas ou privadas.

§ 2º O defensor dativo que deixar de cumprir a função para a qual foi nomeado, deverá ser substituído, sem prejuízo de ser expedido ofício para seu órgão de classe para tomar as medidas cabíveis.

§ 3º O comparecimento espontâneo do denunciado aos autos, pessoalmente ou por procurador, em qualquer fase do processo, cessa a revelia e o concurso do defensor dativo, assumindo o processo no estado em que se encontra.

Art. 46. No exercício de sua função, o defensor dativo se manifestará de forma fundamentada e terá ampla liberdade para fazer requerimentos e produzir provas que entenda pertinente.

Art. 47. A atuação do defensor dativo se encerra com a apresentação de recurso para o CFM.

Seção II

Das Provas

Disposições Gerais

Art. 48. As partes têm o direito de empregar todos os meios legais para provar a verdade dos fatos e influir eficazmente na convicção dos conselheiros julgadores.

Art. 49. O conselheiro-relator formará sua convicção pela livre apreciação das provas produzidas nos autos do PEP, não podendo fundamentar sua decisão exclusivamente nos elementos informativos colhidos na sindicância.

Art. 50. A prova da alegação incumbirá a quem a fizer, sendo, porém, facultado ao conselheiro instrutor de ofício:

I - arrolar testemunhas;

II - ordenar a produção antecipada de provas consideradas urgentes e relevantes, observando a necessidade, adequação e proporcionalidade da medida;

III – determinar, no curso da instrução do PEP, a realização de diligências para dirimir dúvida sobre ponto relevante.

Art. 51. O conselheiro instrutor poderá, fundamentadamente, indeferir as provas consideradas irrelevantes, impertinentes ou protelatórias.

Das Provas Ilícitas

Art. 52. São inadmissíveis, devendo ser desentranhadas dos autos do PEP, as provas ilícitas, assim entendidas as obtidas em violação a normas constitucionais ou legais.

Do Parecer Técnico de Câmara Especializada

Art. 53. O parecer de câmara técnica especializada poderá ser requisitado em matéria de complexidade científica servindo como elemento de esclarecimento ao conselheiro instrutor sem caráter pericial ou decisório, dando ciência às partes para, se desejarem, apresentar manifestação, no prazo comum de 15 (quinze) dias.

Seção III

Da Audiência de Instrução

Art. 54. No dia e na hora designados, o conselheiro instrutor declarará aberta a audiência de instrução e mandará apregoar as partes e, se houver, os respectivos advogados, bem como outras pessoas que dela devam participar.

Art. 55. A audiência será iniciada após a identificação e qualificação de todas as partes, com a presença do conselheiro instrutor, dos colaboradores de apoio do CRM e dos patronos das partes, quando houver.

Art. 56. As partes, após intimação pelo conselheiro instrutor, são obrigadas a apresentar as testemunhas que arrolarem, independentemente da intimação destas, para serem ouvidas nas datas designadas.

Art. 57. Adiado, por qualquer motivo, o ato processual, o conselheiro instrutor marcará desde logo, na presença das partes e testemunhas, dia e hora para seu prosseguimento, do que se lavrará termo nos autos.

Art. 58. O conselheiro instrutor, ou seu substituto, designado pelo corregedor, preside a audiência e lhe incumbe:

I – manter a ordem e o decoro na audiência, dentro de suas prerrogativas;

II – ordenar que se retirem da sala de audiência os que se comportarem inconvenientemente;

III – registrar em ata, com exatidão, todos os requerimentos apresentados em audiência.

Art. 59. As provas orais serão produzidas em audiência, ouvindo-se, nesta ordem:

I – o denunciante;

II – as testemunhas arroladas pelo denunciante, pelo conselheiro instrutor e, por fim, as testemunhas arroladas pelo denunciado;

III – o denunciado.

§ 1º As provas poderão ser produzidas numa só audiência e, dependendo das circunstâncias, poderão ser designadas várias datas e horários.

§ 2º As testemunhas arroladas pelo conselheiro instrutor poderão ser ouvidas em qualquer fase processual, garantindo-se o contraditório.

Art. 60. Após a qualificação e antes de iniciado o depoimento, as partes poderão contraditar a testemunha ou arguir circunstâncias ou defeitos, que a tornem suspeita de parcialidade. O conselheiro instrutor fará consignar a contradita ou arguição e a resposta da testemunha.

Parágrafo único. A testemunha impedida ou suspeita, nos termos dos artigos 102 e 103 deste CPEP, somente poderá ser ouvida como informante.

Art. 61. As perguntas serão formuladas pelas partes diretamente à testemunha, não admitindo o conselheiro instrutor aquelas que puderem induzir a resposta, não tiverem relação com a causa ou importarem na repetição de outra já respondida.

§ 1º Sobre os pontos não esclarecidos, o conselheiro instrutor poderá complementar a inquirição.

§ 2º O conselheiro instrutor não permitirá que a testemunha manifeste suas apreciações pessoais, de cunho subjetivo, salvo quando inseparáveis da narrativa do fato.

Art. 62. Na redação do depoimento, o conselheiro instrutor deverá cingir-se, tanto quanto possível, às expressões usadas pela testemunha.

Art. 63. Serão consignadas no termo da audiência as perguntas que os depoentes deixarem de responder.

Art. 64. A parte poderá desistir da inquirição de qualquer das testemunhas arroladas, ressalvado o direito do conselheiro instrutor ouvi-las se entender pertinente.

Do Depoimento do Denunciante e do Denunciado

Art. 65. O denunciante será qualificado e perguntado sobre as circunstâncias em que ocorreram os fatos, quem seja ou presuma ser o responsável, as provas testemunhais e documentais que possa indicar, tomando-se por termo as suas declarações.

Parágrafo único. Se houver mais de um denunciante, cada um será ouvido separadamente, sendo facultada a presença dos seus defensores.

Art. 66. O denunciado será devidamente qualificado e, depois de cientificado do relatório conclusivo da sindicância, será informado pelo conselheiro instrutor, antes de iniciar o depoimento, de seu direito de permanecer calado e de não responder perguntas que lhe forem formuladas.

§ 1º O silêncio do denunciado, que não importará em confissão, não poderá ser interpretado em prejuízo de sua defesa.

§ 2º O denunciado será indagado se conhece o denunciante e as testemunhas arroladas e o que tem a alegar acerca dos fatos contidos no relatório conclusivo da sindicância.

§ 3º Se houver mais de um denunciado, cada um será ouvido separadamente, sendo facultada a presença de todos os defensores.

Art. 67. O denunciante ou denunciado que já tiver sido ouvido poderá permanecer na sala e acompanhar o depoimento dos demais, inclusive formular perguntas.

§ 1º O denunciante ou denunciado que morar fora da circunscrição do CRM será inquirido pelo CRM do lugar de sua residência, expedindo-se, para esse fim, carta precatória, com prazo razoável, intimadas as partes no CRM de origem.

§ 2º No caso do parágrafo anterior, a inquirição das partes poderá ser realizada por meio de videoconferência ou outro recurso tecnológico de transmissão de sons e imagens em tempo real, permitida a presença dos defensores.

Das Testemunhas

Art. 68. A testemunha fará a promessa de dizer a verdade do que souber e for perguntado, devendo declarar seu nome, idade, estado civil e residência; sua profissão, lugar onde exerce sua atividade; se é parente, e em que grau, de alguma das partes, ou quais suas relações com qualquer delas; e relatar o que souber, explicando sempre as razões de sua ciência ou as circunstâncias pelas quais seja possível avaliar sua credibilidade.

Parágrafo único. As testemunhas serão inquiridas separadamente, de modo que umas não saibam nem ouçam os depoimentos das outras, devendo o conselheiro instrutor adverti-las das penas cominadas ao falso testemunho previsto no art. 342 do Código Penal.

Art. 69. O depoimento será prestado oralmente, não sendo permitido à testemunha trazê-lo por escrito, não sendo vedada, entretanto, breve consulta a apontamentos.

Art. 70. O conselheiro instrutor, quando julgar necessário, poderá ouvir outras testemunhas, além das indicadas pelas partes.

Art. 71. O depoimento da testemunha será reduzido a termo, assinado por ela, pelo conselheiro instrutor e pelas partes, caso estejam presentes. Se a testemunha não souber assinar, ou não puder fazê-lo, pedirá a alguém que o faça por ela, depois de lido na presença de ambos ou aposição de sua digital.

Art. 72. Caso o denunciante ou o denunciado apresente comportamento inadequado, intimidando a testemunha ou desrespeitando e não acatando as determinações do conselheiro instrutor, este poderá determinar a sua retirada, prosseguindo na inquirição, com a presença de seu defensor, quando houver.

Parágrafo único. A adoção de qualquer das medidas previstas no caput deste artigo deverá constar do termo, assim como os motivos que a determinaram.

Art. 73. As pessoas impossibilitadas por enfermidade de comparecer para depor serão inquiridas onde estiverem se o conselheiro instrutor entender conveniente para a instrução.

Art. 74. O médico regularmente intimado pelo instrutor que não comparecer para depor nem apresentar motivo justo ficará sujeito às disposições previstas no Código de Ética Médica.

Art. 75. A testemunha que morar fora da circunscrição do CRM será inquirida pelo CRM do lugar de sua residência, expedindo-se, para esse fim, carta precatória, com prazo razoável, intimadas as partes no CRM de origem.

Parágrafo único. Na hipótese prevista no caput deste artigo, a oitiva de testemunha poderá ser realizada por meio de videoconferência ou outro recurso tecnológico de transmissão de sons e imagens em tempo real, permitida a presença das partes e dos defensores.

Da Acareação

Art. 76. A acareação será admitida entre denunciantes, denunciante e testemunha, denunciados, denunciados e testemunha, testemunhas e testemunhas, sempre que divergirem, em suas declarações, sobre fatos ou circunstâncias relevantes, de acordo com decisão do conselheiro instrutor, aos esclarecimentos sobre o mérito do processo.

Parágrafo único. Os acareados serão reperguntados, para que expliquem os pontos de divergências, reduzindo-se a termo o ato de acareação.

Da Prova Emprestada

Art. 77. É lícita a utilização de prova emprestada para instrução do PEP, desde que submetida ao contraditório.

Parágrafo único. A prova emprestada ingressará nos autos como prova documental e deverá ser analisada como tal.

Das Degravações

Art. 78. As gravações apresentadas pelas partes, para serem admitidas nos autos, deverão estar acompanhadas de sua respectiva transcrição e submetidas ao contraditório.

Parágrafo único. As gravações juntadas aos autos de ofício deverão ser degravadas pelo CRM.

Do Encerramento da Instrução

Art. 79. Concluída a instrução, será aberto o prazo sucessivo de 15 (quinze) dias para apresentação das alegações finais; primeiramente ao denunciante e, em seguida, ao denunciado.

§ 1º Havendo mais de um denunciante ou mais de um denunciado, o prazo será comum aos denunciantes ou aos denunciados.

§ 2º Estando as partes ou seus procuradores presentes à última audiência, elas poderão ser intimadas para apresentação das alegações finais escritas, podendo fazê-la, a critério do conselheiro instrutor, de forma oral e reduzida a termo na própria audiência, ou declinar de sua apresentação.

Art. 80. Após a apresentação das alegações finais, os autos deverão ser remetidos à Assessoria Jurídica para análise e parecer quanto a eventuais preliminares e regularidade processual. Em seguida, o conselheiro instrutor apresentará termo de encerramento dos trabalhos que será encaminhado ao corregedor.

Art. 81. Até a data da sessão de julgamento, o conselheiro corregedor, verificando a existência de qualquer vício ou irregularidade processual, poderá intervir nos autos e, por meio de despacho fundamentado, devolver o processo ao conselheiro instrutor com determinação específica para a realização ou a retificação de atos processuais a serem executados, com a devida intimação das partes.

Seção IV

Do Julgamento do PEP no CRM

Art. 82. O conselheiro corregedor, após o recebimento do processo, devidamente instruído, designará os conselheiros relator e revisor, os quais ficarão responsáveis pela elaboração dos respectivos relatórios.

§ 1º O relatório deverá conter o nome da parte, a identificação do caso, com a síntese do conteúdo do relatório conclusivo da sindicância e também a síntese da defesa prévia e/ou alegações finais, bem como o registro das principais ocorrências havidas no andamento do processo.

§ 2º O conselheiro sindicante não poderá ser designado como relator ou revisor do PEP, mas poderá participar do julgamento e emitir voto.

§ 3º O conselheiro instrutor poderá ser designado relator ou revisor e participar do julgamento com emissão de voto.

§ 4º O relator ou revisor poderá, mediante despacho fundamentado, requisitar ao conselheiro corregedor que remeta os autos ao conselheiro instrutor para novas diligências, indicando quais as providências cabíveis e estabelecendo prazo de 30 (trinta) dias para seu cumprimento.

§ 5º Na hipótese do § 4º deste artigo, o prazo estabelecido poderá ser prorrogado uma única vez, mediante justificativa escrita.

Art. 83. Designados relator e revisor, o conselheiro corregedor determinará a inclusão do processo na pauta de julgamento.

Art. 84. As partes serão intimadas da data de julgamento com a antecedência mínima de 10 (dez) dias.

Art. 85. A sessão de julgamento terá início com a leitura da parte expositiva do relatório elaborado pelo relator, seguindo-se, em ato contínuo, pela leitura do relatório do revisor, podendo este se limitar a concordar com o relatório do conselheiro-relator; sem manifestação, em um ou outro, quanto à conclusão de mérito.

§ 1º Ao início da sessão de julgamento, o conselheiro-relator, com manifestação prévia da Assessoria Jurídica, escrita ou oral, deverá propor a apreciação de ofício ou a requerimento, das nulidades absolutas – prejudiciais ao mérito –, que deverão ser discutidas e votadas antes da análise do mérito. Nesta hipótese, será concedido às partes 10 (dez) minutos para defender o acolhimento ou a rejeição das preliminares.

§ 2º Superada a fase das preliminares e após a leitura dos relatórios, será concedido às partes o prazo de 10 (dez) minutos para sustentação oral em relação ao mérito, sucessivamente ao denunciante e denunciado.

§ 3º Havendo mais de um denunciante ou denunciado, o prazo do § 2º deste artigo será contado individualmente.

§ 4º Encerrada a sustentação oral a que se refere o § 2º deste artigo, os conselheiros poderão solicitar esclarecimentos sobre o processo ao relator ou ao revisor e, por intermédio do presidente da sessão, às partes, seguidos dos debates sobre o mérito.

§ 5º Encerrada a fase de debates quanto ao mérito, será concedido o prazo de 5 (cinco) minutos às partes para suas considerações finais orais, sucessivamente ao denunciante e ao denunciado. Se for o caso, aplicar-se-á o disposto no § 3º deste artigo.

§ 6º A sustentação oral pelas próprias partes ou seus respectivos defensores na sessão de julgamento não é ato processual obrigatório.

Do Pedido de Vista

Art. 86. Após a leitura da parte expositiva dos relatórios elaborados pelo relator e revisor, no momento que antecede a leitura dos seus votos, qualquer conselheiro poderá solicitar a suspensão do julgamento para:

I – requerer vista dos autos do processo, apresentando-o com relatório de vista em até 30 (trinta) dias, para continuidade do julgamento;

II – requerer a baixa dos autos do processo em diligência, com aprovação da maioria dos conselheiros presentes à sessão de julgamento, caso em que especificará as providências que devam ser tomadas pelo conselheiro instrutor no

prazo de 30 (trinta) dias, que poderá ser prorrogado uma única vez, mediante justificativa escrita.

§ 1º Cumpridas as diligências solicitadas, as partes serão intimadas para manifestação no prazo de 10 (dez) dias.

§ 2º Decorrido o prazo do § 1º deste artigo, com ou sem a manifestação, as partes serão intimadas da data da sessão para a continuidade do julgamento.

§ 3º Quando da nova sessão de julgamento, não será necessária a participação do mesmo número e dos mesmos conselheiros presentes à sessão anteriormente suspensa.

§ 4º Reiniciada a sessão de julgamento será necessária nova leitura do relatório dos conselheiros relator e revisor e, quando for o caso, do relatório de vista.

Art. 87. Inexistindo pedido de vista dos autos ou a necessidade de realização de diligências, o presidente da sessão tomará o voto do conselheiro-relator e, após, do conselheiro revisor de forma escrita e integral, que deverá ser lido nesta ordem:

I – quanto às preliminares relativas;

II – quanto à culpabilidade;

III – quanto à capitulação;

IV – quanto à pena a ser aplicada, se for o caso.

§ 1º Em seguida, o presidente da sessão indagará aos conselheiros se há voto divergente.

§ 2º Caso haja divergência em relação às preliminares, o voto deverá ser proferido de forma escrita. Em seguida, o presidente da sessão tomará o voto individual dos conselheiros presentes à sessão, devendo consignar em ata o resultado.

§ 3º Caso haja divergência em relação ao mérito, o voto divergente deverá ser proferido de forma escrita e integral, que deverá ser lido obedecendo à ordem do art. 87 e incisos. Em seguida, o presidente tomará o voto individual dos conselheiros presentes à sessão, devendo consignar em ata o resultado.

§ 4º Quando houver divergência entre três ou mais votos, dar-se-á a votação obedecendo-se a seguinte ordem:

I – culpabilidade: condenação com a capitulação dos artigos ou absolvição;

II – cassação do exercício profissional (art. 22, "e" da Lei nº 3.268/57);

III – penas públicas (art. 22, "c" ou "d" da Lei nº 3.268/57) ou reservadas (art. 22, "a" ou "b" da Lei nº 3.268/57).

§ 5º Em todas as hipóteses previstas no caput deste artigo, o voto deverá ser proferido e considerado de forma integral.

§ 6º O presidente da sessão votará sequencialmente e, havendo empate, proferirá o voto de desempate.

Art. 88. O conselheiro presente ao julgamento, respeitando o quórum previsto em lei, não poderá abster-se de votar.

Art. 89. A votação deverá ser colhida nominalmente de cada conselheiro, em todos os julgamentos, consignando-se em ata o resultado.

Art. 90. Proferidos os votos, o presidente anunciará o resultado do julgamento, designando para redigir o acórdão o conselheiro autor do voto vencedor.

Art. 91. As partes ou seus procuradores, bem como o defensor dativo, se houver, serão intimados da decisão nos termos do art. 43, § 1º deste Código.

Parágrafo único. No caso de decisão absolutória, no processo instaurado de ofício, e o denunciado ou seu patrono esteja presente ao julgamento, o presidente poderá declarar, ao final, o trânsito em julgado da decisão.

Art. 92. O julgamento ocorrerá a portas fechadas, sendo permitida apenas a presença das partes e seus defensores, membros do CRM, o integrante da assessoria jurídica do CRM e funcionários responsáveis pelo procedimento disciplinar necessário para o bom funcionamento do Tribunal de Ética Médica até o encerramento da sessão.

Art. 93. As penas disciplinares aplicáveis pelo CRM são as previstas no artigo 22 da Lei nº 3.268/1957.

Seção V

Dos Recursos em Geral

Art. 94. Caberá recurso administrativo, no prazo de 30 (trinta) dias, contados a partir da juntada do comprovante de intimação da decisão nos autos:

I – à câmara de sindicância do CFM contra o arquivamento de sindicância no âmbito do CRM;

II – ao pleno do CRM, de ofício e/ou voluntário, da decisão proferida por sua câmara que aplicar a pena de letra "e" do art. 22, da Lei nº 3.268/1957;

III – à câmara do CFM contra a decisão proferida no PEP pelo CRM que absolver ou que aplicar as penas de letras "a", "b", "c" ou "d", do art. 22, da Lei nº 3.268/1957;

IV – da decisão tomada pela maioria da câmara do CFM, caberá recurso ao pleno do CFM.

V – ao pleno do CFM, de ofício e/ou voluntário, da decisão proferida no PEP pelo pleno CRM; ou por câmara do CFM, que aplicar a pena de letra "e" do art. 22, da Lei nº 3.268/1957;

§ 1º Na hipótese do inciso I deste artigo, quando houver recurso do denunciante em relação a um ou alguns dos denunciados, a corregedoria o instruirá com cópia integral dos autos e o remeterá ao CFM, ficando os autos principais tramitando no CRM em relação aos demais denunciados.

§ 2º Os recursos terão efeito devolutivo e suspensivo.

§ 3º Somente poderá ocorrer o agravamento da pena imposta se houver recurso do denunciante nesse sentido.

§ 4º O pleno do CRM ou do CFM poderá, além dos aspectos pertinentes às razões recursais, analisar toda a matéria discutida no processo.

§ 5º Além dos recursos previstos no caput e incisos deste artigo, não caberá qualquer outro de natureza administrativa, salvo o previsto no art. 27 deste CPEP.

Art. 95. Após o protocolo do recurso a outra parte será intimada para, querendo, apresentar as contrarrazões, no prazo de 30 (trinta) dias, contados a partir da juntada do respectivo comprovante de intimação nos autos.

Parágrafo único. Com ou sem as contrarrazões o processo deverá ser remetido ao CFM no prazo de até 90 (noventa) dias.

Art. 96. O corregedor do CRM, por decisão fundamentada, negará seguimento a recurso intempestivo ou quando verificada a ocorrência de prescrição da pretensão punitiva.

Da Reclamação para o CFM

Art. 97. Da decisão que negar seguimento a recurso intempestivo ou reconhecer a prescrição caberá reclamação para uma das câmaras do CFM, no prazo de 30 (trinta) dias, contados a partir da juntada do comprovante de intimação nos autos.

§ 1º O CRM não poderá negar seguimento a reclamação proposta nos termos deste artigo.

§ 2º No CFM o julgamento da Reclamação seguirá, no que couber, as normas previstas na Seção VI, do capítulo II, deste CPEP.

Seção VI

Do Julgamento do PEP no CFM

Art. 98. O conselheiro corregedor, após o recebimento do processo com recurso o remeterá ao Setor Jurídico para exame de admissibilidade e emissão de Nota Técnica (NT), caso seja arguida alguma preliminar processual.

§ 1º Com a Nota Técnica ou sem ela, o processo retornará à corregedoria que nomeará relator e revisor para emissão de relatório e voto, bem como inclusão do processo na pauta de julgamento.

Art. 99. O julgamento no âmbito do CFM seguirá, no que couber, as normas previstas na Seção IV, do capítulo II, deste CPEP.

Seção VII

Da Execução das Penas

Art. 100. A decisão será executada no prazo de 90 (noventa) dias, a partir certificação do trânsito em julgado, sem prejuízo do disposto no art. 116 deste CPEP.

Art. 101. A execução da penalidade imposta pelo CRM ou pelo CFM será processada nos estritos termos do acórdão da respectiva decisão, e a penalidade anotada no prontuário do médico.

§ 1º As penas previstas nas letras "a" e "b", do art. 22, da Lei nº 3.268/1957, além da anotação no prontuário do médico infrator, serão comunicadas formalmente ao apenado.

§ 2º As penas previstas nas letras "c", "d" ou "e", do art. 22, da Lei nº 3.268/1957 serão publicadas no Diário Oficial do Estado, do Distrito Federal ou da União, em jornal de grande circulação, jornais ou boletins e sítio eletrônico do CRM.

§ 3º No caso das penas previstas nas letras "d" e "e", do art. 22, da Lei nº 3.268/1957, e no caso de interdição cautelar total, além da publicação dos editais e das comunicações endereçadas às autoridades interessadas, será apreendida a carteira profissional e a cédula de identidade de médico.

Seção VIII

Dos Impedimentos e da Suspeição dos Impedimentos

Art. 102. Há impedimento do conselheiro, sendo-lhe vedado exercer suas funções na sindicância ou no PEP:

I – em que interveio como mandatário das partes, atuou como perito ou prestou depoimento como testemunha;

II – quando nele estiver postulando, como defensor público, advogado ou membro do Ministério Público, seu cônjuge ou companheiro, ou qualquer parente, consanguíneo ou afim, em linha reta ou colateral, até o terceiro grau, inclusive;

III – quando for parte no processo ele próprio, seu cônjuge ou companheiro, ou parente, consanguíneo ou afim, em linha reta ou colateral, até o terceiro grau, inclusive;

IV – quando for membro de direção ou de administração da pessoa jurídica que tiver interesse direto no PEP;

V – em que figure na sindicância ou no PEP, colega ou cliente do escritório de advocacia de seu cônjuge, companheiro ou parente, consanguíneo ou afim, em linha reta ou colateral, até o terceiro grau, inclusive;

VI – esteja litigando, judicial ou administrativamente, contra uma das partes ou respectivo cônjuge ou companheiro; ou parente, consanguíneo ou afim, em linha reta ou colateral, até o terceiro grau, inclusive;

§ 1º Na hipótese do inciso II, o impedimento só se verifica quando o defensor público, o advogado ou o membro do Ministério Público já integrava o processo antes do início das funções do conselheiro sindicante ou instrutor.

§ 2º É vedada a criação de fato superveniente a fim de caracterizar impedimento do conselheiro sindicante, instrutor, relator ou revisor.

§ 3º O impedimento previsto no inciso II também se verifica no caso de mandato conferido a membro de escritório de advocacia que tenha em seus quadros advogado que individualmente ostente a condição nele prevista, mesmo que não intervenha diretamente no processo.

§ 4º O conselheiro que incorrer em impedimento deve comunicar o fato ao corregedor ou ao Presidente do Conselho, em qualquer fase do processo, ou ao presidente da sessão de julgamento, abstendo-se de atuar.

Da Suspeição

Art. 103. Há suspeição do conselheiro, na sindicância e no PEP:

I – quando for amigo íntimo ou inimigo de qualquer das partes ou de seus advogados;

II – quando qualquer das partes for sua credora ou devedora, de seu cônjuge ou companheiro ou de parentes destes, em linha reta até o terceiro grau, inclusive;

III – quando interessado no julgamento do PEP em favor de qualquer das partes.

§ 1º O conselheiro que por motivo de foro íntimo declarar-se suspeito deverá registrar esta condição nos autos, abstendo-se de atuar.

§ 2º Será ilegítima a alegação de suspeição quando:

I – houver sido provocada por quem a alega;

II – a parte que a alega houver praticado ato que signifique manifesta aceitação do arguido.

Do Incidente de Impedimento ou de Suspeição

Art. 104. O impedimento poderá ser alegado a qualquer tempo antes do trânsito em julgado da decisão, em petição específica, na qual indicará, com clareza, o fundamento da recusa; podendo instruí-la com documentos em que se fundar a alegação e com rol de testemunhas, se for o caso.

Art. 105. A suspeição poderá ser alegada, no prazo de 15 (quinze) dias, a contar do conhecimento do fato em petição específica, na qual indicará, com clareza, o fundamento da recusa; podendo instruí-la com documentos em que se fundar a alegação e com rol de testemunhas, se for o caso.

§ 1º Se reconhecer o impedimento ou a suspeição ao receber a petição, o conselheiro sindicante, instrutor, relator ou revisor comunicará imediatamente ao Corregedor, que nomeará substituto; caso contrário, apresentará por escrito, no prazo de 15 (quinze) dias, suas razões, acompanhadas de documentos e de rol de testemunhas, se houver.

§ 2º Na hipótese do não reconhecimento do impedimento ou da suspeição, a sindicância ou o PEP tramitarão regularmente, devendo esta matéria ser posta em destaque para apreciação da câmara específica ou do plenário, que têm competência para deliberar sobre o mérito da questão.

§ 3º Se a suspeição e/ou impedimento forem arguidos no recurso ou de forma oral na sessão de julgamento, serão apreciados como matéria preliminar antes da análise do mérito.

Seção IX
Das Nulidades Processuais

Art. 106. Nenhum ato será declarado nulo se da nulidade não resultar prejuízo para as partes.

Art. 107. Nenhuma das partes poderá arguir nulidade a que haja dado causa, ou para que tenha concorrido, ou referente à formalidade cuja observância só à parte contrária interesse.

Art. 108. Não será declarada a nulidade de ato processual que não tenha influído na apuração da verdade substancial ou na decisão da causa.

Art. 109. As nulidades serão consideradas sanadas:

I – se não forem arguidas em tempo oportuno;

II – se, praticado por outra forma, o ato atingir suas finalidades;

III – se a parte, ainda que tacitamente, aceitar seus efeitos.

Art. 110. Os atos cuja nulidade não tenha sido sanada na forma do artigo anterior serão renovados ou retificados.

Parágrafo único. Declarada a nulidade de um ato, serão considerados nulos todos os atos dele derivados.

Art. 111. A nulidade dos atos deve ser alegada na primeira oportunidade em que couber à parte se manifestar nos autos, sob pena de preclusão.

Parágrafo único. A nulidade absoluta pode ser alegada a qualquer tempo ou fase do processo.

CAPÍTULO III
DA PRESCRIÇÃO

Seção I
Das Regras de Prescrição da Pretensão Punitiva

Art. 112. A punibilidade por falta ética sujeita a PEP prescreve em 5 (cinco) anos, contados a partir da data do efetivo conhecimento do fato pelo CRM.

Art. 113. Após o conhecimento efetivo do fato pelo CRM o prazo prescricional será interrompido:

I – pelo conhecimento expresso ou pela citação do denunciado, inclusive por meio de edital;

II – pelo protocolo da defesa prévia;

III – por decisão condenatória recorrível;

Art. 114. A sindicância ou PEP paralisado há mais de 3 (três) anos, pendente de despacho ou julgamento, será arquivado de ofício ou por requerimento da parte interessada, sem prejuízo de ser apurada a responsabilidade decorrente da paralisação.

Art. 115. Deferida medida judicial de suspensão da apuração ética, em qualquer fase, o prazo prescricional fica suspenso enquanto perdurar seus efeitos, quando então voltará a fluir.

Seção II
Prescrição da Pretensão Executória

Art. 116. A execução da pena aplicada prescreverá em 5 (cinco) anos, tendo como termo inicial a data da intimação do denunciado da decisão condenatória.

CAPÍTULO IV
DA REVISÃO DO PROCESSO

Seção I
Das Regras Gerais

Art. 117. Caberá a revisão da decisão condenatória, pelo CFM, a qualquer tempo, a partir de sua publicação.

§ 1º A revisão da decisão transitada em julgado será admitida quando forem apresentadas novas provas que possam inocentar o médico condenado, ou ficar demonstrada que a condenação foi baseada em prova falsa.

§ 2º O pedido de revisão deve ser instruído com todos os elementos de prova necessários ao deslinde do feito.

Art. 118. O pedido de revisão da decisão, transitada em julgado, será dirigido ao presidente do CFM, sob protocolo, que o encaminhará à Corregedoria.

Art. 119. O conselheiro corregedor remeterá o pedido de revisão, após seu recebimento, ao Setor Jurídico, para exame de admissibilidade e emissão de Nota Técnica (NT).

§ 1º Com a NT ou sem ela, o processo retornará à Corregedoria, que emitirá juízo de admissibilidade acerca dos pressupostos estabelecidos no § 1º do art. 117 deste CPEP.

§ 2º Estando configurada a admissibilidade, será nomeado um relator para elaborar relatório a ser apresentado à câmara do CFM nos casos previstos nas letras "a", "b", "c" ou "d", do art. 22, da Lei nº 3.268/1957 e ao pleno do CFM nos casos previstos na letra "e" do art. 22, da Lei nº 3.268/1957.

Art. 120. O pedido de revisão não terá efeito suspensivo.

Art. 121. São partes legítimas para requerer a revisão:

I – o profissional punido, pessoalmente ou por intermédio de procurador habilitado;

II – o cônjuge ou companheiro, descendente, ascendente e irmão, no caso de falecimento do condenado, obedecendo-se esta ordem;

III – o curador, se interdito.

Parágrafo único. Quando, no curso da revisão, falecer o profissional requerente, ele poderá ser substituído por qualquer das pessoas referidas no inciso II deste artigo; caso contrário, o pedido de revisão será arquivado.

Art. 122. Julgando procedente a revisão, o CFM poderá anular a decisão condenatória, alterar sua capitulação, reduzir a pena ou absolver o profissional punido.

Parágrafo único. Do pedido de revisão não poderá resultar agravamento de penalidade.

Art. 123. No julgamento da revisão serão aplicadas, no que couber, as normas prescritas na seção VI, do Capítulo II deste CPEP.

Seção II

Da Reabilitação Profissional

Art. 124. Decorridos 8 (oito) anos após o cumprimento da pena e sem que tenha sofrido qualquer outra penalidade ético-profissional, poderá o médico requerer sua reabilitação ao CRM onde está inscrito, com a retirada dos apontamentos referentes a condenações anteriores.

Parágrafo único. Exclui-se da concessão do benefício do caput deste artigo o médico punido com a pena de cassação do exercício profissional, prevista na letra "e", do art. 22 da Lei nº 3.268/1957.

CAPÍTULO V

DAS DISPOSIÇÕES PROCESSUAIS FINAIS

Seção I

Art. 125. Ao conselheiro corregedor, sindicante ou instrutor caberá prover os atos que entender necessários para a conclusão e elucidação do fato, podendo requerer ou requisitar a órgãos da administração pública direta, indireta e fundacional, da União, dos estados, dos Municípios, do Distrito Federal e de instituições privadas, quaisquer documentos, peças ou informações.

Seção II

Da Fluência dos Prazos

Art. 126. Os prazos deste CPEP são contínuos e ininterruptos e serão contados a partir da data da juntada aos autos, da comprovação do recebimento da citação, intimação ou notificação.

Parágrafo único. Havendo mais de um denunciante ou mais de um denunciado, o prazo será contado individualmente para cada um, a partir da certidão de juntada aos autos da respectiva citação, intimação ou notificação.

Seção III

Da Entrada em Vigor deste Código

Art. 127. À sindicância e ao PEP em trâmite será aplicado, de imediato, este novo Código de Processo Ético-Profissional (CPEP), sem

prejuízo da validade dos atos processuais já realizados sob a vigência do código anterior. A norma processual não retroagirá.

Art. 128. Este Código de Processo Ético-Profissional (CPEP) entrará em vigor após decorridos 90 (noventa) dias, a partir da data de sua publicação no Diário Oficial da União e no sítio eletrônico do CFM, revogando as Resoluções CFM nº 1.967/2011, nº 1.987/2012, nº 2.066/2013, nº 2.023/2013 e as demais disposições contrárias.

IMPRESSO EM
SETEMBRO / 2019